Die Bonus-Seite

Ihr Vorteil als Käufer dieses Buches

Auf der Bonus-Webseite zu diesem Buch finden Sie zusätzliche Informationen und Services. Dazu gehört auch ein kostenloser **Testzugang** zur Online-Fassung Ihres Buches. Und der besondere Vorteil: Wenn Sie Ihr **Online-Buch** auch weiterhin nutzen wollen, erhalten Sie den vollen Zugang zum **Vorzugspreis**.

So nutzen Sie Ihren Vorteil

Halten Sie den unten abgedruckten Zugangscode bereit und gehen Sie auf **www.galileodesign.de**. Dort finden Sie den Kasten **Die Bonus-Seite für Buchkäufer**. Klicken Sie auf **Zur Bonus-Seite/Buch registrieren**, und geben Sie Ihren **Zugangscode** ein. Schon stehen Ihnen die Bonus-Angebote zur Verfügung.

Ihr persönlicher Zugangscode: H 93cd-wqap-e6j8-ybiz PC

Jürgen Wolf

GIMP 2.6
für digitale Fotografie

Galileo Press

Liebe Leserin, lieber Leser,

digital fotografieren macht Spaß, und schnell ist die Speicherkarte voll. Bei manch einem Schnappschuss stellt sich allerdings bei näherer Betrachtung Ernüchterung ein: Da sitzt der Horizont beim Sonnenuntergang schief, oder das schöne Porträtbild ist durch rotgeblitzte Augen entstellt.

Solche kleinen Makel zu entfernen, ist ein Klacks, wenn Sie mit GIMP arbeiten. Aber auch aufwendigere Retuschen oder Bildmontagen sind kein Problem für GIMP.

In diesem Buch zeigt Ihnen Jürgen Wolf, wie Sie GIMP meistern und Ihren digitalen Bildern den letzten Schliff verleihen. Schritt für Schritt erlernen Sie die digitale Bildretusche und werden nebenher mit den GIMP-Funktionen vertraut gemacht. Dafür finden Sie das Programm und alle Beispielbilder des Autors auf der Buch-DVD. Sie können also mit demselben Bildmaterial arbeiten und sofort anfangen.

Falls Sie sich lieber erst einen Überblick über GIMP verschaffen möchten, bevor Sie mit den Workshops loslegen, empfehle ich Ihnen Kapitel 1, das Sie auch später noch als kleines Nachschlagewerk zu einzelnen Funktionen verwenden können.

Dieses Buch wurde mit größter Sorgfalt geschrieben und hergestellt. Falls Sie dennoch Fehler entdecken sollten, Fragen, Anregungen, Kritik oder Lob haben, freue ich mich, wenn Sie mir schreiben.

Aber jetzt wünsche ich Ihnen viel Spaß beim Lesen und dem Optimieren Ihrer Bilder mit GIMP!

Ihre
Alexandra Rauhut
Lektorat Galileo Design
alexandra.rauhut@galileo-press.de

www.galileodesign.de
Galileo Press · Rheinwerkallee 4 · 53227 Bonn

Inhalt

Vorwort 10

Einleitung 12

1   Einführung

GIMP im Überblick 15
   GIMP als Photoshop-Alternative? 16
   GIMP installieren 17
   GIMP starten 18
   Die Arbeitsoberfläche von GIMP 19
   Ein Bild öffnen 23
   Das Bildfenster – die Hauptarbeitsfläche 26
   Ein Bild speichern 43
   Tipps für den Umgang mit GIMP 47

2   Farbkorrekturen

Rote Augen entfernen 61
   Blitzfehler ausbessern

Augen bei Tierfotos korrigieren 63
   Wo die Rote-Augen-Automatik nicht weiterhilft

Farbstich entfernen 65
   Farben des Bildes neutralisieren

Kontrast und Farbe verbessern 67
   Dunkle und blasse Bilder verbessern

Tonwertkorrektur 70
   Kontrastarme Bilder ausbessern

Farbe intensivieren 73
   Unterbelichtung korrigieren

Gescannte Bilder bearbeiten 76
   Schwächen des Scanners ausgleichen

Einzelne Farben manipulieren 79
   Objekte umfärben

3 Belichtungskorrekturen

Kontrast verbessern 89
  Dynamikumfang des Bildes steigern

Helle Bereiche abdunkeln 92
  Überbelichtete Objekte verbessern

Dunkle Bereiche aufhellen 95
  Zeichnung in die Tiefen bringen

Unterbelichtung ausgleichen 99
  Zu dunkle Bilder retten

Überbelichtung ausgleichen 102
  Ursprüngliche Lichtstimmung wiederherstellen

Himmel abdunkeln 104
  Überstrahlte Bereiche mildern und sättigen

Manuell nachbelichten 106
  Dunkle Objekte aufhellen

4 Schwarzweiß

Schwarzweißfoto erstellen 111
  Farbfoto in Graustufen umwandeln

Naturaufnahmen in Schwarzweiß 114
  Helligkeits- und Farbunterschiede ausgleichen

Schwarzweißbilder einfärben 117
  Graustufenbilder mit einer Farbtonung versehen

Einzelne Bereiche einfärben 120
  Kolorieren über Transparenz

Bestimmte Farben erhalten 123
  Einzelne Bereiche farbig lassen

Colorkey erstellen 125
  Farbigen Hingucker in einem Schwarzweißbild erzeugen

Schwarzweißbilder kolorieren 128
  Graustufenfotos mit Farbe versehen

Raster-Effekt verwenden 131
  Fotos wie in der Tageszeitung erstellen

Kontrast erhalten 133
  Porträts in Schwarzweiß umsetzen

5 Freistellen und Ausrichten

Bilder skalieren **139**
  Größe des Bildes anpassen

Aufnahme strecken **141**
  Bilder ungleichmäßig skalieren

Motiv gerade ausrichten **143**
  Horizont begradigen

Bilder positionieren **145**
  Übrige Fläche als Rahmen nutzen

Bildausschnitt verändern **147**
  Nähe zum Motiv erzeugen

Gescannte Bilder beschneiden **149**
  Mehrere Bilder auf einmal scannen und zuschneiden

Objekt freistellen **151**
  Schnelle Extrahierung von Motiven

Ausgabegröße festlegen **154**
  Bild für den Druck vorbereiten

6 Scharf- und Weichzeichnen

Bilder schärfen **159**
  Details im Bild betonen

Bilder schärfen und sättigen **161**
  Fotos lebendiger wirken lassen

Geschwindigkeit darstellen **163**
  Bewegung durch Unschärfe betonen

Unschärfe ohne Verwischungen **166**
  Dynamik im Bild erhöhen

Freigestelltes Objekt montieren **170**
  Mit Tiefenschärfe gestalten

Einzelne Bereiche schärfen **174**
  Auswahlen scharf- beziehungsweise weichzeichnen

Unschärfe ausgleichen **176**
  Fehler des Autofokus beheben

Schärfen im Modus LAB-Farben **178**
  Halo-Effekt reduzieren

7 Perspektiven

Stürzende Linien ausgleichen 183
  Perspektive korrigieren

Objekt ragt aus dem Bild 186
  3D-Effekt simulieren

Fisheye-Effekt erzeugen 191
  Perspektive verzerren ohne Spezialobjektiv

Panoramabild erstellen 193
  Mehrere Bilder zusammenfügen

Vignettierung beseitigen 199
  Objektivfehler beheben

8 Retusche

Fotos restaurieren 207
  Flecken und Kratzern zu Leibe rücken

Leichte Porträtretusche 210
  Fältchen und Sommersprossen entfernen

Ausgeblichene Fotos restaurieren 216
  Verblasste Fotos retten

Augenfarbe ändern 220
  Bildbereich unauffällig umfärben

Zähne optisch verbessern 222
  Zähne nachträglich bleichen

Elemente entfernen 224
  Wenn auf dem Bild etwas stört

Extreme Porträtretusche 226
  Beautyretusche mit GIMP

Hautfarbe anpassen 232
  Gesichtern einen warmen Farbton verleihen

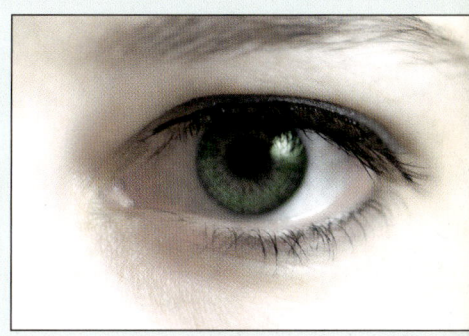

9 Fotomontage

Text einfügen 239
  Schriften in ein Bild montieren

Text ins Bild integrieren 242
  Schriftzug erstellen

Hintergrund austauschen	**245**
Bildstimmung durch einen anderen Himmel verändern	
Porträts verfremden	**248**
Gesichtsverformung mit dem Filter IWarp	
Doppelgänger erstellen	**251**
…oder nie mehr alleine sein	
Objekte einfügen	**254**
Grundlagen zum Montieren von Elementen	

10   Effekte, Filter und Tricks

Foto in Comic umwandeln	**267**
Comicbilder leicht gemacht	

Bleistiftzeichnung erstellen	**270**
Ohne Illustrationswerkzeug »zeichnen«	
Bilder wie aus einem Film	**272**
Ein Foto im »Hollywood-Look« erstellen	
Mehr Licht und Schatten	**277**
Dem Bild einen dramatischen Look verpassen	
Crossentwicklung nachahmen	**279**
Analoge Tricks digital simulieren	
Mit Farbverläufen tonen	**282**
Bilder mit Farbspielen verfremden	
Vignettierung erzeugen	**284**
Bild mit einer Abschattung versehen	

11   GIMP erweitern

Skript-Fu installieren	**289**
Selbst Skripts einrichten	
Photoshop-Plug-ins verwenden	**292**
GIMP-fremde Plug-ins nutzen	
FX Foundry installieren	**296**
Umfangreiche Plug-in-Sammlung nachinstallieren	
Stapelverarbeitung	**299**
GIMP automatisieren	

12 Präsentieren

Visitenkarte erstellen 307
  Eine besondere Visitenkarte entwerfen

Copyright-Vermerk setzen 312
  Einen eigenen Pinsel erstellen

Für das Web speichern 315
  Optimale Bildqualität einstellen

13 RAW-Bearbeitung

RAW-Plug-in für GIMP 323
  RAW-Formate umwandeln und bearbeiten

RAW-Informationen 325
  Histogramme und Kameradaten

UFRaw verwenden 328
  Ein Bild mit UFRaw bearbeiten

14 Dynamic Range Increase – DRI

DRI-Bild erstellen 341
  Dynamic-Range-Increase-Technik mit GIMP

DRI mit Plug-in erzeugen 346
  DRI-Technik mit einem GIMP-Plug-in

Grundlagenexkurse

Farben 81

Schärfen 201

Dateiformate 259

Bildauflösung 317

RAW-Format 334

Pixel- und Vektorgrafik 349

Index 352

Vorwort

Schon als …

… kleiner Junge, als ich meine erste Kamera geschenkt bekam, zog ich los, um alles Mögliche zu fotografieren. Meine erste Kamera war eine einfache Kompaktkamera. Begriffe wie Megapixel waren damals noch völlig unbekannt. Wohlgemerkt: Ich spreche hier von 1983. Kein Hund und keine Katze, nicht mal die Kuh im Stall (ich bin auf dem Land aufgewachsen) waren vor mir sicher. Am Spannendsten war es für mich, wenn der Film beim Entwickeln war. Waren die Fotos endlich fertig, konnte ich es nicht mehr erwarten, zu sehen, wie sie geworden waren.

Meistens allerdings waren die Ergebnisse nicht sehr zufriedenstellend. Die Kuh war im dunklen Stall kaum zu sehen, die Augen der Katze und des Hundes reflektierten, und häufig hatten meine menschlichen Fotomotive rote Augen – was ich anfangs noch richtig toll fand. Die Bilder, die mir gut gefielen, kamen ins Fotoalbum und alle anderen in die Mülltonne. Themen wie Bildbearbeitung oder -gestaltung waren damals für mich noch absolute Fremdwörter.

Richtiger Hobbyfotograf wurde ich erst mit meiner ersten Digitalkamera. Endlich konnte ich sofort erkennen, welche Bilder gut waren und welche nicht. Ein nachträgliches Aussortieren von Bildern für die Mülltonne fand nur noch virtuell statt. Dennoch gab es immer wieder Bilder, die nicht so toll waren, wie dies zunächst auf dem LCD-Bildschirm der Kamera den Anschein hatte. Schließlich las ich in einer Zeitschrift etwas über Bildbearbeitung mit Photoshop und war begeistert. Darin wurde gezeigt, wie man mit dieser Software ganz schnell einfache Bildkorrekturen machen kann. Allerdings war mir der Preis einfach zu hoch, und den »kleinen Bruder« Photoshop Elements gab es noch nicht, so dass ich nach einer möglichst gleichwertigen, preiswerteren Alternative suchen musste.

Sie ahnen es sicher schon: Bei dieser Suche bin ich auf GIMP gestoßen. Zunächst war ich natürlich skeptisch, wie eine kostenlose Software dem Anspruch gerecht werden sollte, ein vollwertiges Programm für Bildbearbeitung zu sein. Diese Skepsis hat sich aber nach und nach gelegt. Und wäre ich nicht von diesem Programm überzeugt, hätte ich schließlich kaum ein Buch dazu geschrieben.

Zwar habe ich schon einige Bücher verfasst, aber dies ist mein erstes zur digitalen Fotografie und Bildbearbeitung. Daher kamen einige Dinge auf mich zu, die es bei einem solchen Buch zu beachten gilt. Hier war ich froh, mit meiner Lektorin Alexandra Rauhut einen geduldigen »Chef« gefunden zu haben. Sie hat mir unermüdlich und immer freundlich meine vielen Fragen beantwortet. Auch bei Judith Stevens-Lemoine möchte ich mich bedanken, weil sie mein Interesse an einem solchen Buch gefördert hat.

Kein Buch über Bildbearbeitung ohne gute Fotos, und auch hier bekam ich einige Unterstützung. Um die Leser nicht nur mit Bildern aus meinem Umfeld zu langweilen, haben mir glücklicherweise einige Personen die Erlaubnis erteilt, ihre tollen Fotos zu verwenden. Danken möchte ich hier Clarissa Schwarz (*www.clarissa-schwarz.ch*), Marco Barnebeck und Hanspeter Bolliger. Alle drei Fotografen sind Mitglieder der Pixelio Media GmbH (*www.pixelio.de*), der kostenlosen Bilddatenbank für lizenzfreie Fotos. Unerwartet bekam ich auch dieses Mal Hilfe von Martin Conrad, der mir einige Bilder zur Verfügung gestellt sowie Tipps und Anregungen rund um GIMP gegeben hat. Sehr hilfreich war auch die Website Nummer 1 für deutschsprachige GIMP-Nutzer und deren Community: *www.gimpusers.de*.

Natürlich gilt mein Dank auch wieder meiner Familie, die mir für das Schreiben dieses Buches – wie immer – den Rücken freigehalten hat, so dass ich meine ganze Konzentration, Freizeit und Energie in das Projekt stecken konnte. Außerdem auch ein Dank an meine Arbeitskollegen Uwe, Rainer und Christian für ihr Verständnis.

Jürgen Wolf

Einleitung

Über dieses Buch

Der Schwerpunkt der digitalen Fotobearbeitung besteht im Grunde darin, Fehler zu beheben, die beim Erstellen oder Scannen von Aufnahmen entstanden sind. Übliche Probleme sind unter anderem Kontrastschwäche, Bildrauschen, Unschärfe, Über- sowie Unterbelichtung und stürzende Linien. Solche Fehler sind entweder technisch bedingt, liegen also an der Digitalkamera, dem Scanner oder der fehlerhaften Handhabung der Geräte. Oft entstehen sie aber auch durch eine ungünstige Arbeitsumgebung. Oder es liegt an einer schlechten Vorlage, wie dies beispielsweise beim Scan eines alten Fotos der Fall sein kann. Neben den üblichen Korrekturen gehören natürlich auch Verfremdungen, Tonungen, Fotomontagen und so weiter zur Bildbearbeitung dazu.

Viele Korrekturen an einer Aufnahme leistet die Digitalkamera bereits vor dem Ablegen auf das Speichermedium automatisch (gewöhnlich bei der Umwandlung der Sensordaten ins JPEG-Format). Davon betroffen sind Weißabgleich, Farbsättigung, Kontrast, Tonwertkorrektur, Filterung, Schärfen und so weiter. Wenn Sie auf das vom Sensor erfasste, unbearbeitete Bild zugreifen möchten, müssen Sie eine Digitalkamera haben, die Bilder im Rohformat (RAW) ohne Datenreduktion speichern kann. Dafür müssen Sie beim Kamerakauf meistens etwas tiefer in die Tasche greifen.

RAW-Bild
Bei einem RAW-Bild wird der komplette Datensatz, den der CCD- oder CMOS-Sensor erfasst hat, nahezu verlustfrei und unbearbeitet gespeichert.

An wen richtet sich dieses Buch?
Sind die Bilder aus Ihrem letzten Urlaub nichts geworden? Sind sie zu hell oder zu dunkel geraten? Fehlt es ihnen an Schärfe? Haben Sie ungebetene Personen auf Ihren Aufnahmen verewigt, die Sie nun wegretuschieren möchten? Wollen Sie zum Spaß eine Fotomontage als Geschenk oder für eine Grußkarte anfertigen? Einen Text ins Bild einfügen? Wenn das und noch mehr zutrifft, sind Sie hier richtig! Ich werde Ihnen zeigen, wie Sie Ihre Bilder verbessern können. Viele Schritt-für-Schritt-Anleitungen sorgen außerdem dafür, dass die Vorgehensweise für jeden einfach und verständlich nachvollziehbar ist.

Das Buch richtet sich also an jeden ambitionierten (Hobby-)Fotografen mit einer Digitalkamera und einem PC, der seine Bildersammlung bearbeiten und verbessern möchte. Und der nicht gleich ein Vermögen für ein kommerzielles Bildbearbeitungsprogramm ausgeben möchte – sondern, der vielmehr wie im Fall GIMP gar nichts dafür bezahlen will.

Technische Voraussetzungen
Sie sollten über eine Digitalkamera und einen PC verfügen und wissen, wie Sie die beiden per USB-Kabel verbinden können – allerdings gehe ich im Buch auch kurz darauf ein, wie Sie Bilder importieren können. Das Betriebssystem ist in diesem Fall zweitrangig, da GIMP für alle gängigen Systeme (Windows 98/ME/2000/XP/Vista, Linux, Unix, Mac OS X) verfügbar ist.

Aufbau und Inhalt
Das Buch ist grob in zwei Teile gegliedert. Der erste Teil befasst sich zunächst mit den grundlegenden Funktionen, Werkzeugen und Anwendungen von GIMP. Allerdings ist er keine umfassende GIMP-Referenz, sondern macht Sie mit den wichtigsten Funktionen vertraut, damit Sie schnell in die Praxis einsteigen können. Der Hauptteil setzt den Schwerpunkt auf den fotografischen Workflow. Hier beschreibe ich ausführlich die Funktionen und Anwendungen von GIMP, die für den Digitalfotografen wichtig sind. Natürlich finden Sie dort auch einige nette »Schmankerl«. Mein Ziel ist es, dass Sie jedes Fotoproblem mit GIMP lösen können und dabei natürlich Spaß haben. Zusätzlich finden Sie zwischen den Workshops Exkurse zu den Grundlagen der digitalen Bildbearbeitung.

Zu den Workshops
Bevor Sie sich auf die vielen Workshops stürzen, möchte ich noch ein paar erläuternde Worte dazu ergänzen.

- ▶ Viele Wege führen zum Ziel: Es gibt bei der Bildbearbeitung meistens mehrere Möglichkeiten, um einen bestimmten Effekt zu erzielen. Die Herangehensweise mancher Workshops ist nicht der ultimative und einzige Weg, das gewünschte Ziel zu erreichen. Auf der Buch-DVD finden Sie weiterführende Links zu Workshops im Internet, von denen Sie sich ebenfalls nützliche Anregungen holen können.

▶ Bildbearbeitung ist auch Geschmackssache: Vielleicht entspricht nicht jeder Effekt, den ich umzusetzen versuche, Ihrem Stilempfinden. Ich will damit sagen: Es gibt keine festen Regeln und keine optimale Vorgehensweise, um *das* perfekte Bild zu erlangen. Wenn Sie die ehrliche Meinung anderer zu Ihren Bildbearbeitungen hören möchten, stellen Sie Ihre Bilder einer öffentlichen Datenbank (beispielsweise unter *www.pixelio.de*) zur Verfügung. Dort können Sie dann die Kommentare zu Ihrem Bild (Lob wie Kritik) nachlesen.

Wenn Sie mit einem der Workshops Probleme haben oder wenn Sie eine Bearbeitungsthematik vermissen, so lassen Sie es mich wissen. Ich versuche dann gerne, einen entsprechenden Workshop auf meiner Webseite (*www.pronix.de*) zu veröffentlichen und diesen beim Verlag einzureichen.

EINFÜHRUNG

GIMP im Überblick

GIMP ist die Abkürzung für *GNU Image Manipulation Program*, 1995 wurde das Programm erstmals als freie Software unter der *GNU General Public License (GPL)* veröffentlicht. Das Hauptanwendungsgebiet ist die Bearbeitung und Erstellung von digitalen Bildern. Die Palette an Möglichkeiten reicht dabei von der Nachbearbeitung digitaler Fotografien bis hin zur Erstellung von Grafiken wie beispielsweise Logos für Webseiten oder Firmen.

GIMP ist neben Linux, OpenOffice.org und Mozilla Firefox eines der bekanntesten Open-Source-Programme, das für viele gängige Plattformen vorhanden ist. Gerade wegen seiner hohen Plattformverfügbarkeit ist es wohl auch eines der am weitesten verbreiteten Bildbearbeitungsprogramme. Durch den offengelegten Programmcode kann GIMP leicht auch auf weitere Plattformen portiert werden.

GNU GPL
Die *GNU General Public License* ist eine von der Free Software Foundation herausgegebene Lizenz mit *Copyleft*, das heißt, sie ist mit dem ausdrücklich genehmigten Recht, die mit dieser Lizenz veröffentlichte Software frei zu verwenden und weiterzuentwickeln, versehen.

GIMP ist verfügbar für
GNU/Linux, Apple Mac OS X, Microsoft Windows, OpenBSD, NetBSD, FreeBSD, Solaris, SunOS, AIX, HP-UX, Tru64, Digital UNIX, OSF/1, IRIX, OS/2 und BeOS

◄ Abbildung 1
Das GIMP-Maskottchen trägt den Namen Wilber.

Den Funktionsumfang von GIMP hier auf die Schnelle zu beschreiben, fällt schwer. GIMP ist in der Tat ein echtes »Schwergewicht« an Funktionen und Anwendungsgebieten, was Ihnen auf den ersten Blick vielleicht nicht direkt auffällt. Aber keine Sorge: zum einen gebe ich Ihnen in diesem Kapitel einen ersten Überblick über die Benutzeroberfläche von GIMP, die Werkzeuge und Menüs und zum anderen lernen Sie viele dieser Funktionen praxisorientiert durch die Workshops im zweiten Teil des Buches kennen.

GIMP als Photoshop-Alternative?

GIMP wird häufig als freie und kostenlose Alternative zu Adobe Photoshop angepriesen, was als Referenz für seine professionelle Einsatzvielfalt gelten kann. Schon dass manche diesen Vergleich anstellen, spricht für die Leistungsfähigkeit von GIMP.

Aber wir müssen dennoch realistisch bleiben: Technisch gesehen ist Photoshop in einigen Punkten überlegen. So fehlt GIMP beispielsweise eine gute CMYK-Unterstützung, also für den Farbraum, der für den professionellen Druck verwendet wird. Allerdings lässt sich ein CMYK-Plug-in für GIMP nachträglich installieren. Unter folgendem Link können Sie es herunterladen: *www.blackfiveservices.co.uk/separate.shtml*.

> **Adobe Photoshop**
> Photoshop ist ein kommerzielles Bildbearbeitungsprogramm des Softwarehauses Adobe Systems.

HDR-Unterstützung | Weiterhin unterstützt GIMP in der Standardversion keine HDR-Bilder, weil es Bilder bislang nur mit 8 Bit Farbtiefe pro Kanal bearbeiten kann. Photoshop hingegen kann Bilder mit 16 Bit pro Kanal verlustfrei importieren und bearbeiten. Aber auch hier gibt es mit dem Programm CinePaint eine kostenlose Alternative. CinePaint wurde aus GIMP abgeleitet und erlaubt die Bearbeitung ganzer Bilderserien in einem Vorgang. Zudem unterstützt es Farbtiefen von 8, 16 und 32 Bit (HDR) pro Farbkanal – weit mehr als auf einem normalen Monitor angezeigt werden kann. Dadurch wird das Programm neben seinem eigentlichen Einsatzzweck in der Filmbranche auch für Fotografen interessant. Durch das integrierte Farbmanagement können CMYK- und CIE-Lab-Bilder angezeigt und korrigiert werden. Seit Version 0.20 ist es möglich, HDR-Bilder aus normalen Belichtungsreihen berechnen zu lassen. RAW-Formate von Digitalkameras werden mittels dcraw eingelesen. Das Programm können Sie von der Webseite *www.cinepaint.org* beziehen. Dort finden Sie auch einige Dokumentationen dazu. Eine weitere, einfache und kostenlose Alternative, um HDR-Bilder zu erzeugen, finden Sie mit Qtpfsgui unter der Webseite *http://qtpfsgui.sourceforge.net*.

PDF-Dokumente | Auch Adobes PDF-Dateien (PDF = Portable Document Format) kann GIMP im Gegensatz zu Photoshop nur lesen. Dafür muss allerdings zusätzlich das Programm Ghostscript installiert sein. Unter Linux gehört es zur Standardausführung, aber unter Windows müssen Sie es nachträglich einrichten (Bezugsquelle: *http://sourceforge.net/projects/ghostscript/*).

> **PDF**
> PDF ist ein plattformübergreifendes Dateiformat für Dokumente, das von der Firma Adobe Systems entwickelt wurde.

Zugegeben: Das ist einiges, was GIMP nicht kann. Aber eigentlich sind das Funktionen, die Sie für den »Hausgebrauch« auch gar nicht benötigen und die Sie – falls doch erforderlich – mit anderen kostenlosen Anwendungen ausführen können. Schließlich sorgt der hohe Preis von Photoshop dafür, dass das Programm für Privatanwender recht unattraktiv ist. Dadurch war und ist es den alternativen Programmen wie GIMP möglich, einen Marktanteil zu erobern und zu halten. Mittlerweile versucht Adobe allerdings, mit dem preisgünstigeren Photoshop Elements dagegenzuhalten, bei dem einige Funktionen des »großen Bruders« weggelassen wurden.

GIMP installieren

Die Installation von GIMP läuft nicht anders ab als bei anderen Programmen auch. Auf der Buch-DVD finden Sie selbstverständlich die aktuelle Version von GIMP, um gleich anfangen zu können. Zur Drucklegung des Buches ist das die Version 2.6.1. Sollten Sie noch die Version 2.4.x auf dem Rechner haben und für die Workshops verwenden wollen, müssen Sie ein wenig umdenken, weil die Menüstruktur geringfügig verändert wurde. Außerdem enthält die neue GIMP-Version 2.6 einige zusätzliche Funktionen, so dass Sie einige Workshops ohne die aktuelle Version nicht vollständig nachvollziehen können.

Aktuelle Version
Da GIMP ein Programm ist, das ständig weiterentwickelt wird, können Sie natürlich die aktuelle Version für alle gängigen Systeme auch von der GIMP-Webseite *www.gimp.org* beziehen.
Die deutsche Anlaufstelle ist: *www.gimpusers.de*.

Microsoft Windows XP/Vista

In früheren Versionen (2.2.x) mussten Sie neben GIMP GTK+ als separate Datei beziehen und installieren, um eine Programmoberfläche zu erhalten. Dies gehört zum Glück seit Version 2.4 der Vergangenheit an. Es genügt nun, wenn Sie die Installationsdatei *gimp-2.6.0-i686-setup-1.exe* von der Buch-DVD ausführen. Folgen Sie anschließend einfach den üblichen Installationsanweisungen auf dem Bildschirm.

Optional können Sie Ghostscript und GSview von der Webseite *http://pages.cs.wisc.edu/~ghost/* oder von der Buch-DVD beziehen und installieren. Natürlich nur, wenn Sie die Postscript- beziehungsweise PDF-Fähigkeiten von GIMP verwenden möchten.

Weiterhin optional, aber eigentlich unverzichtbar, ist die Installation der GIMP-Hilfe, die sich ebenfalls auf der Buch-DVD befindet. Diese können Sie aus GIMP heraus mit [F1] aufrufen. Die GIMP-Hilfe finden Sie auch online unter *http://docs.gimp.org/de/*.

Linux/Unix/BSD

Bei Linux ist die Installation am leichtesten, weil GIMP mitgeliefert wird. Hier müssen Sie gegebenenfalls nur mit dem entsprechenden Paketmanager GIMP nachinstallieren. Sollte Ihrer Linux-Distribution keine aktuelle Version beiliegen, so bieten viele Distributionen sogenannte *Repositories* an. Das heißt, Sie können über das Netzwerk aktuelle Versionen von verschiedenen Paketen beziehen. Die beiden Webseiten *www.gimp.org* und *www.gimpusers.de* bieten ebenfalls aktuelle und fertige Pakete für die gängigsten Distributionen an.

Mac OS X

GIMP steht erst seit Version 10.2 für Mac OS X zur Verfügung. Die Installation für Mac OS X setzt allerdings voraus, dass X11 installiert ist, da GIMP das X-Window-System als Fenstermanager benötigt. Auf der Installations-CD von Mac OS X sollten Sie die Installationsdatei *X11UserForMacOSX.dmg.bin* (Mac OS X 10.2) beziehungsweise *X11User.dmg* (Mac OS X 10.3 und 10.4) nachinstallieren.

Wenn X11 auf dem Mac eingerichtet ist, können Sie GIMP installieren. Die aktuelle Version des Mac-Ports finden Sie unter *www.gimp.org/macintosh/*. Auch hier ist es sinnvoll, Ghostscript (ESP Ghostscript) zu installieren, falls Sie die Postscript-Fähigkeiten benötigen. Ebenfalls empfiehlt es sich, den Druckertreiber Gutenprint (*http://gimp-print.sourceforge.net/MacOSX.php3*) einzurichten. Dieser enthält derzeit (Version 5.1.7) unter Mac OS X über 700 Druckertreiber für GIMP.

Mittlerweile gibt es schon erste native Portierungen (also ohne X11) von GIMP auf Mac OS X. Wer des Englischen mächtig ist und auf »Gefrickel« steht, der findet hierzu unter *http://wiki.gimp.org/gimp/HowToCompileGimp/MacOSX* eine hilfreiche Anleitung.

GIMP starten

▲ **Abbildung 2**
Startfenster von GIMP

> **Programmstart unter Vista**
> GIMP benötigt unter Vista mehr Zeit, um die Schriftarten zu finden. Dieser Vorgang kann zwischen 90 Sekunden und 5 Minuten dauern.

Das Programm lässt sich ganz einfach mit einem Doppelklick auf das GIMP-Icon auf dem Desktop starten. Alternativ finden Sie das Programm bei MS-Windows auch über START • PROGRAMME • GIMP • GIMP2.

Unter Linux verhält es sich ähnlich. Allerdings hängt das Klickverhalten von der Distribution und dem Fenstermanager (KDE, GNOME und anderen) ab. Meistens finden Sie auch hier ein Start-Symbol, das alle Programme auflistet. GIMP befindet sich gewöhnlich in GRAFIK oder GRAFIK & MULTIMEDIA. Alternativ können Sie GIMP auch über eine Konsole mit der Eingabe »GIMP« starten.

Nach dem Öffnen von GIMP sehen Sie ein Startfenster, das anzeigt, welche Arbeitsdaten gerade geladen werden (siehe Abbildung 2). Unter Windows Vista kann der Programmstart ein wenig länger dauern, so dass das Startfenster von GIMP »Keine Rückmeldung« anzeigt. Gegebenenfalls meldet Vista auch, dass das Programm nicht mehr reagiert. Sie können es dann entweder beenden oder auf Antwort warten. Das Problem sollte bei neueren GIMP-Versionen allerdings nicht mehr auftreten. Sollte bei der Installation trotzdem etwas nicht auf Anhieb klappen, so können Sie mich über den Verlag kontaktieren, oder Sie informieren sich im deutschsprachigen Forum *www.gimpusers.de* über mögliche Lösungen.

Die Arbeitsoberfläche von GIMP

Beim Start von GIMP baut sich die Arbeitsoberfläche auf. Hierbei öffnen sich mehrere Dialoge, mindestens der Werkzeugkasten beziehungsweise die Werkzeugpalette (siehe Abbildung 3) und das Bildfenster (siehe Abbildung 4).

Wer hier vielleicht Vorgängerversionen von GIMP (beispielsweise Version 2.4) kennt, dem wird aufgefallen sein, dass die Benutzeroberfläche geändert wurde. In früheren Versionen konnte man einen Teil des Menüs auch noch über die Werkzeugleiste steuern, was häufig gerade Einsteiger verwirrte, weil einige Einträge doppelt vorhanden waren. Jetzt wird das Menü nur noch über das Bildfenster (oder auch Hauptfenster) gesteuert, dieses ist also immer neben der Werkzeugleiste geöffnet. GIMP wird beendet, wenn Sie entweder die Werkzeugpalette oder das Bildfenster schließen.

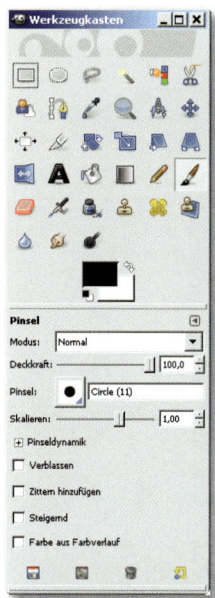

▲ **Abbildung 3**
Der Werkzeugkasten von GIMP

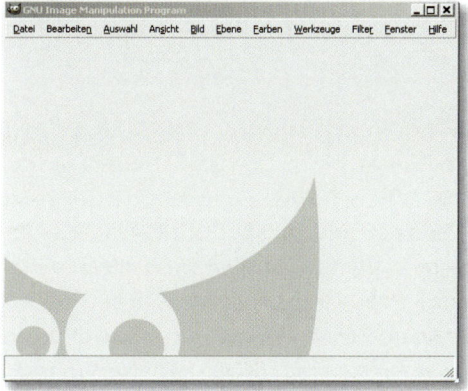

◄ **Abbildung 4**
Das Bildfenster von GIMP

Sollte dieser Dialog nicht angezeigt werden, können Sie ihn über das Menü FENSTER • KÜRZLICH GESCHLOSSENE DOCKS wieder öffnen. Alternativ können Sie natürlich jederzeit nur denjenigen andockbaren Dialog in einem gesonderten Fenster öffnen, den Sie im Augenblick benötigen. Die Dialoge finden Sie über das Bildfenstermenü FENSTER • ANDOCKBARE DIALOGE.

Einstellungen an GIMP vornehmen

Wenn Sie GIMP Ihren eigenen Bedürfnissen anpassen möchten, können Sie im Bildfenster (siehe Abbildung 4) über das Menü BEARBEITEN • EINSTELLUNGEN einen Dialog dazu öffnen (siehe Abbildung 6).

Die Einstellungswerte werden in der Datei *gimprc* in Ihrem persönlichen GIMP-Verzeichnis gespeichert. Wahrscheinlich werden Sie zunächst mit den Grundeinstellungen zufrieden sein. Wenn die Bearbeitung von Bildern allerdings langsam und zäh vorangeht, können Sie durchaus etwas am Ressourcenverbrauch im Menü UMGEBUNG »schrauben«.

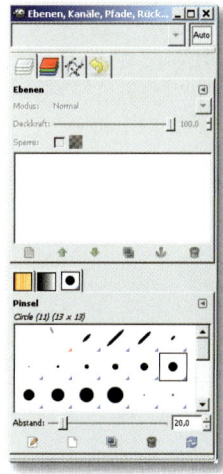

▲ **Abbildung 5**
Über diesen Dialog lassen sich viele andockbare Dialog aus dem Menü FENSTER • ANDOCKBARE DIALOGE hinzufügen und entfernen.

Abbildung 6 ▶
Das Menü EINSTELLUNGEN

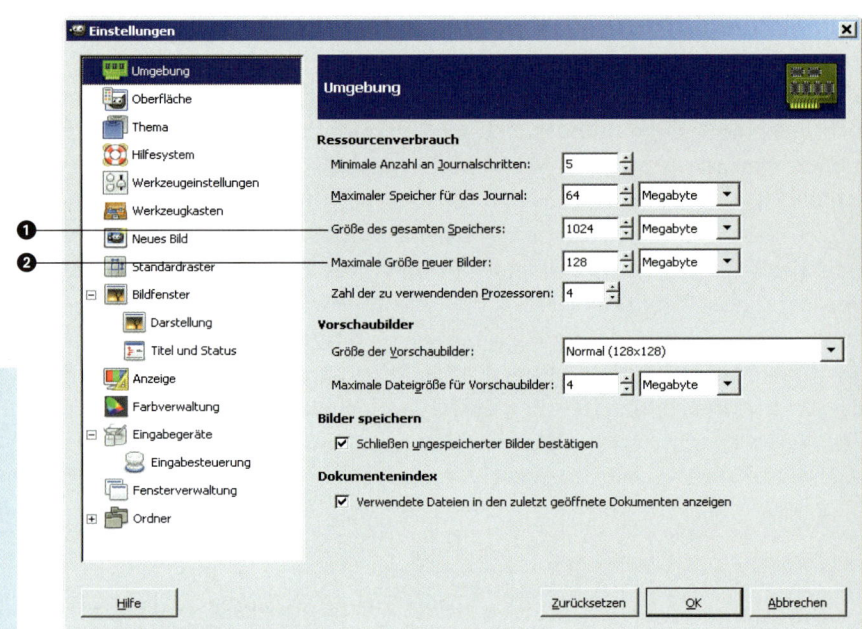

Hardware
GIMP hat keine Mindestanforderung, was die Hardware betrifft. Wer allerdings große Digitalfotos bearbeiten will, sollte schon einen Rechner mit schnellem Prozessor und vor allem ausreichendem Arbeitsspeicher haben. Hierbei gilt: Je besser der Rechner, umso besser arbeitet GIMP.

Wichtig sind hierbei die Einträge GRÖSSE DES GESAMTEN SPEICHERS ❶ und MAXIMALE GRÖSSE NEUER BILDER ❷. Die Größe des gesamten Speichers legt die Größe fest, die GIMP für Bilder reserviert. Benötigt GIMP mehr Platz, wird der zusätzlich benötigte Speicher auf die Festplatte ausgelagert – diese ist aber erheblich langsamer als der Arbeitsspeicher. Sie sollten dort also mindestens die Hälfte des vorhandenen Arbeitsspeichers Ihres Rechners eintragen. Die maximale Größe des Bildes gibt an, wie viel Megabyte an Arbeitsspeicher ein Bild in GIMP maximal verwenden darf. Wird dieser Wert überschritten, fragt das Programm nach, ob Sie fortfahren möchten. Wenn Sie das bejahen, verlagert GIMP die restlichen Daten auf die Festplatte, was zu erheblichen Geschwindigkeitseinbußen führt.

Natürlich lässt sich bei den Optionen noch weitaus mehr einstellen: eigene Tastaturkürzel, Farbanpassungen und vieles mehr. Falls Sie diese Möglichkeiten nutzen möchten, finden Sie mehr Details dazu in der Online-Hilfe von GIMP (F1) beziehungsweise auf *http://docs.gimp.org/de/*).

Werkzeugkasten von GIMP
Die Werkzeugpalette (siehe Abbildung 7) von GIMP ist eine wichtige »Schaltzentrale« der Software, von der alle anderen Dialoge abhängig sind. Aufteilen lässt sich der Werkzeugkasten in zwei Hauptbereiche: die Werkzeugsymbole ❸ und die Werkzeugeinstellungen ❹. Natürlich lässt sich die Palette jederzeit den eigenen Bedürfnissen und Wünschen anpassen.

Werkzeugsymbole | Die Werkzeuge, die Ihnen für die Bildbearbeitung zur Verfügung stehen, finden Sie als Icons im Werkzeugkasten. Die unten stehende Tabelle gibt Ihnen eine kurze Übersicht über die einzelnen Symbole, ihre Bezeichnung und gegebenenfalls ihre Bedeutung. Viele dieser Werkzeuge lassen sich auch mit einer Taste beziehungsweise einer Tastenkombination anwählen, die Sie ebenfalls in der Tabelle aufgelistet finden.

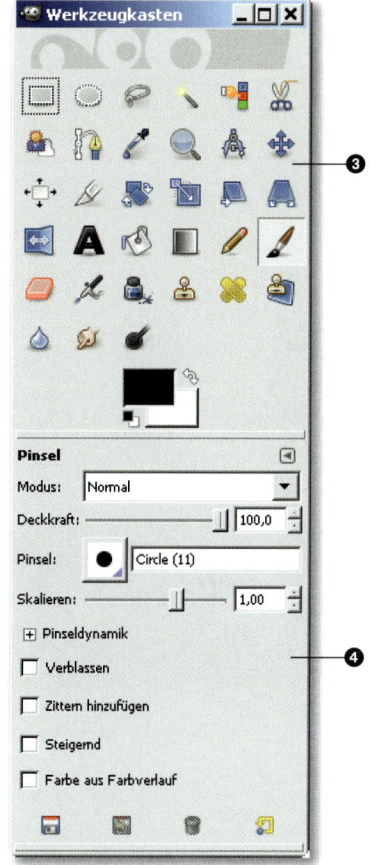

▲ **Abbildung 7**
Der Werkzeugkasten in GIMP

Symbol	Taste	Bedeutung
	R	RECHTECKIGE AUSWAHL
	E	ELLIPTISCHE AUSWAHL
	F	FREIE AUSWAHL
	U	ZAUBERSTAB einen zusammenhängenden Bereich ähnlicher Farben auswählen
	⇧ + O	NACH FARBE AUSWÄHLEN Bildbereiche mit ähnlichen Farben auswählen
	I	MAGNETISCHE SCHERE eine Form entlang der Kanten auswählen
	keine	VORDERGRUNDAUSWAHL (neu seit GIMP 2.4)
	B	PFADE erstellen und bearbeiten
	O	FARBPIPETTE *Farben aus dem Bild aufnehmen*
	Z +/−	VERGRÖSSERUNG/VERKLEINERUNG
	⇧ + M	MASSBAND Abstände und Winkel messen
	M	Ebene, Auswahl oder anderes Objekt VERSCHIEBEN
	Q	Ebenen oder andere Objekte AUSRICHTEN und anordnen (neu seit GIMP 2.4)
	⇧ + C	ZUSCHNEIDEN Bereiche von Bild oder Ebene entfernen
	⇧ + R	DREHEN
	⇧ + T	SKALIEREN
	⇧ + S	SCHEREN
	⇧ + P	PERSPEKTIVE einer Ebene, Auswahl oder eines Pfades verändern (verzerren)

◀ **Tabelle 1**
Werkzeugsymbole und ihre Bedeutung

Kapitel 1 | GIMP im Überblick

Tabelle 1 ▶
Werkzeugsymbole und ihre Bedeutung (Fortsetzung)

Symbol	Taste	Bedeutung
	⇧ + F	horizontales oder vertikales SPIEGELN von Ebenen, Auswahlen oder Pfaden
	T	Ebene mit TEXT anlegen oder bearbeiten
	⇧ + B	Auswahl mit einer Farbe oder einem Muster FÜLLEN
	L	Auswahl mit einem FARBVERLAUF füllen
	N	STIFT Striche mit einer harten Kante zeichnen
	P	PINSEL Striche mit einer weichen Kante zeichnen
	⇧ + E	RADIERER Bildbereiche bis zum Hintergrund oder bis zur Transparenz löschen
	A	SPRÜHPISTOLE mit einem Pinsel unter variablem Druck sprühen
	K	TINTE Kalligrafie zeichnen
	C	KLONEN mit einem Pinsel ausgewählte Bildbereiche oder Muster kopieren
	H	HEILEN Unregelmäßigkeiten im Bild verbessern (neu seit GIMP 2.4)
	keine	PERSPEKTIVISCHES KLONEN Mischung aus Klonen und perspektivischem Verzerren (neu seit GIMP 2.4)
	⇧ + U	mit einem Pinsel WEICHZEICHNEN oder SCHÄRFEN
	S	mit einem Pinsel VERSCHMIEREN
	⇧ + D	ABWEDELN/NACHBELICHTEN Bildbereiche mit einem Pinsel aufhellen oder abdunkeln

TIPP
Sie können sich die ausgeblendeten Werkzeugeinstellungen schneller anzeigen lassen, indem Sie auf das entsprechende Symbol im Werkzeugkasten doppelklicken.

Übungen
Bevor Sie mit den Workshops beginnen, sollten Sie sich mit GIMP etwas vertraut machen. Öffnen Sie einfach ein Bild, und probieren Sie die im Folgenden erläuterten Kommandos aus.

Wenn Sie eines dieser Werkzeugsymbole anklicken, finden Sie unter der Werkzeugpalette einen weiteren Dialog mit den WERKZEUGEINSTELLUNGEN. Jedes Werkzeug in GIMP verfügt über eine ganze Reihe Optionen. Sollten bei Ihnen an dieser Stelle keine Einstellungen angezeigt werden, so können Sie diesen Dialog über FENSTER • ANDOCKBARE DIALOGE • WERKZEUGEINSTELLUNGEN einblenden und an der gewünschten Stelle andocken.

GIMP-Hilfe

Die mitgelieferte Hilfe von GIMP stellt tatsächlich eine große Unterstützung dar, und Sie sollten sie im eigenen Interesse installieren. Alternativ finden Sie die aktuelle Online-Dokumentation der Hilfe (auch zum Download) unter der URL *http://docs.gimp.org/de/*, die stets erweitert und gepflegt wird.

Aufrufen können Sie die Hilfe über HILFE • HILFE oder mit der Taste F1. Daraufhin öffnet sich im Browser eine Übersicht über alle Einträge der Dokumentation.

Benötigen Sie hingegen Hilfe bei einem bestimmten Werkzeug, dann können Sie die Kontexthilfe verwenden. Die Kontexthilfe aktivieren Sie über das Menü HILFE • KONTEXTHILFE. Nun befindet sich neben dem Mauscursor ein Fragezeichen. Klicken Sie damit auf ein Werkzeugelement, über das Sie gerne mehr erfahren wollen, und es erscheint die entsprechende Hilfe dazu im Browser.

Bei vielen Dialogfenstern von Funktionen und Filtern (zum Beispiel Abbildung 8) finden Sie ebenfalls eine HILFE-Schaltfläche, über die Sie direkt zum entsprechenden Eintrag gelangen.

Da Sie sich bereits ein wenig mit der Oberfläche von GIMP vertraut gemacht haben, sollten Sie langsam zur Praxis schreiten. Auf den nächsten Seiten zeige ich Ihnen, wie Sie ein Bild in GIMP laden, bearbeiten und abschließend speichern. Natürlich gehe ich auch auf das Bildfenster, die eigentliche Arbeitsfläche, ein. Sollten Sie diese grundlegenden Vorgänge mit GIMP bereits beherrschen, können Sie gleich mit den Workshops fortfahren.

Ein Bild öffnen

Um ein Bild zu öffnen, müssen Sie im Bildfenster das Menü DATEI • ÖFFNEN anwählen. Anschließend sollte der Dialog BILD ÖFFNEN erscheinen (siehe Abbildung 9 auf der nächsten Seite), über den Sie die gewünschte Datei auswählen können.

Ganz oben finden Sie eine Leiste ❺, die das Verzeichnis anzeigt, in dem Sie sich gerade befinden. Das Listenfeld ORTE ❷ ist eine Art Lesezeichen, das den schnellen Zugriff auf häufig benutzte Verzeichnisse und Laufwerke ermöglicht. Einige Lesezeichen erstellt GIMP automatisch. Andere können Sie über die Schaltfläche HINZUFÜGEN ❸ erzeugen, wenn Sie sich in dem entsprechenden Verzeichnis befinden.

In der Mitte des Dialogs ❶ ist der Inhalt des ausgewählten Verzeichnisses angezeigt. Per Voreinstellung werden hier alle Bilder aufgelistet. Sie können den Inhalt aber auch mit Hilfe des Drop-down-Menüs ❼ nach einem bestimmten Datenformat filtern.

GIMP-Hilfe

Das Tolle an der Hilfe ist, dass viele Beschreibungen über den Tellerrand von GIMP hinausgehen: Die Anleitung beinhaltet beispielsweise auch den Bildaufbau, die Farbmodelle CMYK und RGB sowie vieles mehr. Funktionsbeschreibungen werden zur Verdeutlichung zusätzlich mit Bildern veranschaulicht.

Tastenkürzel für die KONTEXTHILFE:
⇧ + F1

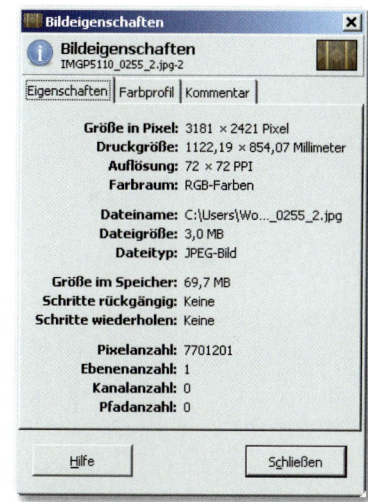

▲ **Abbildung 8**
Klicken Sie die HILFE-Schaltfläche im Dialog BILDEIGENSCHAFTEN an, um Erläuterungen zu den Einträgen zu erhalten.

Tastenkürzel für BILD ÖFFNEN:
Strg + O

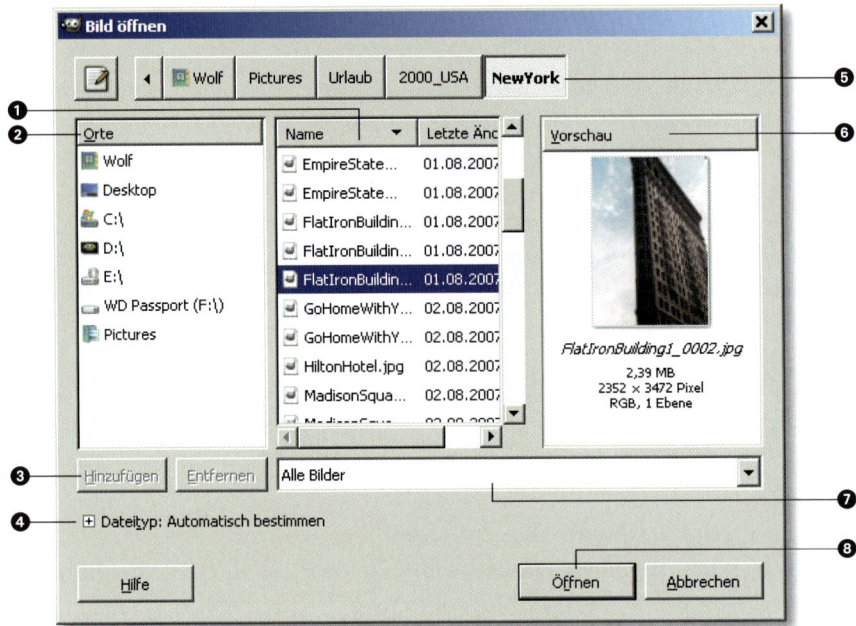

Abbildung 9 ▶
Dialog zum Öffnen von Bildern

Wenn Sie im mittleren Dialog auf eine Bilddatei klicken, erscheint auf der rechten Seite eine Vorschau ❻ mit Informationen zu diesem Bild. Sollten Sie es gewohnt sein, die Bilder über die Tastatur aufzurufen, können Sie mit der Tastenkombination [Strg] + [L] ein Editierfeld unterhalb der Verzeichnisleiste öffnen, in das Sie den Dateinamen eingeben können.

Wenn Sie eine Datei ausgewählt haben, klicken Sie entweder doppelt auf den Dateinamen oder bestätigen Sie mit der Schaltfläche ÖFFNEN ❽. Sollte GIMP den Dateityp nicht automatisch erkennen, können Sie ihn durch eine explizite Auswahl über DATEITYP: AUTOMATISCH BESTIMMEN ❹ angeben.

Nachdem Sie das Bild geöffnet haben, erscheint das Bildfenster, Ihre eigentliche Arbeitsfläche in GIMP (siehe Abbildung 11). Bevor ich detailliertert auf das Bildfenster eingehe, möchte ich Ihnen noch zwei Tipps geben, deren Umsetzung in die Praxis Ihnen so manchen Ärger erspart: Nutzen Sie die Funktionen JOURNAL und BILD DUPLIZIEREN.

Tastenkürzel für RÜCKGÄNGIG:
[Strg] + [Z]

Journal | Öfter als Ihnen lieb ist, werden Sie Änderungen an einem Bild rückgängig machen wollen. Hierfür steht Ihnen über das Menü des Bildfensters das Kommando RÜCKGÄNGIG zur Verfügung. Dieses können Sie über BEARBEITEN • RÜCKGÄNGIG ausführen. Noch mehr Komfort bietet das JOURNAL, das Sie sich über BEARBEITEN • JOURNAL oder über ANDOCKBARE DIALOGE • JOURNAL anzeigen lassen können (siehe Abbildung 10).

Im Journal können Sie sich aussuchen, zu welchem Bearbeitungsschritt Sie zurückgehen wollen. Dort können Sie auch gleich überprüfen, ob der zuletzt ausgeführte Schritt eine Verbesserung gebracht hat. Per Voreinstellung lassen sich fünf Arbeitsschritte rückgängig machen. In der Praxis erweist sich dieser Wert aber meistens als zu gering. Am besten erhöhen Sie ihn bei den Einstellungen (siehe Seite 20) über die Werkzeugpalette im Menü DATEI • EINSTELLUNGEN und setzen bei UMGEBUNG den Wert für MINIMALE ANZAHL AN JOURNAL-SCHRITTEN auf 20 bis 25 Arbeitsschritte oder mehr. Sinnvollerweise sollten Sie gleich etwas mehr Speicher für das Journal reservieren.

▲ **Abbildung 10**
Das Journal-Protokoll

◄ **Abbildung 11**
Das Bildfenster

Bild duplizieren | Wenn viele Bearbeitungsschritte nötig sind, ist es besser, dafür nicht das Originalbild zu verwenden. Stattdessen sollten Sie die erforderlichen Korrekturen in einer kopierten Datei durchführen. Auf diese Art und Weise stellen Sie sicher, dass Sie sich nicht eine gelungene Aufnahme aus Versehen »verhunzen«. Außerdem können Sie so verschiedene Bearbeitungsvarianten ausprobieren und miteinander vergleichen. Eine Kopie lässt sich ganz leicht und schnell über das Bildfenstermenü BILD • DUPLIZIEREN erstellen.

Tastenkürzel für DUPLIZIEREN:
Strg + D

Das Bildfenster – die Hauptarbeitsfläche

Wenn Sie ein Bild geöffnet haben, erscheint das Bildfenster (Abbildung 12). In der blauen Titelleiste des Bildfensters steht der Name des Bildes ❶, seine Größe ❸ und der Farbmodus ❷. Darunter finden Sie eine Menüleiste ❹ mit Kommandos, auf die ich in den folgenden Abschnitten noch etwas genauer eingehe. Sämtliche Menüs lassen sich auch als Kontextmenü ❻ mit einem rechten Mausklick auf das Bild aufrufen. Außerdem lässt sich das Bildmenü mit einem Klick auf die Menüschaltfläche ❺ in der linken oberen Ecke bei den Linealen aktivieren.

Eintastenmaus
Apple-Besitzer mit einer Eintastenmaus können das Kontextmenü durch ⌃Strg+Mausklick erreichen.

Menüschaltfläche: ⇧ + F10

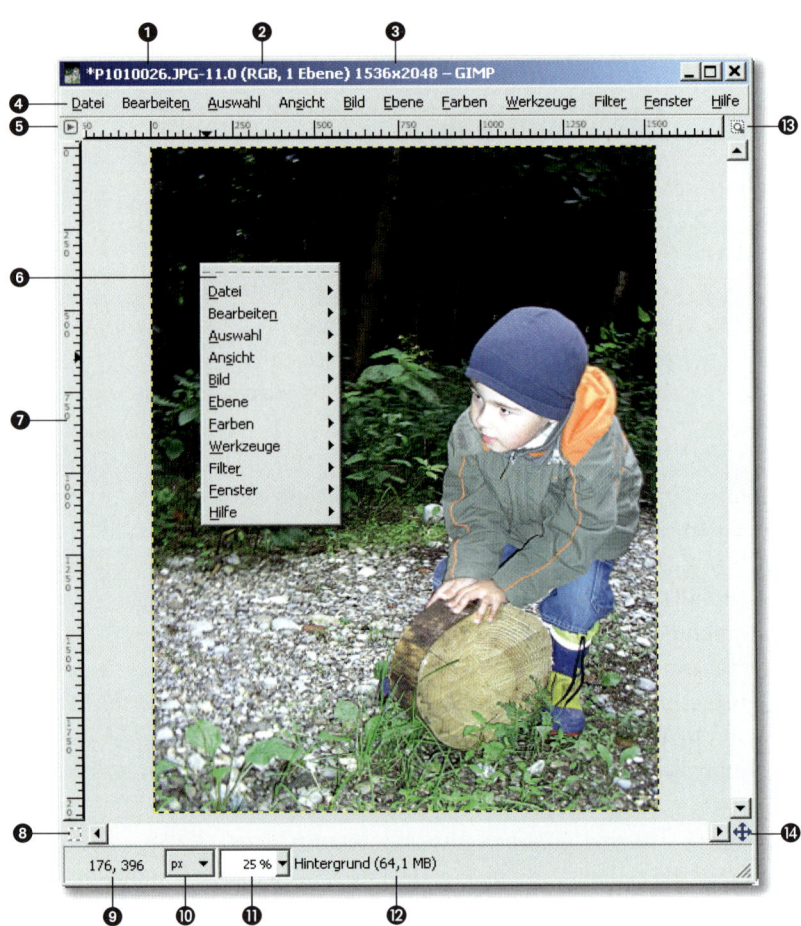

Abbildung 12 ▶
Das Bildfenster – Ihre eigentliche Arbeitsfläche

Hilfslinien (nicht) anzeigen:
⇧ + Strg + T
Schnellmaske (de)aktivieren:
⇧ + Q

Über dem Bild und auf der linken Seite finden Sie jeweils ein Lineal ❼. Wenn Sie mit dem Mauszeiger auf ein Lineal klicken, können Sie mit gedrückter Maustaste Hilfslinien in das Bild ziehen. Links unten finden Sie eine kleine Schaltfläche ❽, mit der Sie die Ansicht zwischen Auswahl- und Schnellmaskenmodus ändern können. Die Schaltfläche rechts unten ⓮ zeigt Ihnen ein Übersichtsbild an, das besonders praktisch ist, wenn Sie tief in das Bild hineingezoomt haben. So können Sie nämlich leichter erkennen, wo genau Sie sich befinden und wie sich die vorgenommenen Änderungen auf das Bild ausgewirkt haben.

Unten in der Statuszeile finden Sie von links nach rechts die aktuelle Cursorposition ❾ (X/Y-Koordinaten), die Maßeinheit der Lineale ❿ (Standard ist Pixel), den aktuellen Zoomfaktor ⓫ (der sich hier auch gleich verändern lässt) und die Dateigröße ⓬ der Bilddarstellung.

Rechts oben neben dem horizontalen Lineal befindet sich eine kleine Lupe ⓭, die, wenn Sie sie aktiviert haben, die Bildgröße automatisch verändert, wenn Sie das Bildfenster vergrößern beziehungsweise verkleinern.

In den folgenden Abschnitten gehe ich auf die Menüleiste des Bildfensters ein. Eine Anmerkung vorweg: Die Abbildungen der Menüs im Buch entsprechen nicht unbedingt denen Ihrer GIMP-Version. GIMP lässt sich ja durch viele Plug-ins erweitern, weshalb sich bei Ihnen eventuell noch mehr Kommandos befinden.

Menü »Datei«
Im Menüpunkt DATEI des Bildfensters finden Sie alle Kommandos zum Anlegen, Laden, Speichern, Drucken und Schließen von Bilddateien (siehe Abbildung 13). Die Kommandos des Menüs DATEI sprechen eigentlich für sich, da sie den Dateimenüs entsprechen, die Sie wahrscheinlich bereits aus anderen Anwendungen kennen.

Öffnen | Mit dem Kommando NEU erstellen Sie ein neues Bild. Im sich daraufhin öffnenden Einstellungsdialog können Sie die Eigenschaften des Bildes festlegen. Die Anzahl der neu anzulegenden Bilder ist nur durch den bereitgestellten Haupt- und Festplattenspeicher begrenzt.

Im Untermenü NEU finden Sie Kommandos, um ein Bildschirmfoto zu erstellen oder um Bilder von Ihrer Digitalkamera beziehungsweise einem Scanner einzulesen. Die geladenen Bilder werden direkt in GIMP geöffnet. Mit dem Kommando AUS ZWISCHENABLAGE kann ein Bild aus der Zwischenablage geöffnet werden. Ebenfalls finden Sie hier sehr viele nützliche Helfer um Logos, Schaltflächen oder Muster zu generieren.

Ein Bild können Sie über das Bildfenster öffnen mit DATEI • ÖFFNEN. Ähnlich funktioniert das Kommando ALS EBENE ÖFFNEN. Allerdings wird hier die Datei dem aktuellen Bild als neue Ebene hinzugefügt. Mit dem Kommando ADRESSE ÖFFNEN können Sie ein Bild über eine angegebene URL öffnen, also direkt aus dem Internet auf ein Bild zugreifen.

Das Untermenü ZULETZT GEÖFFNET listet Ihnen die letzten verwendeten Bilder auf. So sind Sie in der Lage, schnell auf diese Dateien zuzugreifen, ohne gleich DATEI • ÖFFNEN verwenden zu müssen. Finden Sie Ihr Bild dort nicht, können Sie auch den Dialog DOKUMENTENINDEX öffnen.

▲ **Abbildung 13**
Das Bildfenstermenü: DATEI

DATEI • NEU: ⌊Strg⌋ + ⌊N⌋

DATEI • NEU • AUS:
⌊⇧⌋ + ⌊Strg⌋ + ⌊N⌋

DATEI • ÖFFNEN: ⌊Strg⌋ + ⌊O⌋

Zugriff: DOKUMENTENINDEX
ANDOCKBARE DIALOGE • DOKUMENTENINDEX

Kapitel 1 | GIMP im Überblick **27**

SPEICHERN: `Strg` + `S`

SPEICHERN UNTER: `Strg` + `⇧` + `S`

Zugriff: VORLAGEN
ANDOCKBARE DIALOGE • VORLAGEN

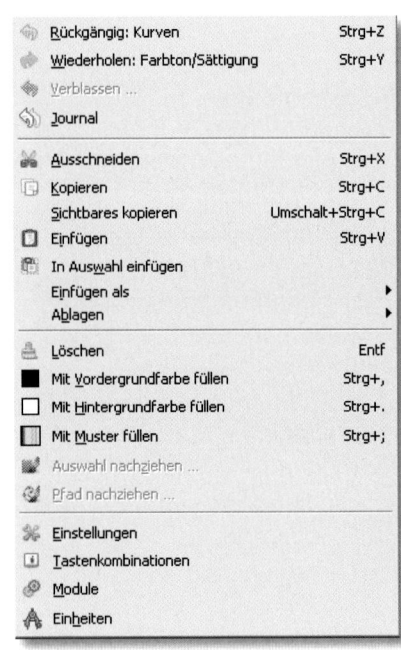

▲ **Abbildung 14**
Bildfenstermenü: BEARBEITEN

SCHLIESSEN: `Strg` + `W`

ALLE SCHLIESSEN: `Strg` + `⇧` + `W`

BEENDEN: `Strg` + `Q`

Speichern | Um Änderungen zu sichern, verwenden Sie das Kommando SPEICHERN. Haben Sie das Bild bereits zuvor unter einem Namen gespeichert, wird es bei einem erneuten Aufruf des Kommandos überschrieben. Wurde das Bild zuvor noch nicht gespeichert, öffnet sich der Dialog zum Speichern des Bildes.

Das Kommando SPEICHERN UNTER ist dem Befehl SPEICHERN recht ähnlich. Der Unterschied der beiden Aktionen besteht darin, dass bei SPEICHERN UNTER immer ein Dialogfenster zum Speichern angezeigt wird. Dies wird benötigt, wenn Sie das Bild unter einem anderen Namen oder in einem anderen Format speichern möchten.

Ein weiterer Befehl zum Speichern ist KOPIE SPEICHERN UNTER. Das geöffnete Bild behält dann seinen ursprünglichen Namen und Änderungsstatus bei. Das Kommando ALS VORLAGE SPEICHERN erzeugt eine Vorlage aus der Größe und dem Farbraum des aktuellen Bildes. Die so gespeicherte Vorlage steht Ihnen daraufhin im Dialogfenster des Kommandos NEU unter VORLAGEN zur Auswahl. Um sich einen Überblick über die vorhandenen Vorlagen zu verschaffen oder um diese umzubenennen beziehungsweise zu löschen, verwenden Sie den Dialog VORLAGEN.

Mit dem Kommando WIEDERHERSTELLEN (früher ZURÜCKSETZEN) können Sie ein geöffnetes Bild neu laden. Dabei werden alle Bearbeitungsschritte seit dem letzten Abspeichern rückgängig gemacht.

Drucken und Schließen | Ausdrucken können Sie das aktuelle Bild mit dem Kommando DRUCKEN. Das folgende Dialogfenster gehört nicht zu GIMP, sondern es handelt sich dabei um den Druckmanager Ihres Betriebssystems. Dieses können Sie natürlich wie gewohnt einstellen und verwenden. Mit SEITE EINRICHTEN können Sie die Seitengröße und Ausrichtung für den Druck anpassen.

Mit dem Befehl SCHLIESSEN wird das Bildfenster geschlossen. Achtung: Ist das Bildfenster einmal geschlossen, steht Ihnen bei späterer Bearbeitung kein Journal mehr zur Verfügung. Wenn das Bild noch ungespeicherte Änderungen enthält, werden Sie gewarnt und können so das Bild noch abspeichern.

Vorsicht auch mit dem Dateiformat: Es gibt Formate, die keine Transparenz oder Ebenen kennen. Wenn Sie das nicht beachten, sind diese Eigenschaften anschließend verloren. Häufig empfiehlt es sich, zunächst eine Kopie im GIMP-eigenen XCF-Format zu erstellen.

Ähnlich verhält es sich mit dem Kommando ALLE SCHLIESSEN, mit dem einzigen Unterschied, dass GIMP nun versucht, alle vorhandenen Bildfenster zu schließen. Natürlich gibt GIMP auch in diesem Fall Warnmeldungen aus, falls die Änderungen noch nicht gespeichert wurden.

Mit BEENDEN können Sie GIMP schließen. Wenn es noch geöffnete Bildfenster mit ungespeicherten Änderungen gibt, erhalten Sie auch hier eine Warnmeldung und haben so noch die Möglichkeit, das Bild zu speichern.

Menü »Bearbeiten«

Auch im Menü BEARBEITEN (siehe Abbildung 14) finden Sie viele Befehle, die Sie von anderen Anwendungen in ähnlicher Form sicherlich schon kennen.

Aktionen zurücknehmen | Zunächst ist hier das Kommando RÜCKGÄNGIG zu nennen, das Ihnen erlaubt, einzelne Aktionen wieder zurückzunehmen. Wie viele Schritte sich GIMP merken soll, können Sie bei den EINSTELLUNGEN im Bereich UMGEBUNG festlegen (siehe Seite 20).

Mit dem Kommando WIEDERHERSTELLEN stellen Sie rückgängig gemachte Aktionen wieder her. Für einen besseren Überblick empfiehlt es sich, das JOURNAL einzublenden (siehe Seite 25, Abbildung 10).

Das Kommando VERBLASSEN können Sie verwenden, um den Effekt eines Filters abzuschwächen. Sie können den Effekt damit langsam wieder bis zum Stand des Ursprungsbildes zurücknehmen. Darüber hinaus bieten sich Ihnen dabei interessante Umstellungsmodi.

RÜCKGÄNGIG: `Strg` + `Z`

WIEDERHERSTELLEN: `Strg` + `Y`

Auswahlen bearbeiten | Wichtig sind in diesem Menü auch die Kommandos zum KOPIEREN, AUSSCHNEIDEN und EINFÜGEN. Beachten Sie bei diesen Aktionen, dass immer der ausgewählte Bereich in der aktiven Ebene kopiert beziehungsweise ausgeschnitten wird. Wurde kein gesonderter Bereich markiert, bezieht sich das Kommando auf das ganze Bild beziehungsweise die ganze Ebene. Falls die Ebene einen Alphakanal hat, wird die ausgeschnittene Auswahl transparent, ansonsten wird sie mit der Hintergrundfarbe aufgefüllt.

Wie es sich für ein Bildbearbeitungsprogramm gehört, gibt es neben dem üblichen Kopieren, Ausschneiden und Einfügen auch spezielle Kommandos, die die von Ihnen getroffene Auswahl oder sogar das ganze Bild in ein neues Bildfenster einfügen. Unterhalb von EINFÜGEN ALS finden Sie weitere Kommandos zum Einfügen aus der Zwischenablage als neues Bild, Ebene, Pinsel oder Muster. Unter ABLAGEN können Sie Bilder oder Bildbereiche verschieben oder kopieren und natürlich auch von dort aus wieder einfügen. Den Dialog der Ablagen können Sie jederzeit auch über FENSTER • ANDOCKBARE DIALOGE • ABLAGEN anzeigen lassen.

KOPIEREN: `Strg` + `C`
AUSSCHNEIDEN: `Strg` + `X`
EINFÜGEN: `Strg` + `V`

> **Alphakanal**
> Der Alphakanal einer Ebene beinhaltet die Informationen zur Transparenz von Pixeln. Beispielsweise müssen freigestellte Ebenenelemente über einen Alphakanal verfügen, damit sie die darunterliegende Ebene nicht komplett verdecken.

Auswahlen löschen und füllen | Ähnlich wie AUSSCHNEIDEN funktioniert auch das Kommando LÖSCHEN, allerdings mit dem Unterschied, dass die Auswahl hier nicht in der Zwischenablage gespeichert wird.

Um eine aktive Auswahl mit einer bestimmten Farbe oder einem ausgewählten Muster zu füllen, werden die Kommandos MIT VORDERGRUNDFARBE FÜLLEN, MIT HINTERGRUNDFARBE FÜLLEN und MIT MUSTER FÜLLEN verwendet. Wenn keine Auswahl vorhanden ist, füllt GIMP das ganze Bild beziehungsweise die ganze Ebene.

LÖSCHEN: `←` bzw. `Entf`

Kapitel 1 | GIMP im Überblick

MIT VORDERGRUNDFARBE FÜLLEN:
`Strg` + `,`
MIT HINTERGRUNDFARBE FÜLLEN:
`Strg` + `.`
MIT MUSTER FÜLLEN:
`Strg` + `⇧` + `,`

Pfade
Bei der Erstellung von Grafiken kommen Pfade zum Einsatz. Pfade sind Linien und Kurven, die nicht aus Pixeln bestehen und die daher verlustfrei skaliert werden können. Pfade werden Sie in den Workshops nicht benötigen, weshalb Sie bei bestehendem Interesse dazu die Online-Dokumentation `F1` von GIMP lesen sollten.

ALLES AUSWÄHLEN: `Strg` + `A`
NICHTS AUSWÄHLEN:
`Strg` + `⇧` + `A`

▲ Abbildung 15
Bildfenstermenü: AUSWAHL

Wenn Sie einen Rahmen um Ihre Auswahl legen möchten, verwenden Sie das Kommando AUSWAHL NACHZIEHEN. Gleiches gilt für Pfade mit PFAD NACHZIEHEN. Bei beiden Kommandos stehen Ihnen in einem Dialog Optionen für das Erscheinungsbild des Rahmens zur Verfügung.

Unter EINSTELLUNGEN können Sie den Dialog für die Einstellungen von GIMP anzeigen lassen (siehe Seite 20, Abbildung 6). Eine Übersicht der Tastenkürzel erhalten Sie unter TASTENKOMBINATIONEN, dort können Sie, falls gewünscht, die Shortcuts auch ändern oder neu zuweisen. Sämtliche von GIMP verwendeten Maßeinheiten finden Sie unter EINHEITEN.

Menü »Auswahl«
Viele der Kommandos im Menü AUSWAHL (siehe Abbildung 15) können Sie erst erst anwählen, wenn Sie eine Auswahl in einer Datei erstellt haben.

Bildbereich auswählen | Eine Auswahl erzeugen Sie entweder mit einem der Werkzeuge, über das Menü des Bildfensters (WERKZEUGE • AUSWAHLWERKZEUGE) oder wenn Sie das Menü AUSWAHL • ALLES AUSWÄHLEN aufrufen. Sie können eine Auswahl deaktivieren, indem Sie auf AUSWAHL • NICHTS AUSWÄHLEN gehen.

Ein Kommando, von dem Sie beim Nachvollziehen der Workshops sicher auch des Öfteren Gebrauch machen werden, ist INVERTIEREN. Damit können Sie die aktuelle Auswahl umkehren. Das heißt, alles was im Bild zuvor innerhalb der Auswahl war, liegt jetzt außerhalb und umgekehrt. Dies ist zum Beispiel dann nützlich, wenn Sie ein Objekt in der Mitte ausgewählt und bearbeitet haben und daraufhin den Hintergrund verändern wollen.

Mit SCHWEBEND können Sie eine Auswahl verschieben und diese an einem anderen Platz ablegen. Die Auswahl NACH FARBE ist auch in der Werkzeugpalette enthalten. Hiermit können Sie Pixel im Bild nach einer bestimmten Farbe auswählen und bearbeiten. Um einen Pfad in eine Auswahl zu überführen, kann das Kommando VOM PFAD verwendet werden.

Das nächste Kommando AUSWAHLEDITOR öffnet ein weiteres Dialogfenster, in dem die aktive Auswahl des Bildes angezeigt wird. Sie haben damit einen einfachen Zugriff auf die wichtigsten Auswahlkommandos. Der Editor ist allerdings nicht zum direkten Bearbeiten einer Auswahl gedacht, sondern eher als Hilfe, wenn Sie eine Auswahl bearbeiten, da hier alle Auswahlkommandos als Schaltflächen zusammengefasst erscheinen.

Auswahlen bearbeiten | Das Kommando AUSBLENDEN werden Sie sicherlich häufiger benötigen. Nach dem Aufruf öffnet sich ein Dialog, in dem Sie einstellen können, wie breit die Auswahlkante in Pixel sein soll. Wenn Sie die Auswahlkante um mehrere Pixel ausblenden, bewirkt das, dass ein weicher Übergang zwischen der Auswahl und der Umgebung geschaffen wird. Rückgängig machen können Sie diesen Vorgang mit dem

Kommando SCHÄRFEN. Verwechseln Sie diesen Befehl aber nicht mit dem *Filter* SCHÄRFEN.

Um die Größe der im Bild befindlichen Auswahl zu verändern, stehen Ihnen die Kommandos VERGRÖSSERN und VERKLEINERN zu Verfügung. Dabei wird jeder Punkt der Auswahlbegrenzung um einen bestimmten Wert zu der nächstgelegenen Bildkante hin oder von ihr weg verschoben.

Mit dem Befehl RAND können Sie einen Rahmen um eine bestehende Auswahl erstellen. Die Form wird dann von der aktuellen Auswahl bestimmt. Die Breite des Randes geben Sie im sich öffnenden Dialogfeld an.

Möchten Sie eine Auswahl mit abgerundeten Ecken erstellen, müssen Sie nur das Kommando ABGERUNDETES RECHTECK wählen. In einem Dialogfeld können die Werte für das Abrunden angegeben werden. Natürlich ist es auch möglich, die Ecken konkav (nach innen) abzurunden.

Unter dem Befehl VERZERREN befindet sich nicht etwa der Filter, um den Inhalt der Auswahl zu verzerren. Mit diesem Kommando und im folgenden Dialogfeld verzerren Sie stattdessen die Auswahlmarkierung selbst. Am Ende des Menüs befinden sich des Weiteren Kommandos für das Umschalten der Schnellmaske, um die Auswahl in einen eigenem Kanal zu speichern und um eine Auswahl in einen Pfad umzuwandeln.

Menü »Ansicht«

Im Menüpunkt ANSICHT finden Sie alles rund um die Bilddarstellung auf dem Monitor (siehe Abbildung 16). Alles, was Sie hier einstellen, verändert also nicht das Bild an sich, sondern nur seine Darstellung.

Bilddarstellung verändern | Mit dem Kommando NEUE ANSICHT können Sie für das aktuelle Bild ein neues Bildfenster anzeigen lassen. Die neue Ansicht bietet Ihnen die Möglichkeit, die Veränderungen gleichzeitig in einer vergrößerten Ansicht zu überprüfen, in der Sie viele Details besser sehen können. Alle Änderungen, die Sie im Bild vornehmen, wirken sich gleichzeitig auch auf die NEUE ANSICHT aus.

Mit PUNKT FÜR PUNKT stellen Sie ein, ob sich die Vergrößerungsstufe auf die physische oder auf die logische Bildgröße beziehen soll. Ein Häkchen vor dem Menüpunkt bedeutet, dass bei einer Ansicht von 100 % jedes Bildpixel einem Bildschirmpixel entspricht. Dieser Modus ist weniger für die Bildbearbeitung gedacht, sondern eher für Webgrafiken oder Icons. Ich empfehle daher, das Häkchen zu entfernen.

Im Untermenü VERGRÖSSERUNG befinden sich weitere Kommandos, die die Vergrößerung der Bilddarstellung betreffen. Die aktuelle Zoomgröße finden Sie im Untermenü und in der Statuszeile unten im Bildfenster. Um in das Bild hinein- beziehungsweise aus ihm herauszuzoomen, bietet GIMP mehrere Wege, unter anderem die Lupe auf der Werkzeugpalette und das soeben erwähnte Untermenü im Bildfenster. Aber die wohl komfortabelste

AUSWAHL • INVERTIEREN:
`Strg` + `I`
AUSWAHL • SCHWEBEND:
`Strg` + `⇧` + `L`
AUSWAHL • NACH FARBE: `⇧` + `O`
AUSWAHL • VOM PFAD: `⇧` + `V`

SCHNELLMASKE UMSCHALTEN:
`Strg` + `Q`

Schnellmaske
Wenn Sie mit den normalen Auswahlwerkzeugen nicht mehr weiterkommen, finden Sie in der Schnellmaske ein hilfreiches Mittel. Die Maske legt sich in einem durchsichtigen Rotschleier über das Bild. Die Stellen, von denen Sie die Maske entfernen, können Sie mit den Malwerkzeugen bearbeiten. Die anderen Stellen bleiben geschützt. Weitere Infos finden Sie in der Online-Dokumentation von GIMP, die Sie über `F1` aufrufen können.

Zoomen
Der maximale Wert für das Einzoomen in das Bild liegt bei 25 600 %, der minimale Wert beim Auszoomen bei 0,39 %.

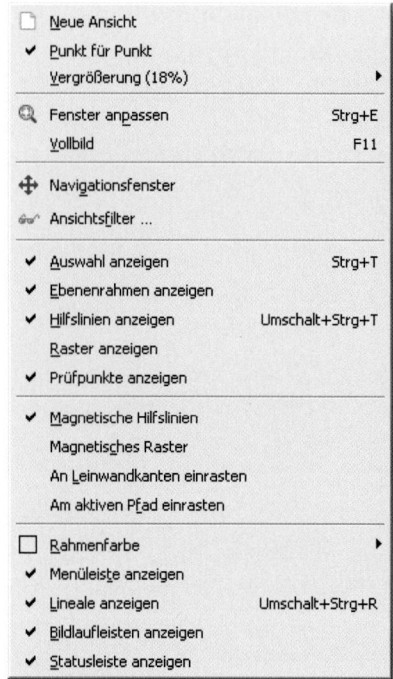

▲ Abbildung 16
Bildfenstermenü: Ansicht

Ansicht • Fenster anpassen:
Strg + E
Ansicht • Vollbild:
F11
Ansicht • Auswahl anzeigen:
Strg + T
Ansicht • Hilfslinien anzeigen:
Strg + ⇧ + T
Ansicht • Lineale anzeigen:
Strg + ⇧ + R

Bild • Duplizieren: Strg + D

Lösung sind die Tasten + zum Hinein- beziehungsweise - zum Herauszoomen. Um die Ansicht wieder an das Bild anzupassen, drücken Sie die Tastenkombination Strg + ⇧ + E oder Sie wählen den entsprechenden Befehl im Untermenü Vergrösserung. Eine Ansicht von 1:1 – also 100 % – können Sie sich auch mit der Taste 1 anzeigen lassen.

Um die Größe des Bildfensters anzupassen, benutzen Sie den Befehl Fenster anpassen. Damit wird die Größe des Bildfensters so eingestellt, dass das Bild in der ausgewählten Vergrößerungsstufe hineinpasst. Mit dem Kommando Vollbild schalten Sie den Vollbildmodus des Bildfensters ein beziehungsweise wieder aus. Unter Mac OS X gibt es diese Funktion leider nicht. Über Navigationsfenster können Sie einen Dialog zur Ansichtsnavigation öffnen. Damit können Sie durch das Bild navigieren, die Vergrößerung einstellen und den Bildausschnitt verschieben.

Mit dem Kommando Ansichtsfilter haben Sie die Möglichkeit, Ihre Bilder mit anderen Augen zu betrachten. Wollen Sie beispielsweise wissen, wie ein Mensch mit einer Farbenfehlsichtigkeit Ihr Bild sieht, aktivieren Sie den entsprechenden Ansichtsfilter. Daneben finden Sie unter anderem auch Filter für Gamma, Kontrast und Farbdruck.

Raster und Hilfslinien | Mit Auswahl anzeigen können Sie die gestrichelten Linien, die bei einer Auswahl angezeigt werden (»wandernde Ameisen« oder »Ameisenlinie« genannt), ein- beziehungsweise wieder ausschalten. Die gelb gestrichelte Linie, die eine Ebene umrandet, können Sie mit dem Befehl Ebenenrahmen anzeigen ein- und ausblenden. Über Hilfslinien anzeigen lassen sich die Hilfslinien ein- beziehungsweise ausschalten. Und mit Raster anzeigen können Sie ein Hilfsraster aktivieren.

Die Prüfpunkte lassen sich mit Prüfpunkte anzeigen ein- beziehungsweise ausstellen. Die Magnetische Hilfslinie können Sie über den gleichnamigen Befehl ein- und wieder ausblenden. Wenn Sie aktiviert ist, rastet der Mauszeiger auf den Hilfslinien ein, was die pixelgenaue Arbeit unterstützt. Ähnliches können Sie bewirken, wenn Sie das Magnetische Raster einblenden. Um den Effekt des magnetischen Rasters nutzen zu können, müssen Sie zusätzlich den Befehl Raster anzeigen aktiviert haben.

Zwei weitere Kommandos zum Einrasten stehen Ihnen mit An Leinwandkanten einrasten und Am aktiven Pfad einrasten zur Verfügung. Welche Farbe der Rahmen, der das Bild umgibt, haben soll, können Sie im Untermenü Rahmenfarbe einrichten. Schließlich können Sie noch mit Menüleiste anzeigen, Lineale anzeigen, Bildlaufleiste anzeigen und Statusleiste anzeigen einzelne Elemente des Bildfensters ein- oder ausblenden.

Menü »Bild«
Im Menü Bild finden Sie Kommandos rund um die Arbeit mit den Bilddateien (siehe Abbildung 17). Den Befehl Duplizieren kennen Sie ja bereits.

Damit erstellen Sie eine Kopie des Originals in einem neuen Bildfenster. Mit den Angaben im Untermenü Modus können Sie den Farbmodus des Bildes umstellen. Der Exkurs »Farben« (siehe Seite 81) beschäftigt sich ausführlicher mit diesem Thema. Im Untermenü Transformation finden Sie Befehle, mit denen Sie das Bild drehen, spiegeln oder zerteilen können.

Bildgröße | Unter Leinwandgrösse können Sie die Größe der Zeichenfläche ändern, ohne die Größe des Bildes zu beeinflussen. Wenn Sie ein Bild öffnen, wird die Leinwandgröße normalerweise so gewählt, dass diese der Größe des Bildes entspricht. Vergrößern Sie allerdings die Leinwandfläche, gewinnen Sie einen zusätzlichen Raum, um etwa neben dem Bild etwas zu zeichnen oder um es zu erweitern. Mit Leinwand auf Ebenengrösse anpassen können Sie die Leinwand an die Abmessungen der größten im Bild vorhandenen Ebene anpassen, und das sowohl auf die Höhe als auch auf die Breite der Ebene bezogen. Mit Leinwand an Auswahl anpassen können Sie die Zeichenfläche an eine vorher getätigte Auswahl anpassen – also die Leinwand auf diesen Teil des Bildes reduzieren.

Über Druckgrösse ändern Sie die Ausgabegröße Ihres Bildes. Hierbei wird die Auflösung des Bildes (Punkte pro Zoll, die beim Drucken verwendet werden) angepasst. Falls Sie die Anzahl der Pixel, also die physische Größe des Bildes, ändern wollen, sollten Sie stattdessen das Kommando Bild skalieren verwenden (siehe auch den Workshop auf Seite 139).

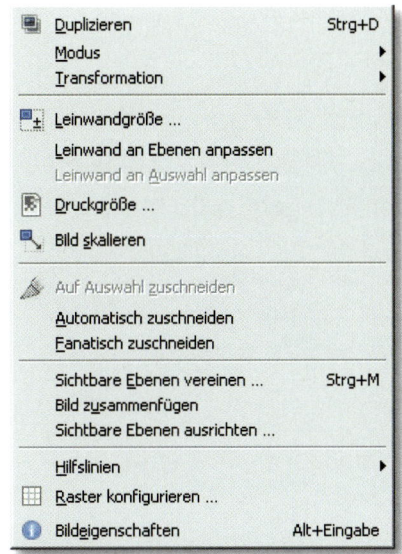
▲ **Abbildung 17**
Bildfenstermenü: Bild

Zuschneiden | Wollen Sie das aktuelle Bild auf einen vorher gewählten Bildausschnitt reduzieren, können Sie das Kommando Auf Auswahl zuschneiden verwenden. Mit Automatisch zuschneiden werden einfarbige Randbereiche eines Bildes entfernt. Zuvor wird die aktive Ebene überprüft, ob diese überhaupt einfarbige Bereiche enthält. Anschließend wird das Bild eventuell noch verkleinert. Fanatisch zuschneiden geht noch etwas weiter: Bei diesem Kommando werden auch die einfarbigen Bereiche im Motiv berücksichtigt und abgeschnitten, nicht nur die Ränder. Die Bilder 19 und 20 veranschaulichen diese Aktionen im Vergleich zum Originalbild 18.

▲ **Abbildung 18**
Originalbild

▲ **Abbildung 19**
Hier wurde Automatisch Zuschneiden angewendet.

▲ **Abbildung 20**
Dieses Bild wurde mit Fanatisch Zuschneiden bearbeitet.

Sichtbare Ebenen vereinen:
`Strg` + `M`

Ebenen
Wenn Sie sich noch eingehender mit diesem Thema beschäftigen möchten, sollten Sie den entsprechenden Abschnitt in der GIMP-Dokumentation lesen.

Ansicht • Bildeigenschaften:
`Alt` + `↵`

Fenster • Andockbare Dialoge • Ebenen: `Strg` + `L`

Ebenen bearbeiten | Wollen Sie alle (sichtbaren) Ebenen zu einer einzigen Ebene zusammenfassen, können Sie das Kommando Sichtbare Ebenen vereinen auswählen. Der Befehl Bild zusammenfügen vereint ebenfalls alle Ebenen eines Bildes, allerdings gehen hierbei unter Umständen vorhandene Alphakanäle (Transparenz) verloren. Wenn das Dateiformat, in dem Sie das Bild speichern wollen, keine Transparenz oder Ebenen kennt, sollten Sie jedoch durchaus vorher die Ebenen vereinen. Mit Sichtbare Ebenen ausrichten können Sie einzelne Ebenen im Bildfenster verschieben. Im Untermenü Hilfslinien können Sie ein neues, an Ihre Bedürfnisse angepasstes Raster anlegen. Zum Beispiel können Sie die Hilfslinien an einer Auswahl oder an Prozentwerten ausrichten. Über Raster konfigurieren können Sie Einstellungen für das Raster vornehmen, das Sie als Arbeitshilfe über Ansicht • Raster einblenden aktivieren. Ausführliche Informationen zum aktuellen Bild erhalten Sie über Bildeigenschaften.

Menü »Ebene«
Befehle rund um die Ebenen sind im Menü Ebene vereint (siehe Abbildung 21). Für Leser, die sich noch nicht mit einem Bildbearbeitungsprogramm befasst haben, erläutere ich im Folgenden kurz, was Ebenen sind, was sie können und wie Sie in GIMP damit arbeiten.

Ebenen | Am besten stellen Sie sich eine Ebene als Folie oder Glasscheibe vor, auf der etwas gezeichnet ist. In GIMP können Sie diese Ebenen mit allen Werkzeugen und Filtern bearbeiten. Es ist ohne Weiteres möglich, einen ganzen Stapel von Ebenen aufeinanderzulegen. Durch ihre Transparenz sind Teile von darunterliegenden Ebenen noch sichtbar.

Die einzelnen Ebenen können unterschiedlich angeordnet und einzeln bearbeitet werden. Natürlich können Sie eine Ebene sperren, um diese vor unbeabsichtigten Manipulationen zu schützen. Ebenso lassen sich Ebenen in ihrer Reihenfolge austauschen, indem Sie beispielsweise eine Ebene vom Vordergrund in den Hintergrund schieben.

Ebenendialog | Im Grunde hat jedes Bild, das Sie öffnen, bereits eine Ebene: die aktive Zeichenfläche beziehungsweise genauer gesagt die Hintergrundebene. Um mit den Ebenen zu arbeiten, sollten Sie sich den entsprechenden Dialog dazu über Fenster • Andockbare Dialoge • Ebenen oder über `Strg` + `L` anzeigen lassen (siehe Abbildung 22). Welche Ebene jeweils aktiviert ist, können Sie im Ebenendialog am farbig hervorgehobenen Eintrag oder an der Statuszeile unten im Bildfenster erkennen.

Über Modus ❶ können Sie einstellen, wie die übereinanderliegenden Ebenen miteinander verbunden werden sollen. Mittlerweile stehen Ihnen in GIMP 21 verschiedene Ebenenmodi zur Verfügung. Genaueres zu den einzelnen Modi entnehmen Sie der Dokumentation zu GIMP. Wenn

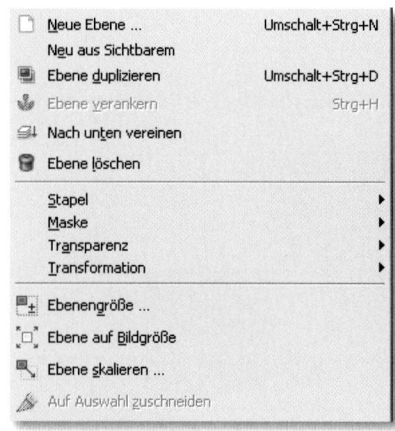

▲ Abbildung 21
Bildfenstermenü: Ebene

Sie einer Ebene einen Modus zuteilen, wirkt sich dieser auf die darunterliegende Ebene aus. Die Intensität der Aktion können Sie mit der DECKKRAFT ❷ regulieren (siehe Abbildungen 23 und 24). Um nicht aus Versehen transparente Bildbereiche einer Ebene mit Farbe zu füllen, können Sie das Kontrollkästchen SPERRE ❸ anklicken. In der Liste finden Sie eine Übersicht der Ebenen ❻ mit Miniaturbild und Bezeichnung. Den Namen der Ebene können Sie mit einem Doppelklick auf die Bezeichnung ändern. Wenn das Augen-Symbol ❹ zu sehen ist, so ist auch die Ebene sichtbar. Klicken Sie das Auge weg, wird die Ebene ausgeblendet. Das Ketten-Symbol ❺ fasst Ebenen zusammen. Dies ist beispielsweise dann von Nutzen, wenn Sie in einer Abbildung bestimmte Ebenen gemeinsam verschieben wollen.

Schaltflächen im Dialog | Über die Schaltflächen können Sie die Ebenen verwalten. Die entsprechenden Befehle finden Sie ebenfalls im Menü EBENE, der Dialog ermöglicht Ihnen also den Schnellzugriff. Mit der linken Schaltfläche ❼ erstellen Sie eine neue Ebene. Die Pfeil-Symbole ❽ und ❾ ändern die Reihenfolge der Ebenen. Klicken Sie auf die Pfeile, um die aktive Ebene nach oben ❽ oder unten ❾ zu verschieben. Daneben finden Sie eine Schaltfläche ❿, mit der Sie eine Ebene duplizieren können. Wenn Sie ein Bild oder Objekt in eine Ebene einfügen, so wird dies im Ebenendialog als »Schwebende Auswahl« angezeigt. Diese können Sie mit Hilfe des Anker-Symbols ⓫ mit der darunterliegenden Ebene verbinden. Mit dem Papierkorb-Symbol ⓬ können Sie eine Ebene löschen.

Alphakanal | Dass die Ebene »Hintergrund« in Abbildung 22 fett geschrieben ist, zeigt an, dass diese Ebene keinen Alphakanal (keine Transparenz) besitzt. Sofern Sie für diese Ebene einen Alphakanal benötigen, müssen Sie diese nur mit der rechten Maustaste anklicken und im folgenden Kontextmenü ALPHAKANAL HINZUFÜGEN auswählen.

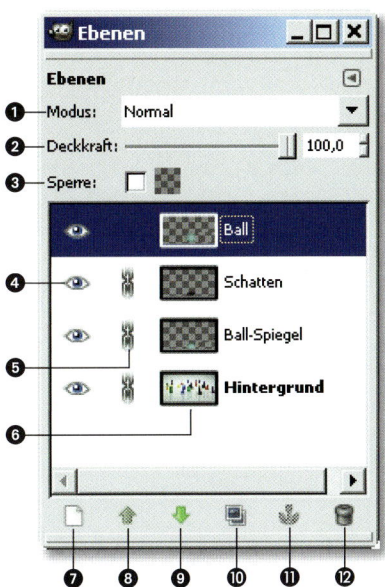

▲ **Abbildung 22**
Der Ebenendialog zeigt die vorhandenen Ebenen an.

Hintergrundebene
Die Hintergrundebene wird automatisch angelegt, wenn Sie eine neue Datei erzeugen oder öffnen. Im Ebenendialog lautet der Name dieser Ebene »Hintergrund«.

▲ **Abbildung 23**
Die Ebene mit der Ball-Spiegelung im Modus NORMAL (mit 100 % Deckkraft)

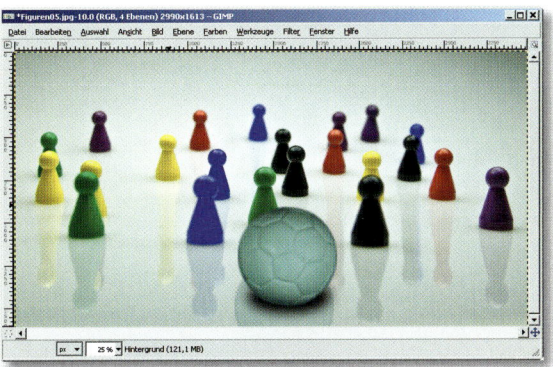

▲ **Abbildung 24**
Die Ebene mit der Ball-Spiegelung im Modus NORMAL (mit 30 % Deckkraft)

Ebene • Neue Ebene:
`Strg` + `⇧` + `N`

Ebene • Ebene duplizieren:
`Strg` + `⇧` + `D`

Ebenenmaske

Eine Ebenenmaske ist eine Art Schutzmaske, die es ermöglicht, Teile von Bildern auszublenden, ohne sie zu löschen. Eine Ebenenmaske hat exakt die gleiche Größe und Pixelanzahl wie die dazugehörige Ebene. Jedem Pixel der Ebene können Sie einen Wert zwischen 0 (für Schwarz) bis 255 (für Weiß) zuordnen. Ein schwarzes Pixel steht hierbei für komplette Transparenz, Grautöne für graduelles Durchscheinen, und ein weißes Pixel beeinflusst die Ebene gar nicht. Wenn Sie zum Beispiel mit einem schwarzen Pinsel Teile eines Bildes übermalen, werden diese unsichtbar. In den Workshops werden Sie Ebenenmasken verwenden und so ihre Funktion praxisnah kennenlernen (siehe zum Beispiel Seite 127).

Befehle im Menü »Ebene« | Im folgenden Abschnitt beschreibe ich die Kommandos im Menü Ebene. Mit dem Kommando Neue Ebene erzeugen Sie eine neue, leere Ebene. Die Breite und die Höhe des aktuellen Bildes sind mit Standardwerten voreingestellt, Sie können die Abmessungen aber beliebig wählen. Die neu erzeugte Ebene wird direkt über der zuvor aktuellen Ebene eingefügt. Alternativ finden Sie diesen Befehl über das Icon ▢ im Ebenendialog. Neu in der Version 2.6 von GIMP ist das Kommando Neu aus Sichtbarem. Damit wird eine neue Ebene aus allen Elementen, die im Bild zu sehen sind, erstellt. Dies schließt auch alle Ebenen ein, die mit aktivem Augen-Symbol im Ebenendialog angezeigt werden.

Um die aktive Ebene eines Bildes zu kopieren, wird das Kommando Ebene duplizieren verwendet. Der Name der Kopie bekommt die Erweiterung »-Kopie«. Die Kopie wird immer mit einem Alphakanal versehen. Auch dieses Kommando können Sie über ein Icon ▢ alternativ aus dem Ebenendialog aufrufen.

Mit dem Kommando Ebene verankern können Sie eine schwebende Auswahl mit einer Ebene verbinden. Ein entsprechendes Icon ⚓ befindet sich auch im Ebenendialog. Wollen Sie die aktive Ebene mit der unteren Ebene verschmelzen, können Sie das Kommando Nach unten vereinen auswählen. Dabei werden unter anderem auch die Transparenz und der Ebenenmodus berücksichtigt. Eine aktive Ebene entfernen Sie über den Befehl Ebene löschen. Auch hierzu finden Sie im Ebenendialog ein Icon 🗑 für den schnellen Zugriff.

Im Untermenü Stapel finden Sie verschiedene Kommandos, mit denen Sie die Ebenen aktivieren oder in ihrer Reihenfolge verändern können. Schaltflächen für den Schnellzugriff ⬆ ⬇, mit denen Sie die Ebene nach oben oder nach unten verlagern können, finden Sie im Ebenendialog. Das Untermenü Maske bietet Ihnen verschiedene Kommandos, um mit Ebenenmasken zu arbeiten.

Das Untermenü Transparenz enthält verschiedene Kommandos rund um den Alphakanal, der für die Transparenz der Ebene verantwortlich ist. Im Untermenü Transformation finden Sie verschiedene Befehle, mit denen Sie Ebenen spiegeln oder drehen können.

Größe der Ebene | Da eine Ebene nicht immer dieselbe Größe wie die Zeichenfläche hat, können Sie mit dem Kommando Ebenengrösse die Abmessungen der aktiven Ebene verändern. Beachten Sie allerdings, dass die Ebene mit diesem Kommando nicht skaliert wird, sondern verkleinert oder vergrößert.

Daher kann es sein, dass Teile des Bildes verloren gehen. Mit dem Kommando Ebene auf Bildgrösse wird die Größe der Ebene an die Zeichenfläche angepasst. Der Inhalt der Ebene wird dabei nicht verändert.

Über das Kommando EBENE SKALIEREN können Sie die Abmessungen einer Ebene im gleichen Verhältnis vergrößern beziehungsweise verkleinern. Dabei kann es allerdings zu Qualitätsverlusten kommen. Mit EBENE ZUSCHNEIDEN können Sie die aktive Ebene auf die Größe einer sich im Bild befindlichen Auswahl reduzieren. Die Bereiche um die Auswahl werden dabei entfernt. Das Gegenstück zum automatischen Zuschneiden von Bildern finden Sie auch bei den Ebenen mit dem Befehl EBENE AUTOMATISCH ZUSCHNEIDEN.

Menü »Farben«
Die Kommandos und Werkzeuge im Menü FARBEN (siehe Abbildung 25) werden Sie recht häufig in den Workshops verwenden, und sie sind sehr wichtig für die digitale Bildbearbeitung.

Farbwerte korrigieren | Über den FARBABGLEICH können Sie die Farbbalance der aktuellen Ebene beziehungsweise Auswahl bearbeiten. Mit Hilfe dieser Funktion können Sie beispielsweise einen Farbstich im Bild erkennen und entfernen.

Um den Farbton, die Sättigung und die Helligkeit der aktuellen Ebene beziehungsweise Auswahl auch in einzelnen Farbkanälen anzupassen, steht das Werkzeug FARBTON/SÄTTIGUNG zur Verfügung. Über die Funktion EINFÄRBEN können Sie die aktuelle Ebene bis zu einem Graustufenbild entsättigen und anschließend mit einer bestimmten Farbe einfärben. So lässt sich beispielsweise der beliebte Sepia-Effekt realisieren. Neben dem Farbton und der Sättigung können Sie dort auch die Helligkeit einstellen.

Ein einfaches Anpassen der Helligkeit und des Kontrasts können Sie über die Funktion HELLIGKEIT/KONTRAST realisieren. Das Werkzeug eignet sich allerdings nur für schnelle, grobe Einstellungen. Für ein genaueres Arbeiten müssen Sie auf andere Werkzeuge wie das Histogramm (siehe Abbildung 26 auf Seite 38) zurückgreifen.

Tonwerte korrigieren | Über den SCHWELLWERT wandeln Sie eine aktive Ebene beziehungsweise Auswahl in ein reines Schwarzweißbild um. Dabei wird der eingestellte Schwellwert zur Trennung der schwarzen und weißen Bildanteile verwendet. Mit dieser Funktion lassen sich beispielsweise »echte« Schwarzweißbilder und auch eingescannte Texte verbessern.

Um das Histogramm der aktiven Ebene beziehungsweise Auswahl zu bearbeiten, steht das Werkzeug WERTE zur Verfügung. Das Histogramm können Sie nutzen, um die Verteilung von Farb- und Helligkeitswerten zu überprüfen und gegebenenfalls anzupassen. Damit lassen sich beispielsweise Über- und Unterbelichtungen korrigieren.

Besonders leistungsstark, aber auch komplex ist das Werkzeug KURVEN. Es wird für Tonwertkorrekturen von Bildern verwendet. Sie können da-

▲ Abbildung 25
Bildfenstermenü: FARBEN

mit gezielt die Schatten in einem Bild aufhellen und die Lichter abdunkeln. Mit dem Werkzeug POSTERISIEREN reduzieren Sie die Anzahl der Farben einer Ebene beziehungsweise Auswahl. Wenn Sie den niedrigsten Wert »2« eingeben, erhalten Sie acht Farben ($2^3 = 8$).

Farbwerte reduzieren und umkehren | Über die Funktion ENTSÄTTIGEN können Sie die aktuelle Ebene entfärben. Bei diesem Vorgang werden alle Farbwerte in entsprechende Graustufen umgewandelt. Das Entfärben bezieht sich nur auf die aktive Ebene, alle anderen Ebenen bleiben davon unberührt. Außerdem besteht die Ebene nach wie vor aus den RGB-Kanälen, das heißt, dass Sie die einzelnen Bereiche auch wieder einfärben können.

Mit dem Kommando INVERTIEREN kehren Sie die Helligkeit und die Farbwerte der aktuellen Ebene um. Das Resultat ähnelt dann einem Farbnegativ: Dunkle Bereiche werden hell, und Farben werden durch ihr »Gegenteil« ersetzt. Mit dem Befehl WERT UMKEHREN kehren Sie die Helligkeits- und Farbwerte der Pixel in der aktiven Ebene beziehungsweise Auswahl um.

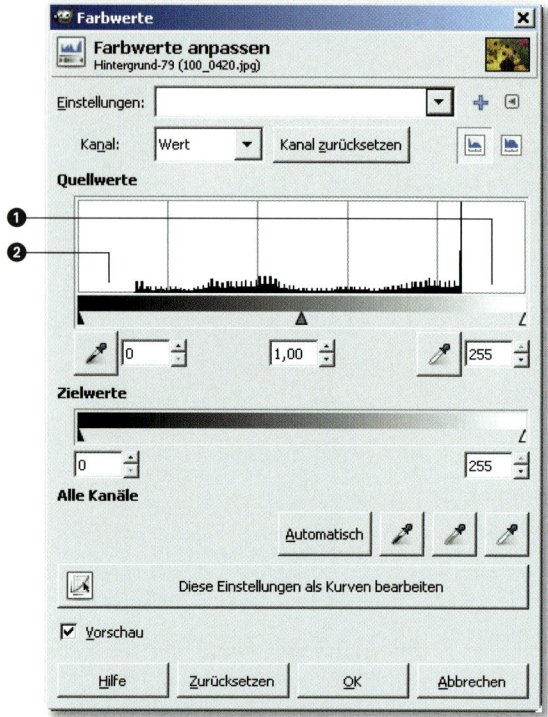

▲ **Abbildung 26**
Das Histogramm eines Bildes rufen Sie über FARBEN • WERTE auf. An diesem können Sie erkennen, dass das Bild etwas »flau« ist: Die hellen ❶ und dunklen ❷ Tonwerte fehlen.

Untermenü »Automatisch« | Wenn es schnell gehen muss, finden Sie im Untermenü AUTOMATISCH Kommandos, die die Farben und Kontraste einer Ebene automatisch anpassen (siehe Abbildung 27).

Über ABGLEICHEN werden die Helligkeitswerte der aktiven Ebene so eingestellt, dass das Histogramm annähernd gleich verteilt ist. Das Ergebnis verbessert das Bild aber nicht immer. Der WEISSABGLEICH lässt sich besonders bei Bildern einsetzen, die ein unsauberes Weiß oder Schwarz enthalten. Über die Funktion lassen sich reine Farben erzeugen, was zu einer erheblichen Verbesserung des Bildes führen kann. Der Weißabgleich lässt sich nur bei Bildern im RGB-Modus ausführen. Das Kommando FARBVERBESSERUNG erhöht den Wertebereich der Farbsättigung in der aktiven Ebene. Hierbei werden aber weder die Farbwerte noch die Helligkeit angepasst.

Abbildung 27 ▶
Kommandos im Untermenü
AUTOMATISCH

Mit der KONTRASTSPREIZUNG strecken Sie die RGB-Farben zwischen dem kleinst- und dem größtmöglichen Wert. Helle Farben werden dadurch noch leuchtender und dunkle noch satter. Die Funktion HSV STRECKEN bewirkt Ähnliches wie die Kontrastspreizung, mit dem Unterschied, dass die Ebene im HSV- statt im RGB-Modus betrachtet wird. Dieses Kommando liefert jedoch eher selten gute Ergebnisse und kann für Graustufenbilder gar nicht verwendet werden. Mit NORMALISIEREN lässt sich die Helligkeit der aktiven Ebene optimieren, so dass der dunkelste Punkt schwarz und der hellste Punkt fast weiß wird. Dieses Kommando ist besonders bei kontrastarmen Bildern sinnvoll.

> **HSV-Farbmodell**
> Das HSV-Modell ist wahrnehmungsorientiert und beruht auf den Komponenten Farbton (*Hue*), Sättigung (*Saturation*) und Wert (*Value*). Es lässt sich in das RGB-Modell transportieren.

Untermenü »Komponenten« | Das Untermenü KOMPONENTEN enthält weitere interessante Kommandos (siehe Abbildung 28). Mit dem KANALMIXER können Sie Werte der RGB-Farbkanäle miteinander kombinieren. Der Filter ZERLEGEN trennt die Farbkanäle des Bildes in einzelne Komponenten, die anschließend jeweils in eine Ebene eingefügt werden können. Meistens werden Sie damit die drei Ebenen des RGB-Modus erzeugen, aber auch CMYK, HSV, LAB und so weiter sind darüber möglich. Umkehren können Sie diesen Vorgang mit WIEDER ZUSAMMENFÜGEN. Mit ZUSAMMENSETZEN fügen Sie ein Bild aus mehreren Graustufenbildern wieder zusammen.

◀ **Abbildung 28**
Kommandos im Untermenü KOMPONENTEN

Untermenü »Abbilden« | Im Untermenü ABBILDEN finden Sie weitere Kommandos und Filter, die sich auf die Farbgebung des Bildes beziehen (siehe Abbildung 29). Der Filter ALIEN-MAP verfremdet die Farben anhand trigonometrischer Funktionen in den Farbmodellen RGB und HSV. Mit dem Filter AUF FARBVERLAUF wird der aktuell eingestellte Farbverlauf verwendet, um die aktuelle Ebene des Bildes umzufärben. Der Filter FARBBEREICHE VERTAUSCHEN erlaubt Ihnen, einen ausgewählten Farbbereich im Bild auf

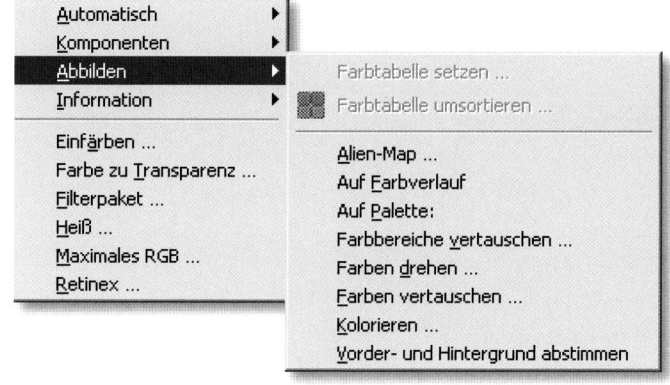

◀ **Abbildung 29**
Kommandos im Untermenü ABBILDEN

einen anderen Farbbereich zu übertragen. Damit lässt sich praktisch jedes Pixel im Bild durch einen anderen Wert ersetzen.

Mit FARBEN DREHEN können Sie die Farbwerte eines Bildes oder einer Ebene gegen einen anderen Ausschnitt aus dem Farbkreis ersetzen. Der Filter FARBEN VERTAUSCHEN wechselt exakt eine Farbe im Bild durch eine andere aus. Der Filter KOLORIEREN erlaubt Ihnen, Schwarzweißbilder mit einem Farbverlauf oder der Farbgebung eines Vergleichsbildes einzufärben. Mit PALETTENÜBERSICHT wird das Bild unter Verwendung der Farben der aktiven Palette eingefärbt.

Der Filter VORDER- UND HINTERGRUND ABSTIMMEN verwendet die aktuell eingestellten Vorder- und Hintergrundfarben, um jedes schwarze Pixel im Bild mit der Vordergrundfarbe und jedes weiße Pixel mit der Hintergrundfarbe zu ersetzen.

Untermenü »Information« | Im Untermenü INFORMATION finden Sie Angaben zum Bild beziehungsweise zur aktiven Ebene (siehe Abbildung 30). Die Tonwerte können Sie über HISTOGRAMM überprüfen. Der Dialog zeigt Ihnen verschiedene statistische Inhalte zur Verteilung von Farb- und Helligkeitswerten des aktuellen Bildes. Wenn Sie diese Werte anpassen möchten, wählen Sie FARBEN • WERTE (siehe Seite 39).

▶ **Abbildung 30**
Kommandos im Untermenü INFORMATION

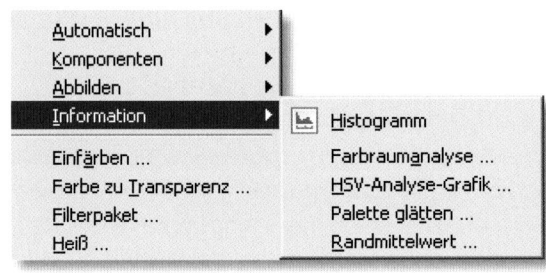

Ähnliche statistische Werte liefert Ihnen die FARBRAUMANALYSE. Neben der Anzahl der Farben und der Bildgröße zeigt sie auch die Intensitätsverteilung der Primärfarben an.

Das Skript-Fu HSV-ANALYSE-GRAFIK erstellt eine HSV-Analyse für das aktuelle Bild und zeigt diese in einem neuen Bildfenster an. Der Filter PALETTE GLÄTTEN erzeugt ebenfalls ein neues Bildfenster mit einer gestreiften Palette, die die Farben der aktiven Ebene beziehungsweise Auswahl anzeigt. Der Sinn des Filters liegt vorwiegend darin, dass Sie damit eine Farbkarte für den Filter FLAMMEN (FILTER • RENDER • NATUR • FLAMMEN) erzeugen können. Mit RANDMITTELWERT wird die am häufigsten vorkommende Farbe der aktiven Ebene beziehungsweise Auswahl errechnet und zur Vordergrundfarbe erklärt.

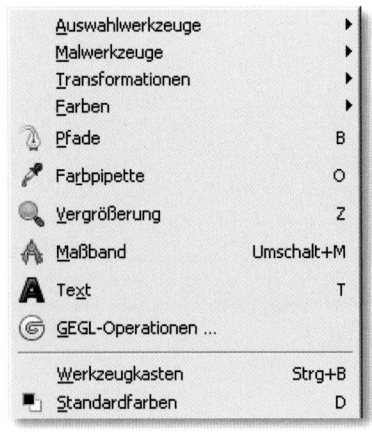

▲ **Abbildung 31**
Bildfenstermenü: WERKZEUGE

Weitere Befehle im Menü »Farben« | Der Filter EINFÄRBEN lässt das Bild wie durch eine getönte Scheibe erscheinen. Sie müssen lediglich die Farbe für die »Scheibe« bestimmen. Der Filter FARBEN ZU TRANSPARENZ wandelt eine bestimmte Farbe transparent um. Diese Aktion hinterlässt weiche Kanten an den Übergängen zu den anderen Farbbereichen, da der Filter die Pixel nur schwach transparent werden lässt. Dadurch bleiben Objekte im Bild, die die gewählte Farbe enthalten, in der Umgebung sichtbar. Mit FILTERPAKET können Sie Farbstiche und die Farbsättigung korrigieren.

Wer Bilder auf einem PAL- oder NTSC-Bildschirm ansehen möchte, der kann den Filter HEISS verwenden. Dieser findet Pixel, die im PAL- oder NTSC-Format eventuell nicht angezeigt werden können und optimiert sie für die Darstellung im gewünschten Format.

Über die Funktion MAXIMALES RGB erhält jedes Pixel im Bild den Wert des Farbkanals, der die höchste beziehungsweise niedrigste Intensität hat. Die Werte der anderen beiden Kanäle werden gelöscht. Am Ende hat das Bild nur einen roten, blauen oder grünen Farbanteil. Der Filter RETINEX verbessert die Darstellung eines Bildes, das unter schlechten Lichtbedingungen aufgenommen wurde. Damit können Sie Bildteile wieder sichtbar machen, die zuvor nicht zu erkennen waren.

Menü »Werkzeuge«
Im Menü WERKZEUGE (siehe Abbildung 31) finden Sie Kommandos zur Aktivierung der GIMP-Werkzeugpalette, die ich Ihnen bereits im Abschnitt »Werkzeugkasten von GIMP« (ab Seite 20) näher beschrieben habe.

Menü »Filter«
Im Menü FILTER (siehe Abbildung 32) finden Sie eine Menge Plug-ins von GIMP, mit denen Sie das Aussehen des Bildes beziehungsweise der aktiven Ebene verändern können. Abgesehen von den ersten drei Kommandos im Menü werden alle anderen Einträge über Plug-ins realisiert. Das Plug-in legt fest, in welche Rubrik es kommt. Daher kann es sein, dass bei Ihnen das Filtermenü anders aussieht als das in der Abbildung dargestellte. Selbstverständlich können Sie noch weitere Plug-ins nachinstallieren. Wie das geht, erfahren Sie in den Workshops in Kapitel »GIMP erweitern« (ab Seite 286).

Menü »Fenster«
Unter dem Menü FENSTER (siehe Abbildung 33) finden Sie Dialoge zu unterschiedlichen Themen, die Sie nach Bedarf ständig geöffnet lassen und nach Belieben anordnen können. Meistens handelt es sich hier um Dialoge, die die Eigenschaften von Bildern und Werkzeugen anzeigen.

> **Register der Plug-ins**
> Viele weitere Plug-ins für GIMP können Sie auf der Webseite des Registers für GIMP-Plug-ins finden, einer zentralen Datenbank für GIMP-Erweiterungen.
> Die Internetadresse dazu lautet:
> *http://registry.gimp.org/*.

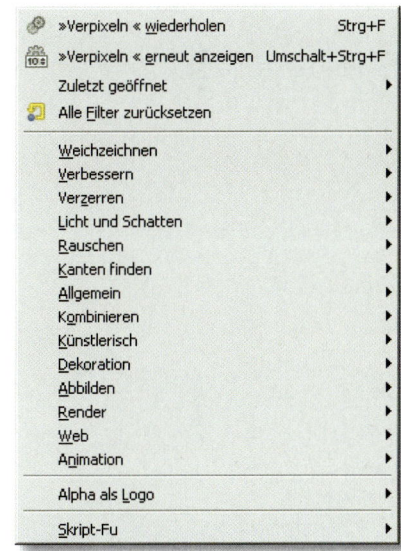

▲ **Abbildung 32**
Bildfenstermenü: FILTER

> **Hinweis**
> Wer GIMP noch von einer vorherigen Version kennt, dem dürfte aufgefallen sein, dass das DIALOGE-Menü jetzt FENSTER-Menü heißt.

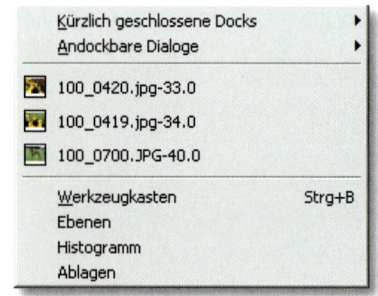

▲ Abbildung 33
Bildfenstermenü: FENSTER

Tipp
Wenn Sie ein erstelltes Dock geschlossen haben, können Sie es über FENSTER • KÜRZLICH GESCHLOSSENE DOCKS erneut öffnen.

Aufgeteilt wird das Menü FENSTER in drei Teile. Im ersten Teil können Sie KÜRZLICH GESCHLOSSENE DOCKS wieder öffnen und die Dialoge über den Befehl ANDOCKBARE DIALOGE aufrufen.

Im zweiten Teil des Menüs werden die Bilder angezeigt, die mit GIMP geöffnet sind. Durch das Anklicken eines der Bilder können Sie dieses zum Bearbeiten in den Vordergrund rücken.

Im letzten Drittel des Menüfensters werden alle aktiv geöffneten Dialoge beziehungsweise Paletten gesammelt angezeigt.

Dialoge andocken | Es kann schnell unübersichtlich auf dem Bildschirm werden, wenn Sie viele Dialoge und Bildfenster geöffnet haben. Bei den Dialogen empfiehlt es sich, diese an ein Dock anzuheften. So bleibt zumindest alles in einem Fenster versammelt.

Im Folgenden ein Beispiel, wie Sie Dialoge andocken können: Öffnen Sie beispielsweise das Histogramm über FENSTER • ANDOCKBARE DIALOGE • HISTOGRAMM. Klicken Sie im Dialog HISTOGRAMM auf das kleine Dreieck ❶, das ein weiteres Menü öffnet. Wählen Sie hier REITER HINZUFÜGEN, und klicken Sie auf den Dialog, den Sie dem Dialog HISTOGRAMM hinzufügen möchten. Mit REITER SCHLIESSEN können Sie den aktiven Reiter entfernen oder mit REITER LÖSEN aus dem Dock herauslösen und wieder als einzelnen Dialog anzeigen.

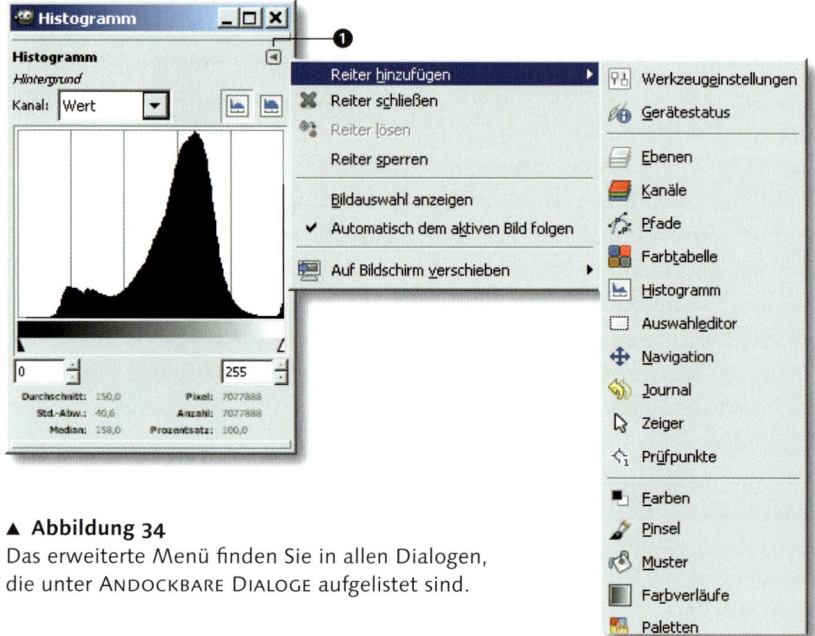

▲ Abbildung 34
Das erweiterte Menü finden Sie in allen Dialogen, die unter ANDOCKBARE DIALOGE aufgelistet sind.

▲ Abbildung 35
Hier wurde der Dialog EBENEN ❷ an den Dialog HISTOGRAMM ❸ angedockt. Die weiteren Dialoge sind jetzt über die Reiter erreichbar.

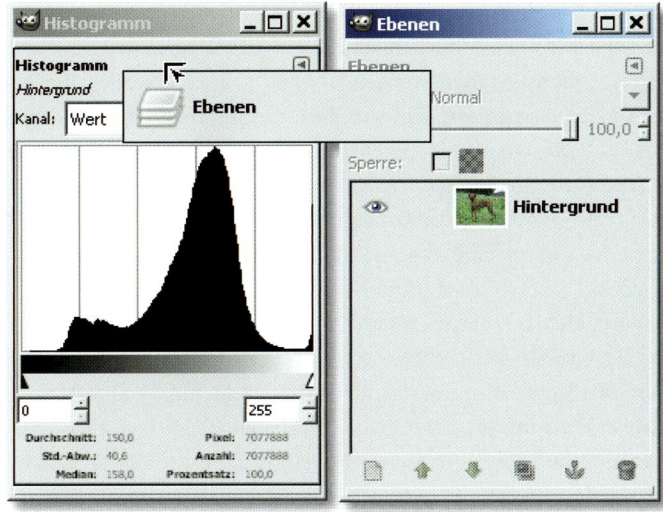

◀ **Abbildung 36**
Alternativ können Sie die Dialoge auch per Drag & Drop an- beziehungsweise abdocken

Ein Bild speichern

Spätestens nachdem Sie das Bild fertig bearbeitet haben, sollten Sie es abspeichern. In der Praxis empfiehlt es sich, dass Sie ein Bild gleich nach dem Öffnen unter einem anderen Namen abspeichern. Nur so können Sie sicherstellen, dass das Original nicht überschrieben wird. Wenn Sie das Originalbild überschrieben haben, gibt es kaum Möglichkeiten, es wiederherzustellen. Beim ersten Speichern sollten Sie das Bild also immer in einer neuen Datei sichern. Gehen Sie dazu über DATEI • SPEICHERN UNTER, oder drücken Sie die Tastenkombination [Strg] + [⇧] + [S]. Anschließend öffnet sich der Dialog BILD SPEICHERN (siehe Abbildung 37).

Den Namen und die Dateiendung können Sie unter NAME ❹ eingeben. Im Aufklappmenü neben IN ORDNER SPEICHERN ❺ können Sie einen Speicherort für die Datei auswählen. Hier werden allerdings nur die zuletzt verwendeten Orte und die bevorzugten Verzeichnisse (Favoriten) aufgelistet. Wenn Sie das gewünschte Verzeichnis hier nicht finden sollten, klicken Sie auf das Plus-Symbol ❻ vor ORDNER-BROWSER.

◀ **Abbildung 37**
Dialog für das Speichern eines Bildes

Diesen Browser habe ich bereits auf Seite 24 beschrieben, als es um das Öffnen eines Bildes ging. Zusätzlich finden Sie im Dialog zum Speichern eine Schaltfläche zum Anlegen eines Ordners ❸. Da nicht jeder die Erweiterung aller Dateitypen kennt, können Sie in diesem Fall das Plus-Symbol ❷ vor DATEITYP: NACH ENDUNG anklicken. Daraufhin öffnet sich eine Liste mit allen Dateiformaten, die GIMP unterstützt.

Als Standardeinstellung ist NACH ENDUNG aktiviert, was bedeutet, dass Sie als Anwender die Endung selbst an den Namen anhängen sollen. Wenn Sie in der Liste ❹ ein Dateiformat unter DATEITYP auswählen, wird die Endung im Feld NAME ❶ automatisch angepasst.

Für das beste Ergebnis beim vorzeitigen Speichern bieten sich zunächst je nach Einsatzbereich die Formate XCF, PNG oder TIFF an. Wollen Sie das Bild beispielsweise als TIFF abspeichern, sollten Sie beachten, dass TIFF keine Ebenen kennt und Sie die Ebenen daher exportieren müssen (siehe Abbildung 41). Speichern Sie ein Bild erst im TIFF-Format, wenn Sie die Bearbeitung wirklich abgeschlossen haben. Wenn Sie, wie in Abbildung 41 zu sehen, auf die Schaltfläche EXPORTIEREN klicken, öffnet sich ein neuer Dialog (siehe Abbildung 42, Seite 46).

Dateiformate
Erläuterungen zu den verschiedenen Dateitypen finden Sie im Exkurs »Dateiformate« ab Seite 263.

Abbildung 38 ▶
Wenn das Plus-Symbol vor ORDNER-BROWSER angeklickt wurde, öffnet sich der Browser.

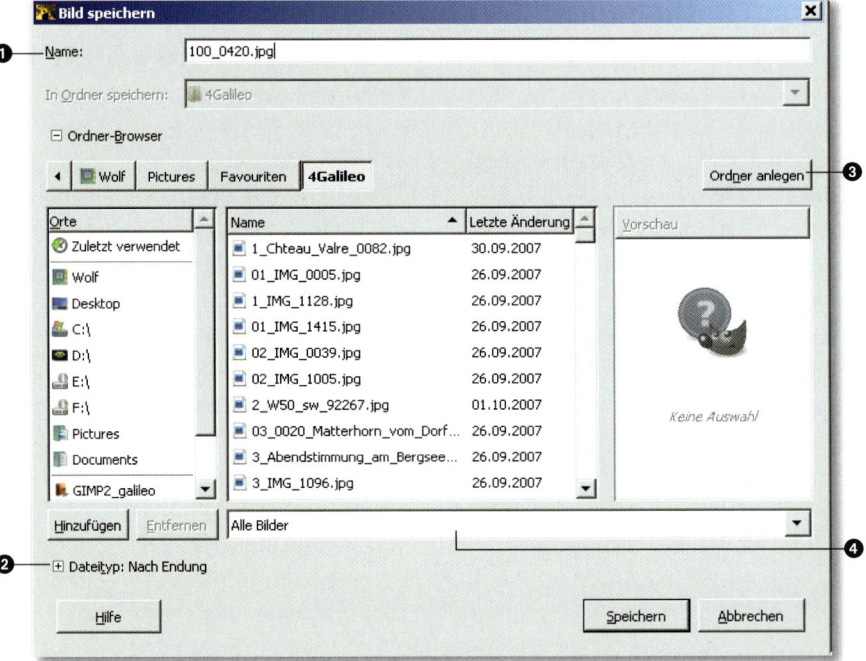

LZW
Der Lempel-Ziv-Welch-Algorithmus ist ein häufig bei Grafikformaten eingesetzter Algorithmus zur Reduzierung der Datenmenge.

Komprimierung | In diesem Fenster können Sie jetzt Komprimierungsarten für das Bild einstellen. Verlustfrei sind hier die Einstellungen KEIN und LZW, wobei mit LZW die Dateigröße reduziert wird. Wenn Sie jetzt auf die

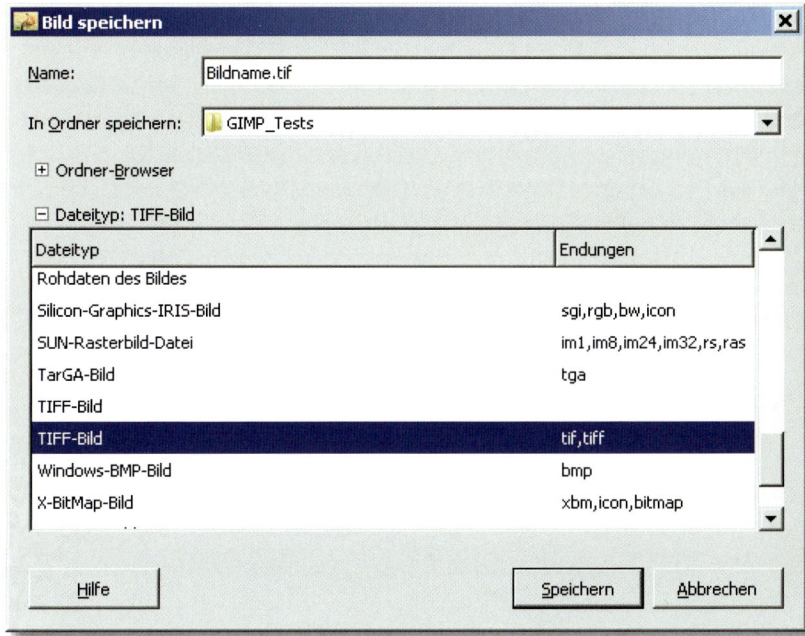

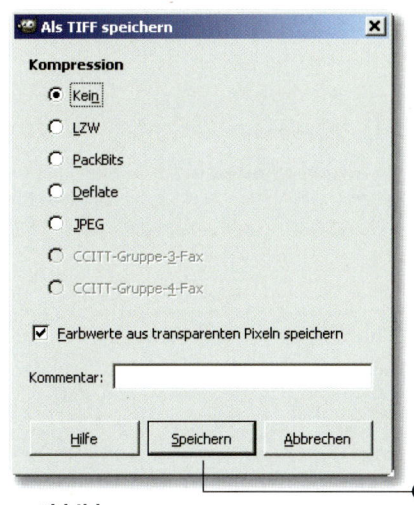

▲ **Abbildung 39**
Mögliche Kompressionsarten für TIFF

◀ **Abbildung 40**
Speichern der Datei als TIFF-Bild

Schaltfläche SPEICHERN ❺ klicken, haben Sie das Bild im TIFF-Format abgespeichert, und diese Version wird im Bildfenster verwendet. Sie erkennen dies auch an der Titelleiste des Bildfensters.

Wenn Sie das Bild noch nicht fertig bearbeitet haben, so sollten Sie noch kein festes Datenformat verwenden. Hier empfiehlt es sich, auf das GIMP-eigene Dateiformat XFC zurückzugreifen. Hierbei bleiben alle Komponenten im Bild erhalten, also auch Ebenen und Transparenz.

Bilder für das Web speichern | Um Bilder für das Internet, also für eine Webseite oder für den Anhang einer E-Mail, zu speichern, sind hochqualitative Formate wie TIFF wegen der immensen Speichergröße ungeeignet, da es mit ihnen zu unnötig langen Übertragungszeiten kommt. Für das Web empfiehlt es sich, entweder JPEG, GIF oder PNG zu verwenden. Wenn das Bild Transparenz enthält, sind PNG und GIF optimal.

Wenn Sie das Bild im JPEG-Format speichern wollen, erscheint ein Dialogfenster für die JPEG-Kompression. Gewöhnlich öffnet sich zuvor der Dialog, in dem Sie aufgefordert werden, das Bild beim Sichern zu exportieren, um das Original nicht zu überschreiben (siehe Abbildung 41).

Wenn Sie die Schaltfläche EXPORTIEREN ❻ wählen, erscheint der Dialog für die JPEG-Kompression (siehe Abbildung 42).

Mit dem Schieberegler QUALITÄT ❹ (siehe nächste Seite) können Sie die Stärke der Kompression bestimmen. Beachten Sie stets, dass es beim Speichern im JPEG-Format auch bei 100%iger Qualität zu Verlusten kommt.

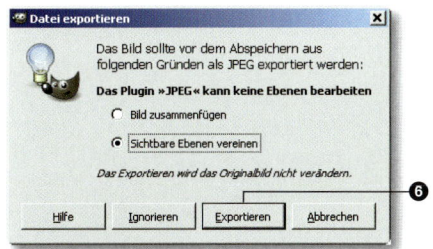

▲ **Abbildung 41**
JPEG-Bild EXPORTIEREN

Kapitel 1 | GIMP im Überblick

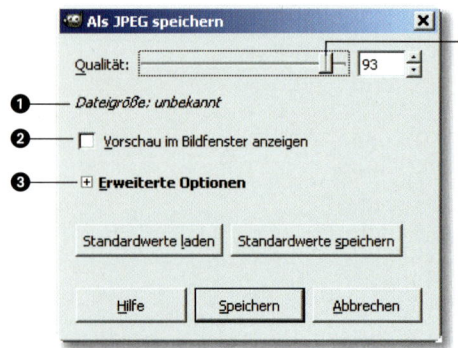

▲ **Abbildung 42**
Dialog für das Abspeichern im JPEG-Format

Abbildung 43 ▶
Dialog ALS JPEG SPEICHERN mit erweiterten Optionen

Um die Verluste, die durch die Komprimierung entstanden sind, nachvollziehen zu können, sollten Sie ein Häkchen vor VORSCHAU IM BILDFENSTER ANZEIGEN ❷ setzen. Dies bewirkt zudem die Berechnung der DATEIGRÖSSE ❶. Ich empfehle Ihnen, mit [+] in das Bild hineinzuzoomen, um die sogenannten Kompressionsartefakte besser erkennen zu können. Wenn Sie auf das Plus-Symbol ❸ vor ERWEITERTE OPTIONEN klicken, wird der Dialog um zusätzliche Einstellmöglichkeiten ergänzt (siehe Abbildung 43).

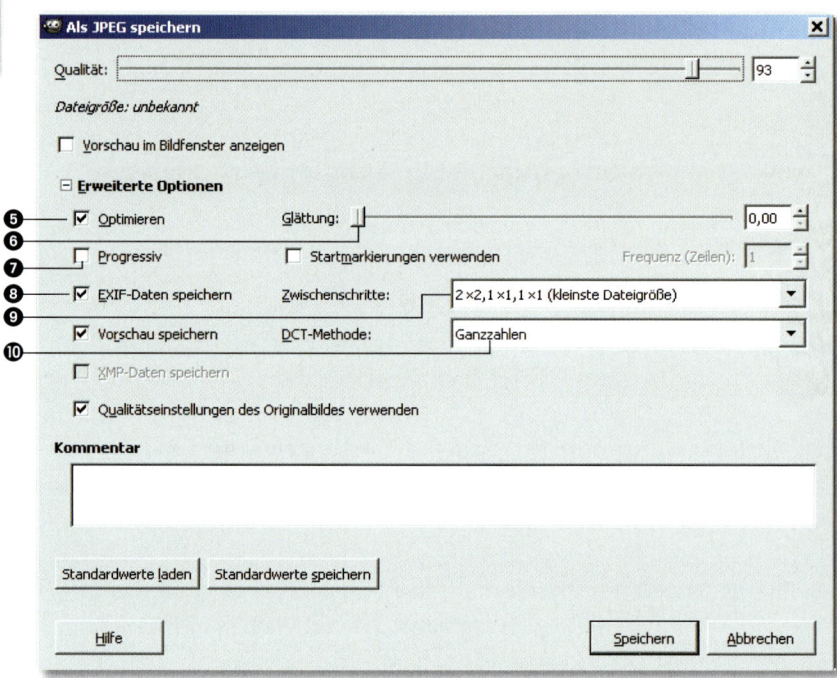

Bei den erweiterten Optionen ist das Häkchen vor OPTIMIEREN ❺ unverzichtbar. Damit wird die Dateigröße kleiner bei gleicher Qualität. Um die Kompressionsartefakte abzuschwächen, können Sie den Regler GLÄTTUNG ❻ etwas nach rechts schieben. Das Bild wird dann leicht weichgezeichnet. Mit PROGRESSIV ❼ können Sie dafür sorgen, dass sich das Bild bei der Darstellung auf einer Internetseite schrittweise aufbaut. Wenn Sie EXIF-DATEN SPEICHERN ❽ aktivieren, werden auch die Metadaten abgespeichert, die jede moderne Digitalkamera für die Aufnahme sichert (unter anderem Verschlusszeit, Blende, Uhrzeit, Datum, Brennweite, ISO-Einstellungen, Blitz). Zusätzlich können Sie über ZWISCHENSCHRITTE ❾ eine Kompressionsmethode auswählen. Der voreingestellte Wert »2×2, 1×1, 1×1« ist eine gute Wahl. Bei DCT-METHODE ❿ können Sie die Berechnungsart der Kompression angeben. Die höchste Qualität erhalten Sie mit »Fließkommazahlen«.

Beste Qualität
Mit den voreingestellten Werten bei einer Qualität von 85 % erreichen Sie meistens ein recht gutes Ergebnis. Es empfiehlt sich dennoch, etwas mit den Optionen und der Kompression zu spielen und die Ergebnisse miteinander zu vergleichen. Natürlich hängt das Resultat immer auch vom jeweiligen Einsatzbereich ab. Bei einem Urlaubsbildchen im Anhang einer E-Mail ist die Qualität nicht so wichtig wie bei einem Bild für den Internetauftritt.

Bilder skalieren
Bevor Sie das Bild in einem bestimmten Dateiformat speichern, sollten Sie es zunächst in die gewünschte Größe skalieren.

Tipps für den Umgang mit GIMP

GIMP ist nicht Photoshop und will es auch gar nicht sein. Viele Leser, die schon Erfahrungen mit Photoshop oder ähnlichen Bildbearbeitungsprogrammen haben, sind eine andere grafische Oberfläche gewohnt. In den folgenden Abschnitten gehe ich etwas näher auf die Besonderheiten von GIMP und deren »Bewältigung« ein.

Bilder schneller öffnen

Wenn Sie ein Bild öffnen wollen, müssen Sie nicht zwangsläufig über den Menüpfad DATEI • ÖFFNEN oder über die Tastenkombination [Strg]+[O] gehen, sondern Sie können ein Bild auch mit gedrückter linker Maustaste aus einem Dateiordner heraus auf das Bildfenster »fallen« lassen.

Gerade Linien verwenden

Wenn Sie ein Malwerkzeug Radiergummi verwenden, möchten Sie damit oft eine gerade Linie zeichnen beziehungsweise wegradieren. Um das zu erreichen, klicken Sie mit der linken Maustaste an den gewünschten Anfangspunkt der Linie. Anschließend halten Sie die [⇧]-Taste gedrückt, während Sie den Mauscursor zum Endpunkt der Linie ziehen. Dort betätigen Sie erneut die linke Maustaste, und die Linie wird gezogen (siehe Abbildung 44). Das Halten der [⇧]-Taste funktioniert auch bei anderen Malwerkzeugen.

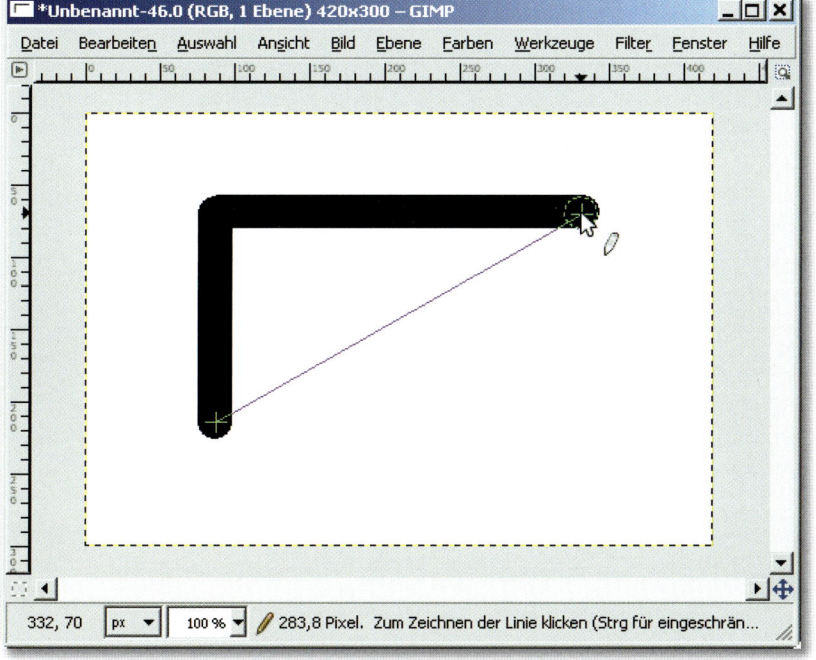

◀ **Abbildung 44**
Gerade Linie(n) mit Hilfe der gedrückten [⇧]-Taste

> **Auswahl schnell aufheben**
> Eine vorhandene Auswahl können Sie jederzeit über das Menü Auswahl • Nichts Auswählen beziehungsweise STRG + SHIFT + A aufheben.

Auswahl hinzufügen/entfernen

Wenn Sie mit dem elliptischen Auswahlwerkzeug einen Kreis im Bild markiert haben und diesem jetzt eine rechteckige Auswahl hinzufügen wollen, müssen Sie einfach nur die ⇧-Taste gedrückt halten und neben dem entsprechenden Auswahlwerkzeug erscheint ein Plus-Symbol. Ziehen Sie mit der linken Maustaste Ihre Auswahl auf, und lassen Sie die Taste los, wenn Sie fertig sind (siehe Abbildung 45). Bestätigen Sie mit ↵ oder klicken Sie mit der linken Maustaste in die Auswahl.

Abbildung 45 ▶
Auswahl mit gedrückter ⇧-Taste erweitern

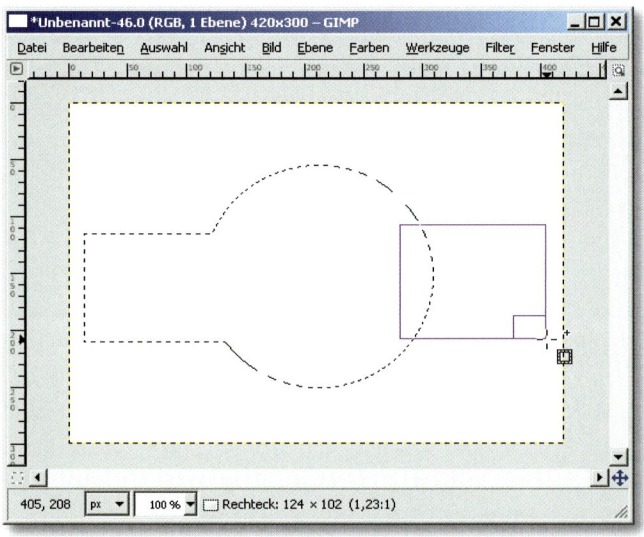

Abbildung 46 ▶
Teil der Auswahl mit gedrückter Strg-Taste entfernen

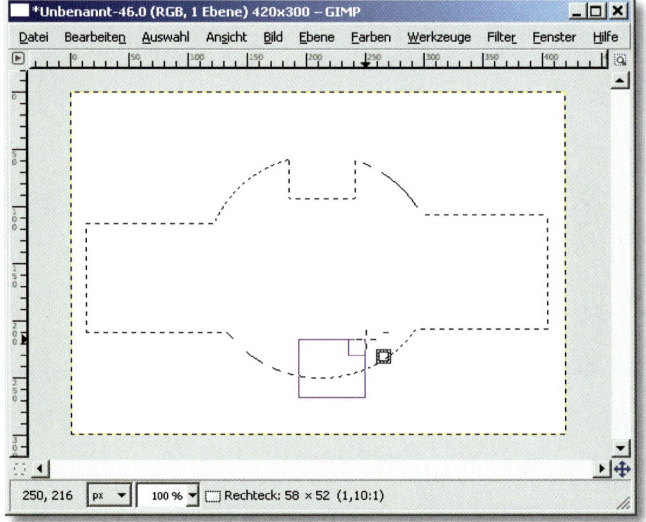

48 **Kapitel 1** | GIMP im Überblick

Das Gegenstück zu dieser Aktion ist das Entfernen von Teilen der Auswahl mit gedrückter [Strg]-Taste. Hierbei erscheint entsprechend rechts oben neben dem Symbol des Mauscursors ein Minuszeichen. Bestätigen Sie die Auswahl mit [↵], beziehungsweise klicken Sie diese mit der linken Maustaste an (siehe Abbildung 46).

Wenn Sie hingegen bei einer vorhandenen Auswahl [Strg]+[⇧] gedrückt halten, können Sie eine Auswahlschnittmenge erstellen. Damit wird nur das ausgewählt, was sich mit der vorher erstellten Auswahl überschneidet. Bestätigen Sie die Auswahl mit [↵], beziehungsweise klicken Sie diese mit der linken Maustaste an (siehe Abbildung 47).

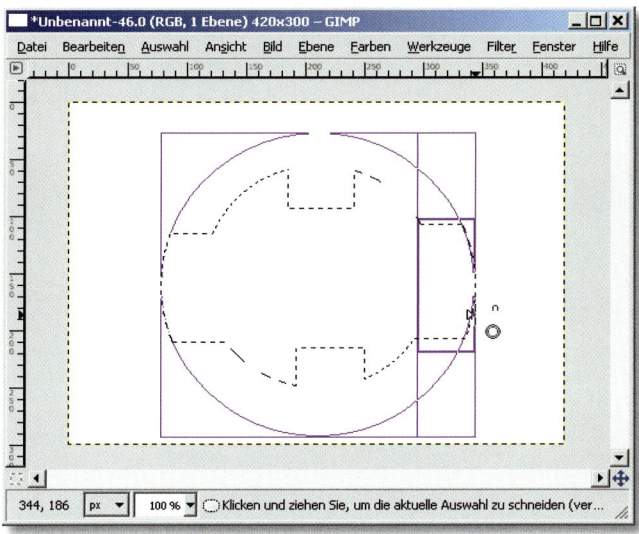

◀ **Abbildung 47**
Auswahlschnittmenge mit gleichzeitig gedrückten [⇧]- und [Strg]-Tasten

Alternativ bieten die Auswahlwerkzeuge bei den Werkzeugeinstellungen diese eben gezeigten Funktionen auch über die Schaltflächen MODUS an:

> AKTUELLE AUSWAHL ERSETZEN ❶: Die Standardeinstellung ist mit der ersten Schaltfläche immer AKTUELLE AUSWAHL ERSETZEN. Damit erzeugen Sie bei jeder Auswahl, die Sie aufziehen, eine neue Auswahl. Eine eventuell bereits vorhandene Auswahl wird dadurch aufgehoben. Auf diese Weise ist immer nur eine Auswahl vorhanden.

> ZUR AKTUELLEN AUSWAHL HINZUFÜGEN ❷: Mit dieser Option können Sie mehrere Auswahlen im Bild anlegen, ohne dass vorhandene Auswahlen verschwinden. Dabei können Sie die Auswahlbereiche getrennt oder auch überlappend aufziehen. Über die Tastatur ist die Aktion auch mit [⇧] durchführbar.

> VON DER AKTUELLEN AUSWAHL ABZIEHEN ❸: Mit der nächsten Schaltfläche entfernen Sie bei der zweiten Auswahl einen Bereich von der ersten Auswahl. Die neue Auswahl wird hierbei quasi von der alten Auswahl abgezogen. Über Tastatur mit [Strg] ausführbar.

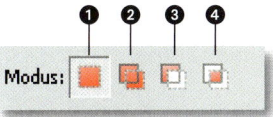

▲ **Abbildung 48**
Verschiedene Modi für die Auswahlen

Kapitel 1 | GIMP im Überblick **49**

› Auswahlschnittmenge bilden ❹: Mit dieser Option bilden Auswahlen, die sich überlappen, eine Schnittmenge. Diese Aktion können Sie auch mit [Strg] + [⇧] erreichen.

Wollen Sie die zusammengefügte Auswahl verschieben, müssen Sie nur die [Alt]-Taste gedrückt halten. Dann erscheint neben dem Mauscursor des Auswahlwerkzeuges das Verschieben-Symbol. Mit gedrückter linker Maustaste können Sie jetzt die Auswahl verschieben (siehe Abbildung 49). Natürlich funktionieren diese Aktionen auch mit dem Werkzeug Freie Auswahl aus der Werkzeugpalette.

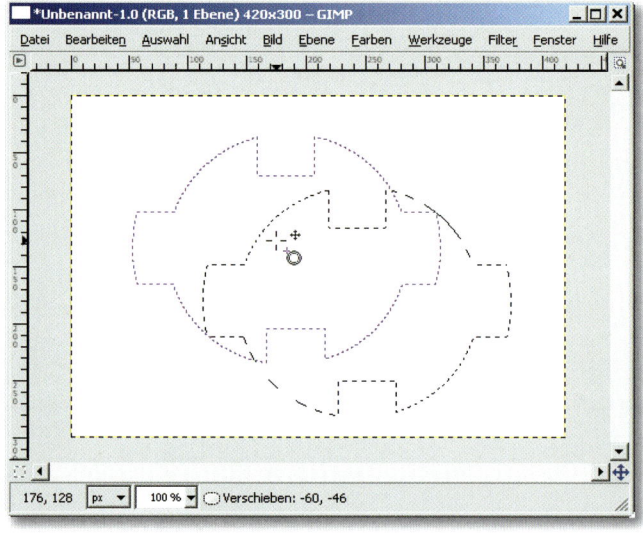

Abbildung 49 ▶
Auswahl verschieben mit gedrückter [Alt]-Taste

»Schwebende Auswahl«
Wenn Sie ein Bild oder ein Objekt ausschneiden und in ein anderes Bild einfügen, wird dieses in der Standardeinstellung als »Schwebende Auswahl« angezeigt (siehe Abbildung 50).

Abbildung 50 ▶▶
Neues Bild als Schwebende Auswahl eingefügt

Abbildung 51 ▶
Neue Ebene aus einer Schwebenden Auswahl erzeugen

Wenn Sie die Auswahl jetzt verankern, so wird sie mit der unteren Ebene vereint, und nur eine einzige Ebene bleibt übrig. Falls Sie das möchten, dann klicken Sie auf das Anker-Symbol ❶ im Ebenendialog. Wenn das eingefügte Element eine eigenständige Ebene werden soll, müssen Sie auf das Symbol für eine neue Ebene ❷ klicken. Dann wird die SCHWEBENDE AUSWAHL automatisch zu einer neuen Ebene (siehe Abbildung 51).

Farben auswählen

Welche Farben gerade als Hinter- und Vordergrundfarbe eingestellt sind, können Sie im Werkzeugkasten unter den Icons erkennen. Die Standardeinstellung beim Start von GIMP ist dort immer Schwarz und Weiß (siehe Abbildung 52).

AKTIVIERUNG DER STANDARDFARBEN: D

◀◀ **Abbildung 52**
Aktuell sind die Farben Schwarz und Weiß ausgewählt.

◀ **Abbildung 53**
Die Vordergrundfarbe wurde geändert.

Die Farbe links oben ❸ steht für die Vordergrundfarbe und die rechts unten ❹ für die Hintergrundfarbe. Wenn Sie die beiden Farben vertauschen wollen, müssen Sie nur auf den Pfeil ❺ rechts neben den Farben klicken (siehe Abbildung 53). Wenn Sie eine neue Farbe auswählen möchten, müssen Sie mit der linken Maustaste entweder auf die Vorder- oder auf die Hintergrundfarbe klicken, je nachdem, welche Sie austauschen wollen. Daraufhin erscheint der Dialog VORDERGRUNDFARBE ÄNDERN oder HINTERGRUNDFARBE ÄNDERN (siehe Abbildung 54, nächste Seite).

Auf der GIMP-Farbpalette (siehe Abbildung 54) wählen Sie die Farbe aus, indem Sie auf der rechten Seite des Dialogs die HSV- ❸ (siehe nächste Seite) oder die RGB-Werte ❹ eingeben. Falls Sie sich mit der hexadezimalen HTML-Notation auskennen, können Sie diese im Feld HTML-NOTATION ❺

Abbildung 54 ▶
GIMP-Farbauswahl

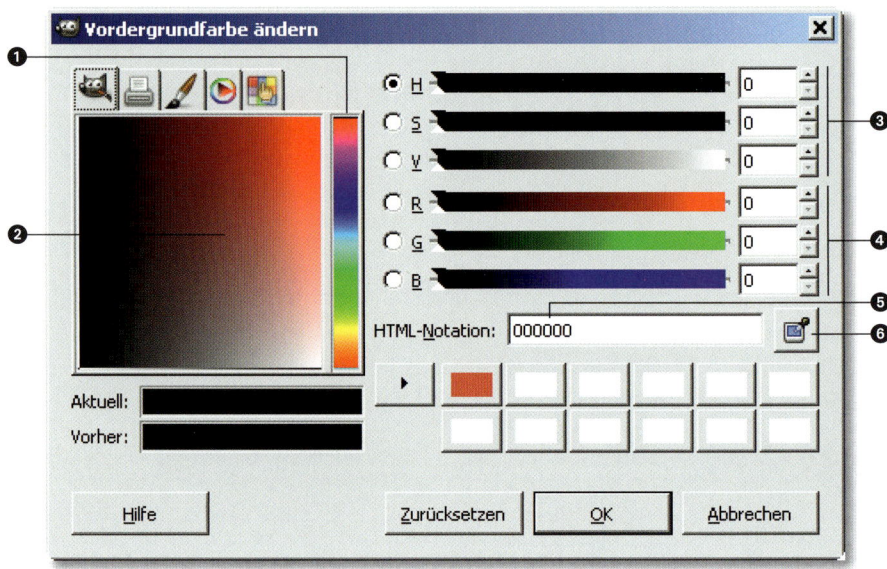

eingeben. Neben diesem Feld finden Sie auch eine Farbpipette ❻, mit der Sie eine Farbe aus einem geöffneten Bild aufnehmen können. Natürlich können Sie Farben auch mit der Maus auswählen. Schieben Sie dazu den vertikalen Farbbalken ❶ mit gedrückter Maustaste in die entsprechende Position. Die Feinabstimmung können Sie dann im quadratischen Feld ❷ vornehmen. Wenn Sie eine neue Farbe bestimmt haben, bestätigen Sie den Dialog mit OK, und die entsprechende Farbe wird in der Werkzeugpalette angezeigt (siehe Abbildung 53).

Darüber hinaus bietet GIMP noch vier weitere Methoden, die sich in den Registerkarten des Dialogs ändern lassen: Auswahl nach CMYK ❼, Farbdreieck ❽, Wasserfarben ❾ und Palette ❿.

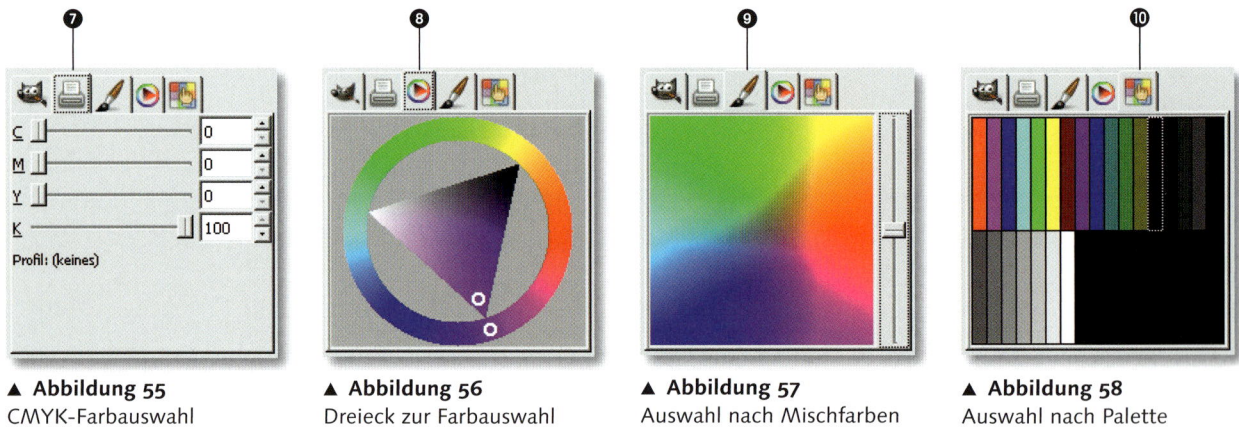

▲ **Abbildung 55**
CMYK-Farbauswahl

▲ **Abbildung 56**
Dreieck zur Farbauswahl

▲ **Abbildung 57**
Auswahl nach Mischfarben

▲ **Abbildung 58**
Auswahl nach Palette

Schließlich können Sie die Farbauswahl auch mit der FARBPIPETTE ⓫ aus dem Werkzeugkasten vornehmen. Bei den Einstellungen müssen Sie dann unter AUSWAHLMODUS ⓬ den Radioknopf markieren, der anzeigt, was Sie mit der ausgewählten Farbe machen wollen.

Die Farbkanäle von GIMP

Die Farbkanäle eines Bildes können Sie sich über FENSTER • ANDOCKBARE DIALOGE • KANÄLE anzeigen lassen (siehe Abbildung 60).

Mit Hilfe der Augen-Symbole können Sie die Sichtbarkeit der Kanäle steuern. Entfernen Sie beispielsweise das Augen-Symbol vor GRÜN und BLAU, sehen Sie nur noch den Rotkanal des Bildes. Hier haben Sie die Möglichkeit, verschiedene Filter, Effekte oder Befehle auf nur einen oder zwei Kanäle anstatt auf das ganze Bild anzuwenden. Jeder Kanal hat seine Besonderheiten:

▶ **Kanal Rot**

Hier können Sie die größten Kontraste im Bild erkennen. Geht es Ihnen also um den hellsten und den dunkelsten Bereich des Bildes, sollten Sie den roten Kanal genauer betrachten.

▶ **Kanal Grün**

Die Schärfe des Bildes erkennen Sie am besten im grünen Kanal. In der Bildbearbeitung werden Funktionen wie Weichzeichnen und Schärfen bevorzugt auf diesem Kanal angewendet. Auch die Filter zum Schärfen und Weichzeichnen in GIMP verwenden nur diesen Kanal und nicht das ganze Bild.

▶ **Kanal Blau**

Störungen, Fehler und schlechte Bildqualität zeigt der blaue Kanal besonders deutlich. Wollen Sie diese Fehler analysieren und beheben, schauen Sie sich den blauen Kanal genau an.

▲ **Abbildung 59**
Auswahl mit der FARBPIPETTE

Natürlich ist es möglich, weitere Kanäle wie den Alphakanal (Transparenz) oder kopierte Kanäle anzulegen und mit diesen zu arbeiten. Zudem können Sie ein Bild in seine einzelnen Farbkanäle über FARBEN • KOMPONENTEN • ZERLEGEN trennen (siehe Abbildung 61, nächste Seite).

Neben der Zerlegung in das RGB- und das HSV-Modell steht Ihnen unter anderem auch eine Zerlegung in das CMYK-Modell zur Verfügung. Auch der Alphakanal (Transparenz) lässt sich mit Hilfe dieser Funktion aus dem Bild extrahieren. Wenn Sie die Bilder in die einzelnen Kanäle zerlegen, legt GIMP für jeden Kanal ein neues Bildfenster an oder – wenn Sie ein Häkchen vor IN EBENEN ZERLEGEN gesetzt haben – eine eigene Ebene. Dabei handelt es sich um Bilder beziehungsweise Ebenen im Graustufenmodus. Nachdem Sie die einzelnen Bilder oder Ebenen bearbeitet haben, können Sie die einzelnen Kanäle über FARBEN • KOMPONENTEN • ZUSAMMENSETZEN anhand eines bestimmten Farbmodells wieder miteinander kombinieren.

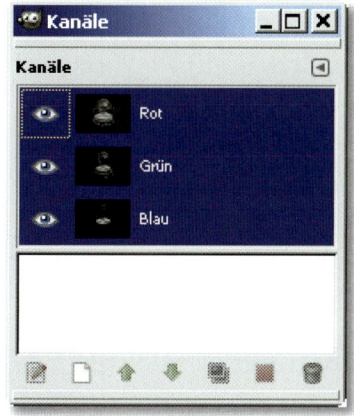

▲ **Abbildung 60**
Farbkanäle in GIMP

Kapitel 1 | GIMP im Überblick

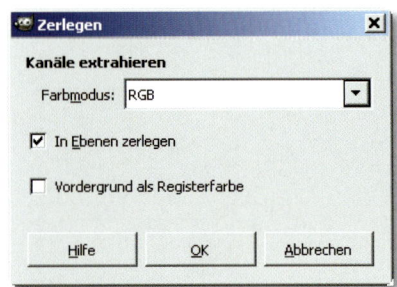

▲ **Abbildung 61**
Farbkanäle zerlegen

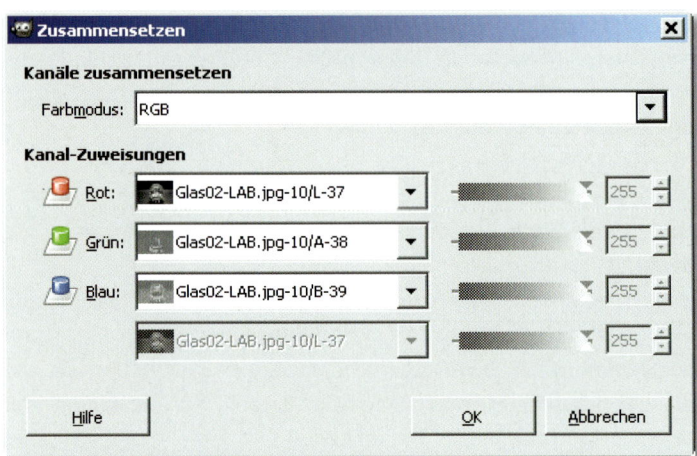

▲ **Abbildung 62**
Farbkanäle kombinieren

»Magnetische Schere«

Der Umgang mit dem Werkzeug MAGNETISCHE SCHERE ist mit etwas Übung nicht allzu kompliziert, aber es birgt für einen Einsteiger dennoch so manche Tücken. Schauen Sie sich zum Beispiel Abbildung 64 an, aus der der gelbe Stift ausgewählt werden soll. Wenn Sie möchten, können Sie diesen Vorgang anhand der Abbildung *Filzstifte.jpg,* die Sie auf der Buch-DVD finden, nachverfolgen.

Wählen Sie aus der Werkzeugpalette die MAGNETISCHE SCHERE ❶ aus. Erstellen Sie jetzt eine Auswahl, indem Sie mit dem Werkzeug Punkt für Punkt ❷ zwischen der gelben und der grünen Farbe entlang klicken. Sobald Sie an den Bildrand stoßen, zoomen Sie näher in das Bild oder verkleinern das Bildfenster. Ich verkleinere lieber das Bildfenster, so dass ich an den Rändern Platz für weitere Markierungspunkte ❸ habe. Um die Auswahl zu schließen, müssen Sie nur den letzten Punkt mit dem ersten Punkt verbinden. Der Mauscursor ändert dann sein Aussehen, indem er zwei Ringe ❹ neben der Schere anzeigt. Klicken Sie mit der linken Maustaste auf den ersten Punkt, sobald Sie diese beiden Ringe sehen.

Jetzt haben Sie die Auswahlpunkte miteinander verbunden, aber noch keine abschließende Auswahl getroffen. Sie könnten theoretisch nachträglich die Markierungspunkte verschieben oder gar neue hinzufügen. Entsprechend verändert sich auch der Mauscursor. Fügen Sie einen neuen Punkt hinzu, erscheint neben dem Werkzeug ein Pluszeichen. Beim Bewegen eines Punktes erscheint das Verschieben-Symbol. Wenn Sie mit dem Feinjustieren fertig sind, bestätigen Sie dies mit ⏎. Anschließend erscheint die Auswahlmarkierung ❺ rund um den gelben Stift.

▲ **Abbildung 63**
MAGNETISCHE SCHERE ausgewählt

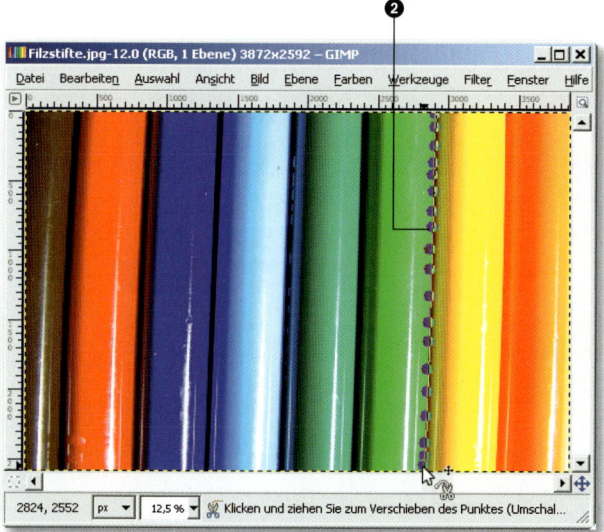

▲ **Abbildung 64**
Die MAGNETISCHE SCHERE bei der Arbeit

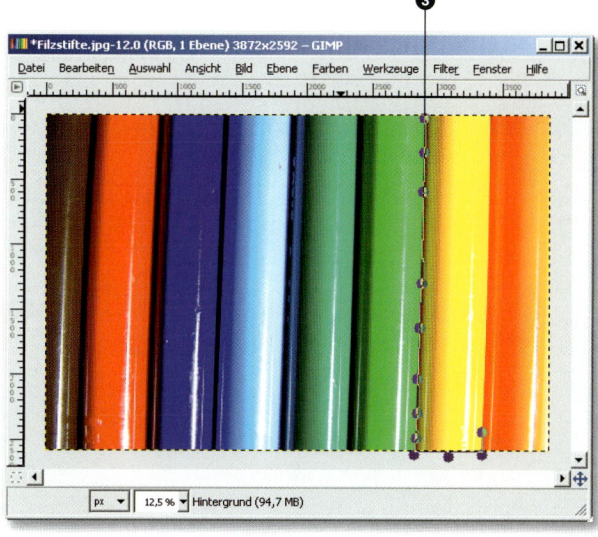

▲ **Abbildung 65**
Bildfenster verkleinert

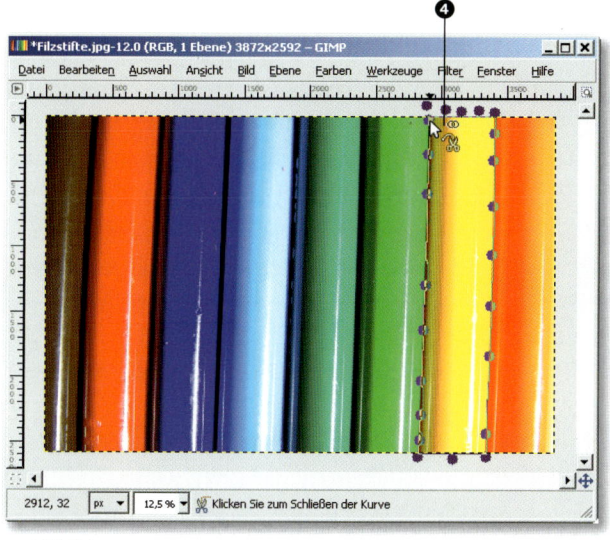

▲ **Abbildung 66**
Auswahl schließen

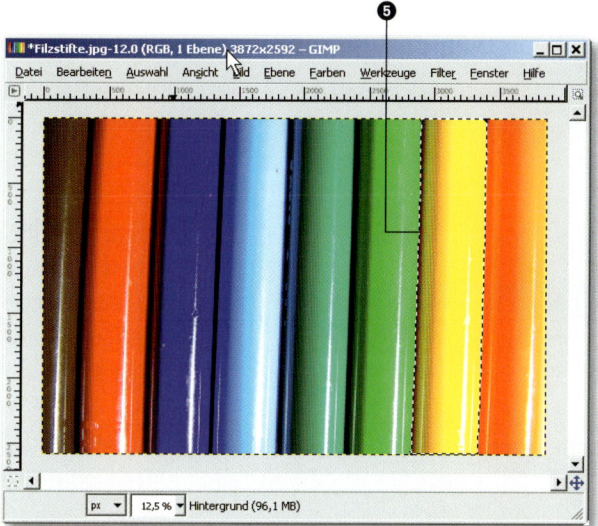

▲ **Abbildung 67**
Auswahl rund um den gelben Stift

Werkzeugkasten anpassen

Auch das Werkzeugfenster lässt sich in GIMP den eigenen Bedürfnissen anpassen. So können Sie ohne Probleme die Icons in der Werkzeugpalette anders platzieren oder auch komplett entfernen. Hierzu müssen Sie nur im Bildfenstermenü auf FENSTER • ANDOCKBARE DIALOGE • WERKZEUGE gehen, und es erscheint der entsprechende Dialog (siehe Abbildung 68, nächste Seite).

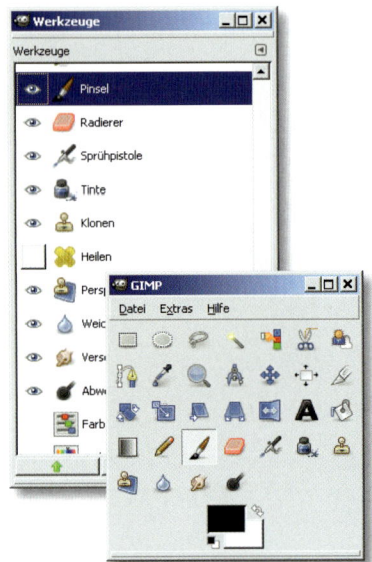

▲ **Abbildung 68**
Da das Augen-Symbol vor HEILEN deaktiviert ist, erscheint das Icon für HEILEN auch nicht im Werkzeugkasten.

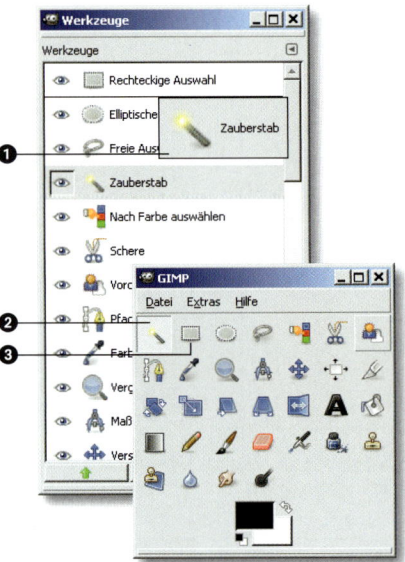

▲ **Abbildung 69**
Wenn Sie die Reihenfolge der Werkzeuge im Dialog WERKZEUGE ändern, erscheinen Sie im Werkzeugkasten an anderer Position.

▲ **Abbildung 70**
Icons für die Dialoge FARBTON/SÄTTIGUNG, FARBWERTE und KURVEN sind aktiviert.

▲ **Abbildung 71**
Einstellungen in den Originalzustand versetzen

Wenn Sie nun ein Symbol aus der Werkzeugleiste entfernen wollen, klicken Sie auf das entsprechende Augen-Symbol im Dialog WERKZEUGE. In Abbildung 68 wurde auf diesem Weg das HEILEN-Werkzeug deaktiviert. Als Folge dieser Maßnahme ist das Werkzeug HEILEN aus dem Werkzeugkasten verschwunden.

So können Sie auch die Anordnung der Werkzeuge verändern. Wollen Sie beispielsweise den ZAUBERSTAB ❷ in der Werkzeugleiste vor das Icon für RECHTECKIGE AUSWAHL ❸ setzen, müssen Sie nur im Dialog WERKZEUGE das Icon mit gedrückter linker Maustaste an die entsprechende Position ❶ ziehen und dann »fallen« lassen (siehe Abbildung 69).

Interessant dürfte für Sie auch sein, dass Sie häufig verwendete Dialoge wie FARBTON/SÄTTIGUNG, FARBWERTE und KURVEN als Icons im Werkzeugkasten anzeigen lassen können. Diese Dialoge mussten bis GIMP 2.4 über das Bildfenstermenü FARBEN aufgerufen werden. Jetzt setzen Sie einfach im Werkzeugdialog ein Auge vor diese Icons ❹, und prompt werden diese ❺ auch in der Werkzeugpalette angezeigt (siehe Abbildung 70).

Wenn Sie die Einstellungen im Werkzeugkasten wieder in den Originalzustand zurückversetzen möchten, müssen Sie nur im Dialog auf die entsprechende Schaltfläche ❻ klicken.

Was ist GEGL?

Seit der Version 2.6 baut GIMP vom Kern auf die Bildbearbeitungsbibliothek GEGL *(Generic Graphics Library)* auf. Mit dieser Bibliothek als Grundlage darf man künftig Großes von GIMP erwarten. Da diese Bibliothek mit 32-Bit-Gleitkommazahlen arbeitet, steht zukünftig einer Bearbeitung von Bildern mit höherer Farbtiefe als 8 Bit pro Farbkanal nichts mehr im Wege. Theoretisch könnten in späteren GIMP-Versionen 32-Bit-Farbtiefe pro Kanal und natürlich auch das RAW-Dateiformat unterstützt werden. Weiterführende Informationen zu GEGL finden Sie unter *http://gegl.org/*.

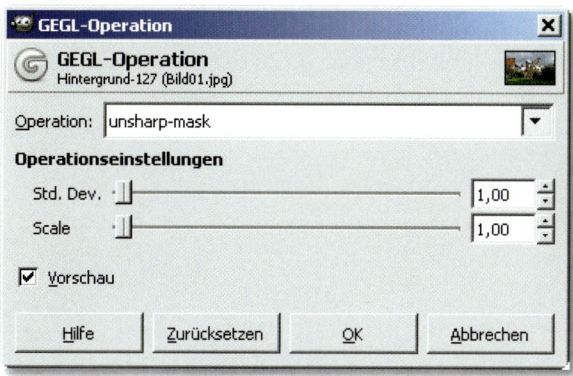

▲ **Abbildung 72**
Über das Menü WERKZEUGE • GEGL-OPERATIONEN können schon mal die GEGL-Werkzeuge ausprobiert werden.

Derzeit verwendet GIMP zwar noch die alte Bibliothek, aber über das Menü FARBEN • GEGL VERWENDEN können Sie als interessierter Anwender schon mal Gebrauch von GEGL machen. Auch einige der GEGL-Werkzeuge können Sie bereits über das Menü WERKZEUGE • GEGL-OPERATIONEN verwenden.

Alphakanal bei Duplizieren einer Ebene

Neu in der Version 2.6 von GIMP ist, dass Ebenen nun 1:1 dupliziert werden. Wenn Sie beispielsweise das Hintergrundbild kopieren und Sie benötigen für die Kopie einen Alphakanal (Transparenz), dann müssen Sie diesen extra manuell hinzufügen. Hierzu müssen Sie die Ebene im Ebenendialog, den Sie mit [Strg]+[L] anzeigen lassen können, mit der rechten Maustaste anklicken und im Kontextmenü ALPHAKANAL HINZUFÜGEN auswählen. Falls Sie bereits mit Vorgängerversionen von GIMP gearbeitet haben, ist dies eine kleine Umstellung.

▲ **Abbildung 73**
Wenn eine Ebene fett geschrieben erscheint, besitzt sie keinen Alphakanal.

Kapitel 1 | GIMP im Überblick

Farbkorrekturen

Wesentlich für die Stimmung eines Fotos ist die Farbgebung. So wirkt ein Bild mit kräftigen Farben häufig fröhlich, während ein Bild mit vielen Grau- und Brauntönen eher melancholisch stimmt. Pastellfarben hingegen erzeugen ein romantisches Bild. Wie Farben in einem Bild erscheinen, hängt natürlich sehr stark vom Licht und somit auch von der Tages- beziehungsweise Jahreszeit ab. Selten ist es möglich, ein Motiv zum perfekt passenden Zeitpunkt zu fotografieren. Häufig greifen Profis daher direkt nach der Fotosession zur Nachbearbeitung am PC zurück, um die Farbbrillanz des Fotos zu verbessern. GIMP hält hierfür einige gute Werkzeuge bereit.

Foto: Jürgen Wolf

Farbkorrekturen

Rote Augen entfernen 61
  Blitzfehler ausbessern

Augen bei Tierfotos korrigieren 63
  Wo die Rote-Augen-Automatik nicht weiterhilft

Farbstich entfernen 65
  Farben des Bildes neutralisieren

Kontrast und Farbe verbessern 67
  Dunkle und blasse Bilder verbessern

Tonwertkorrektur 70
  Kontrastarme Bilder ausbessern

Farbe intensivieren 73
  Unterbelichtung korrigieren

Gescannte Bilder bearbeiten 76
  Schwächen des Scanners ausgleichen

Einzelne Farben manipulieren 79
  Objekte umfärben

Rote Augen entfernen
Blitzfehler ausbessern

Die roten Augen sind ein unschöner Nebeneffekt, wenn der Blitz von der Netzhaut der Augen reflektiert wird. Vorzugsweise tritt er bei Aufnahmen mit Kompakt- oder Handykameras auf, weil das Blitzgerät bei diesen fast achsengleich mit dem Objektiv montiert ist. Besonders stark ist der Effekt, wenn die Person direkt in das Objektiv blickt. Zum Glück gibt es seit GIMP 2.4 einen Filter, der das korrigiert.

Zielsetzung:
Rote Augen entfernen
(Dauer: 1–2 Minuten)
[rote_Augen.tif]

Foto: Oliver Manz

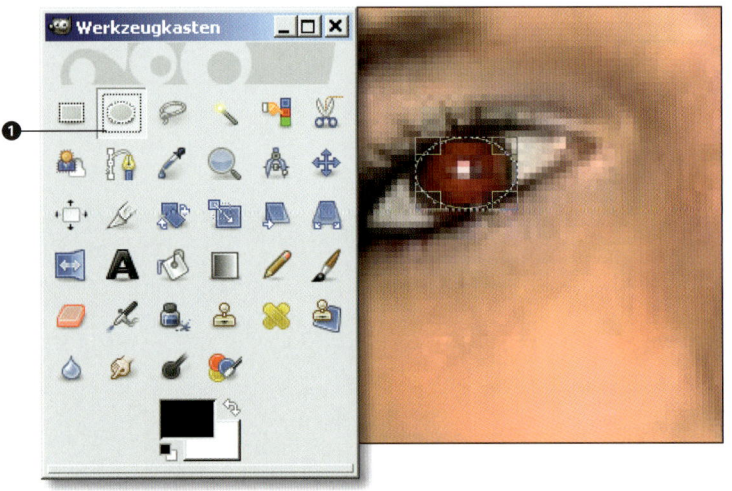

1 Bereich auswählen

Laden Sie das Bild *rote_Augen.tif* in GIMP. Klicken Sie in das Bild, zoomen Sie mit ⊞ näher an ein Auge heran, und verwenden Sie das Werkzeug ELLIPTISCHE AUSWAHL ❶. Wählen Sie damit die rote Reflexschicht im Auge aus. Die Auswahl können Sie an den Ecken nachjustieren.

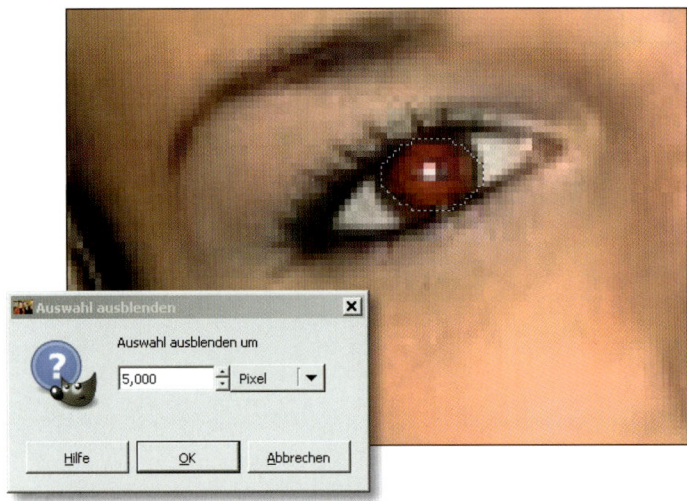

2 Auswahl ausblenden

Damit der Rand der Pupillen anschließend nicht zu hart wird, wählen Sie im Bildfenstermenü AUSWAHL • AUSBLENDEN. Verwenden Sie im Dialog zum Ausblenden »5« Pixel, und bestätigen Sie dies mit OK.

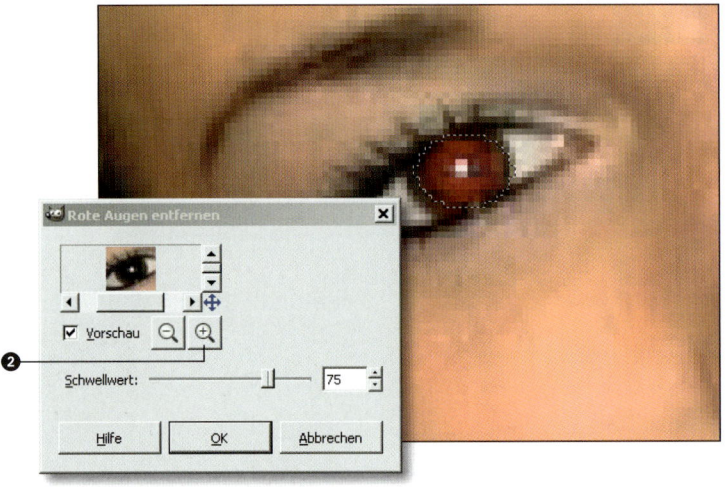

3 Rote-Augen-Filter

Wählen Sie im Bildfenstermenü FILTER • VERBESSERN • ROTE AUGEN ENTFERNEN. Der vorgegebene SCHWELLWERT von »50« ist häufig ein guter Wert. Mit der Lupe ❷ können Sie noch etwas näher an die Pupillen heranzoomen. Im Beispiel habe ich den SCHWELLWERT für ein besseres Ergebnis auf »75« erhöht. Wenn Sie mit dem Ergebnis zufrieden sind, bestätigen Sie den Dialog mit der Schaltfläche OK. Wiederholen Sie diese drei Arbeitsschritte auch noch für das andere Auge.

Augen bei Tierfotos korrigieren
Wo die Rote-Augen-Automatik nicht weiterhilft

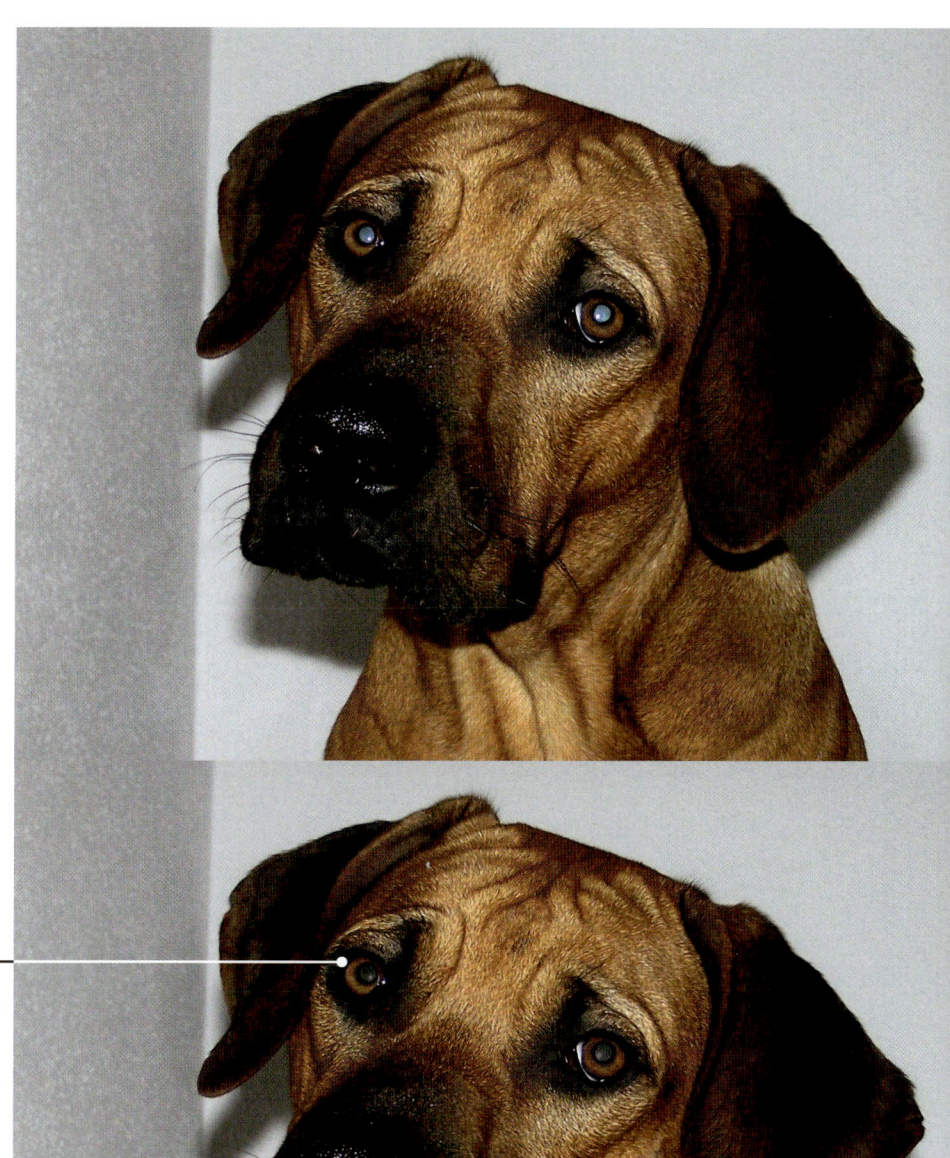

Einige Tiere, wie Hund und Katze, haben eine zusätzliche Reflexschicht hinter dem Auge, mit der sie das Restlicht in der Dunkelheit besser ausnutzen können. Bei Aufnahmen entstehen dort unschöne Reflexe. Hierbei unterstützt Sie die Rote-Augen-Automatik leider nicht, und Sie müssen diese Bereiche von Hand korrigieren.

Zielsetzung:
Reflexe der Netzhaut entfernen
(Dauer: 2–5 Minuten)
[RidgeBack.jpg]

Foto: Jürgen Wolf

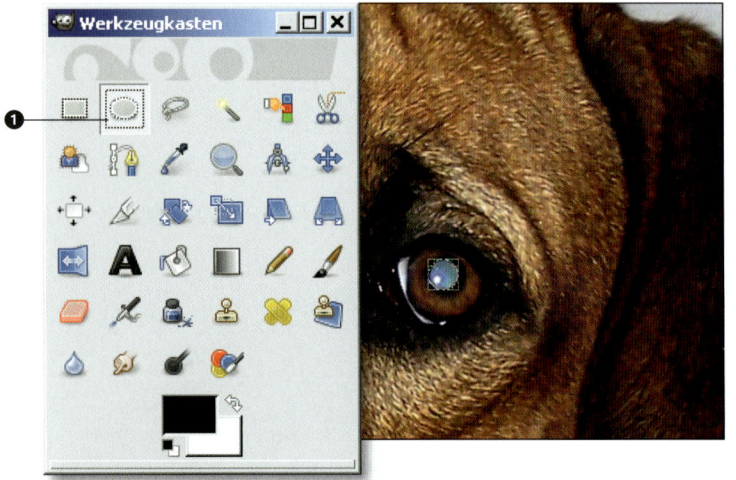

1 Bereich auswählen

Laden Sie das Bild *RidgeBack.jpg* in GIMP. Zoomen Sie mit ⊞ näher an ein Auge heran. Verwenden Sie das Werkzeug ELLIPTISCHE AUSWAHL ❶, und wählen Sie damit die Reflexschicht im Auge aus. Die Auswahl können Sie nachträglich an den vier Seiten beziehungsweise Ecken nachjustieren.

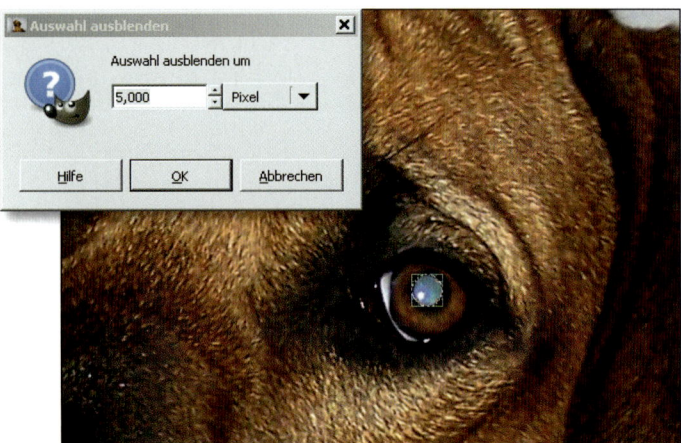

2 Auswahl ausblenden

Damit der Rand der Pupillen anschließend nicht zu hart wird, gehen Sie im Bildfenstermenü auf AUSWAHL • AUSBLENDEN. Verwenden Sie im Dialog zum Ausblenden »5« Pixel, und bestätigen Sie mit OK.

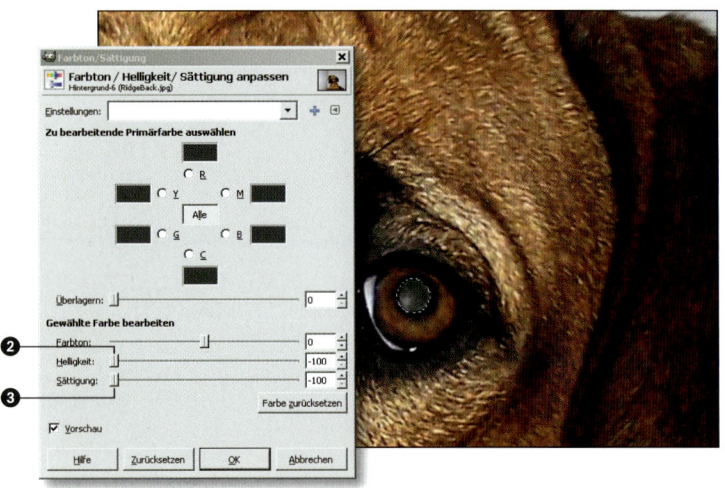

3 Reflexe abdunkeln

Wählen Sie jetzt den Menüpfad FARBEN • FARBTON/SÄTTIGUNG. Schieben Sie den grauen Anfasser für HELLIGKEIT ❷ und SÄTTIGUNG ❸ jeweils ganz nach links auf den Wert »–100«, und bestätigen Sie den Dialog mit OK. Wiederholen Sie diese drei Arbeitsschritte für das andere Auge.

Farbstich entfernen
Farben des Bildes neutralisieren

Die häufigste Ursache für einen Farbstich ist eine nicht zur Beleuchtung passende Farbensensibilisierung des analogen Films beziehungsweise ein falscher Weißabgleich bei Digitalkameras. Der Farbstich kann aber auch bei der Aufnahme selbst entstehen (beispielsweise ein Blaustich in Aufnahmen bei grellem Sonnenlicht ohne Skylight-Filter). Für die Korrektur von Farbstichen gibt es auch in GIMP mehrere Wege. Der beste soll hier am Beispiel eines grünstichigen Fotos beschrieben werden. Gleiches gilt auch für Blau- beziehungsweise Rotstiche.

Zielsetzung:
Grünstich entfernen
(Dauer: 2–5 Minuten)
[VerlasseneStallungen.jpg]

▶ **Video-Training**

Zum Thema »Farbstiche korrigieren« finden Sie eine Video-Lektion auf der Buch-DVD.

Foto: Hanspeter Bolliger

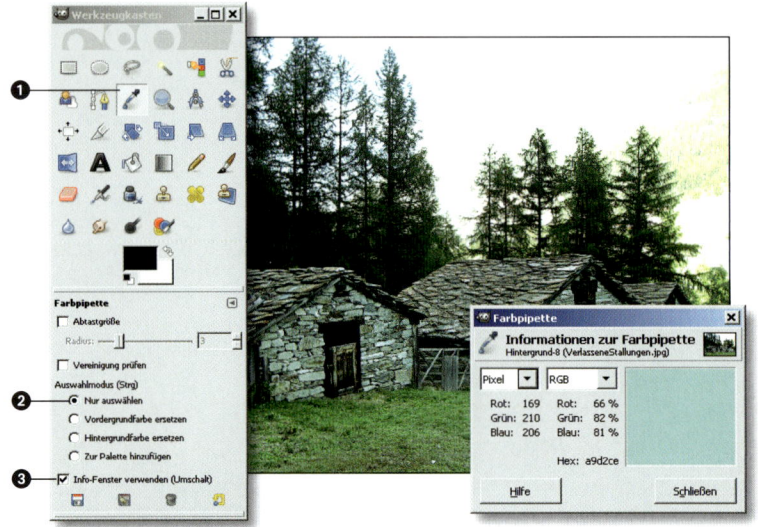

1 Bild analysieren

Laden Sie das Bild *VerlasseneStallungen.jpg* in GIMP. Wählen Sie im Werkzeugkasten die FARBPIPETTE ❶ aus. Klicken Sie bei den Werkzeugeinstellungen auf den Auswahlmodus NUR AUSWÄHLEN ❷, und setzen Sie ein Häkchen vor INFO-FENSTER VERWENDEN ❸. Wählen Sie jetzt eine Stelle im Bild aus, die weiß oder grau sein müsste. Jetzt erscheint der Dialog FARBPIPETTE mit der Farbanalyse des Bildpunkts. Im Beispiel wurde ein grauer Punkt gewählt.

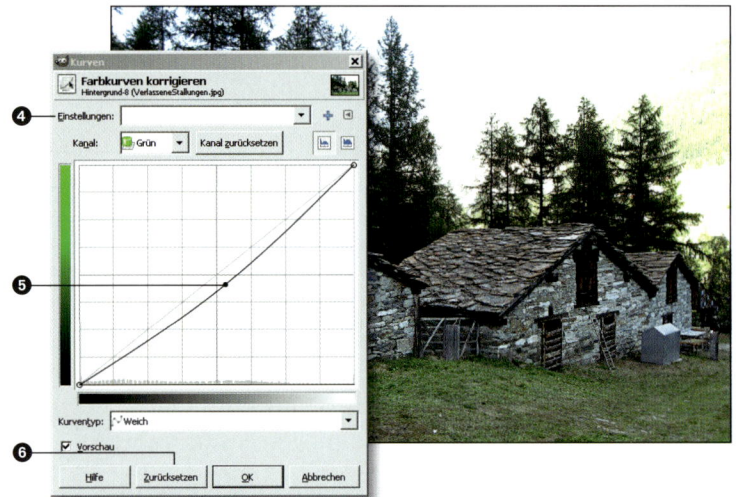

2 Farbkurve einstellen

Die Farbanalyse zeigt eindeutig einen Grünstich im Bild. Öffnen Sie die Farbkurve über das Bildfenstermenü FARBEN • KURVEN. Wählen Sie bei KANAL ❹ »Grün« aus. Alle anderen Einstellungen bleiben, wie sie sind. Korrigieren Sie jetzt die Kurve ❺ ein wenig nach unten. Der Grünstich im Bild sollte allmählich verschwinden. Sind Sie mit dem Ergebnis nicht zufrieden, klicken Sie auf ZURÜCKSETZEN ❻ und versuchen es noch einmal. Bestätigen Sie mit OK.

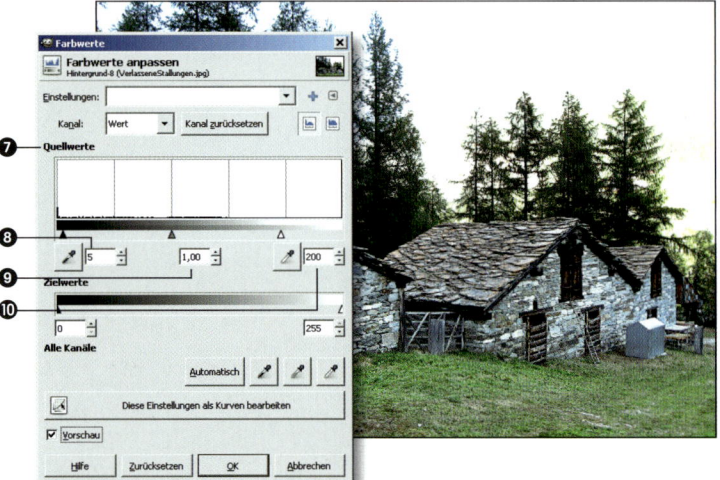

3 Farbwerte anpassen

Bei genauer Betrachtung fällt auf, dass das Weiß jetzt noch hellgrau erscheint. Das Bild wirkt immer noch etwas belegt. Öffnen Sie den Dialog für die Farbwerte über FARBEN • WERTE. Ändern Sie die Angaben bei QUELLWERTE ❼: Stellen Sie den dunklen Bildbereich auf »5« ❽, den mittleren lassen Sie bei »1« ❾, und den Wert für den hellen Bildbereich stellen Sie auf »200« ❿. Bestätigen Sie mit OK. Jetzt können Sie gegebenenfalls erneut eine Farbanalyse durchführen.

Kontrast und Farbe verbessern
Dunkle und blasse Bilder verbessern

Gerade wenn Sie häufig die Automatikfunktion der Digitalkamera verwenden, kann es passieren, dass die Bilder ziemlich kontrastarm und die Farben blass wirken. Mit GIMP ist es ohne großen Aufwand möglich, dem Bild wieder mehr Leben zu geben.

Zielsetzungen:
Kontrast verbessern,
Schatten aufhellen,
Farbsättigung verbessern
(Dauer: 10–15 Minuten)
[Biene.jpg]

Foto: Jürgen Wolf

1 Helligkeit/Kontrast verbessern

Laden Sie das Bild *Biene.jpg* in GIMP. Öffnen Sie jetzt den Dialog für den Kontrast und die Helligkeit über das Bildfenstermenü FARBEN • HELLIGKEIT/KONTRAST. Setzen Sie im Dialog die Werte für HELLIGKEIT auf »40« und KONTRAST auf »45«. Wenn das Häkchen VORSCHAU ❶ aktiviert wurde, können Sie die Veränderungen beobachten. Sind Sie mit dem Ergebnis nicht zufrieden, klicken Sie auf die Schaltfläche ZURÜCKSETZEN. Ansonsten bestätigen Sie mit OK.

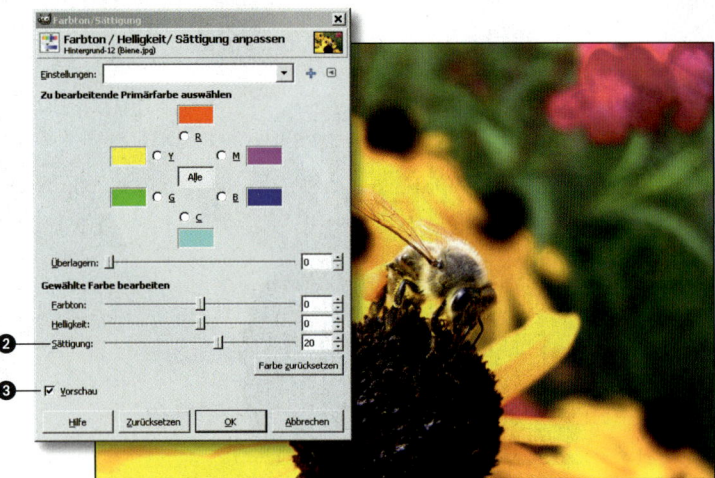

2 Farbsättigung verbessern

Im nächsten Schritt verbessern Sie die Farbsättigung. Öffnen Sie hierzu FARBEN • FARBTON/SÄTTIGUNG. Erhöhen Sie im Dialogfenster die SÄTTIGUNG ❷ auf den Wert »20«. Auch hierbei empfiehlt es sich, das Häkchen bei VORSCHAU ❸ zu aktivieren. Sind Sie mit dem Ergebnis der Farbsättigung zufrieden, klicken Sie auf die Schaltfläche OK. Ansonsten können Sie den vorherigen Zustand mit ZURÜCKSETZEN wiederherstellen.

3 Vordergrund markieren

Durch die Verbesserungsmaßnahmen dürfte sich ein Bildrauschen im Hintergrund bemerkbar gemacht haben. Können Sie kein Rauschen erkennen, zoomen Sie mit [+] in das Bild. Verwenden Sie jetzt die MAGNETISCHE SCHERE ❹, und markieren Sie damit Punkt für Punkt die Kanten des Motivs im Vordergrund des Bildes. Am Ende müssen Sie den Anfangs- und Endpunkt der Auswahl miteinander verknüpfen und mit der Schere in den Bereich klicken.

4 Vordergrund schärfen

Jetzt verbessern Sie die Bildschärfe des eben markierten Vordergrunds (hier die Biene und einen Teil der Blume). Hierzu verwenden Sie den Filter UNSCHARF MASKIEREN, den Sie über FILTER • VERBESSERN • UNSCHARF MASKIEREN aufrufen können. Die hier verwendeten Werte sind »5« für RADIUS, »0,4« für MENGE und »0« für den SCHWELLWERT. Jetzt erscheint der Vordergrund des Bildes wesentlich detailreicher.

5 Rauschen entfernen

Jetzt soll das Bildrauschen im Hintergrund weichgezeichnet werden. Hierzu müssen Sie zunächst den Hintergrund markieren. Da der Vordergrund bereits markiert ist, können Sie einfach über AUSWAHL • INVERTIEREN beziehungsweise [Strg] + [I] die Auswahl umkehren – schon ist der Hintergrund markiert. Öffnen Sie FILTER • WEICHZEICHNEN • GAUSSSCHER WEICHZEICHNER. Verwenden Sie für beide Radien den Wert »10« ❺. Bestätigen Sie den Vorgang mit OK.

6 Tonwertkorrektur

Den letzten Feinschliff geben Sie dem Bild mit einer Tonwertkorrektur. Gehen Sie dazu auf FARBEN • WERTE. Verändern Sie unter QUELLWERTE den dunklen Wert zu »15« ❻, den mittleren zu »1,3« ❽ und den hellsten Wert zu »240« ❼. Sie können auch die Schaltfläche AUTOMATISCH ❾ betätigen und das Ergebnis betrachten. Aber nicht immer liefert die Automatik das beste Ergebnis.

Kapitel 2 | Farbkorrekturen **69**

Tonwertkorrektur
Kontrastarme Bilder ausbessern

Die Tonwertkorrektur ist eines der wichtigsten Werkzeuge für die Bearbeitung Ihrer Bilder. Sie bietet Ihnen die Möglichkeit, das Histogramm der aktiven Ebene beziehungsweise die Auswahl zu bearbeiten. Mit dem Werkzeug lassen sich die Helligkeits- und Farbverteilungen verändern. Es ist damit also beispielsweise möglich, über- beziehungsweise unterbelichtete Digitalbilder zu korrigieren.

Zielsetzung:
Tonwerte korrigieren,
(Dauer 5–10 Minuten)
[Schmetterling.jpg]

▶ **Video-Training**

Zum Thema »Das Histogramm« finden Sie eine Video-Lektion auf der Buch-DVD.

Foto: Jürgen Wolf

1 Histogramm analysieren

Laden Sie zunächst das Bild *Schmetterling.jpg* in GIMP. Öffnen Sie den Dialog für die Tonwerte über das Bildfenstermenü FARBEN • WERTE. Am Histogramm können Sie feststellen, dass im ganz dunklen ❶ und ganz hellen ❷ Bildbereich keine Werte vorhanden sind. Deswegen wirkt das Bild recht flau und grau. Alternativ können Sie ein Histogramm auch über DIALOGE • HISTOGRAMM anzeigen lassen.

2 Automatische Tonwertkorrektur

Wenn es schneller gehen soll, können Sie die automatische Tonwertkorrektur testen. Hierzu müssen Sie nur auf die Schaltfläche AUTOMATISCH ❸ klicken. Manchmal ist das Ergebnis recht gut. Aber besser ist natürlich immer die Korrektur per Hand. Nehmen Sie daher die Einstellung wieder zurück. Entweder über die Schaltfläche ZURÜCKSETZEN ❹ oder, falls Sie bereits auf OK gedrückt haben, mit [Strg] + [Z] (oder BEARBEITEN • RÜCKGÄNGIG).

3 Weißpunkt setzen

Schieben Sie jetzt den weißen Anfasser ❻ bei QUELLWERTE bis zum ersten hellen Tonwert ❺ des Bildes. Im Beispiel liegt dieser Wert etwa bei »220«. Dadurch erreichen Sie, dass viele graue Pixel im Bild in ein echtes Weiß korrigiert werden.

4 Schwarzpunkt setzen

Ähnlich wie beim Weißpunkt setzen Sie jetzt den Anfasser des Schwarzpunkts ❷ auf den ersten dunklen Tonwert im Histogramm ❶. Dadurch erreichen Sie ein echtes Schwarz. Denken Sie allerdings daran, dass es Motive gibt, die keinen Schwarzbereich haben. In solchen Fällen sollten Sie die tiefsten Töne nicht auf Schwarz setzen.

5 Mitteltöne setzen

Was Sie eben für den Weiß- und Schwarzpunkt eingestellt haben, folgt jetzt auch für die Helligkeit der mittleren Grauwerte. Hierzu dient der graue Anfasser ❸. Je weiter Sie diesen Anfasser nach rechts schieben, umso dunkler wird das Bild. Je weiter links die Schatten liegen, umso heller wird das Bild. Im Beispiel wurde der graue Anfasser nach links auf den Wert »1,10« geschoben. Klicken Sie jetzt auf die Schaltfläche OK ❹, um die Tonwertkorrektur abzuschließen.

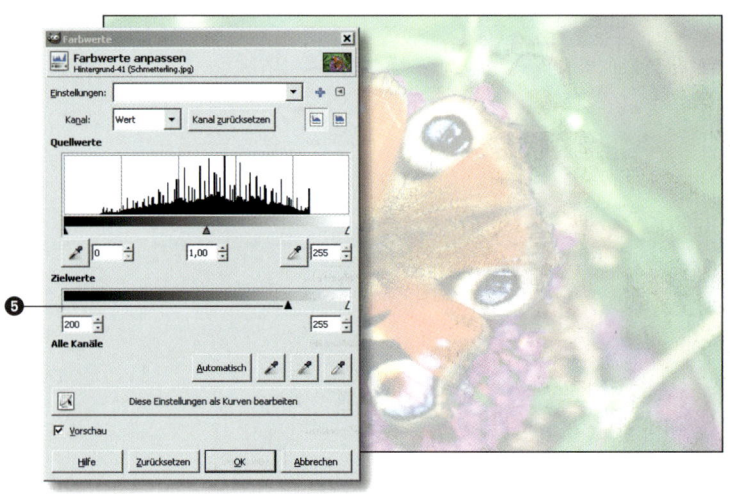

6 Hellen Hintergrund erzeugen

Wollen Sie das Bild beispielsweise für den Hintergrund einer Präsentation verwenden, können Sie daraus noch einen hellen Hintergrund erzeugen. Öffnen Sie hierzu erneut den Dialog für die Tonwertkorrektur über FARBEN • WERTE. Schieben Sie jetzt bei ZIELWERTE den schwarzen Anfasser ❺ nach rechts. Je heller das Bild werden soll, umso weiter schieben Sie ihn. Im Beispiel habe ich den Anfasser auf den Wert »200« geschoben.

Farbe intensivieren
Unterbelichtung korrigieren

Wenn Sie ein helles Objekt in der Mitte des Bildes fotografieren, kann es schnell passieren, dass die Automatik Ihrer Kamera irrtümlicherweise eine Überbelichtung vermutet und diese ausgleicht. Als Ergebnis erhalten Sie ein graues und lichtloses Bild. Häufig lassen sich sowohl das Licht als auch die Farben mit ein paar Klicks wiederherstellen.

▶ **Video-Training**

Zum Thema »Farben intensivieren« finden Sie eine Video-Lektion auf der Buch-DVD.

Zielsetzung:
Tageslicht und Farben zurückholen
(Dauer: 5–10 Minuten)
[Matterhorn.jpg]

Foto: Hanspeter Bolliger

1 Bildanalyse

Laden Sie das Bild *Matterhorn.jpg* in GIMP. Beim Betrachten des Bildes fällt zunächst auf, dass der Himmel recht matt wirkt. Auch das Grün geht leicht ins Bräunliche über, und das Weiß des Berges wirkt leicht gräulich. Außerdem erscheint das Bild nicht sehr scharf.

2 Tonwertkorrektur

Zunächst soll die Grundhelligkeit des Bildes angepasst werden. Hierzu verwenden Sie den Dialog für die Tonwerte über das Menü im Bildfenster FARBEN • WERTE. Drücken Sie zunächst die Schaltfläche AUTOMATISCH ❷ und schieben anschließend bei QUELLWERTE den mittleren, grauen Anfasser ❶ auf den Wert »1,2«. Bestätigen Sie den Vorgang mit OK.

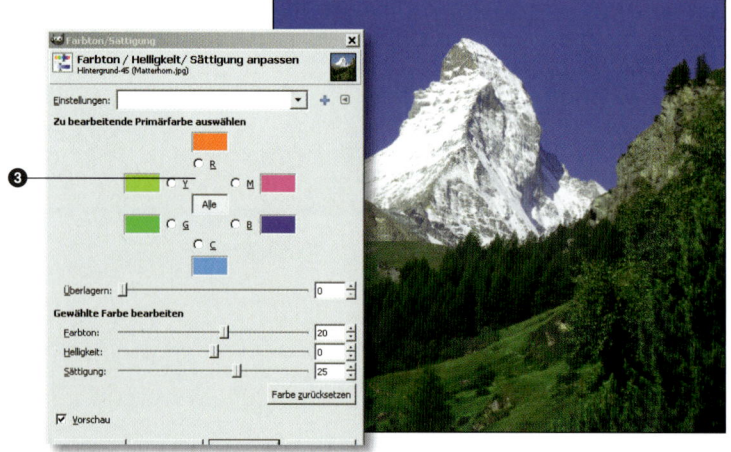

3 Farben verbessern

Die Farben wirken immer noch ein wenig blass, weshalb Sie jetzt den Farbton und die Sättigung verbessern sollten. Öffnen Sie den entsprechenden Dialog über FARBEN • FARBTON/SÄTTIGUNG. Wählen Sie hier alle Farben über die Schaltfläche ALLE ❸ aus. Erhöhen Sie den Wert bei FARBTON auf »+20« und die SÄTTIGUNG auf »+25«. Jetzt erscheinen die Farben, besonders die Grün- und Blautöne, erheblich frischer.

4 Bildrauschen korrigieren

Als Folge dieser Verbesserungsmaßnahmen anhand von FARBTON/SÄTTIGUNG ist jetzt im Himmel ein Bildrauschen zu erkennen. Markieren Sie mit der MAGNETISCHEN SCHERE ❹ den Himmel, und verwenden Sie den Gaußschen Filter zum Weichzeichnen (FILTER • WEICHZEICHNEN • GAUSSSCHER WEICHZEICHNER). Stellen Sie bei Radius beide Werte auf »10« ❺ und bei Methode auf RLE ❻. Klicken Sie anschließend auf OK.

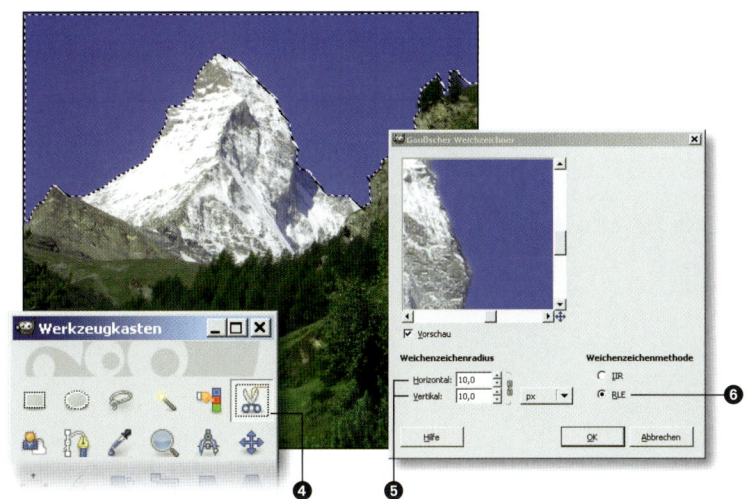

5 Vordergrund schärfen

Der Vordergrund (der Berg, die Bäume) des Bildes soll jetzt noch ein wenig nachgeschärft werden. Hierzu können Sie einfach die Auswahl des Himmels von Arbeitsschritt 4 über AUSWAHL • INVERTIEREN beziehungsweise `Strg`+`I` umdrehen. Öffnen Sie jetzt den Filter UNSCHARF MASKIEREN über FILTER • VERBESSERN • UNSCHARF MASKIEREN. Als Wert für den RADIUS empfehle ich »5«, für die MENGE »0,35«, und der SCHWELLWERT bleibt bei »0«.

6 Tonwertkorrektur

Da sich durch den Filter die Tonwerte leicht verändert haben, können Sie diese gegebenenfalls nachjustieren. Öffnen Sie erneut den Dialog dazu (FARBEN • WERTE), und ziehen Sie den mittleren Anfasser ❼ bei QUELLWERTE auf den Wert »1,1«. Jetzt sollte das Bild optimal nachbelichtet sein.

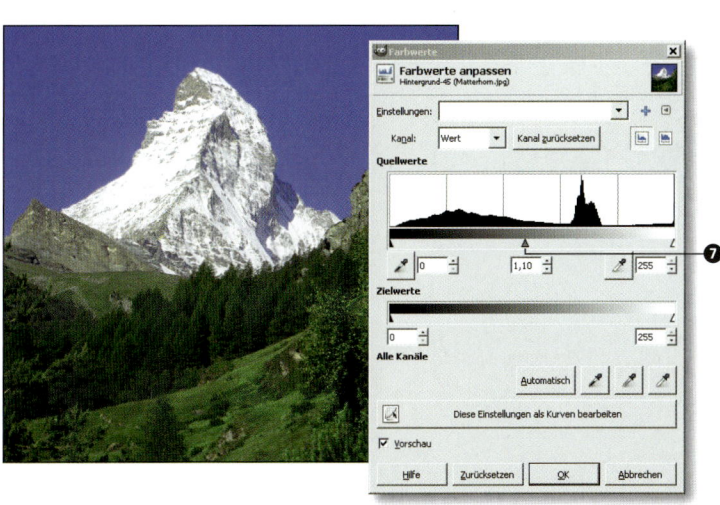

Kapitel 2 | Farbkorrekturen

Gescannte Bilder bearbeiten
Schwächen des Scanners ausgleichen

Jeder von uns besitzt sicher noch einige Kartons voll alter Fotos aus den Zeiten vor der »digitalen Revolution«. Vielleicht möchten Sie ja Ihre besten Aufnahmen digitalisieren und archivieren. Im Vergleich zu den Digitalfotos schneiden die analogen Vorlagen, die mit den üblichen Scannern digitalisiert wurden, eher bescheiden ab. Trotzdem können Sie nachträglich aus einem Rohscan noch ein gutes, druckfähiges Bild erstellen. Wie, soll in diesem Workshop gezeigt werden.

Zielsetzungen:
Farbkontrast verbessern,
Staub entfernen
(Dauer: 5–10 Minuten)
[Cuba.jpg]

Foto: Jürgen Wolf

1 Bildanalyse

Öffnen Sie das Bild *Cuba.jpg* in GIMP. Das Bild wirkt im Gesamteindruck recht farblos und grau. Wenn Sie näher hineinzoomen, ist auch der Staub auf dem Bild zu erkennen, der sich auf der Glasplatte des Scanners befunden haben muss.

2 Autokontrast und Sättigung

Um den Kontrastumfang des Bildes vollständig zu nutzen, führen Sie eine automatische Kontrastspreizung über das Bildfenstermenü FARBEN • AUTOMATISCH • KONTRASTSPREIZUNG durch. Im nächsten Schritt erhöhen Sie die Farbsättigung des Bildes. Öffnen Sie hierzu den entsprechenden Dialog über FARBEN • FARBTON/SÄTTIGUNG, und erhöhen Sie die SÄTTIGUNG für ALLE ❶ Farben auf »40«. Bestätigen Sie anschließend mit OK.

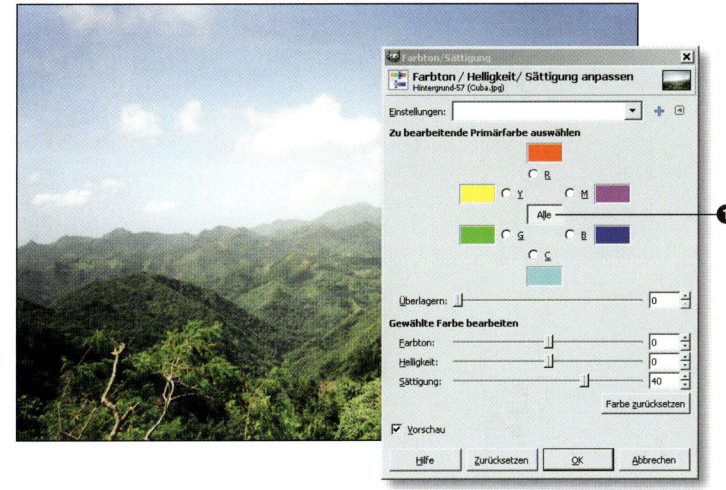

3 Einzelne Farben verbessern

Einzelne Bereiche wie die grüne Landschaft oder der blaue Himmel könnten durchaus noch ein wenig mehr gesättigte Farbe vertragen. Öffnen Sie hierfür nochmals den Dialog über FARBEN • FARBTON/SÄTTIGUNG. Klicken Sie jetzt auf den Radiobutton G ❷ für »Grün«. Erhöhen Sie den FARBTON und die SÄTTIGUNG jeweils um den Wert »10«. Führen Sie dasselbe auch noch für Gelb (Y), Cyan (C) und Blau (B) durch.

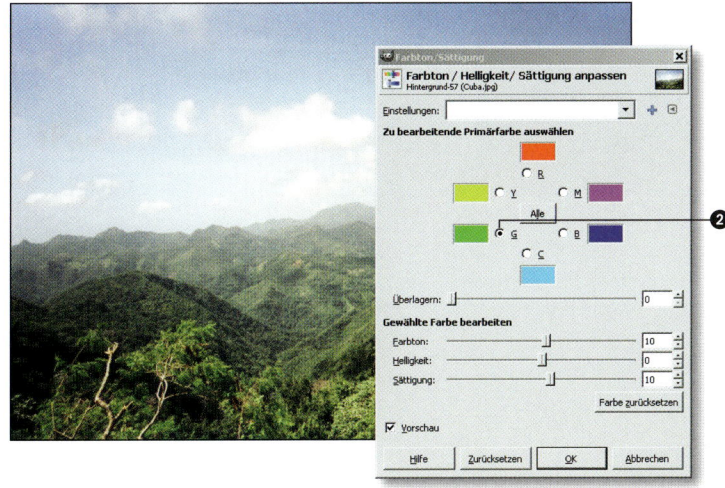

Kapitel 2 | Farbkorrekturen

4 Bildrauschen korrigieren

Als Folge dieser Verbesserungsmaßnahmen ist jetzt im Himmel ein starkes Bildrauschen zu erkennen. Wählen Sie mit der MAGNETISCHEN SCHERE den Himmel aus. Zeichnen Sie anschließend den Himmel über FILTER • WEICHZEICHNEN • GAUSSSCHER WEICHZEICHNER weich. Als Radius geben Sie bei beiden Werten »17« ❶ ein und verwenden als Methode RLE ❷. Klicken Sie auf OK.

5 Schärfen

Der Rest des Bildes muss jetzt noch nachgeschärft werden, da ein eingescanntes Bild häufig zu weich erscheint. Hierzu können Sie die Auswahl des Himmels umkehren über AUSWAHL • INVERTIEREN oder [Strg]+[I]. Wählen Sie jetzt den Menüpfad FILTER • VERBESSERN • UNSCHARF MASKIEREN. Als Wert für den RADIUS empfehle ich »5«, für die MENGE »0,4«, und der SCHWELLWERT bleibt bei »0«.

6 Staub entfernen

Den Staub im Bild können Sie mit einem speziellen Filter über FILTER • VERBESSERN • FLECKEN ENTFERNEN beseitigen. Im Dialog unter MEDIAN haken Sie ANPASSEND ❸ und REKURSIV ❹ an. Den RADIUS setzen Sie auf »3« und die Schwellwerte für Schwarz auf »7« und für Weiß auf »248«. Bestätigen Sie mit OK.

Einzelne Farben manipulieren
Objekte umfärben

Einzelne Farben in einem Bild zu verändern, ist mit GIMP kein Problem. Wichtig dabei ist allerdings, dass das Objekt oder die einzelnen Objekte klar getrennte Farben enthalten. Damit die Manipulation der Farben unauffällig verlaufen kann, sollte auch der Hintergrund eine andere Farbe haben als das Hauptobjekt.

Zielsetzungen:
Auto umfärben
(Dauer: 2–5 Minuten)
[MuscleCar.jpg]

Foto: Jürgen Wolf

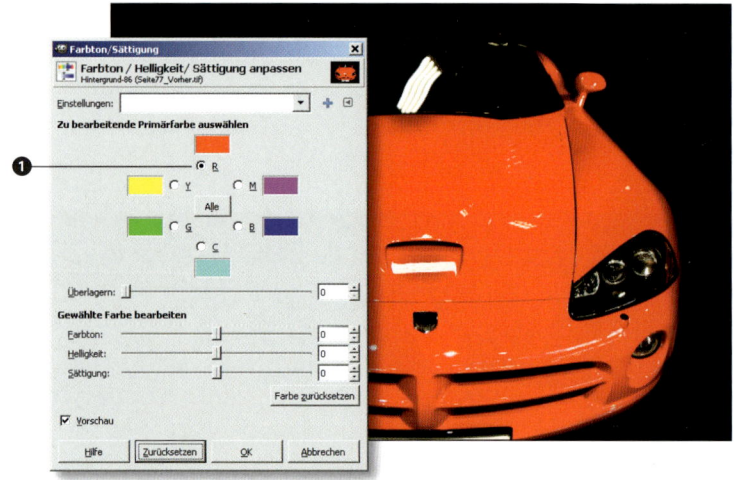

1 Rote Farbtöne auswählen

Laden Sie das Bild *MuscleCar.jpg* in GIMP. Rufen Sie den Dialog für Farbton und Sättigung über das Bildfenstermenü Farben • Farbton/Sättigung auf. Wählen Sie als Nächstes den Radiobutton für die rote Farbe (R) ❶ aus.

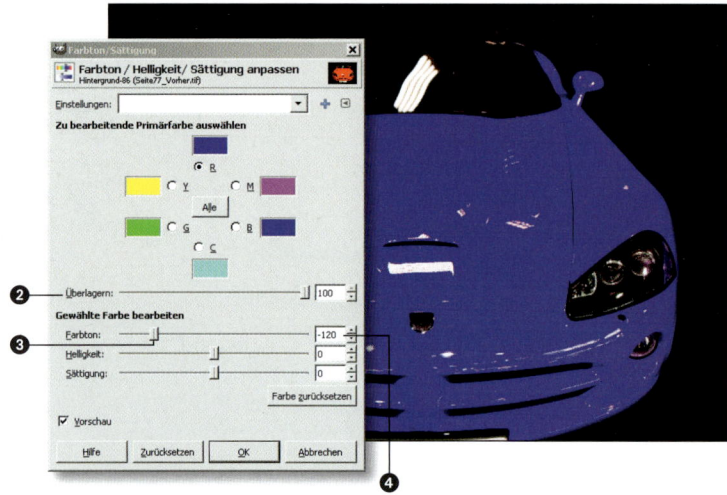

2 Farbton verändern

Schieben Sie den Anfasser für Überlagern ❷ auf den Wert »100«. Den Farbton verändern Sie jetzt mit dem entsprechenden Anfasser ❸. Im Beispiel wollen wir eine blaue Autofarbe erzeugen und schieben den Anfasser für Farbton auf den Wert »–120«. Natürlich kann der Wert im entsprechenden Eingabedialog ❹ auch von Hand eingetippt werden. Bestätigen Sie mit OK, wenn Sie mit dem Ergebnis zufrieden sind.

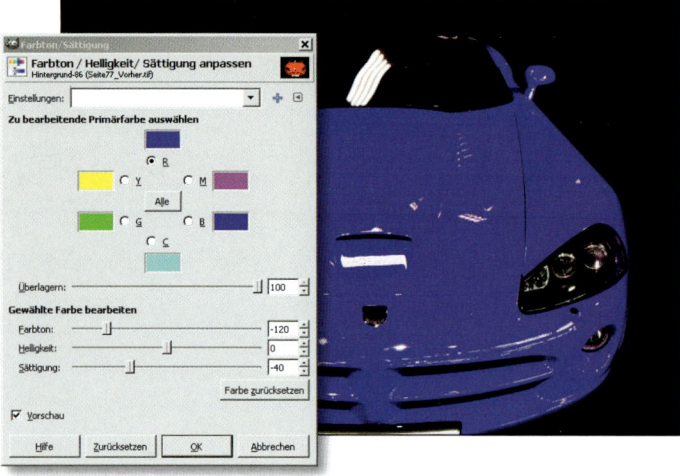

3 Sättigung reduzieren

Im Beispiel ist das Blau jetzt in der Tat etwas zu satt. Reduzieren Sie daher die Sättigung des Bildes im Dialog Farbton/Sättigung auf den Wert »–40«. Wenn Sie wollen, können Sie gegebenenfalls auch die Helligkeit etwas erhöhen.

GRUNDLAGENEXKURS

Farben

Farben sind das wichtigste Ausdrucksmittel in der Fotografie (mit Ausnahme der Schwarzweißfotografie). Dabei sind Farben genau genommen eine subjektive Sinnesempfindung und keine physikalische Eigenschaft eines Gegenstandes. Dass Sie einen Apfel als »rot« erkennen, liegt nicht an der Oberfläche des betreffenden Apfels, sondern nur an dem Abbild (Farbreiz), das Ihnen Ihr Gehirn im Bewusstsein präsentiert.

Farbtiefe

Ein Bild besteht aus vielen einzelnen Bildpunkten, auch Pixel genannt. Hat ein Bild mit 200 Zeilen beispielsweise 300 Pixel pro Zeile, so besteht das Bild aus insgesamt 60 000 einzelnen Bildpunkten. Jedem dieser Bildpunkte wiederum kann eine eigene Farbe zugewiesen werden.

Bei einem reinen Schwarzweißbild kann jedes Pixel entweder schwarz oder weiß sein. Oder – in der Computersprache – in einem einzigen Bit (mit 0 oder 1) gespeichert werden. Bei einem Schwarzweißbild ist die Farbtiefe gleich 1 (siehe Abbildung 3).

Stehen einem Pixel mehrere Bits zur Verfügung, so können auch mehr Farbtöne dafür verwendet werden. Werden beispielsweise für ein Pixel 8 Bit an Speicher zur Verfügung gestellt, so können hiermit 256 Farbtöne ($2^8 = 256$) angezeigt werden (siehe Abbildung 2). Ein übliches Farbbild, wie Sie es aus der täglichen Praxis mit digitalen Fotos kennen, hat eine Farbtiefe von 24 Bit (siehe Abbildung 1). 24 Bit entsprechen immerhin mehr als 16,7 Millionen verschiedenen Farben ($2^{24} = 16 777 216$), also mehr, als das menschliche Auge erfassen kann.

Wenn Sie Abbildung 3 betrachten, fragen Sie sich sicherlich, wie es möglich ist, dass Schwarzweißfotos in Zeitungen auch ohne Graustufen gut zu erkennen sind. Im Zeitungsdruck gibt es ein Verfahren, das sich Rasterung nennt. Dadurch lassen sich auch bei reinen Schwarzweißbildern mit 1 Bit Farbtiefe mehrere Grautöne simulieren (siehe Abbildung 4).

Farbwahrnehmung
Die elektromagnetischen Wellen, die das Licht aussendet, werden von den Sehzellen erfasst und im Gehirn in einen Farbeindruck umgewandelt. Es ist aber noch nicht geklärt, wie unser Gehirn die unterschiedliche Wahrnehmung von Farben verarbeitet. Mehr dazu erfahren Sie beispielsweise unter *http://de.wikipedia.org/wiki/Farbwahrnehmung*.

Zeitung unter der Lupe
Wenn Sie ein Bild Ihrer Tageszeitung unter die Lupe nehmen, werden Sie nur weiße und schwarze Punkte erkennen.

Grundlagenexkurs | Farben

Abbildung 1 ▶
24 Bit Farbtiefe (16,7 Millionen Farben)

Foto: Marco Barnebeck

Abbildung 2 ▶
8 Bit Farbtiefe (256 Farben)

Abbildung 3 ▶
1 Bit Farbtiefe (schwarzweiß)

◀ **Abbildung 4**
1 Bit Farbtiefe mit Rasterung

Farbmodelle

Ein Farbmodell beschreibt den Bereich an Farbwerten, der von einem Ein- oder Ausgabegerät unter bestimmten Voraussetzungen erkannt beziehungsweise dargestellt werden kann. Als Ein- beziehungsweise Ausgabegeräte sind im Bereich der digitalen Fotografie Kameras, Scanner, Bildschirme, Drucker, aber auch der menschliche Sehsinn zu nennen.
GIMP verwendet die folgenden drei Farbmodelle:

▶ RGB
▶ Graustufen
▶ indizierte Farben

RGB-Farbmodell
GIMP arbeitet standardmäßig mit dem RGB-Farbmodell. Dieses Modell ist das am weitesten verbreitete und wird vor allem bei Digitalkameras, Monitoren, Fernsehern, Scannern – allen Geräten, die mit Licht arbeiten – verwendet.

RGB beschreibt die Farbe als Bestandteil des Lichtes innerhalb eines Spektrums und basiert auf den Farben Rot, Grün und Blau (daher auch RGB beziehungsweise aus dem Englischen: Red, Green, Blue). Die maximale Summe aller drei Farben ergibt Weiß. Dort wo keine Farbe ausgegeben wird, ist Schwarz das Ergebnis. Abbildung 5 veranschaulicht das RGB-Farbmodell, das auf der »additiven Farbmischung« beruht.

Jedes Pixel in einem RGB-Farbmodell besteht somit aus den drei Kanälen Rot, Grün und Blau. Jeder dieser Kanäle kann den Wert 0 bis 255 haben. Wenn alle drei Kanäle den Wert 0 haben (Rot = 0; Grün = 0; Blau = 0),

Farbsysteme
heute sind ungefähr 40 Farbsysteme im Einsatz. Dies ist nötig, da sich nicht jedes Modell für alle Anwendungsgebiete eignet.

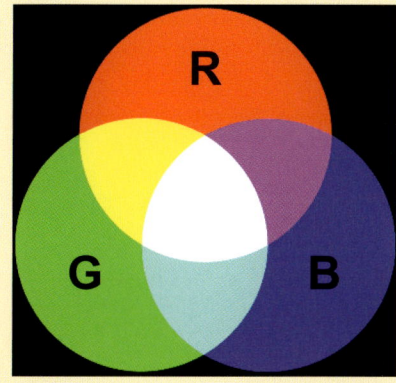

▲ **Abbildung 5**
Das RGB-Farbmodell

Ebrafen
Es wird häufig diskutiert, ob Schwarz und Weiß »echte« Farben sind. Experten bezeichnen sie als unbunte Farben oder auch Ebrafen.

Grundlagenexkurs | Farben 83

Hexadezimal
Benötigen Sie Farbwerte für Webseiten, so müssen Sie die hexadezimale Schreibweise (mit der Basis 16) verwenden. Der GIMP-Farbwähler unterstützt die Eingabe einer HTML-Notation beziehungsweise zeigt die entsprechende Notation zu einer Farbe an (siehe auch Seite 52).

so entspricht dies der Farbe Schwarz. Besitzen alle drei Kanäle den Wert 255, so ergibt dies Weiß. Dadurch stehen mehr als 16,7 Millionen Farben (256 x 256 x 256) zur Auswahl. Die folgende Tabelle listet einige gebräuchliche Farbmischungen des RGB-Farbmodells auf.

Farbe	Rot	Grün	Blau
Rot	255	0	0
Grün	0	255	0
Blau	0	0	255
Cyan	0	255	255
Magenta	255	0	255
Gelb	255	255	0
Schwarz	0	0	0
Weiß	255	255	255
Grau	128	128	128
Lila	160	32	240

Tabelle 1 ▶
Einige grundlegende Beispiele zu Farbmischungen von RGB-Farben

Sollten Sie am PC mit einem anderen Farbmodus als RGB arbeiten, so sollten Sie bedenken, dass ein Bildschirm in der Regel nur RGB darstellen kann. So kann es passieren, dass die Farben nicht originalgetreu wiedergegeben werden. Dasselbe kann allerdings bei einem Bild im RGB-Modus passieren, weil es eben auch einen geräteabhängigen Farbraum gibt.

Graustufen
Nichtfarbige beziehungsweise monochrome (einfarbige) Bilder werden im Graustufenmodus dargestellt. Diese Bilder enthalten nicht nur Schwarz und Weiß, sondern auch unterschiedliche Abstufungen von Grau. Bei Graustufenbildern kann ein Pixel 8 Bit in einem Kanal speichern. Dies sind somit maximal 256 Graustufen, vom hellsten Weiß bis zum tiefsten Schwarz.

Indizierte Farben
Indizierte Farben sind eine weitere Methode zur Speicherung von Pixelgrafiken. Dabei erhält jedes einzelne Pixel nicht einen Wert der RGB-Farbkanäle, sondern lediglich einen Index auf einen Wert in einer Farbpalette. Im Grunde ist der Modus »Indizierte Farben« kein Farbmodell im eigentlichen Sinne.

Das Prinzip ist einfach, für jedes Pixel ist eine Nummer (8 Bit) zu vergeben. Zur entsprechenden Nummer wird dann in einer Tabelle eine dazugehörige Farbe hinterlegt. Mit diesem Verfahren spart man Speicherplatz bei Bilddateien, die bis zu 256 unterschiedliche Farben haben.

◀ **Abbildung 6**
Ein 8-Bit-Graustufenbild

Indizierte Farben werden bei diversen Grafikformaten wie beispielsweise dem GIF- oder PNG-Format mit 8 Bit Farbtiefe verwendet. Aber auch Graustufenbilder mit maximal 256 Grautönen gehören dazu.

Für die Bearbeitung von digitalen Bildern ist dieser Modus allerdings eher ungeeignet, weil er nicht alle Funktionen von GIMP unterstützt. Wenn Sie indizierte Farben benötigen, sollten Sie das Bild zunächst im RGB-Modus bearbeiten und erst am Schluss in ein entsprechendes indiziertes Farbenformat umwandeln.

CMYK-Farbmodell

CMYK steht für Cyan (Türkis), Magenta (Fuchsinrot), Yellow (Gelb) und Key (Schlüsselfarbe = Schwarz), und dieses »subtraktive« Farbmodell findet primär Einsatz beim Druckverfahren (siehe Abbildung 7).

Bei einem Blick in Ihren Farbdrucker finden Sie die drei Farben des CMYK-Farbmodells vor. Die zusätzliche schwarze Farbe im Drucker ist nötig, weil Cyan, Magenta und Yellow im jeweiligen Anteil von 255 nicht, wie theoretisch erwartet, Schwarz, sondern eher ein dunkles, verwaschenes Braun ergeben. Die Farbe Schwarz aus Cyan, Magenta und Yellow durch Mischen zu erreichen, würde also in keinem Fall zu einer guten Farbqualität führen und wäre noch dazu ein teures Unterfangen.

Aufgrund der vier Farbkanäle stehen im CMYK-Modell theoretisch mehr Farben zur Verfügung (Farbtiefe von 32 Bit). Aber praktisch ist dieser Farbraum nicht vollständig auszuschöpfen, da ein Bild gewöhnlich vom RGB-Modus in den CMYK-Modus konvertiert werden muss. Dadurch wirkt das Bild häufig nicht mehr so hell und klar, weil bei der Konvertierung Bildinformationen verloren gehen und das Schwarz zusätzlich eingefügt wird. Daher sollten Sie das Bild im RGB-Modus bearbeiten und es erst anschließend in den CMYK-Modus umwandeln.

Alte Grafikformate
Auch (ur-)alte Grafikformate wie EGA oder VGA verwenden indizierte Farben.

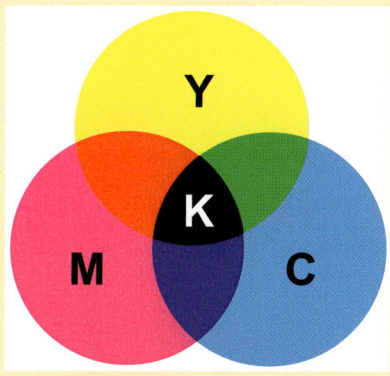

▲ **Abbildung 7**
Das CMYK-Farbmodell

CMYK und GIMP
GIMP unterstützt das CMYK-Farbmodell zurzeit noch nicht direkt. Aber ein experimentelles Modul, das dies bietet, ist unter *www.blackfiveservices.co.uk/separate.shtml* verfügbar.

Belichtungskorrekturen

Ob ein Bild zu hell oder zu dunkel ist, ist keine rein technische Frage, sondern hängt auch vom Auge des Betrachters ab. Wenn Sie Ihre Bilder als zu hell oder zu dunkel empfinden, dann können Sie diese am PC nachbearbeiten. Anders als zu analogen Zeiten, als Sie erst hinterher die Ergebnisse des selektiven Nachbelichtens in der Dunkelkammer zu sehen bekamen, ist es mit GIMP möglich, die Belichtungssteuerung nachträglich von Hand zu verbessern. Die Helligkeit eines Bildes hängt von der Belichtungszeit, einem eventuell verwendeten Blitz, der Tageszeit, dem Wetter und noch einigen anderen Faktoren ab. Da selten alle Faktoren optimal sind, bietet sich die Nachbearbeitung am PC als äußerst sinnvolle Maßnahme an.

Foto: Marco Barnebeck

Belichtungskorrekturen

Kontrast verbessern **89**
Dynamikumfang des Bildes steigern

Helle Bereiche abdunkeln **92**
Überbelichtete Objekte verbessern

Dunkle Bereiche aufhellen **95**
Zeichnung in die Tiefen bringen

Unterbelichtung ausgleichen **99**
Zu dunkle Bilder retten

Überbelichtung ausgleichen **102**
Ursprüngliche Lichtstimmung wiederherstellen

Himmel abdunkeln **104**
Überstrahlte Bereiche mildern und sättigen

Manuell nachbelichten **106**
Dunkle Objekte aufhellen

Kontrast verbessern
Dynamikumfang des Bildes steigern

Als Kontrast wird der Unterschied zwischen den hellen und den dunklen Bereichen bezeichnet, genauer gesagt die Steilheit der Tonwertkurve einer visuellen Darstellung. Man spricht hierbei auch von der Brillanz eines Bildes. Wenn bei einem Foto die Verteilung des Kontrastes recht ausgeglichen ist, ist das nicht immer ein Vorteil. Viele Bilder wirken dadurch häufig ein wenig »flau«.

Zielsetzung:
Kontrast steigern
(Dauer: 2–5 Minuten)
[Kuh.jpg]

Foto: Hanspeter Bolliger

1 Himmel und Berge markieren

Laden Sie das Bild *Kuh.jpg* in GIMP. Wählen Sie das Werkzeug MAGNETISCHE SCHERE ❶ aus, und markieren Sie hiermit den Vordergrund. Da Sie die Helligkeit im dunklen Bildbereich erhöhen werden, dient die Auswahl praktisch als »Schutz« für den hellen Hintergrund. Die schneebedeckten Berge und der Himmel wirken bereits etwas überstrahlt, dieser Bereich sollte also nicht weiter aufgehellt werden.

2 Auswahl ausblenden

Damit im Übergang vom Vordergrund zum Himmel und den Bergen keine harten Kanten entstehen, können Sie die Auswahl ein wenig ausblenden. Wählen Sie hierzu im Bildfenstermenü AUSWAHL • AUSBLENDEN aus. Geben Sie im folgenden Dialog den Wert »5« Pixel ein, und bestätigen Sie mit OK.

3 Auswahl invertieren

Da Sie den Kontrast des Vordergrundes verbessern wollen, müssen Sie jetzt die Auswahl invertieren. Wählen Sie hierzu entweder AUSWAHL • INVERTIEREN oder drücken Sie die Tastenkombination [Strg] + [I].

4   Kontrast und Helligkeit erhöhen

Wählen Sie den Dialog für Helligkeit und Kontraste über FARBEN • HELLIGKEIT/KONTRAST. Setzen Sie den Wert für die HELLIGKEIT auf »10« und den Wert für den KONTRAST auf »20«. So haben Sie den Kontrast des Bildes erhöht und gleichzeitig mit der Anhebung der Helligkeit dafür gesorgt, dass das Bild nicht zu dunkel wird.

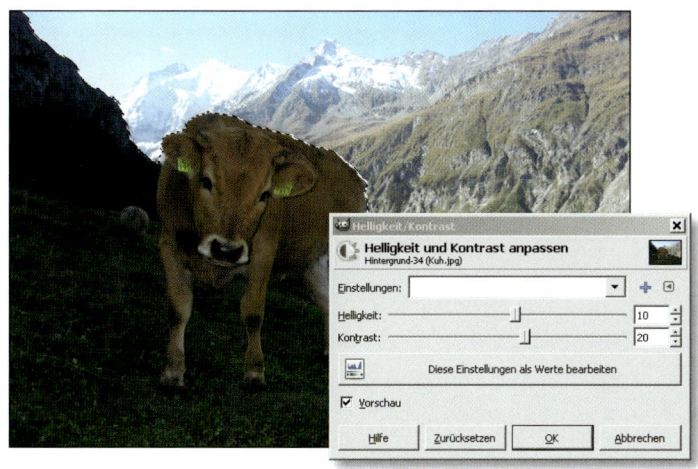

5   Tonwertkorrektur

Um die Tiefen des Bildes ein wenig zu stärken, rufen Sie den Dialog Farbwerte über FARBEN • WERTE auf. Im Beispiel hat dies hervorragend mit Hilfe der Schaltfläche AUTOMATISCH ❹ funktioniert. Sollte Ihnen das Ergebnis nicht gefallen, können Sie die QUELLWERTE immer noch per Hand anpassen: der dunkle Anfasser ❸ auf »12« und der helle Anfasser ❷ auf »250« gesetzt, haben hier auch ein ziemlich gutes Ergebnis erzielt.

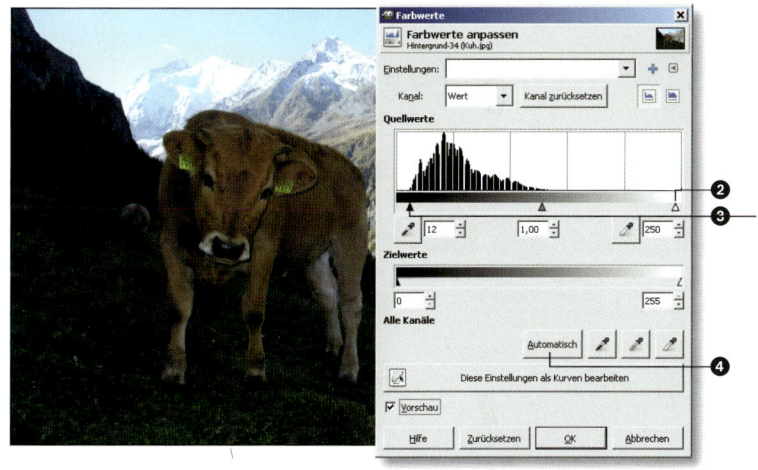

6   Das Bild schärfen

Um insbesondere die Kuh im Mittelpunkt und den Kontrast insgesamt weiter zu verbessern, zeichnen Sie das Bild abschließend noch scharf. Verwenden Sie hierzu FILTER • VERBESSERN • UNSCHARF MASKIEREN. Wählen Sie für den RADIUS den Wert »5«, für die MENGE »0,25« und als SCHWELLWERT »0« aus. Bestätigen Sie den Vorgang anschließend mit OK.

Helle Bereiche abdunkeln
Überbelichtete Objekte verbessern

Bilder mit einem hohen Weißanteil bergen manchmal das Problem, dass es ihnen an Kontrast in den hellen Bildbereichen fehlt. Den Effekt können Sie besonders bei Fotos, die eine Winterlandschaft abbilden, erkennen. Da hier das Weiß dominiert, sind oft die Konturen sehr schwach, das Bild zu hell und kontrastarm. Wie sehr Sie den Kontrast erhöhen wollen, hängt natürlich ganz von Ihrem Empfinden ab. Mögen Sie es gerne etwas dramatischer, dann können Sie den Kontrast intensiv steigern.

Zielsetzungen:
Lichter abdunkeln,
Kontrast erhöhen,
Sättigung verbessern
(Dauer: 5–10 Minuten)
[Schneeberge.jpg]

Foto: Hanspeter Bolliger

1 Tiefenkorrektur

Laden Sie das Bild *Schneeberge.jpg* in GIMP. Um die Tonwerte zu korrigieren, öffnen Sie den Dialog über Farben • Werte. Auf eine automatische Korrektur sollten Sie bei so hellen Bildern generell verzichten. Schieben Sie zunächst den schwarzen Anfasser ❶ unter Quellwerte auf »40«. Theoretisch könnten Sie den Anfasser auch an den Beginn der Kurve setzen. Das Bild wird dann sehr dunkel. Aber das ist Geschmackssache.

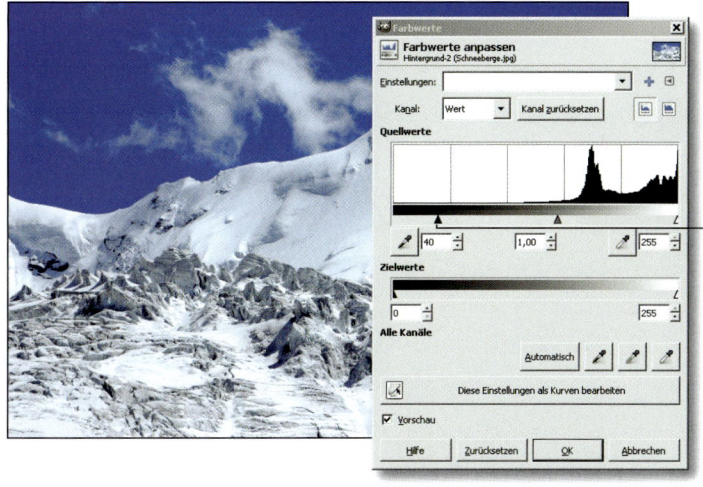

2 Helligkeit/Kontrast anpassen

Jetzt wirkt das Bild eine Stufe dunkler, und die Konturen werden stärker betont. Öffnen Sie den Dialog für Helligkeit und Kontrast über Farben • Helligkeit/Kontrast. Reduzieren Sie die Helligkeit um den Wert »–15« und erhöhen dann den Kontrast um »30«.

3 Das Bild schärfen

Um das Bild jetzt noch ein wenig kontrastreicher zu gestalten und die Strukturen besser sichtbar zu machen, sollten Sie es noch ein wenig nachschärfen. Hierzu verwenden Sie den Filter Unscharf maskieren, den Sie über Filter • Verbessern • Unscharf maskieren aufrufen. Verwenden Sie dabei für den Radius »2« und für die Menge »0,4«. Der Schwellwert bleibt unverändert.

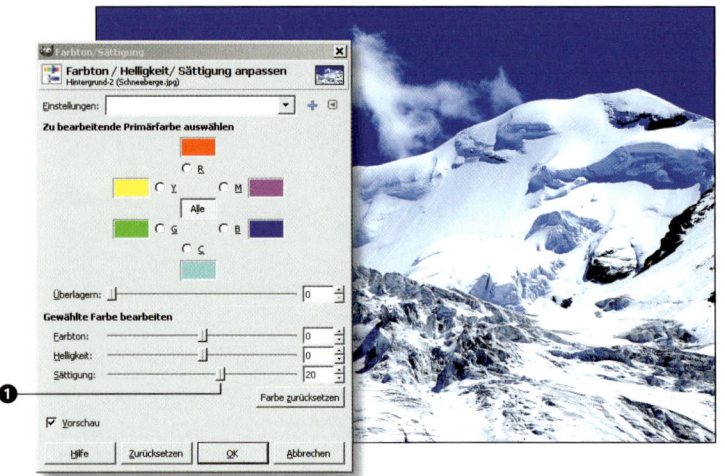

4 Farbsättigung erhöhen

Weil Sie nun das ganze Bild abgedunkelt haben, erscheint es teilweise ein wenig »ergraut«. Deshalb sollten Sie die Sättigung der Farben wieder entsprechend erhöhen, besonders beim Eisblau. Öffnen Sie dazu den entsprechenden Dialog über Farben • Farbton/Sättigung, und erhöhen Sie die Sättigung über den Anfasser ❶ auf den Wert »20«. Bestätigen Sie den Vorgang mit OK.

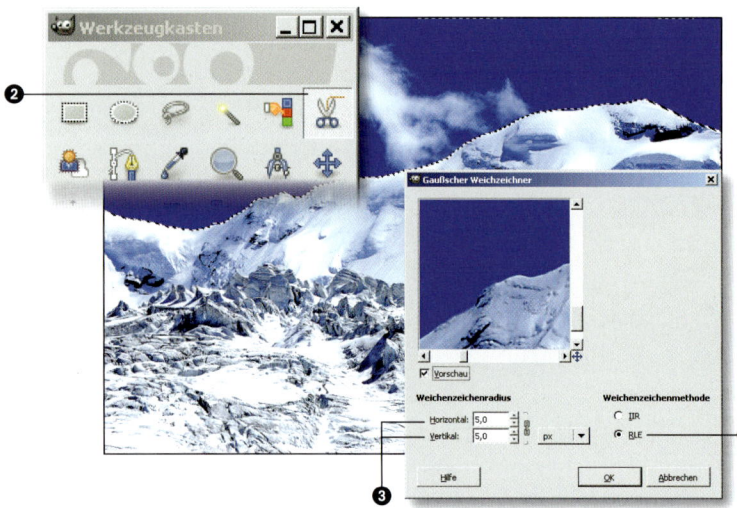

5 Rauschen entfernen

Wenn Sie näher in das Bild hineinzoomen, stellen Sie fest, dass das Blau des Himmels verrauscht ist. Um das zu beheben, wählen Sie mit der Magnetischen Schere ❷ den Himmel aus. Hierbei sollten Sie sehr genau vorgehen. Öffnen Sie den Filter für das Gaußsche Weichzeichnen über Filter • Weichzeichnen • Gaussscher Weichzeichner. Verwenden Sie für beide Radien den Wert »5« ❸ und als Methode RLE ❹. Bestätigen Sie mit OK.

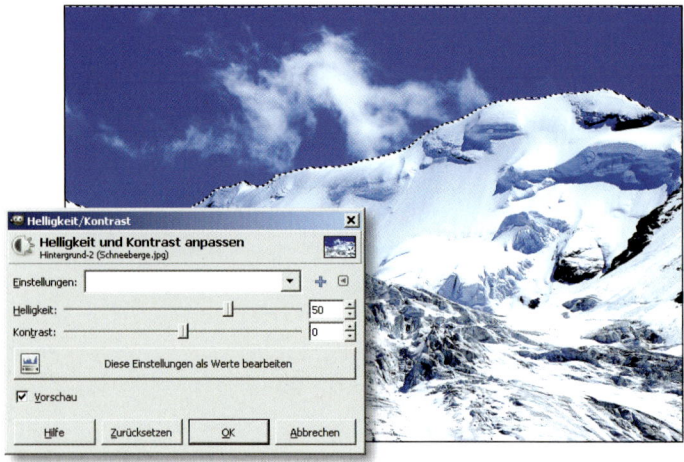

6 Himmel aufhellen

Die Farbe des Himmels ist infolge der Erhöhung des Kontrastes und der Farbsättigung doch eher unnatürlich blau und dunkel geraten. Daher stellen Sie nun so genau wie möglich die Originalfarbe des Himmels wieder her. Ich gehe davon aus, dass der Himmel vom vorigen Arbeitsschritt noch markiert ist. Öffnen Sie jetzt den Dialog Farben • Helligkeit/Kontrast, erhöhen Sie die Helligkeit um den Wert »50«, und bestätigen Sie mit OK.

Dunkle Bereiche aufhellen
Zeichnung in die Tiefen bringen

Wenn Sie Motive bei Gegenlicht oder im Schnee mit hohem Kontrast fotografieren, sind die dunkleren Bereiche oft etwas zu dunkel, so dass die Motive kaum noch zu erkennen sind. Dennoch sind die benötigten Informationen im Bild oft noch vorhanden, mit deren Hilfe die dunkleren Bereiche wieder aufgehellt beziehungsweise sichtbar gemacht werden können.

Zielsetzungen:
Tiefen aufhellen,
Details sichtbar machen
(Dauer: 10–15 Minuten)
[FrozenLake.jpg]

Foto: Jürgen Wolf

1 Ebene duplizieren

Öffnen Sie das Bild *FrozenLake.jpg*. Rufen Sie den Ebenendialog über das Bildfenstermenü FENSTER • ANDOCKBARE DIALOGE • EBENEN beziehungsweise [Strg]+[L] auf. Kopieren Sie die Originalebene über den Ebenendialog mit dem Duplizieren-Symbol ❶ oder über das Tastenkürzel [⇧]+[Strg]+[D].

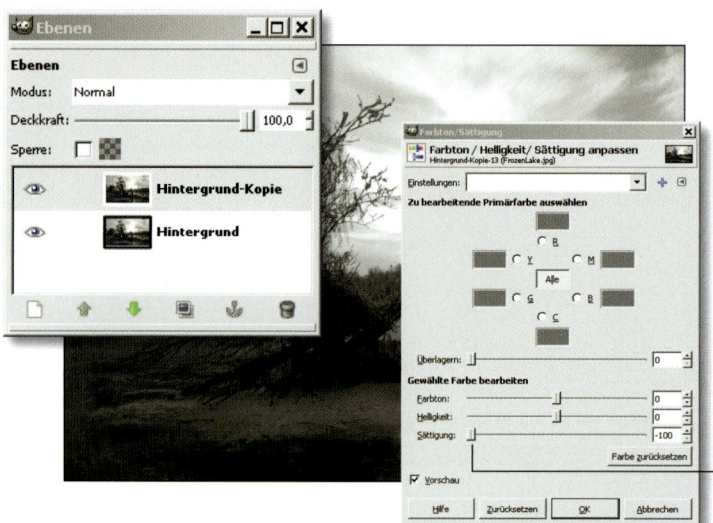

2 Sättigung entfernen

Aktivieren Sie die duplizierte Ebene, und wählen Sie FARBEN • FARBTON/SÄTTIGUNG. Im Dialog ziehen Sie den grauen Anfasser ❷ von SÄTTIGUNG ganz nach links auf den Wert »–100«. Bestätigen Sie mit OK.

3 Invertieren

Kehren Sie die Farbwerte der Ebene mit FARBEN • INVERTIEREN in Graustufen um. Setzen Sie anschließend den MODUS ❸ der Ebene auf ÜBERLAGERN.

4 Weichzeichnen

Wenden Sie als Nächstes den Filter zum Weichzeichnen über FILTER • WEICHZEICHNEN • GAUSSSCHER WEICHZEICHNER auf die kopierte Ebene an. Geben Sie bei HORIZONTAL ❹ und VERTIKAL ❹ für den Radius den Wert »15« ein. Bestätigen Sie den Dialog mit OK.

5 Ebenenmaske hinzufügen

Klicken Sie jetzt mit der rechten Maustaste auf die kopierte Ebene, und wählen Sie im Kontextmenü EBENENMASKE HINZUFÜGEN. Dasselbe erreichen Sie auch über EBENE • MASKE • EBENENMASKE HINZUFÜGEN. Initialisieren Sie im folgenden Dialog die Ebenenmaske mit GRAUSTUFENKOPIE DER EBENE ❺. Bestätigen Sie den Dialog mit HINZUFÜGEN. Jetzt sollte das Licht in den Schatten etwas weicher sein.

6 Ebene duplizieren

Wollen Sie die Schatten nochmals aufhellen, können Sie die kopierte Ebene mit der Ebenenmaske erneut über das Duplizieren-Symbol ❻ im Ebenendialog (oder mit der Tastenkombination ⇧ + Strg + D) kopieren.

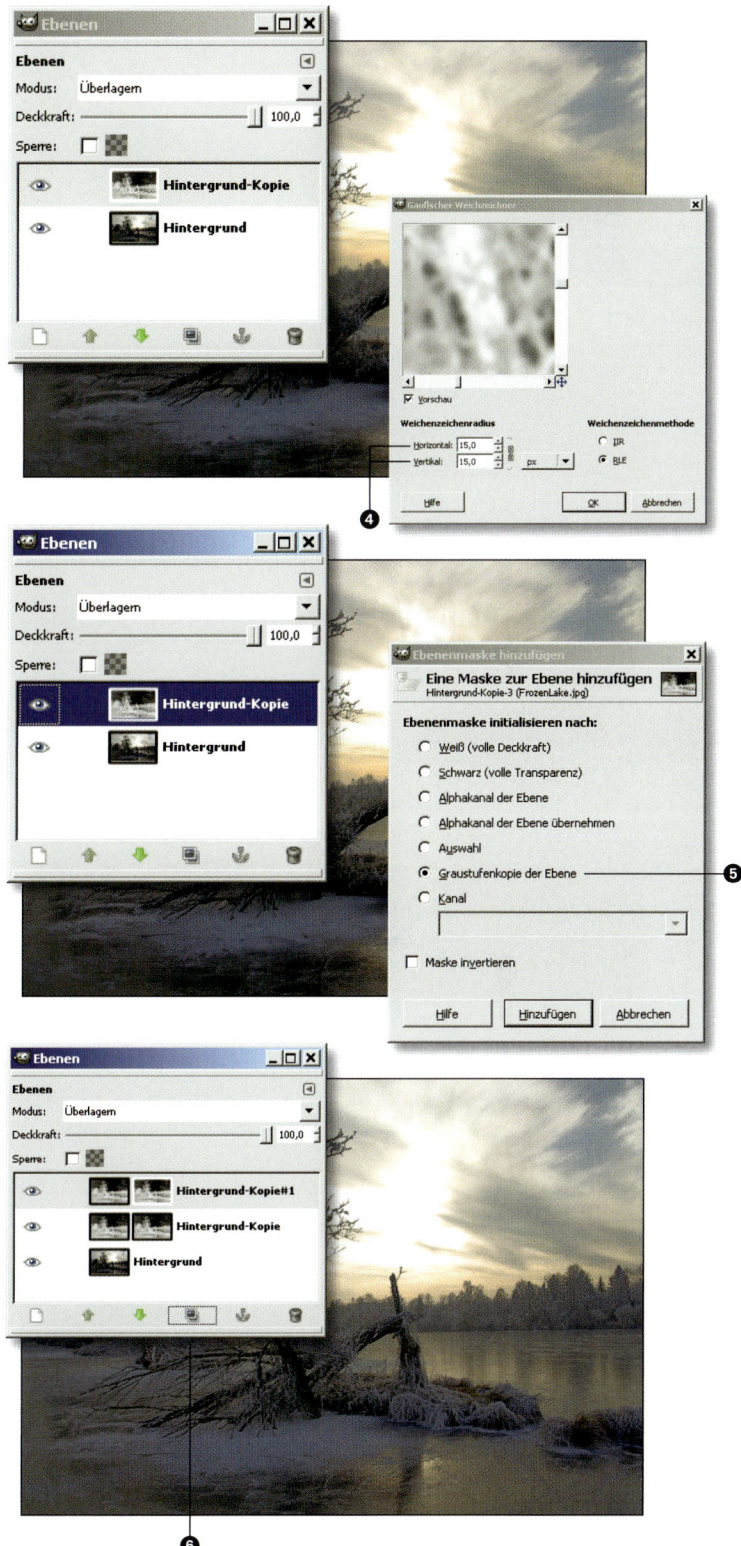

Kapitel 3 | Belichtungskorrekturen **97**

7 Originalebene duplizieren

Duplizieren Sie jetzt noch die unterste Originalebene ❷ mit dem Duplizieren-Symbol ❹ aus dem Ebenendialog (oder mit ⇧ + Strg + D), und schieben Sie diese Ebene mit dem Pfeil-Symbol ❸ ganz nach oben. Stellen Sie den MODUS ❶ der Ebene auf »Farbton«.

8 Ebenen zusammenfügen

Wählen Sie jetzt immer jeweils die Ebene direkt über der »Hintergrund«-Ebene ❺, und klicken Sie mit der rechten Maustaste darauf. Entscheiden Sie sich im Kontextmenü für NACH UNTEN VEREINEN. Wiederholen Sie diesen Schritt noch zweimal, bis nur noch eine Ebene übrig bleibt.

9 Analyse

Der Workshop hat Ihnen eine Lösung für das Problem »Gegenlicht« aufgezeigt. Wenn Sie gegen das Licht fotografieren, weist das Motiv in der Regel dunkle Schatten auf und verbirgt viele Details und Konturen. Wie Sie aber gesehen haben, ist es möglich, diese Schatten aufzuhellen, so dass im Bild wieder mehr Konturen erkennbar sind.

Unterbelichtung ausgleichen
Zu dunkle Bilder retten

Wenn Sie einen Sonnenuntergang fotografieren, kommt es häufig zu dem Problem, dass die Belichtungsautomatik Ihrer Kamera das Bild zu dunkel werden lässt. Aber nicht immer sind diese Fotos verloren: Sie können sie in vielen Fällen mit ein paar Klicks noch einmal retten.

Zielsetzung:
Belichtung korrigieren
(Dauer: 2–10 Minuten)
[See.jpg]

Foto: Jürgen Wolf

1 Bild analysieren

Laden Sie das Bild *See.jpg* in GIMP. Durch die leichte Sonneneinstrahlung ist alles unterhalb des Himmels etwas zu düster geraten. Auch der Himmel wurde als Folge des Lichteinfalls ziemlich abgedunkelt. Ich zeige Ihnen zwei Wege, wie Sie die Unterbelichtung des Bildes wieder ausgleichen können.

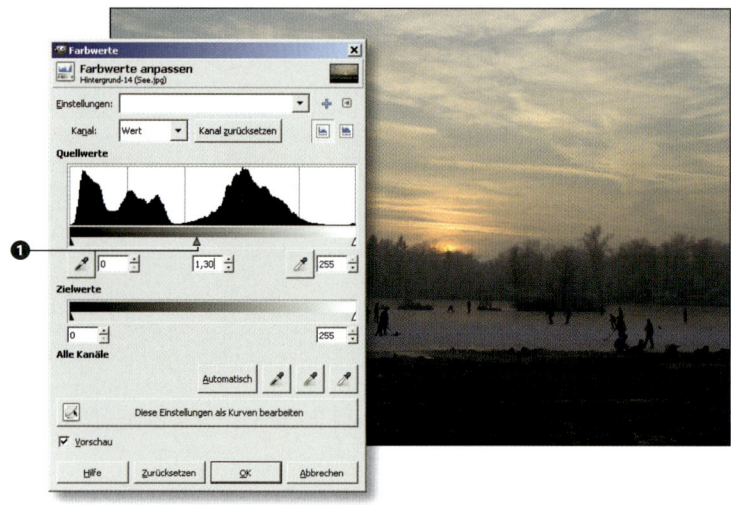

2 Weg 1: Tonwertkorrektur

Öffnen Sie den Dialog für die Tonwertkorrektur über das Bildfenstermenü FARBEN • WERTE. Schieben Sie jetzt den grauen Anfasser ❶ unter QUELLWERTE ungefähr auf den Wert »1,3«. Bei dieser Tonwertspreizung können Sie den grauen Anfasser aber auch so weit nach links verschieben, bis Ihnen die Helligkeit gefällt.

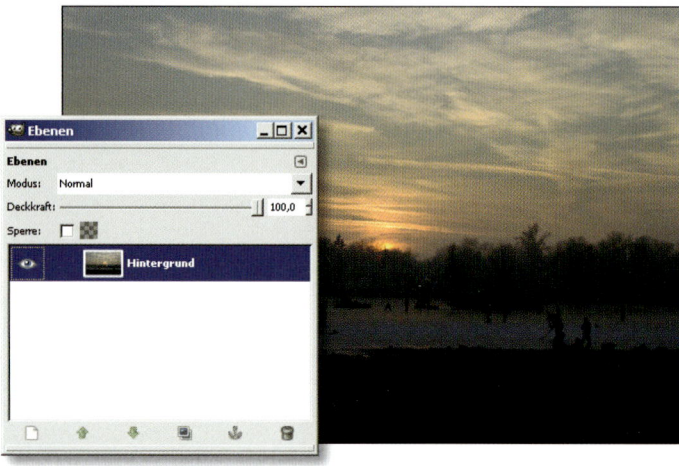

3 Weg 2: Ebenen verwenden

Der zweite Weg führt Sie über die Ebenen. Machen Sie zunächst die Tonwertkorrektur aus Schritt 2 mit [Strg]+[Z] rückgängig. Rufen Sie den Ebenendialog über DIALOG • EBENEN beziehungsweise die Tastenkombination [Strg]+[L] auf.

4 Ebene duplizieren

Duplizieren Sie die aktuelle Ebene mit EBENE • EBENE DUPLIZIEREN oder der Tastenkombination ⇧ + Strg + D. Jetzt finden Sie im Ebenendialog eine weitere Ebene namens »Hintergrund-Kopie«. Aktivieren Sie diese, und setzen Sie den MODUS der kopierten Ebene auf BILDSCHIRM ❷. Jetzt wird das Weiß aufgehellt, und das Schwarz bleibt unverändert.

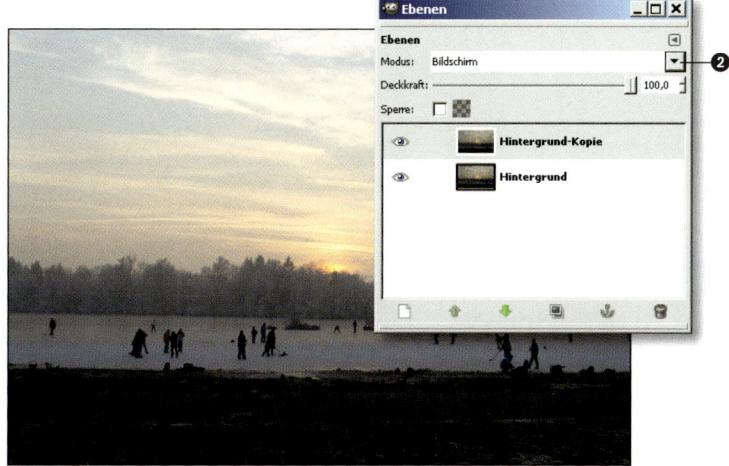

5 Ebene erneut kopieren

Wenn die Bilder sehr dunkel sind, können Sie den Vorgang von Schritt 4 wiederholen und eine Kopie der Kopie erstellen. Hierbei können Sie den Effekt noch abmildern, indem Sie den Anfasser für die DECKKRAFT ❸ auf die Hälfte reduzieren. Bei diesem Bild ist allerdings die zweite Kopie schon zu viel des Guten. Markieren Sie deshalb die dritte Ebene »Hintergrund-Kopie#1« im Ebenendialog und löschen diese mit einem Mausklick auf das Mülltonnen-Symbol ❹.

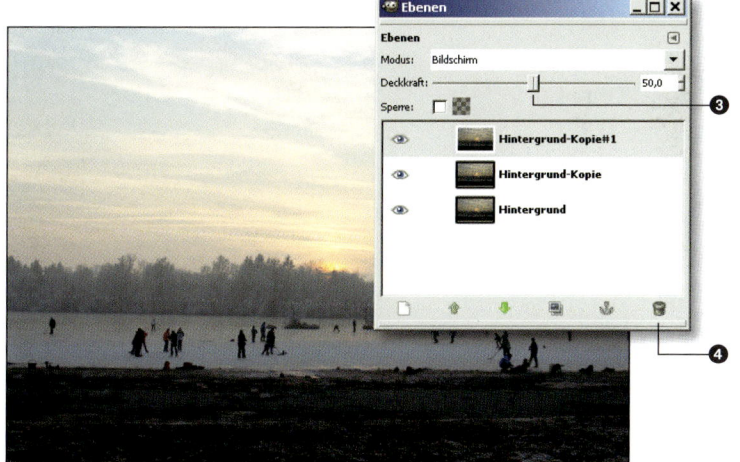

6 Ebenen zusammenfügen

Am Schluss sollten Sie die Ebenen zusammenfügen. Klicken Sie dazu die oberste Ebene, also die Kopie, mit der rechten Maustaste an, und wählen Sie im Kontextmenü NACH UNTEN VEREINEN aus. Jetzt sollten Sie im Ebenendialog wieder nur die eine Ebene haben – die aber jetzt aufgehellt ist.

Kapitel 3 | Belichtungskorrekturen

Überbelichtung ausgleichen
Ursprüngliche Lichtstimmung wiederherstellen

Eine tolle Funktion in den meisten Kameras ist die Belichtungsautomatik, die dafür sorgt, stets eine optimale Ausleuchtung des Fotos zu erreichen. Leider arbeitet diese Automatik auch bei Aufnahmen in der Dämmerung, so dass das Bild dann wirkt, als wäre es am hellen Tag aufgenommen worden. Jedoch können Sie mit nur wenigen Klicks das Bild wieder in die ursprüngliche Stimmung versetzen.

Zielsetzung:
Dämmerungsstimmung hervorheben
(Dauer: 2–5 Minuten)
[Nachtstimmung.jpg]

Foto: Jürgen Wolf

1 Tonwerte anpassen

Laden Sie das Bild *Nachtstimmung.jpg*. Öffnen Sie den Dialog FARBWERTE über das Bildfenstermenü FARBEN • WERTE. Schieben Sie den schwarzen Anfasser ❷ bei QUELLWERTE bis zum Anfang des Histogramms (bei »15«). Jetzt dunkeln Sie die Mitteltöne mit dem grauen Anfasser ❶ ab. Schieben Sie ihn nach rechts, bis der Eindruck der Dämmerung stimmig ist (beispielsweise bei »0,65«).

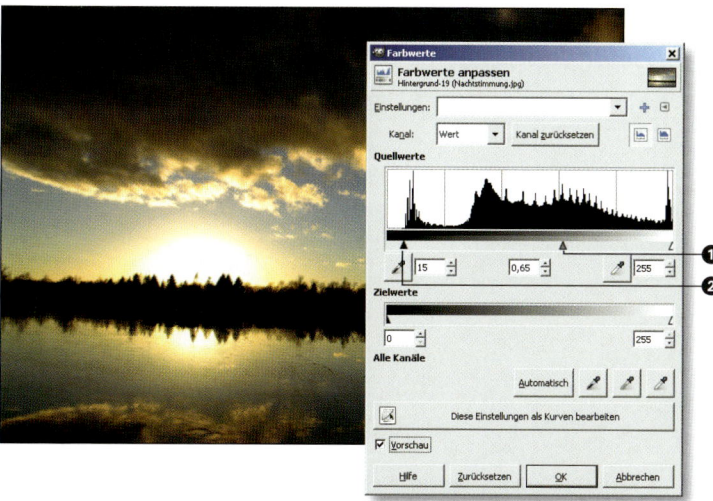

2 Helle Bereiche begrenzen

Sollte der Himmel jetzt noch zu dunkel sein, können Sie die Tonwerte nochmals korrigieren. Verwenden Sie dazu den Dialog Farbwerte über FARBEN • WERTE. Hier können Sie jetzt den weißen Anfasser ❸ unter ZIELWERTE nach links ziehen. Dadurch begrenzen Sie den Tonumfang im Bereich der Lichter, indem Sie festlegen, wie hell der hellste Punkt im Bild sein soll. Im Beispiel habe ich diesen Wert auf »245« reduziert.

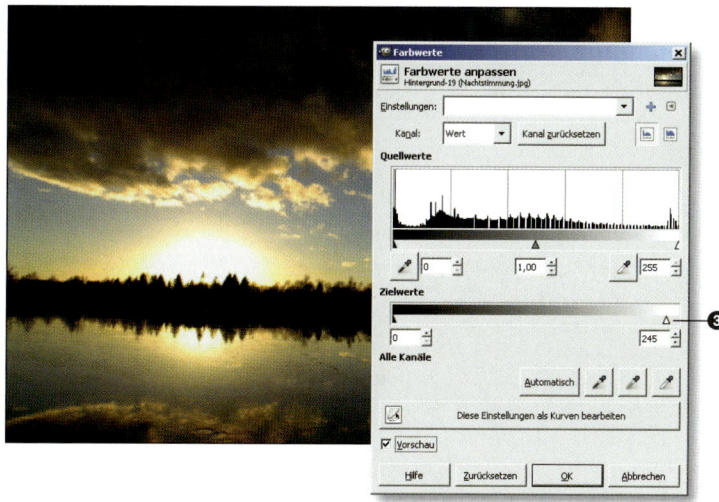

3 Farbsättigung erhöhen

Um das Farbenspiel der Wolken noch besser zu betonen, verbessern Sie nun zudem die Sättigung. Öffnen Sie den Dialog für die Sättigung über FARBEN • FARBTON/SÄTTIGUNG. Erhöhen Sie die SÄTTIGUNG auf »30«, und bestätigen Sie mit OK.

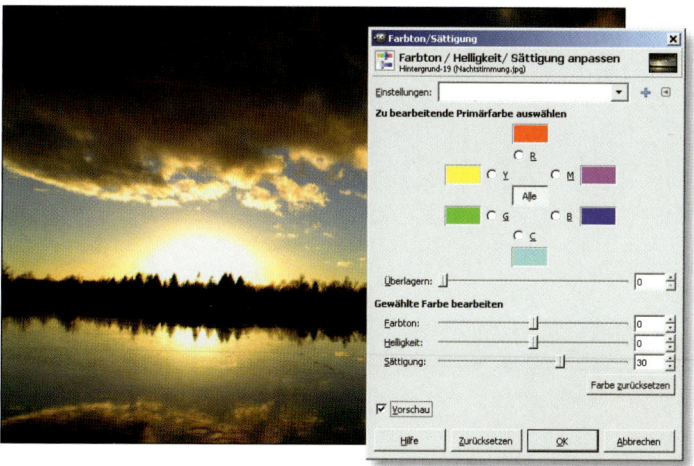

Himmel abdunkeln
Überstrahlte Bereiche mildern und sättigen

Sie fotografieren einen strahlend blauen Himmel und sind enttäuscht von der tatsächlichen Ausleuchtung des Fotos. Das Problem ist, dass Ihre Kamera die harten Kontraste, die ja besonders an einem hellen Sommertag entstehen können, im Gegenlicht nicht erfassen kann: Der Himmel ist überstrahlt, das Motiv liegt im Dunkeln. Bei Naturaufnahmen ist der Übergang zwischen Landschaft und Himmel dabei häufig so extrem, dass der Betrachter durch das grelle Licht vom eigentlichen Motiv abgelenkt wird.

Zielsetzung:
Himmel abdunkeln
(Dauer: 2–5 Minuten)
[HellerHimmel.jpg]

Foto: Hanspeter Bolliger

1 Ebene duplizieren

Öffnen Sie den Dialog für die Ebenen über das Bildfenstermenü Dialog • Ebenen oder mit ⌃+L. Duplizieren Sie die aktuelle Ebene mit Ebene • Ebene Duplizieren oder der Tastenkombination ⇧+Strg+D. Jetzt finden Sie im Ebenendialog eine weitere Ebene namens »Hintergrund-Kopie«.

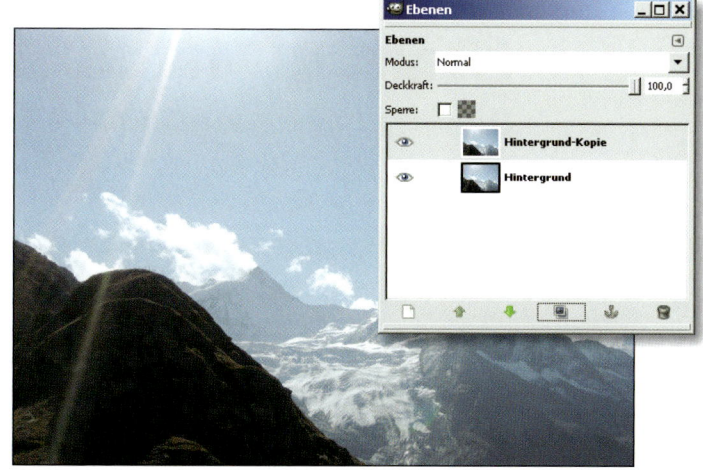

2 Bild abdunkeln

Aktivieren Sie die kopierte Ebene und stellen für sie den Modus Multiplikation ❶ ein. Als Ergebnis erhalten Sie ein dunkleres Bild, das hier allerdings etwas zu düster geraten ist. Reduzieren Sie die Deckkraft ❷, hier beispielsweise auf 55 %. Jetzt fügen Sie die Ebenen wieder zusammen. Klicken Sie hierzu die oberste Ebene beziehungsweise die Kopie mit der rechten Maustaste an, und wählen Sie im Kontextmenü Nach unten vereinen.

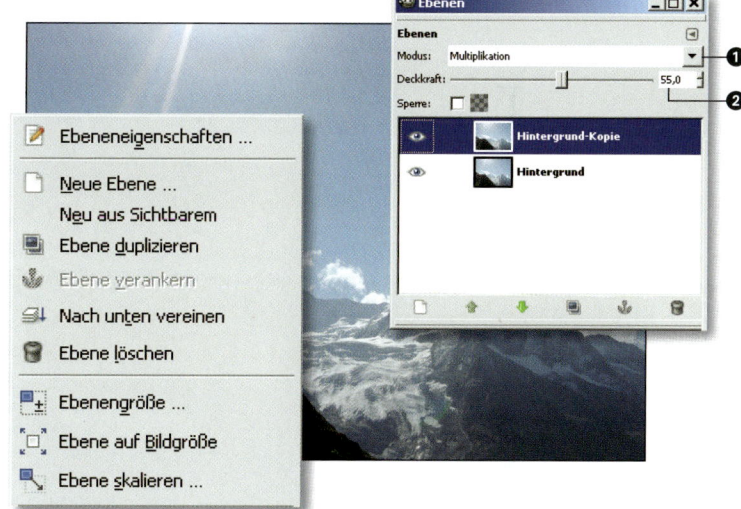

3 Farbsättigung erhöhen

Um den Himmel noch stärker zu betonen, verbessern Sie die Farbsättigung. Öffnen Sie den entsprechenden Dialog über Farben • Farbton/Sättigung, und erhöhen Sie die Sättigung auf »50«. Bestätigen Sie den Dialog mit OK.

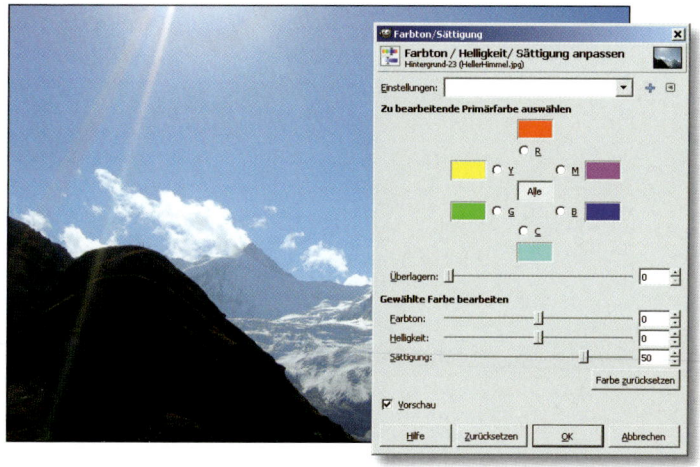

Kapitel 3 | Belichtungskorrekturen

Manuell nachbelichten
Dunkle Objekte aufhellen

Die Klassiker aus der Dunkelkammer zum Abwedeln und Nachbelichten stehen Ihnen natürlich auch mit GIMP zur Verfügung. Mit diesen digitalen Werkzeugen können Sie gezielt Teile des Bildes heller oder dunkler machen. Im Beispiel belichten wir nach, um den Jungen und den Baumstamm besser hervorzuheben.

Zielsetzung:
Person im Gegenlicht aufhellen
(Dauer: 5–10 Minuten)
[ZuDunkel.jpg]

Foto: Jürgen Wolf

1 Bereich auswählen

Öffnen Sie das Bild *ZuDunkel.jpg*. Wählen Sie mit der MAGNETISCHEN SCHERE ❶ aus dem Werkzeugkasten das Objekt aus, das Sie aufhellen möchten. Im Beispiel sind das der Junge und der Baumstamm. Sie müssen den Bereich aber nicht unbedingt auswählen. Das anschließende Arbeiten mit dem Werkzeug zum Aufhellen ist allerdings dann wesentlich einfacher und genauer.

2 Objekt aufhellen

Verwenden Sie jetzt ABWEDELN/NACHBELICHTEN ❷. Setzen Sie bei den Einstellungen ❸ die DECKKRAFT auf 100 %, verwenden Sie einen dickeren Pinsel, und SKALIEREN Sie ihn auf »10«. Haken Sie bei der DRUCKEMPFINDLICHKEIT das ZITTERN HINZUFÜGEN an und stellen den Wert auf »0,2«. Als TYP wird ABWEDELN verwendet. Der MODUS ist MITTEN, und bei BELICHTUNG setzen Sie den Wert auf »20«. Malen Sie jetzt über das ausgewählte Objekt.

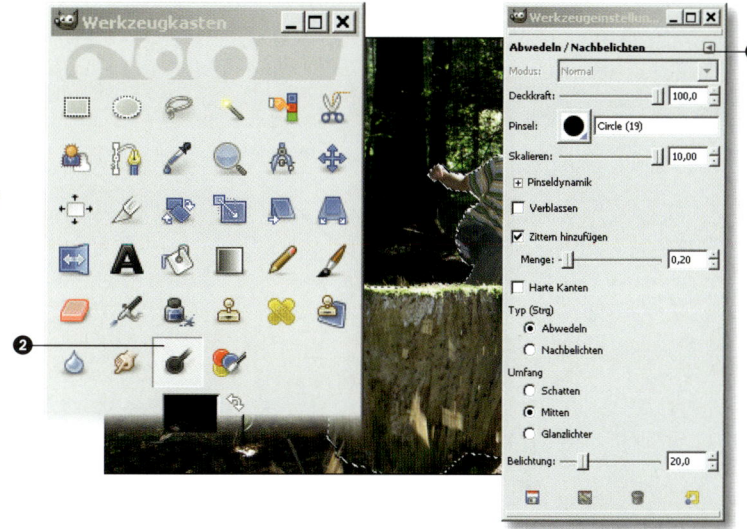

3 Sättigung erhöhen

Schließlich können Sie noch die Farbsättigung des aufgehellten Objektes erhöhen. Öffnen Sie den Dialog über das Bildfenstermenü FARBEN • FARBTON/SÄTTIGUNG. Setzen Sie hier die SÄTTIGUNG auf den Wert »30«. Wenn Sie möchten, können Sie auch den Hintergrund abdunkeln. Hierzu invertieren Sie die Auswahl mit Strg+I und verringern die Helligkeit entweder über den Dialog HELLIGKEIT/KONTRAST oder verwenden ebenfalls das Werkzeug NACHBELICHTEN.

Schwarzweiß

Die Reduktion auf Schwarzweiß ist eines der ausdrucksvollsten Stilmittel der Fotografie. Allerdings ist der Begriff missverständlich: In der digitalen Fotografie werden selten direkt Schwarzweißbilder mit der Kamera aufgenommen (auch wenn die Kameras dies anbieten). Gewöhnlich werden die Fotos als Farbfotos erstellt und erst nachträglich in Schwarzweißbilder umgewandelt. Mit dieser Methode bieten sich noch mehr Optionen bei der Nachbearbeitung. Entscheidend für gute Schwarzweißfotos ist die Lichtrichtung. Denn Schwarzweiß lebt besonders von den Kontrasten zwischen hellen und dunklen Bereichen. Erst mit dem richtigen Licht kann sich die Wirkung eines Schwarzweißfotos voll entfalten.

Foto: Marco Barnebeck

Schwarzweiß

Schwarzweißfoto erstellen 111
Farbfoto in Graustufen umwandeln

Naturaufnahmen in Schwarzweiß 114
Helligkeits- und Farbunterschiede ausgleichen

Schwarzweißbilder einfärben 117
Graustufenbilder mit einer Farbtonung versehen

Einzelne Bereiche einfärben 120
Kolorieren über Transparenz

Bestimmte Farben erhalten 123
Einzelne Bereiche farbig lassen

Colorkey erstellen 125
Farbigen Hingucker in einem Schwarzweißbild erzeugen

Schwarzweißbilder kolorieren 128
Graustufenfotos mit Farbe versehen

Raster-Effekt verwenden 131
Fotos wie in der Tageszeitung erstellen

Kontrast erhalten 133
Porträts in Schwarzweiß umsetzen

Schwarzweißfoto erstellen
Farbfoto in Graustufen umwandeln

Ein Schwarzweißbild aus einem Farbfoto zu erstellen ist mit GIMP kein Problem. Wer denkt, ein Schwarzweißabzug sei eine langweilige Sache, der täuscht sich: Mit einem Schwarzweißbild lässt sich häufig mehr Dramatik in einem Motiv darstellen, als dies mit einem Farbfoto möglich ist. Durch die Reduktion auf Schwarzweiß ist der Betrachter auf das Wesentliche eines Bildes gelenkt – und das ist einfacher in der Nachbearbeitung zu betonen, weil Sie sich dabei nicht auch noch um die Stimmigkeit der Farbwerte kümmern müssen.

Zielsetzungen:
Schwarzweißabzug erstellen,
mehr Dramatik ins Bild bringen
(Dauer: 10–15 Minuten)
[Burg.jpg]

Foto: Hanspeter Bolliger

1 Schwarzweißumwandlung

Laden Sie das Bild *Burg.jpg* in GIMP. Um das Bild in Schwarzweiß umzuwandeln, öffnen Sie den Kanalmixer über den Menüpfad FARBEN • KOMPONENTEN • KANALMIXER. Haken Sie dort die Kästchen MONOCHROM ❶ und LEUCHT-STÄRKE ERHALTEN ❷ an. Schieben Sie den Anfasser für ROT auf »60«, GRÜN auf »40« und BLAU auf »20«. Bestätigen Sie den Vorgang mit OK. Jetzt haben Sie Ihr Bild bereits in Graustufen umgewandelt und die Kontraste über die Farbkanäle gesteuert.

2 Burg auswählen

Verwenden Sie die FREIE AUSWAHL ❸. Erstellen Sie um die Burg herum eine grobe Auswahl, so wie sie in der Abbildung zu sehen ist. Damit die Kanten der Auswahl später einen weichen Übergang bekommen, sollten Sie einen Teil der Auswahl ausblenden. Hierzu rufen Sie den Dialog über AUSWAHL • AUSBLENDEN auf. Verwenden Sie als Wert zum Ausblenden »130« Pixel. Invertieren Sie die Auswahl mit [Strg] + [I] beziehungsweise über AUSWAHL • INVERTIEREN.

3 Hintergrund abdunkeln

Zunächst dunkeln Sie den Hintergrund um die Burg ein wenig ab. Öffnen Sie hierzu den Dialog für die Tonwertkorrektur über FARBEN • WERTE. Schieben Sie bei QUELLWERTE den Anfasser ❹ für die mittleren Tonwerte nach rechts auf den Wert »0,85«. Schieben Sie bei ZIELWERTE den weißen Anfasser ❺ nach links auf den Wert »245«, und bestätigen Sie mit OK. Invertieren Sie die Auswahl mit [Strg] + [I] oder über AUSWAHL • INVERTIEREN.

4 Tonwerte korrigieren

Jetzt sollten Sie noch die Tonwerte für das Schloss korrigieren, um das Motiv leuchtender hervorzuheben. Öffnen Sie hierzu erneut den Dialog für die Tonwertkorrektur über FARBEN • WERTE. Schieben Sie den schwarzen Anfasser ❽ auf den Wert »20«, den grauen ❼ auf den Wert »1,1« und den weißen Anfasser ❻ auf den Wert »235«. Klicken Sie auf OK.

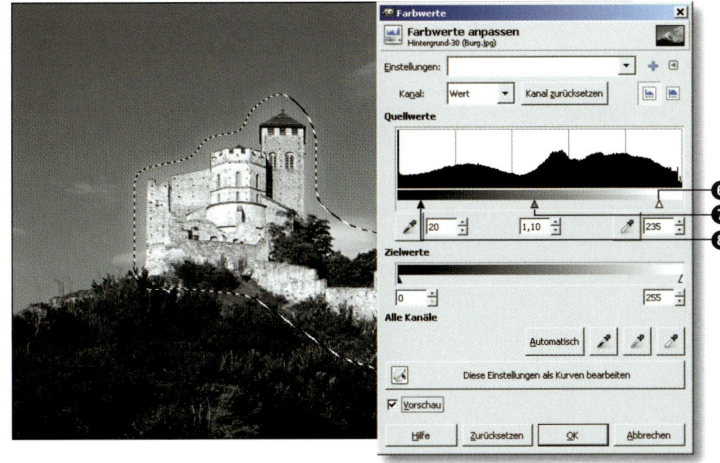

5 Vordergrund verbessern

Die Vegetation im Vordergrund, die Büsche und Sträucher, verlieren in Schwarzweiß etwas an Ausdruck. Um das zu beheben, markieren Sie mit der FREIEN AUSWAHL den Bereich um die Sträucher. Reduzieren Sie auch hier die Auswahl über AUSWAHL • AUSBLENDEN. Dabei reicht ein Wert von »75« Pixeln. Öffnen Sie jetzt FARBEN • WERTE. Schieben Sie den weißen Anfasser ❾ auf den Wert »115« und den grauen Anfasser ❿ auf »0,85«.

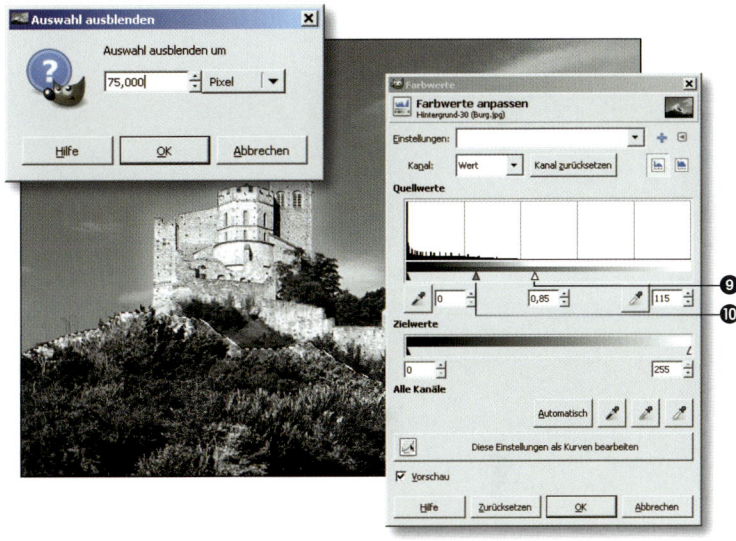

6 Rauschen korrigieren

Der Himmel ist noch recht verrauscht, weshalb Sie ihn mit dem GAUSSSCHEN WEICHZEICHNER bearbeiten sollten. Markieren Sie dazu auch den Himmel mit dem Werkzeug FREIE AUSWAHL aus der Werkzeugpalette. Öffnen Sie den Filter zum Weichzeichnen über FILTER • WEICHZEICHNEN • GAUSSSCHER WEICHZEICHNER. Wählen Sie die Methode RLE, und als Radius geben Sie in beiden Richtungen »10« ⓫ ein. Bestätigen Sie mit OK.

Kapitel 4 | Schwarzweiß

Naturaufnahmen in Schwarzweiß
Helligkeits- und Farbunterschiede ausgleichen

Wenn Sie Farbfotos mit vielen Details, wie beispielsweise Naturaufnahmen, in Schwarzweißabzüge umwandeln, verlieren die Bilder offensichtlich an Übersichtlichkeit, da sie nicht mehr durch Farben strukturiert werden. Über eine Kontraststeigerung können Sie diesen Bilddetails wieder einen deutlicheren Ausdruck verleihen.

Zielsetzungen:
Hellere Tonwerte,
Kontrast verbessern
(Dauer: 5–10 Minuten)
[Brücke.jpg]

Foto: Hanspeter Bolliger

1 In Schwarzweiß umwandeln

Öffnen Sie die Datei *Brücke.jpg* in GIMP. Für die Schwarzweißumwandlung benutzen Sie den Kanalmixer über das Bildfenstermenü FARBEN • KOMPONENTEN • KANALMIXER. Haken Sie die Kästchen MONOCHROM ❶ und LEUCHTSTÄRKE ERHALTEN ❷ an. Schieben Sie den Anfasser für ROT auf »60«, GRÜN auf »40« und BLAU auf »20«. Bestätigen Sie mit OK.

2 Tonwerte korrigieren

Manche Stellen im Bild, besonders die Steine unter der Brücke ❸, sind noch zu dunkel. Da Sie den Kontrast anschließend noch verstärken wollen, laufen Sie somit Gefahr, dass diese noch schwärzer werden. Daher helfen Sie zunächst etwas mit dem Dialog über FARBEN • WERTE nach (Farbinformationen sind im Bild eingebettet, und Sie können diese nutzen). Schieben Sie den schwarzen Anfasser ❹ unter ZIELWERTE nach rechts auf den Wert »25«, und bestätigen Sie mit OK.

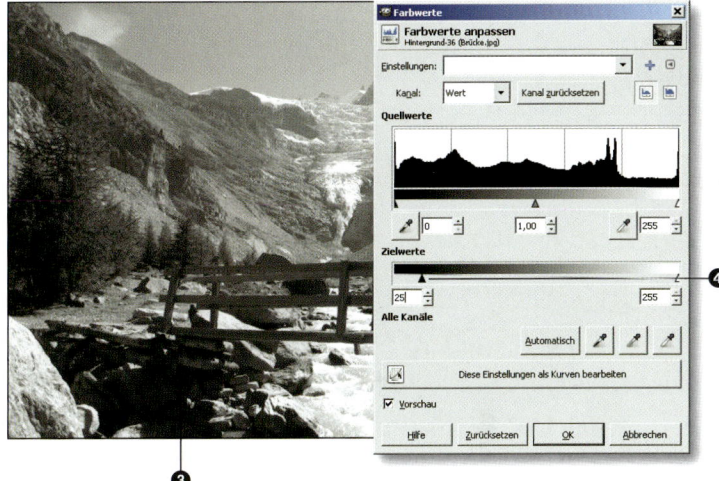

3 Ebene duplizieren

Rufen Sie den Dialog für die Ebenen über DIALOG • EBENEN beziehungsweise mit der Tastenkombination [Strg]+[L] auf. Duplizieren Sie die aktuelle Ebene mit EBENE • EBENE DUPLIZIEREN oder der Tastenkombination [⇧]+[Strg]+[D]. Im Ebenendialog erscheint eine weitere Ebene namens »Hintergrund-Kopie«.

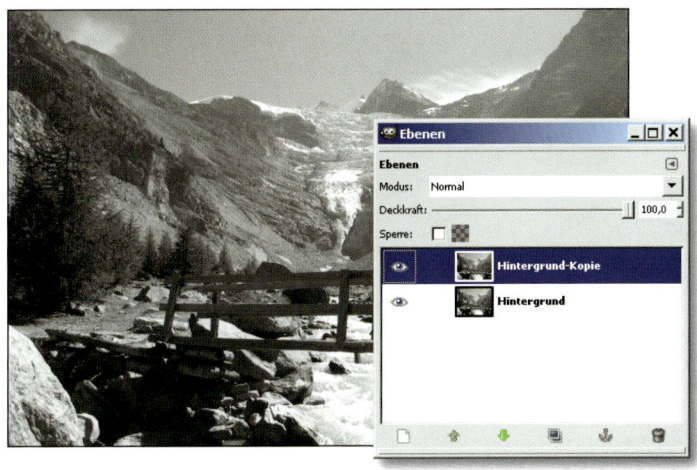

Kapitel 4 | Schwarzweiß **115**

4 Unscharf maskieren

Jetzt erhöhen Sie die Kontraste. Markieren Sie zunächst die Kopie ❶, damit diese aktiv ist. Wählen Sie Filter • Verbessern • Unscharf maskieren. Der Filter lässt sich auch zur Kontrastverbesserung verwenden, wenn Sie einen sehr großen Radius benutzen. Stellen Sie den Wert von Radius auf »100« und den von Menge auf »0,5«. Eine Erhöhung des Kontrastes über Farben • Helligkeit/Kontrast hätte das Bild lediglich abgedunkelt.

5 Deckkraft reduzieren

Jetzt müssen Sie noch die Deckkraft der kopierten Ebene reduzieren, damit diese den Hintergrund etwas weicher überlagert. Schieben Sie hierzu den Anfasser bei Deckkraft ❷ nach links auf den Wert »50«. Natürlich können Sie diesen Wert auch von Hand eintippen. Wollen Sie zum Vergleich wissen, wie das Bild ohne die kopierte Ebene aussehen würde, klicken Sie einfach auf das Auge ❸ der kopierten Ebene, damit diese unsichtbar wird.

6 Ebenen zusammenfügen

Klicken Sie mit der rechten Maustaste im Ebenendialog auf die kopierte Ebene, und wählen Sie im Kontextmenü Nach unten vereinen aus. Da der Hintergrund immer noch leicht flau wirkt, können Sie über Farben • Helligkeit/Kontrast ganz dezent den Kontrast erhöhen. Behalten Sie hierbei aber die Steine unter der Brücke im Auge, damit diese nicht zu dunkel werden. Im Beispiel wurde der Wert auf »8« erhöht. Bestätigen Sie den Dialog mit OK.

Schwarzweißbilder einfärben
Graustufenbilder mit einer Farbtonung versehen

Fotos in Graustufen, die im RGB-Modus vorliegen, können Sie nachträglich in verschiedenen Farbtönen einfärben. Dafür bieten sich beispielsweise die Sepiatonung, Kobaltblau oder Chromgelb an. Mit GIMP stehen Ihnen dabei mehrere Möglichkeiten zur Verfügung. Wenn Ihr Bild in einem reinen Graustufenformat mit 8 Bit vorliegt, müssen Sie dieses zunächst in den RGB-Farbraum konvertieren.

Zielsetzung:
Schwarzweißtonwerte einfärben
(Dauer: 1–2 Minuten)
[Icehockey.jpg]

Foto: Jürgen Wolf

1 Möglichkeit 1: »Einfärben«

Laden Sie *Icehockey.jpg* in GIMP. Öffnen Sie den Dialog zum Einfärben über den Menüpfad FARBEN • EINFÄRBEN. Die Verwendung des Dialogs ist recht einfach: Den gewünschten Farbton erzielen Sie mit dem Anfasser ❶ für FARBTON. Die SÄTTIGUNG können Sie mit dem entsprechenden Anfasser ❷ nach rechts steigern und nach links reduzieren. Gleiches gilt für den Anfasser ❸ bei HELLIGKEIT, mit dem Sie das Bild heller oder dunkler machen können.

2 Möglichkeit 2: Tonwerte

Machen Sie den ersten Schritt gegebenenfalls mit Strg + Z rückgängig. Eine weitere Möglichkeit, die Grauwerte zu färben, besteht über FARBEN • WERTE. Wählen Sie im Dialog den entsprechenden (Farb-)KANAL ❹ aus, und schieben Sie die Anfasser bei ZIELWERTE ❻ zusammen, bis Sie zufrieden sind. Die Helligkeit können Sie mit dem grauen Anfasser ❺ unter QUELLWERTE anpassen. Diesen Vorgang können Sie auch mit anderen Farbkanälen wiederholen.

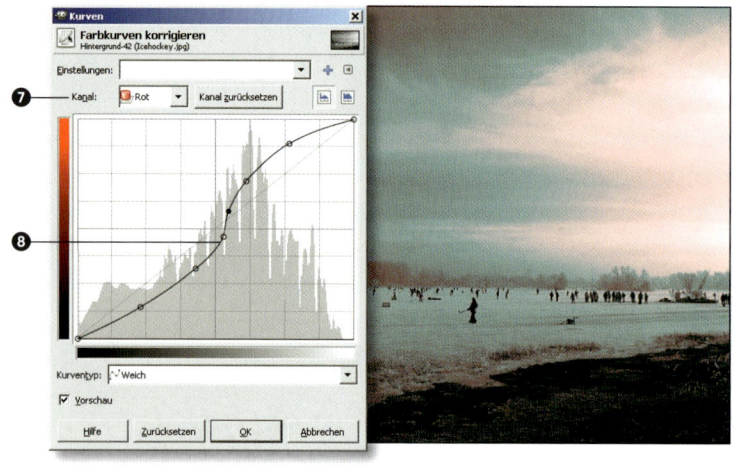

3 Möglichkeit 3: Kurven

Machen Sie Schritt 2 mit Strg + Z rückgängig. Denn auch über die Gradationskurve (FARBEN • KURVEN) können Sie das Bild tönen. Wählen Sie zunächst einen (Farb-)KANAL ❼ aus. Anschließend können Sie die Kurve ❽ manipulieren. Das Prinzip ist ähnlich dem soeben bei den Tonwerten beschriebenen. Allerdings ist es mit der Gradationskurve möglich, das Bild in mehreren Farben einzufärben. Natürlich können Sie dies auch hier mit anderen Farbkanälen wiederholen.

4 Möglichkeit 4: Filter »Einfärben«

Nehmen Sie den Schritt 3 mit `Strg` + `Z` zurück. GIMP hat auch einen Filter EINFÄRBEN, der ebenfalls über FARBEN • EINFÄRBEN (weiter unten im Menü) erreichbar ist. Bei diesem Dialog können Sie entweder eine der vorgegebenen Farben wählen oder über die Schaltfläche BENUTZERDEFINIERTE FARBE eine eigene im Farbwähler aussuchen. Helligkeit und Sättigung müssen Sie dann allerdings an anderer Stelle anpassen.

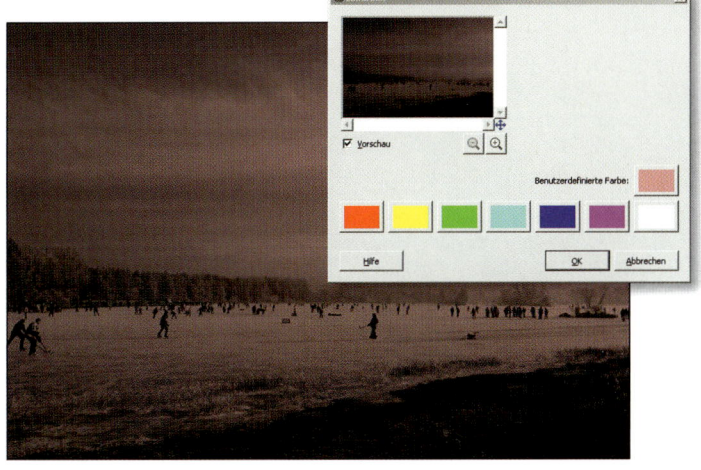

5 Möglichkeit 5: Mit Ebenen

Schließlich können Sie mit Hilfe einer zweiten, farbigen Ebene ein Schwarzweißbild tonen. Die gewünschte Vordergrundfarbe legen Sie zunächst in der Werkzeugpalette ❾ fest. Wie erfahren Sie auf Seite 51. Anschließend legen Sie eine neue Ebene über EBENE • NEUE EBENE oder `Strg` + `⇧` + `N` an. Im Dialog markieren Sie unter VORDERGRUNDFARBE ❿. Klicken Sie auf OK.

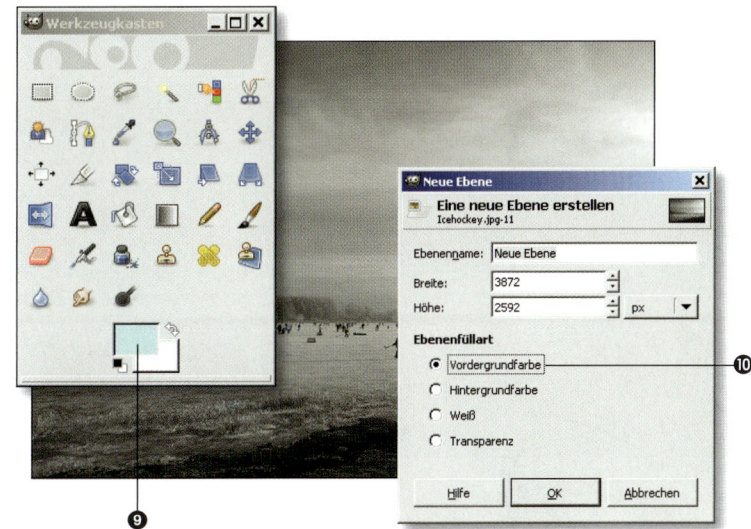

6 Ebenen zusammenfügen

Aktivieren Sie die neue Ebene, und reduzieren Sie ihre DECKKRAFT ⓬ beispielsweise auf 50 %. Hierbei können Sie gegebenenfalls auch einen anderen MODUS ⓫ verwenden. Im Beispiel ist es der Modus MULTIPLIKATION. Um die Ebenen zusammenzufügen, klicken Sie mit der rechten Maustaste im Ebenendialog auf die neue Ebene ⓭ und wählen im Kontextmenü NACH UNTEN VEREINEN aus.

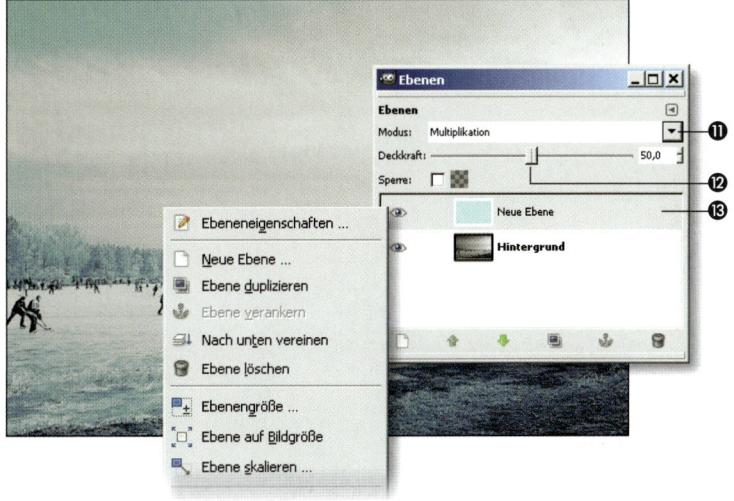

Einzelne Bereiche einfärben
Kolorieren über Transparenz

Das Tönen von Schwarzweißbildern lässt sich auch realisieren, indem Sie einzelne Bildbereiche nach Helligkeit einfärben und diese dann mit dem ursprünglichen Schwarzweißbild überlagern. Hierzu werden Bildbereiche nach ihrer Farbgebung transparent gemacht. So erhalten Sie Bilder, die neben den reinen Graustufen auch gefärbte Bereiche enthalten.

Zielsetzung:
Graustufenbild mit gefärbten Bereichen aufpeppen
(Dauer: 5–10 Minuten)
[Lokomotive.jpg]

Foto: Marco Barnebeck

1 Ebene duplizieren

Öffnen Sie die Datei *Lokomotive.jpg* in GIMP. Duplizieren Sie die aktuelle Ebene entweder über [Strg] + [⇧] + [D] oder indem Sie im Ebenendialog auf die entsprechende Schaltfläche ❶ klicken. Aktivieren Sie die kopierte Ebene namens »Hintergrund-Kopie«, da Sie diese für Ihre weiteren Bearbeitungen benötigen.

2 Bildbereiche transparent machen

Auf die kopierte Ebene ❷ wenden Sie nun den Filter Farbe zu Transparenz an, den Sie über den Menüpfad Farben • Farbe zu Transparenz erreichen können. Wählen Sie die Farbe Grau ❸ zu Transparenz und bestätigen dies mit OK. Natürlich können Sie hierbei auch einen benutzerdefinierten Farbwert verwenden, indem Sie auf die Schaltfläche ❸ klicken. Anschließend werden alle grauen und hellen Bildbereiche transparent.

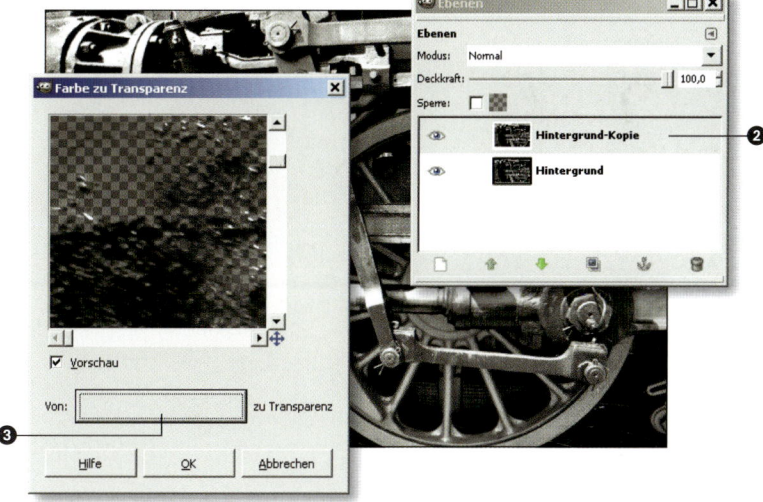

3 Farben invertieren

Um die noch verbliebenen dunklen Farben der Ebene umzukehren, verwenden Sie Farben • Invertieren auf die kopierte Ebene an. Dadurch werden die helleren Bildbereiche im nächsten Schritt wesentlich deutlicher gefärbt als die dunklen.

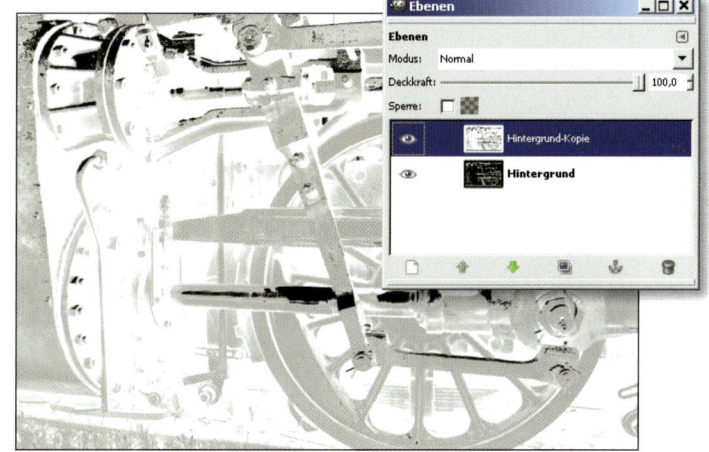

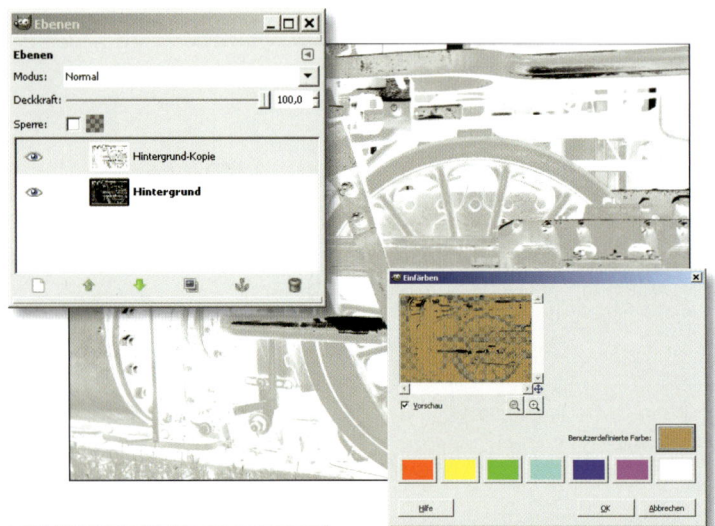

4   Bildbereiche einfärben

Jetzt tönen Sie die grauen und helleren Bildbereiche der kopierten Ebene über den Filter EINFÄRBEN. Diesen Filter erreichen Sie über FARBEN • EINFÄRBEN – wählen Sie dafür nicht den ersten Eintrag im Menü FARBEN sondern den zweiten, der sich weiter unten befindet. Verwenden Sie hierbei eine Farbe Ihrer Wahl. Ich habe eine benutzerdefinierte, sepiaähnliche Farbe ausgesucht. Bestätigen Sie den Dialog mit OK.

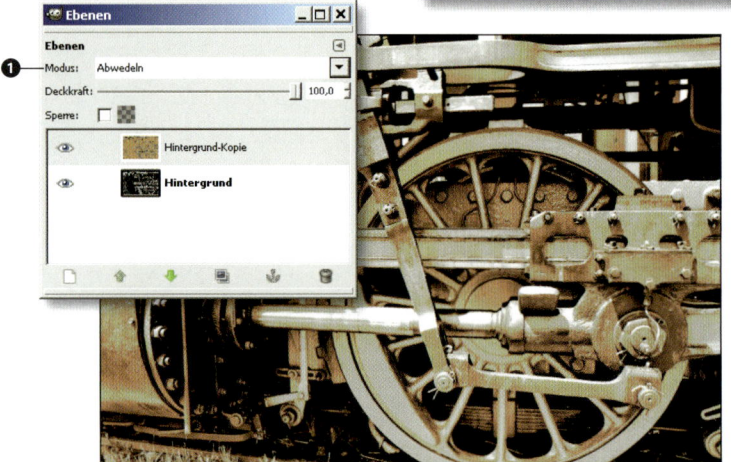

5   Kopierte Ebene abwedeln

Am Schluss können Sie mit der DECKKRAFT und dem MODUS der kopierten Ebenen experimentieren. Im Beispiel habe ich den Modus ABWEDELN ❶ bei 100 %iger DECKKRAFT verwendet, was ein sehr ansehnliches Ergebnis mit sich bringt und den Metall-Look stark hervorhebt. Vor allem wirkt die Überlagerung der beiden Ebenen dadurch immer noch sehr naturgetreu.

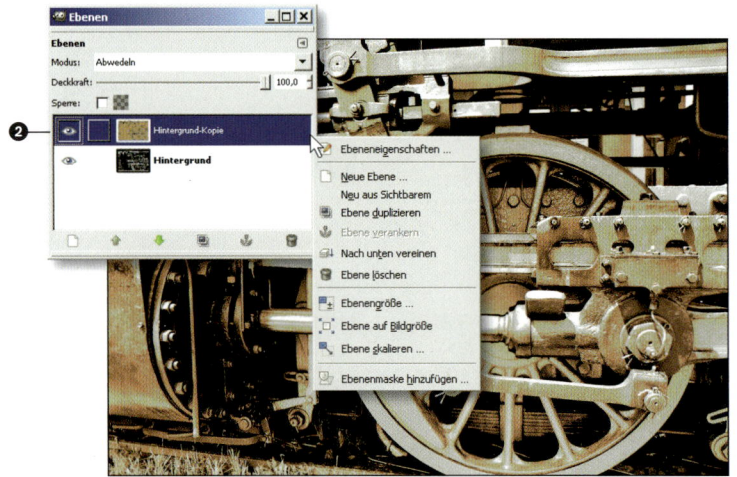

6   Ebenen zusammenfügen

Um die Ebenen zusammenzufügen, klicken Sie mit der rechten Maustaste im Ebenendialog auf die kopierte Ebene ❷ und wählen im Kontextmenü NACH UNTEN VEREINEN aus. Natürlich können Sie auch über das Menü im Bildfenster mit EBENE • NACH UNTEN VEREINEN gehen.

Bestimmte Farben erhalten
Einzelne Bereiche farbig lassen

Manchmal möchten Sie vielleicht in einem farbigen Bild, das in Schwarzweiß konvertiert werden soll, bestimmte Farbbereiche erhalten. Das ist in GIMP bei klar strukturierten Bildern, die abgegrenzte Farben enthalten, über lediglich einen Dialog gut umzusetzen. In solchen Fällen müssen Sie also nicht gleich den etwas aufwendigeren Weg über das Erstellen eines »Colorkeys« wählen.

Zielsetzungen:
Schwarzweißbild erstellen,
Farbbereiche erhalten
(Dauer: 5–10 Minuten)
[Motocross.jpg]

Foto: Marco Barnebeck

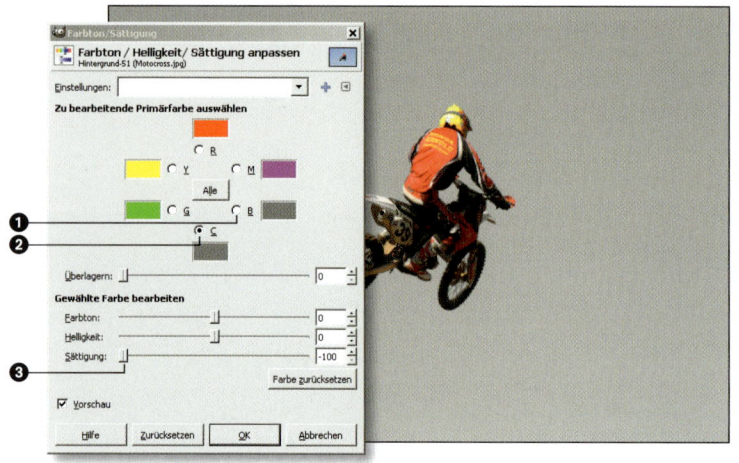

1 Blauen Himmel ausgrauen

Laden Sie das Bild *Motocross.jpg* in GIMP. Verwenden Sie FARBEN • FARBTON/SÄTTIGUNG. Wählen Sie jetzt die Radioschaltfläche für Blau (B) ❶ aus, und ziehen Sie den Anfasser für SÄTTIGUNG ❸ ganz nach links auf »–100«. Nehmen Sie denselben Schritt auch für die Farbe Cyan (C) ❷ vor. Jetzt sollte der Hintergrund farblos sein, und nur der Motocrossfahrer hat seine Farben behalten. Hierbei können Sie natürlich auch zusätzlich mit der Helligkeit experimentieren.

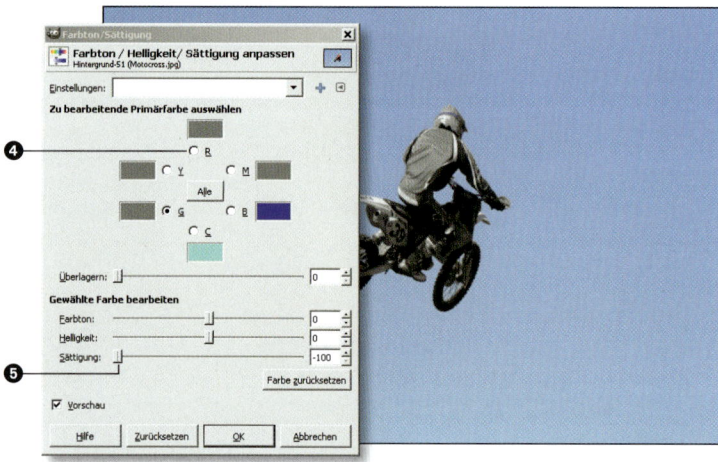

2 Motiv in Schwarzweiß

Das geht natürlich auch umgekehrt. Machen Sie zunächst Schritt 1 mit Strg + Z wieder rückgängig. Öffnen Sie erneut den Dialog für Farbton und Sättigung über FARBEN • FARBTON/SÄTTIGUNG. Wählen Sie jetzt die Radiobutton für Rot (R) ❹ aus, und ziehen Sie den Anfasser für SÄTTIGUNG ❺ ganz nach links auf den Wert »–100«. Stellen Sie auch die Farben Gelb (Y), Grün (G) und Magenta (M) auf »–100«. Bestätigen Sie mit OK.

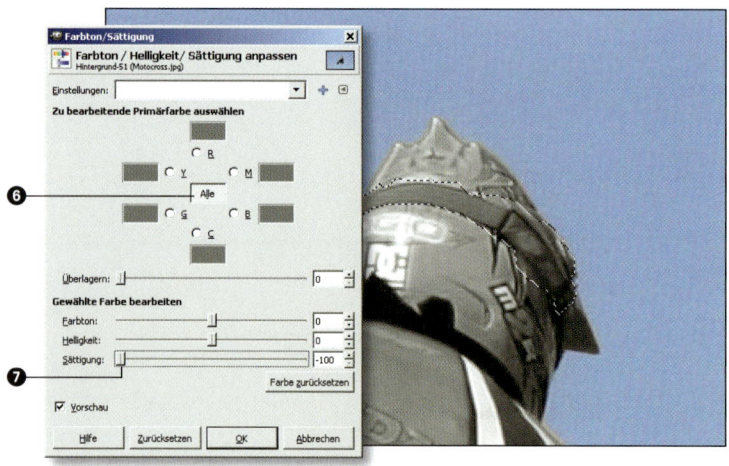

3 Details entfärben

Beim genauen Betrachten können Sie erkennen, dass das Band der Brille noch blau ist. Zum Entfärben dieses Bereiches können Sie diesen mit der MAGNETISCHEN SCHERE aus dem Werkzeugkasten markieren. Anschließend öffnen Sie FARBEN • FARBTON/SÄTTIGUNG. Hier müssen Sie keine speziellen Farben auswählen, weil ALLE ❻ entfernt werden sollen. Ziehen Sie den Anfasser für SÄTTIGUNG ❼ ganz nach links auf den Wert »–100« und bestätigen dies mit OK.

Colorkey erstellen
Farbigen Hingucker in einem Schwarzweißbild erzeugen

»Colorkey« ist eine beliebte Technik in der digitalen Bildbearbeitung, mit der Objekte in einem ansonsten monochromen Bild farbig hervorgehoben werden können. Gewöhnlich wird dabei ein Farbbild in ein monochromes Bild umgewandelt, und nur der Bereich des hervorzuhebenden Motivs verbleibt in Farbe.

Zielsetzungen:
Schwarzweißbild erstellen,
Augenfarbe erhalten
(Dauer: 5–10 Minuten)
[GreenEye.jpg]

Foto/Modell: Clarissa Schwarz

1 Bild in Graustufen umwandeln

Öffnen Sie das Bild *GreenEye.jpg*. Zunächst wandeln Sie es in Schwarzweiß um. Gehen Sie dazu im Bildfenstermenü auf BILD • MODUS • GRAUSTUFEN. Kopieren Sie jetzt das Foto mit den Graustufen mit [Strg]+[C] oder BEARBEITEN • KOPIEREN in die Zwischenablage.

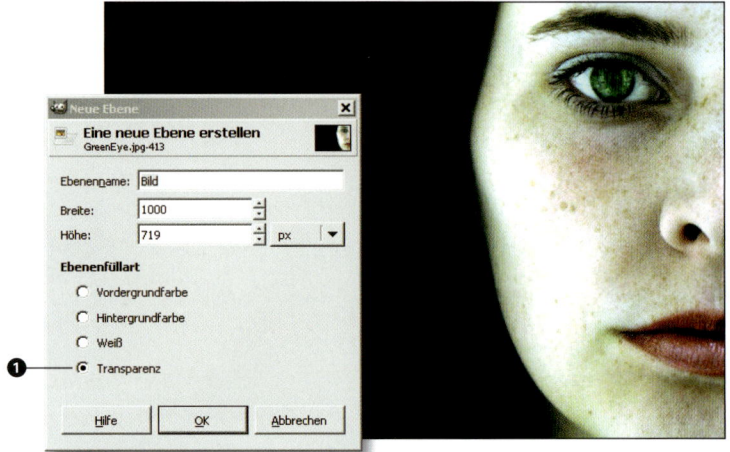

2 Neue Ebene erstellen

Nehmen Sie das Umwandeln in Graustufen jetzt über [Strg]+[Z] beziehungsweise BEARBEITEN • RÜCKGÄNGIG wieder zurück, so dass Sie das Ursprungsbild erhalten. Erstellen Sie eine neue Ebene über EBENE • NEUE EBENE oder [Strg]+[⇧]+[N]. Für die EBENENFÜLLART im darauf erscheinenden Dialog verwenden Sie TRANSPARENZ ❶ und bestätigen mit OK.

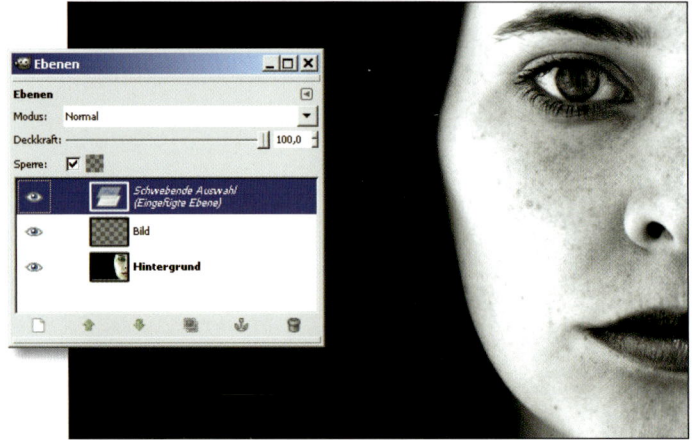

3 Graustufenbild einfügen

Öffnen Sie den Ebenendialog mit [Strg]+[L]. Fügen Sie jetzt aus der Zwischenablage das zuvor kopierte Graustufenbild mit [Strg]+[V] beziehungsweise über den Menüpfad BEARBEITEN • EINFÜGEN in die eben neu erstellte Ebene ein. Im Ebenendialog können Sie jetzt insgesamt drei Ebenen sehen: die soeben eingefügte, die noch als »Schwebende Auswahl« dargestellt wird, die neue Ebene und das Originalbild.

4 Ebenenmaske hinzufügen

Markieren Sie die schwebende Ebene und klicken dann auf den Anker ❷ im Ebenendialog, oder verwenden Sie das Kürzel [Strg] + [H]. Aktivieren Sie die neue Ebene mit dem Schwarzweißbild, und erstellen Sie eine Ebenenmaske über EBENE • MASKE • EBENENMASKE HINZUFÜGEN. Wählen Sie im folgenden Dialog WEISS (VOLLE DECKKRAFT) für die Maske aus, und klicken Sie auf die Schaltfläche HINZUFÜGEN.

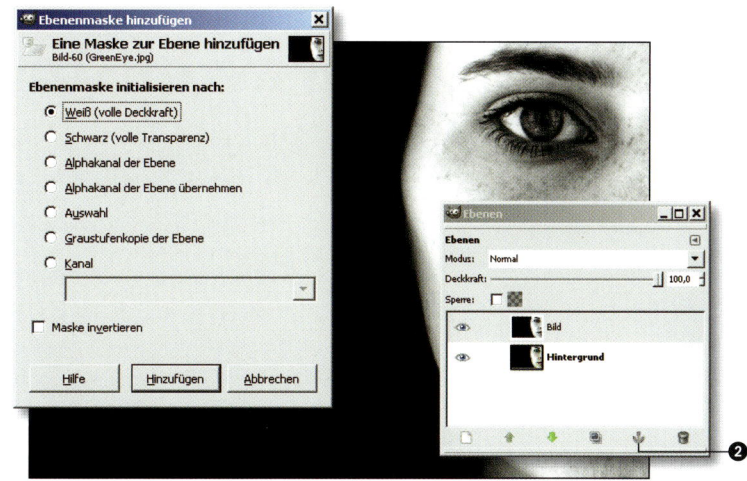

5 Motiv kolorieren

Wählen Sie jetzt den STIFT ❸ aus der Werkzeugpalette, und setzen Sie bei den Einstellungen den PINSEL auf »19« und die gewünschte Stärke bei SKALIEREN auf »1,35«. Achten Sie darauf, dass Sie als Vordergrundfarbe Schwarz verwenden. Malen Sie nun mit dem Stift über den Bereich im Bild, der anschließend farbig sein soll. Wenn Sie über den Bereich hinauszeichnen, können Sie das mit dem RADIERER ❹ anschließend wieder ganz leicht korrigieren.

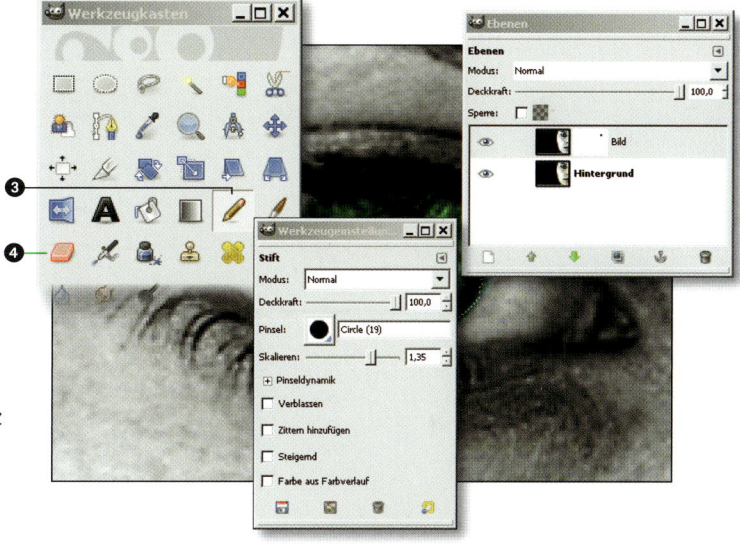

6 Ebenen vereinen

Wenn Sie das Auge mit dem STIFT ausgemalt haben, sind Sie mit dem Kolorieren fertig. Jetzt müssen Sie nur noch die Ebenen vereinen. Klicken Sie hierzu mit der rechten Maustaste auf die obere Ebene mit der Maske, und wählen Sie im Kontextmenü NACH UNTEN VEREINEN aus. Dasselbe erreichen Sie auch über EBENE • NACH UNTEN VEREINEN.

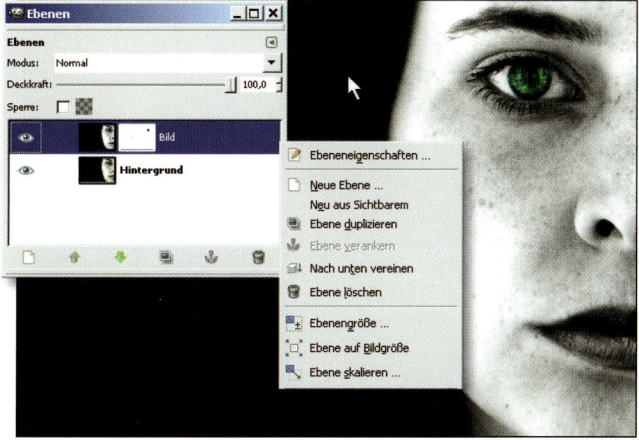

Kapitel 4 | Schwarzweiß **127**

Schwarzweißbilder kolorieren
Graustufenfotos mit Farbe versehen

Das Kolorieren von (alten) Schwarzweißfotos kann recht aufwendig sein. Der Vorteil hierbei ist allerdings: Sie müssen nicht so genau vorgehen, weil das Auge eine viel schlechtere Auflösung wahrnimmt. Im folgenden Workshop möchte ich ein Foto meiner Urahnen, das gegen Ende des 19. Jahrhunderts aufgenommen wurde, kolorieren. Der hier gezeigte Weg ist nur einer von vielen, um ein Schwarzweißbild einzufärben.

Zielsetzung:
Teile eines Schwarzweißfotos einfärben
(Dauer: 15–30 Minuten)
[UrAhnen.jpg]

1 Mit Magnetschere auswählen

Laden Sie die Datei *UrAhnen.jpg* in GIMP. Konvertieren Sie das Bild in den RGB-Modus über BILD • MODUS • RGB. Verwenden Sie am besten zunächst die MAGNETISCHE SCHERE ❶, um einzelne Bildstellen auszuwählen. Markieren Sie die Schürze, die Sie dann anschließend einfärben können. Es spricht aber auch nichts dagegen, das Bild frei per Hand auszumalen.

2 Mit dem Stift ausmalen

Wählen Sie den STIFT ❷. Bei den Werkzeugeinstellungen geben Sie für DECKKRAFT ❹ »15« ein. Verwenden Sie einen größeren Pinsel ❺ (»11«), und SKALIEREN Sie diesen auf den Wert »10«. Bei DRUCKEMPFINDLICHKEIT markieren Sie nur DECKKRAFT. Als Farbe verwenden Sie die Vordergrundfarbe ❸ der Werkzeugleiste (hier ein kräftiges Blau). Wie Sie diese einstellen, erfahren Sie auf Seite 51. Malen Sie jetzt den markierten Bereich aus.

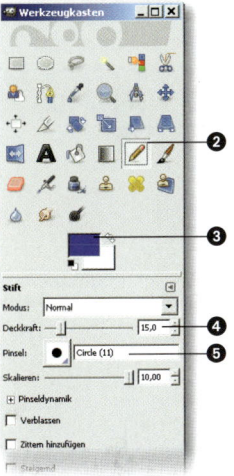

3 Schritt 1 und 2 wiederholen

Wiederholen Sie die Arbeitsschritte 1 und 2 mit weiteren Objekten im Bild. Experimentieren Sie mit verschiedenen Farben, und passen Sie auch die Deckkraft an, bis Sie mit dem Ergebnis zufrieden sind. Gegebenenfalls können Sie bei der Werkzeugeinstellung des Stiftes auch mit dem MODUS ❻ experimentieren. Kümmern Sie sich jetzt noch nicht so sehr um die Feinheiten. Auch wenn die Farben noch zu kräftig wirken: Dies wird in einem weiteren Arbeitsschritt noch korrigiert.

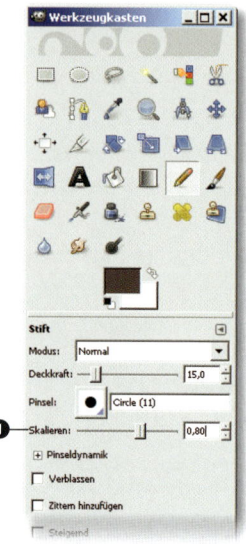 

4   Details bearbeiten

Objekte, die mit der Magnetschere ✂ nicht erfasst wurden und daher grau geblieben sind, können Sie jetzt nachträglich bearbeiten. Zoomen Sie hierzu mit der [+]-Taste nah in das Bild, und verwenden Sie abermals den STIFT mit der entsprechenden Farbe. Natürlich müssen Sie die Größe über SKALIEREN ❶ entsprechend verringern. Der Vorteil, hier die Magnetschere verwendet zu haben, liegt auf der Hand: Die anschließende Korrektur hält sich in Grenzen.

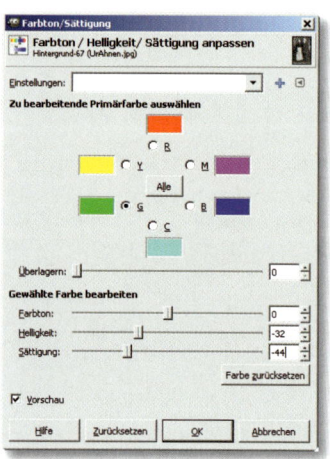 

5   Sättigung und Helligkeit anpassen

Manche Farben wirken etwas zu kräftig und unnatürlich. Dies hängt natürlich auch von der Farbwahl ab. Hier empfiehlt es sich, die Sättigung und Helligkeit einzelner Farben zu reduzieren. Öffnen Sie hierzu das Bildfenstermenü FARBEN • FARBTON/SÄTTIGUNG. Wählen Sie im Dialog den entsprechenden Farbton aus, und schieben Sie die Anfasser für HELLIGKEIT und SÄTTIGUNG nach links, bis Sie mit dem Ergebnis zufrieden sind. Wiederholen Sie den Vorgang auch für die anderen Farben.

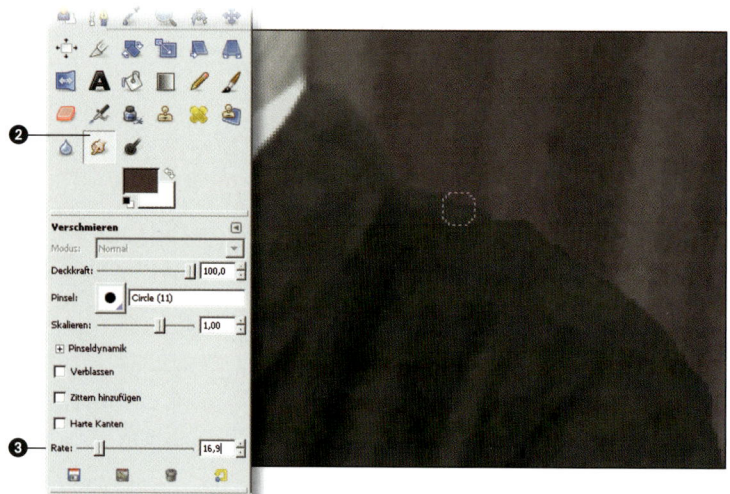

6   Harte Kanten verschmieren

Bei näherem Hineinzoomen sind harte Übergänge zwischen den Objekten zu erkennen, was eine zum Teil unnatürliche Wirkung zur Folge hat. Diese Übergänge entfernen Sie mit dem Werkzeug VERSCHMIEREN ❷. Verwenden Sie bei den Einstellungen 100%ige Deckkraft und einen passenden Pinsel. Die RATE ❸ sollten Sie auf den Wert »16,9« setzen. Fahren Sie jetzt mit dem Werkzeug an den Kanten entlang.

Raster-Effekt verwenden
Fotos wie in der Tageszeitung erstellen

Gerasterte Bilder wie in einer Tageszeitung (Sie können diesen Effekt besonders gut erkennen, wenn Sie die Bilder einer Zeitung mit einer Lupe betrachten), lassen sich auch in GIMP mit wenigen Schritten realisieren. Die Rasterung ist ein interessanter und beliebter Effekt, der auch bei Plakaten verwendet wird. Aus der Nähe betrachtet, erkennt man das Bild relativ schlecht. Je weiter das Bild allerdings vom Betrachter entfernt ist, umso mehr lösen sich die Punkte auf, und das Motiv tritt klar hervor.

Zielsetzung:
Bild rastern
(Dauer: 3–5 Minuten)
[Raster.jpg]

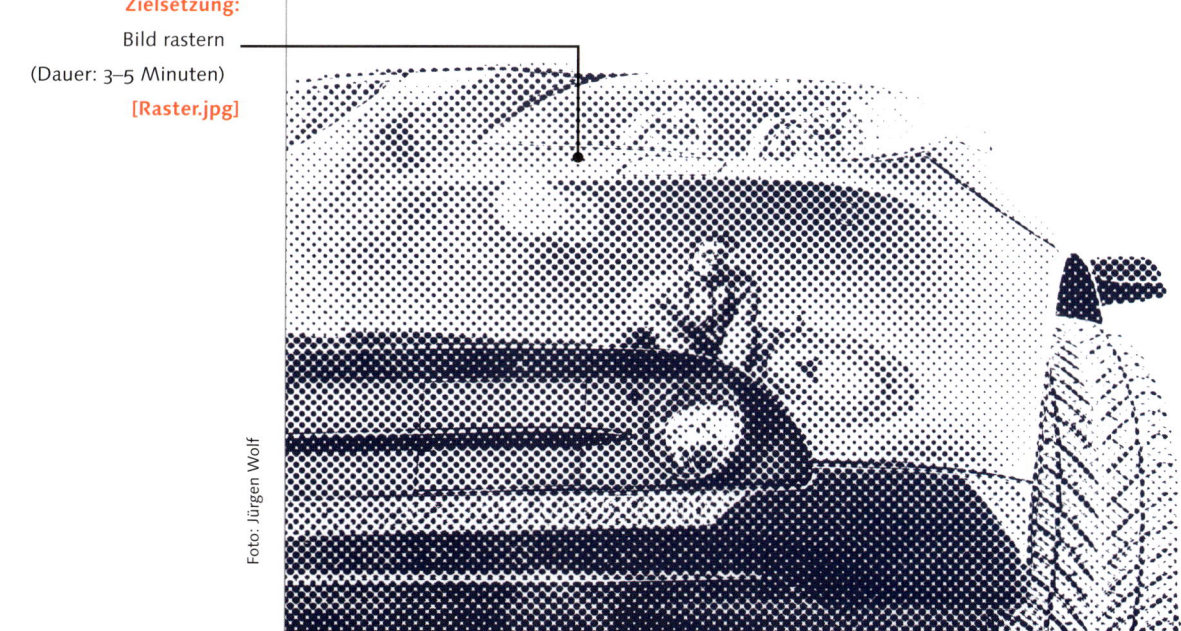

Foto: Jürgen Wolf

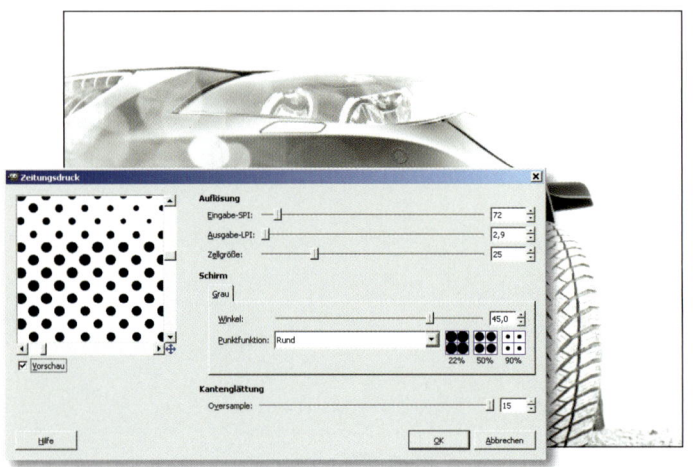

1 Raster-Effekt verwenden

Öffnen Sie das Bild *Raster.jpg* in GIMP. Rufen Sie den Filter für die Rasterung über den Menüpfad FILTER • VERZERREN • ZEITUNGSDRUCK auf. Stellen Sie die Werte von EINGABE-SPI auf »72«, von AUSGABE-LPI auf »2,9« und die ZELLGRÖSSE auf »25«. Die Zellgröße verändert die Punktgröße. Stellen Sie den WINKEL auf »45« und die PUNKTFUNKTION auf »Rund«. Den Wert für die Kantenglätte stellen Sie bei OVERSAMPLE auf »15«.

2 Modus und Helligkeit verändern

Da das Bild noch im Graustufenmodus vorliegt, wandeln Sie es in den RGB-Modus über BILD • MODUS • RGB um. Als Bitmap gespeichert, könnten Sie das Bild für den Siebdruck verwenden. Hier soll aber noch Farbe hinzugefügt werden. Da Schwarz und Weiß keine Farbe annehmen können, erhöhen Sie die Helligkeit des Bildes. Öffnen Sie hierzu FARBEN • HELLIGKEIT/KONTRAST und schieben den Anfasser für HELLIGKEIT ganz nach rechts.

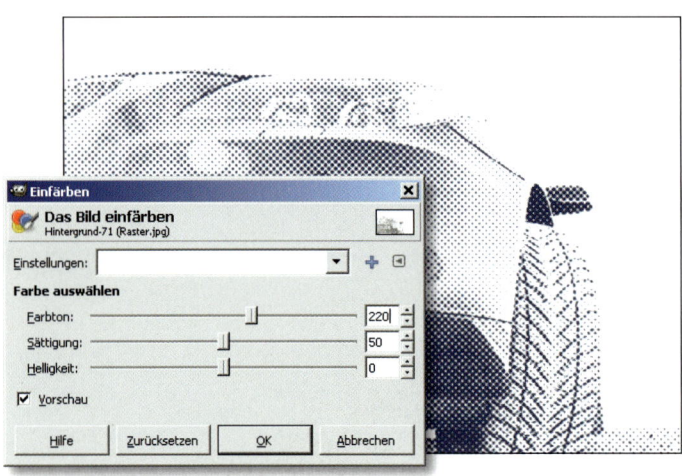

3 Einfärben

Da aus dem Schwarz jetzt Grau geworden ist, können Sie das Bild umfärben. Öffnen Sie hierzu den entsprechenden Dialog über FARBEN • EINFÄRBEN, und verschieben Sie den Anfasser FARBTON nach rechts, bis der gefärbte Bereich die gewünschte Farbe besitzt. Im Beispielfoto habe ich für FARBTON den Wert »220« gewählt, der, wie Sie sehen können, die blaue Farbe zur Folge hatte. Bestätigen Sie den Vorgang mit OK.

Kontrast erhalten
Porträts in Schwarzweiß umsetzen

Auf die automatische Schwarzweiß- oder Sepiaumsetzung Ihrer Digitalkamera sollten Sie möglichst verzichten. Erstellen Sie stattdessen ein Farbbild, und wandeln Sie es anschließend in ein entsprechendes Schwarzweißbild um. Der Grund: Über die eingebetteten Farbinformationen können Sie die Tonwerte im Bild genauer anpassen.

Zielsetzungen:
Weiche, helle Haut hervorheben,
Lippen und Augen betonen
(Dauer: 5–10 Minuten)
[Beauty.jpg]

Foto/Modell: Clarissa Schwarz

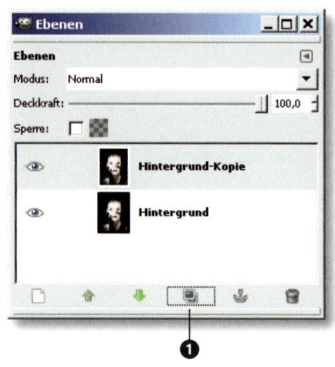

1 Ebene duplizieren

Öffnen Sie das Bild *Beauty.jpg* in GIMP. Duplizieren Sie zunächst die aktuelle Ebene entweder über das Menü Ebene • Ebene duplizieren, mit ⇧ + Strg + D oder über den geöffneten Ebenendialog, indem Sie auf das entsprechende Symbol ❶ klicken. Den Ebenendialog sollten Sie sich ohnehin stets anzeigen lassen: über den Menüpfad Fenster • Andockbare Dialoge • Ebenen oder die Tastenkombination Strg + L.

2 Ebene in Schwarzweiß umwandeln

Aktivieren Sie im Ebenendialog die kopierte Ebene (»Hintergrund-Kopie«) und wandeln diese in Schwarzweiß um. Hierzu verwenden Sie den Kanalmixer über Farben • Komponenten • Kanalmixer. Haken Sie die Checkboxen Monochrom und Leuchtstärke erhalten an. Setzen Sie die Werte für Rot auf »60«, für Grün auf »40« und für Blau auf »20«. Bestätigen Sie den Vorgang mit OK.

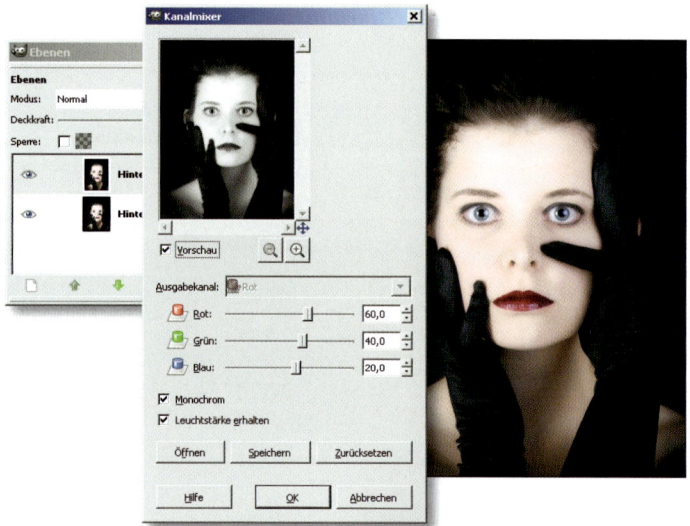

3 Tonwerte der Ebene anpassen

Jetzt soll für die Ebene »Hintergrund-Kopie« der Tonwert angepasst werden. Öffnen Sie den entsprechenden Dialog über Farben • Werte. Schieben Sie den weißen Anfasser ❸ auf den Wert »248«, um die Lichter aufzuhellen, und den grauen Anfasser ❷ auf den Wert »1,25«, was die Anpassung der Mitteltöne zur Folge hat. Klicken Sie abschließend auf OK.

4 Modus verändern

Ändern Sie den Modus ❹ der Ebene »Hintergrund-Kopie« auf NUR AUFHELLEN. Hiervon sind die Stellen betroffen, die heller als Mittelgrau sind. Die anderen Stellen werden abgedunkelt. So werden die hellen Bereiche im Bild weicher, und zudem wird der Kontrast verbessert. Fügen Sie die beiden Ebenen zusammen über den Menüpfad EBENE • NACH UNTEN VEREINEN.

5 Schwarzweißbild erstellen

Erstellen Sie nun ein Schwarzweißbild über den Kanalmixer (FARBEN • KOMPONENTEN • KANALMIXER). Markieren Sie hier die Checkboxen MONOCHROM und LEUCHTSTÄRKE ERHALTEN. Setzen Sie die Werte für ROT auf »60«, für GRÜN auf »40« und für BLAU auf »20«. Bestätigen Sie den Vorgang mit OK. Duplizieren Sie diese über ⇧ + Strg + D, wie Sie dies bereits in Arbeitsschritt 1 getan haben.

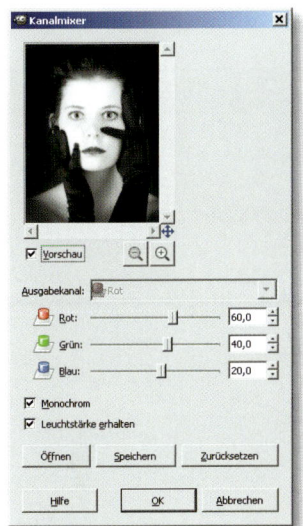

6 Ebene einfärben

Aktivieren Sie die kopierte Ebene (»Hintergrund-Kopie«) im Ebenendialog, und setzen Sie den MODUS der Ebene ❺ auf FARBE. Öffnen Sie jetzt den Dialog über FARBEN • EINFÄRBEN. Setzen Sie die Werte von FARBTON auf »50«, von SÄTTIGUNG auf »60« und von HELLIGKEIT auf »70«. Bestätigen Sie mit OK. Jetzt können Sie die Ebenen wieder zusammenfügen (EBENE • NACH UNTEN VEREINEN).

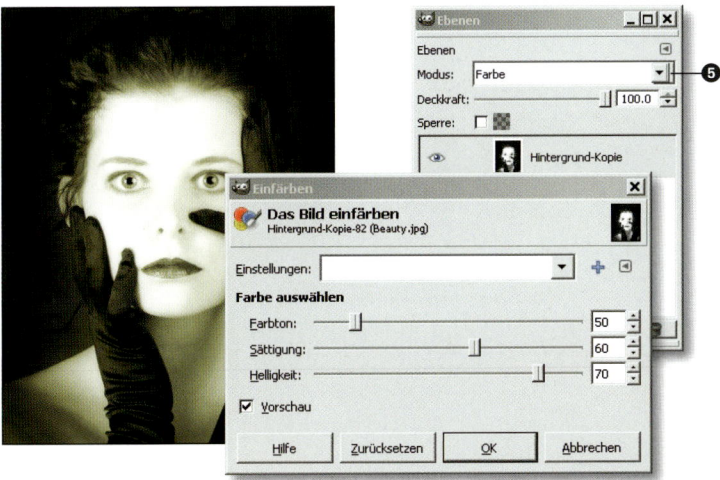

Freistellen und Ausrichten

Wenn ein Bild auf den ersten Blick nicht so spektakulär aussieht, kann es helfen, wenn Sie den Bildausschnitt verändern, also einen Teil des Fotos freistellen. Dabei können Sie den weniger interessanten Teil des Bildes abschneiden, wodurch der Fokus noch mehr auf das Hauptmotiv gelenkt wird. Dabei spielt das Seitenverhältnis eine wichtige Rolle: Ob Sie ein breites Querformat oder ein schmales Hochformat wählen, hat einen entscheidenden Einfluss auf die Bildwirkung. GIMP bietet Ihnen ideale Arbeitsmöglichkeiten, um Ihre Fotos zu skalieren, zu beschneiden und optimal auszurichten. Natürlich können Sie auch einzelne Objekte ganz vom Hintergrund lösen.

Foto: Marco Barnebeck

Freistellen und Ausrichten

Bilder skalieren **139**
   Größe des Bildes anpassen

Aufnahme strecken **141**
   Bilder ungleichmäßig skalieren

Motiv gerade ausrichten **143**
   Horizont begradigen

Bilder positionieren **145**
   Übrige Fläche als Rahmen nutzen

Bildausschnitt verändern **147**
   Nähe zum Motiv erzeugen

Gescannte Bilder beschneiden **149**
   Mehrere Bilder auf einmal scannen und zuschneiden

Objekt freistellen **151**
   Schnelle Extrahierung von Motiven

Ausgabegröße festlegen **154**
   Bild für den Druck vorbereiten

Bilder skalieren
Größe des Bildes anpassen

Wer seine Fotos online stellen oder als E-Mail-Anhang versenden will, wird seine Abbildungen skalieren müssen. Auch Grafiker und Fotografen kommen häufig nicht um eine Größenveränderung ihrer Bilder herum. Und wenn es ums Drucken geht, spielt die Bildgröße, in Pixeln definiert, eine große Rolle.

Zielsetzung:
Bildgröße verändern
(Dauer: 1–2 Minuten)
[Kanu_Weltcup.jpg]

Foto: Jurgen Wolf

1 Bild analysieren

Öffnen Sie das Bild *Kanu_Weltcup.jpg* in GIMP. Die Bilder werden immer in einer für die Betrachtung auf dem Monitor geeigneten Größe angezeigt. Die entsprechende Prozentzahl der Darstellung können Sie unten ❷ im Bildfenster erkennen. Die echte Größe finden Sie in der Titelleiste ❶ des Bildfensters. Das Beispielbild hat eine Größe von 3081 x 2066 Pixeln.

2 Bild skalieren

Um das Bild zu skalieren, wählen Sie das Bildfenstermenü BILD • BILD SKALIEREN. Wählen Sie dort die gewünschte Bildgröße für BREITE und HÖHE aus: hier 800 x 536 Pixel. Damit das Bild gleichmäßig skaliert wird, sollte das Ketten-Symbol ❸ geschlossen sein. Wenn Sie die Höhe ändern, passt sich somit automatisch die Breite im richtigen Verhältnis an. Bestätigen Sie den Vorgang mit der Schaltfläche SKALIEREN.

3 Bild für Fotodruck skalieren

Möchten Sie Ihre Bilder für den Fotodruck vorbereiten, so können Sie dies ebenfalls über BILD • BILD SKALIEREN vornehmen. Wenn Sie beispielsweise Fotopapier in 9 x 13 cm haben, können Sie die Abmessung der Vorlage entsprechend verändern. Klicken Sie hierzu einfach auf die Drop-down-Schaltfläche ❹ bei der BILDGRÖSSE und wählen dort Zentimeter aus. Die Auflösung lässt sich hier gleich mit anpassen.

Aufnahme strecken
Bilder ungleichmäßig skalieren

Wenn Sie ein Bild skalieren, kann es durchaus gewollt sein, dass Sie das Bild nicht gleichmäßig in Höhe und Breite verändern. Sie können sich diesen Effekt auch zunutze machen, um einen Gegenstand, eine Person oder eine Naturaufnahme schmaler oder breiter erscheinen zu lassen. Bei Naturaufnahmen können Sie so ein Panoramabild simulieren. Personen können Sie auf diese Weise schlanker oder auch dicker aussehen lassen.

Zielsetzung:
Bild strecken
(Dauer: 1–2 Minuten)
[Natur.jpg]

Foto: Marco Barnebeck

1 Bild analysieren

Öffnen Sie das Bild *Natur.jpg* in GIMP. Es zeigt eine sehr schöne Naturaufnahme im 4:3-Format. Auf dieser Grundlage werden Sie jetzt einen Panoramaeffekt simulieren beziehungsweise ein Breitbildformat erstellen.

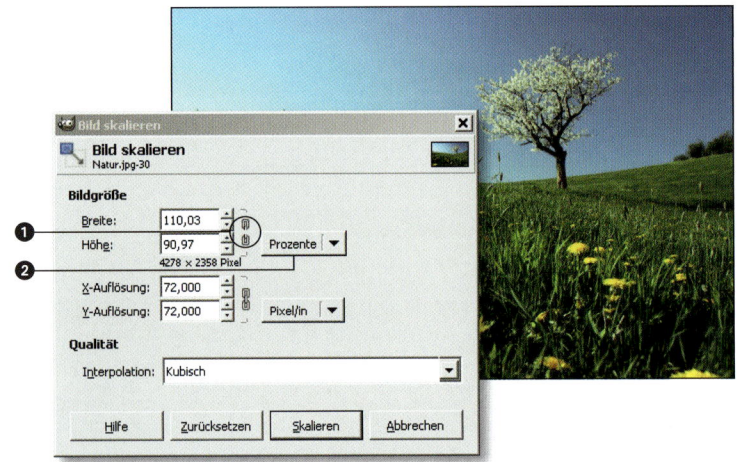

2 Bild strecken

Öffnen Sie den Dialog, um das Bild zu skalieren über BILD • BILD SKALIEREN. Klicken Sie auf das Ketten-Symbol ❶ rechts neben BREITE und HÖHE, um die Verbindung zu trennen, so dass Sie Breite und Höhe unabhängig voneinander ändern können. Als Maßeinheit geben Sie PROZENTE ❷ an. Für den Breitbildeffekt habe ich die Breite auf etwa 110% hoch- und die Höhe auf 90% herunterskaliert. Dadurch wird das Bild breiter und schmaler.

3 Ergebnis betrachten

Die Änderungen auf dem Bild sind zwar nicht gravierend, aber so ein »Breitbildlook« hinterlässt doch einen anderen Eindruck. Folge der Manipulation ist, dass das Bild insgesamt etwas größer wirkt, die Blickwirkung ist verändert.

Tipp: Der Effekt lässt sich auch prima bei einem Porträtfoto verwenden, um dem Gesicht ein schmaleres Aussehen zu geben. Übertreiben Sie es aber nicht mit dem Strecken.

Motiv gerade ausrichten
Horizont begradigen

Beim Fotografieren ist es nicht immer möglich, darauf zu achten, dass die Kamera exakt waagerecht ausgerichtet ist. Vor allem, wenn Sie die Kamera in der Hand halten und kein Stativ verwenden. Mittlerweile gehört es bei vielen Fotografen zur Standardkorrektur, die Bilder nachträglich gerade auszurichten. In der Regel müssen Sie hier nur einen geringen Winkel korrigieren.

Zielsetzungen:
Uferrand gerade ausrichten, Bildfläche größtmöglich freistellen
(Dauer: 2–3 Minuten)
[underTheIce.jpg]

Foto: Jürgen Wolf

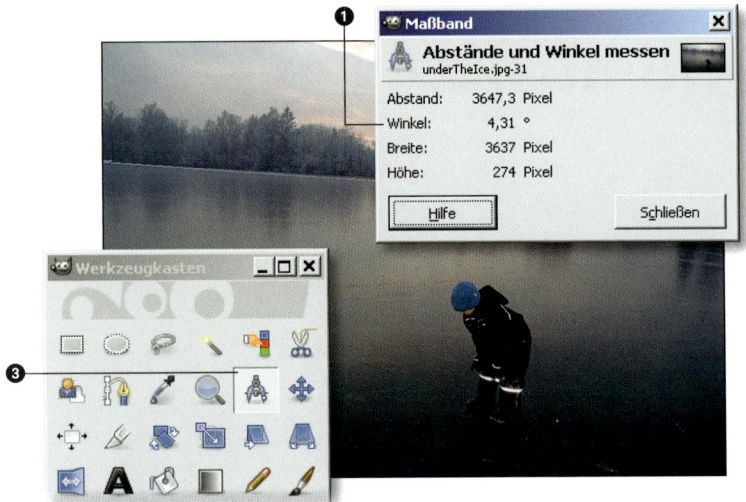

1 Winkel ausmessen

Öffnen Sie die Datei *underTheIce.jpg*. Wählen Sie das Werkzeug MASSBAND ❷, und aktivieren Sie bei den Einstellungen das Häkchen vor INFO-FENSTER VERWENDEN. Suchen Sie jetzt eine schiefe Linie, die Sie ausmessen wollen. Im Beispiel verwende ich die Uferkante. Zoomen Sie eventuell ein wenig näher heran. Messen Sie mit gedrückter linker Maustaste den Winkel aus. Im Beispiel zeigt das Info-Fenster einen Winkel ❶ von »4,31°« an.

2 Bild rotieren

Um diese eben gemessenen 4,31° sollten Sie das Bild jetzt drehen. Wählen Sie dazu das Werkzeug DREHEN ❸ aus. Verändern Sie außerdem die BESCHNEIDUNG bei den Werkzeugeinstellungen auf AUF SEITENVERHÄLTNIS BESCHNEIDEN. Wenn Sie auf das Bild klicken, erscheint der Dialog zum Drehen. Verändern Sie hierbei den Wert für WINKEL auf »–4,31°«, und bestätigen Sie den Vorgang mit ROTIEREN.

3 Leinwand an Ebene anpassen

Sie haben das Bild zwar durch den vorangegangenen Arbeitsschritt auf das gewünschte Seitenverhältnis beschnitten, aber nicht auf die Größe des eigentlichen Bildes angepasst. Der abgeschnittene Teil ist immer noch transparent vorhanden. Um das Bild auf die tatsächliche Bildgröße anzupassen, wählen Sie das Bildfenstermenü BILD • LEINWAND AN EBENE ANPASSEN.

Bilder positionieren
Übrige Fläche als Rahmen nutzen

Vielleicht möchten Sie Ihrem Bild einen Rand hinzufügen, um es beispielsweise für einen Ausdruck optimal zu positionieren. Auf diese Weise können Sie sich auch gleich ein Passepartout sparen, weil das Bild bereits optimal in das gewünschte Format passt.

Zielsetzung:
Bild in neuem Rahmen zentrieren
(Dauer: 1–2 Minuten)
[Wasser.jpg]

1   Größe festlegen

Öffnen Sie zunächst das Bild *Wasser.jpg* in GIMP. Als Nächstes legen Sie die neue Bildgröße fest. Öffnen Sie hierzu den entsprechenden Dialog über BILD • LEINWANDGRÖSSE. Ändern Sie die Maßeinheit der LEINWANDGRÖSSE ❶ von Pixel auf Zentimeter. Geben Sie eine BREITE von »29,7« cm und eine HÖHE von »21« cm ein. Dies entspricht den Maßen einer DIN-A4-Seite. In einer kleinen Bildvorschau ❷ unter VERSATZ können Sie das Ergebnis sehen.

2   Position festlegen

Um den Bildausschnitt zu justieren, können Sie entweder die Maße (genauer den VERSATZ) für X und Y per Hand eingeben oder aber den kleinen Bildausschnitt ❹ mit gedrückter linker Maustaste verschieben. Da Sie das Bild mittig haben wollen, reicht ein Klick auf die Schaltfläche ZENTRIEREN ❸. Bestätigen Sie den Dialog mit der Schaltfläche GRÖSSE ÄNDERN ❺.

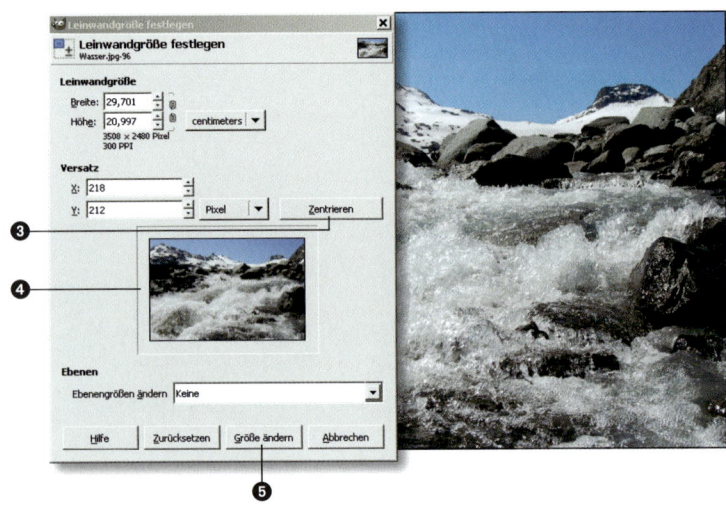

3   Fläche und Rahmen zusammenfügen

Zwar wurde das gesamte Bild entsprechend vergrößert, aber der neu hinzugefügte Rand ist im Augenblick noch transparent. Um den Rahmen mit der ausgewählten Hintergrundfarbe des Werkzeugkastens zu füllen, müssen Sie nur BILD • BILD ZUSAMMENFÜGEN auswählen. Im Beispiel wurde der Hintergrund so mit Weiß gefüllt – die Standardbelegung für die im Werkzeugkasten angezeigte Hintergrundfarbe beim Starten von GIMP.

Bildausschnitt verändern
Nähe zum Motiv erzeugen

Wenn Sie beim Freistellen eines Porträts nur Teile des Gesichtes auswählen, können Sie so einen Eindruck von Nähe zum Abgebildeten erzeugen. Natürlich sollte das Foto dazu in einer entsprechend hohen Auflösung vorliegen.

Zielsetzung:
Durch Bildausschnitt
Nähe zum Motiv erzeugen
(Dauer: 2–3 Minuten)
[Closer.jpg]

Foto/Modell: Clarissa Schwarz

1 Werkzeug »Zuschneiden«

Öffnen Sie die Datei *Closer.jpg* in GIMP. Wählen Sie das Werkzeug Zuschneiden ❶ aus der Werkzeugpalette. Die Einstellungen können Sie so belassen. Ich habe im Beispiel allerdings ein Häkchen vor Fest gesetzt und Seitenverhältnis ausgewählt, damit das Verhältnis der Höhe und Breite des Originals beibehalten wird. Wenn Sie das Bild lieber völlig frei beschneiden möchten, lassen Sie den Haken hier einfach weg.

2 Rahmen ziehen

Ziehen Sie jetzt mit dem Werkzeug Zuschneiden einen groben Rahmen um den gewünschten Ausschnitt des Bildes. Mit den Anfassern an den Ecken und Seiten können Sie den Rahmen noch genauer positionieren. Mit niedergedrückter linker Maustaste und dem Mauscursor innerhalb des Rahmens können Sie diesen darüber hinaus auch gleichzeitig verschieben.

3 Auf Rahmen zuschneiden

Wenn Sie mit der Position des Rahmens zufrieden sind, können Sie die Auswahl zuschneiden. Dies erreichen Sie entweder mit der Taste ⏎ oder mit einem einfachen linken Mausklick, wenn sich der Cursor innerhalb des Rahmens befindet. Jetzt erzeugt das fertige Bild ein Gefühl von einer größeren Nähe zum Motiv.

Gescannte Bilder beschneiden
Mehrere Bilder auf einmal scannen und zuschneiden

Wenn Sie Ihre alten Fotoalben aus dem Keller oder vom Dachboden digitalisieren möchten, ist dies recht einfach möglich, ohne gleich alle Fotos aus den Alben entfernen zu müssen. Für lose Fotos gilt: Sie möchten sicher nicht mühevoll Bild für Bild einscannen und bearbeiten. Stattdessen können Sie zeitsparend mehrere Fotos auf einmal auf den Scanner legen. Anschließend können Sie immer noch die Bilder nach Wunsch aufteilen. Wie Sie dabei am besten vorgehen, beschreibt dieser Workshop.

Zielsetzung:
Einzelbilder aus gescannten Albumseiten erstellen
(Dauer: abhängig von der Anzahl der Bilder)
[MumAndDad.jpg]

Foto: Jürgen Wolf

1 Auswahl kopieren

Öffnen Sie das Bild *MumAndDad.jpg* in GIMP. Wählen Sie aus der Werkzeugpalette die Rechteckige Auswahl ❶ aus. Markieren Sie damit grob und großzügig den rechteckigen Bereich eines der Fotos. Die Auswahl hat jeweils an den Ecken und Seiten einen Anfasser, mit dem Sie nachträglich noch verfeinern können. Kopieren Sie jetzt den ausgewählten Bildbereich mit [Strg] + [C] oder Bearbeiten • Kopieren in die Zwischenablage.

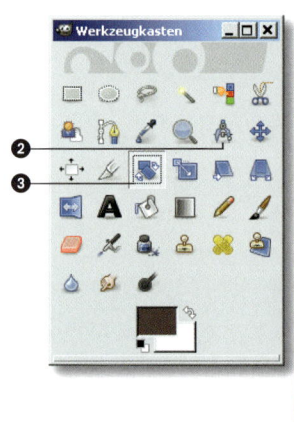

2 Neues Bild ausrichten

Die kopierte Auswahl in der Zwischenablage soll jetzt als neues Bild über den Menüpfad Bearbeiten • Einfügen als • Neues Bild in eine neue Datei eingefügt werden. Richten Sie gegebenenfalls das Bild gerade aus. Verwenden Sie zur Überprüfung das Massband ❷, um anhand einer der weißen Linien auszumessen, wie schief das Bild ist (Werkzeugeinstellung: Info-Fenster verwenden). Verwenden Sie anschließend das Werkzeug Drehen ❸, um das Bild entsprechend auszurichten.

3 Bild zuschneiden und speichern

Verwenden Sie das Werkzeug Zuschneiden ❹, um einen Rahmen um den gewünschten Ausschnitt des Bildes zu ziehen. Mit den Anfassern an den Ecken und Seiten können Sie den Rahmen noch genauer positionieren. Schneiden Sie anschließend mit der Taste [↵] das Bild passend zu. Speichern Sie das Bild ab, und wiederholen Sie die Arbeitsschritte 1 bis 3 für die anderen Fotos.

Objekt freistellen
Schnelle Extrahierung von Motiven

Die digitale Bildbearbeitung gibt Ihnen die Möglichkeit, ein Motiv vom Hintergrund zu trennen, um es für eine Fotomontage zu verwenden beziehungsweise für ein Layout oder Ähnliches freizustellen. Ab Version 2.4 stellt GIMP hierfür das VORDERGRUNDAUSWAHL-Werkzeug zur Verfügung. Dieses Werkzeug vereinfacht das Extrahieren, also das Freistellen von einzelnen Motiven, erheblich.

▶ **Video-Training**

Zu dem komplexen Vorgang »Haare freistellen« finden Sie eine Video-Lektion auf der Buch-DVD.

Zielsetzungen:
Motiv vom Hintergrund trennen, weiche Kanten erhalten
(Dauer: 15–25 Minuten)
[AlCapone.jpg]

Foto/Modell: Clarissa Schwarz

1 Manuell auswählen

Öffnen Sie das Bild *AlCapone.jpg* in GIMP. Wählen Sie die VORDERGRUNDAUSWAHL ❶ aus der Werkzeugpalette aus. Jetzt erscheint neben dem Mauszeiger ein Lasso wie bei der freien Auswahl. Erstellen Sie damit nun eine Auswahl rund um die Frau herum. Die Auswahl darf zwar grob sein, aber Sie sollten einen dem Umfang des Objektes entsprechenden Abstand einhalten und nicht mit dem Mauszeiger in das Objekt hineinfahren.

2 Objekt übermalen

Jetzt wird aus dem Mauszeiger ein Pinsel. Die Größe des Pinsels können Sie bei den Werkzeugeinstellungen anpassen ❷ (KLEINER PINSEL – GROSSER PINSEL). Überstreichen Sie mit gedrückter linker Maustaste grob das Objekt im Vordergrund, das Sie extrahieren wollen. Achten Sie darauf, nicht aus dem Objekt herauszumalen und die Maustaste währenddessen nicht loszulassen.

3 Bild überprüfen

Jetzt ist das Bild erst einmal freigestellt. Freigestellt ist im Augenblick alles, was nicht in grüner Farbe dargestellt ist. Diese Farbe können Sie bei den Werkzeugeinstellungen unter VORSCHAUFARBE ❸ ändern. Neben »Grün« können Sie die Farben »Rot« und »Blau« aussuchen. Die Verwendung des VORDERGRUNDAUSWAHL-Werkzeugs ist nicht immer so erfolgreich wie hier, und sie verlangt auch ein wenig Übung. Aber es lohnt sich, es auszuprobieren!

4   Hintergrundpinsel

Wenn zu viel ausgewählt wurde, können Sie Hintergrund markieren ❺ in den Werkzeugeinstellungen auswählen und den überflüssigen Bereich außerhalb des Objektes mit dem Pinsel markieren. Haben Sie zu wenig ausgewählt, können Sie Vordergrund markieren ❹ aktivieren und die entsprechenden Stellen im Objekt markieren. Wenn Sie mit dem Ergebnis nicht zufrieden sind, können Sie auch noch zusätzlich die Farbempfindlichkeit ❻ verändern.

5   Objekt auswählen

Wenn Sie mit der aktuellen Auswahl zufrieden sind, drücken Sie die ⏎-Taste und das Motiv wird mit den markiert. Kopieren Sie die Auswahl mit Strg+C oder Bearbeiten • Kopieren in die Zwischenablage. Um ein neues Bild aus der Zwischenablage zu erstellen, gehen Sie auf Bearbeiten • Einfügen als • Neues Bild.

6   Kanten glätten

Schließlich können Sie noch den »Feinschliff« vornehmen. Zoomen Sie ganz nah ins Bild, und entfernen Sie mit dem Radierer ❽ alle überflüssigen Teile. Sind die Kanten noch etwas zu hart, so können Sie diese mit dem Werkzeug Weichzeichnen ❼ glätten. Wählen Sie bei der Werkzeugeinstellung unter Verknüpfungsart Weichzeichnen aus, und passen Sie die Größe des Pinsels über Skalieren an.

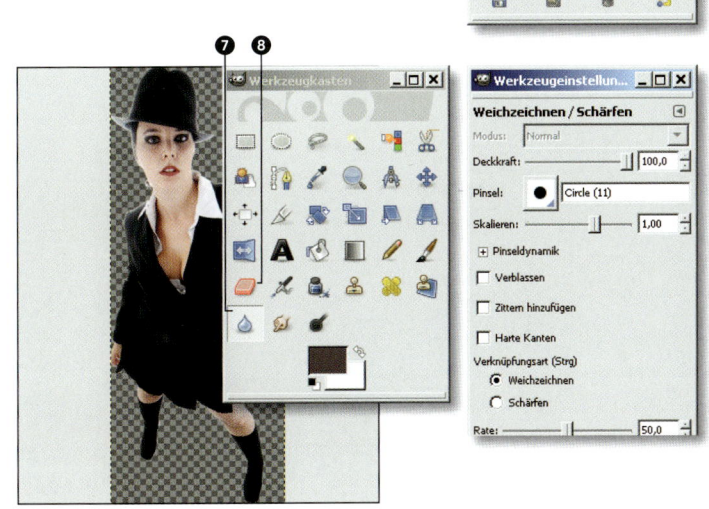

Kapitel 5 | Freistellen und Ausrichten   **153**

Ausgabegröße festlegen
Bild für den Druck vorbereiten

Wer seine Bilder auf Fotopapier oder gar auf ein Plakat bannen will, muss einiges beachten. Häufig stimmt die Auflösung des vorhandenen Bildes nicht mit den Abmessungen des Fotopapiers überein. Wenn Sie beispielsweise ein Bild im 3:2-Format vorliegen haben und dieses auf ein Papier im 4:3-Format drucken wollen, müssen Sie entweder das Verhältnis entsprechend skalieren (strecken beziehungsweise stauchen) oder Sie beschneiden das Bild im entsprechenden Verhältnis.

Zielsetzungen:
Maximales Druckmaß ermitteln, Ausschnitt nach Auflösung vornehmen (Dauer: 1–2 Minuten)
[Springreiten.jpg]

Foto: Jürgen Wolf

1 Maximale Druckgröße

Öffnen Sie das Bild *Springreiten.jpg* in GIMP. Um seine maximale Druckgröße zu ermitteln, gehen Sie auf BILD • DRUCKGRÖSSE. Stellen Sie die Werte für die X- und Y-Auflösung auf je »300«. Das Zahlenpaar BREITE und HÖHE zeigt Ihnen jetzt das maximale Druckmaß für 300 dpi an. Wenn Sie hier auf OK klicken, ändern Sie nur die geplante Druckgröße. Das Bild – besser die Bildqualität – bleibt unverändert, da die Pixel nicht umgerechnet werden.

2 Bild skalieren

Wenn Sie das Bild jetzt auf ein 13x10-cm-Format skalieren und dabei das Verhältnis von Breite und Höhe nicht ändern wollen, stoßen Sie auf ein Problem: Geben Sie beispielsweise bei BREITE den Wert »13 cm« ein, wird automatisch das richtige Seitenverhältnis für die HÖHE eingesetzt. Und das beträgt hier 8,7 cm. Das zeigt, dass das Bild im 3:2-Seitenverhältnis vorliegt. Für das 13x10-cm-Format wäre allerdings ein 4:3-Verhältnis erforderlich.

3 Zuschnitt

Um das Bild mit dem Werkzeug ZUSCHNEIDEN ❶ auf das richtige Seitenverhältnis zuzuschneiden, müssen Sie ein Häkchen vor FEST setzen und im Drop-down-Menü SEITENVERHÄLTNIS ❷ auswählen. Geben Sie in der Zeile darunter das VERHÄLTNIS ❸ (hier »4:3«) ein, in dem Sie das Bild zuschneiden wollen. Wählen Sie jetzt den Bildausschnitt, und Sie werden feststellen, dass das Verhältnis von Höhe und Breite immer gleich bleibt. Bestätigen Sie den Zuschnitt mit ⏎.

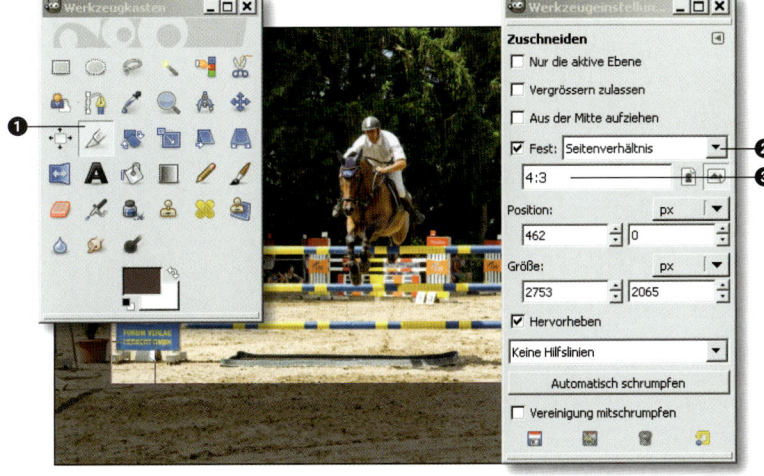

Kapitel 5 | Freistellen und Ausrichten **155**

Scharf- und Weichzeichnen

In vielen Workshops zur digitalen Bildbearbeitung wird Ihnen gezeigt, wie Sie Ihre Bilder nachträglich schärfen können. Allerdings gibt es hierfür keine ultimativen Regeln: Ob und wie intensiv Sie ein Foto schärfen, hängt vom Motiv, der Ausgabegröße des Bildes, dem Bildrauschen und vor allem von Ihrem persönlichen Geschmack ab. Das Weichzeichnen, oder auch die Unschärfe, wird verwendet, wenn Sie den Hintergrund eines Fotos im Gegensatz zum Motiv zurücknehmen möchten, um Bewegung eines Objektes zu simulieren oder um ein Porträt zart wirken zu lassen.

Foto: Marco Barnebeck

Scharf- und Weichzeichnen

Bilder schärfen **159**
  Details im Bild betonen

Bilder schärfen und sättigen **161**
  Fotos lebendiger wirken lassen

Geschwindigkeit darstellen **163**
  Bewegung durch Unschärfe betonen

Unschärfe ohne Verwischungen **166**
  Dynamik im Bild erhöhen

Freigestelltes Objekt montieren **170**
  Mit Tiefenschärfe gestalten

Einzelne Bereiche schärfen **174**
  Auswahlen scharf- beziehungsweise weichzeichnen

Unschärfe ausgleichen **176**
  Fehler des Autofokus beheben

Schärfen im Modus LAB-Farben **178**
  Halo-Effekt reduzieren

Bilder schärfen
Details im Bild betonen

Das Schärfen ist ein Vorgang zur Verbesserung von Details, Kanten und Konturen in Bildern und Grafiken. Unscharfe Bilder entstehen beispielsweise durch eine fehlerhafte Fokussierung der Linse im Objektiv. Daran können auch billige Objektive die Schuld tragen. Unscharfe Bilder haben verwaschene Kanten, Linien, Flächen oder Farben. Bei einem guten Bild sollten Sie die Details auf einen Blick erkennen können. Das Schärfen kann ein leicht verschwommenes Bild verbessern und somit das Erfassen von Details erleichtern.

Zielsetzungen:
Schärfeeindruck erhöhen,
Nachteile erkennen
(Dauer: 1–2 Minuten)
[Sharpen.jpg]

Foto: Jürgen Wolf

1 Bild analysieren

Laden Sie das Bild *Sharpen.jpg* in GIMP. Die Aufnahme hat eine gute Detailauflösung und ist im Grunde auch nicht wirklich unscharf. Trotzdem wirkt das Bild insgesamt zu weich und könnte daher schon ein Quäntchen Schärfe vertragen, besonders die Kanten und der Text. Hier können Sie über den Filter SCHÄRFEN etwas nachhelfen.

2 Bild schärfen

Öffnen Sie den Filter über den Menüpfad FILTER • VERBESSERN • SCHÄRFEN. Schieben Sie den grauen Anfasser ❶ so weit nach rechts, bis Sie mit dem Ergebnis der Schärfe zufrieden sind. Setzen Sie einen Haken vor VORSCHAU, um das Ergebnis gleich betrachten zu können. Im Beispiel habe ich den Wert auf »70« gesetzt. Bestätigen Sie den Vorgang mit OK.

3 Analyse

Der Filter SCHÄRFEN hat allerdings einen Nebeneffekt: Schärfen Sie das Bild zu stark, wie in dieser Ansicht zu erkennen, erscheinen Lichtsäume an den Kanten sowie ein verstärktes Bildrauschen. Verwenden Sie daher SCHÄRFEN nur bei feinkörnigen und rauscharmen Bildern. Mit dem Filter UNSCHARF MASKIEREN erreichen Sie oft bessere Ergebnisse.

Bilder schärfen und sättigen
Fotos lebendiger wirken lassen

Manche Aufnahmen wirken schon fast perfekt. Aber dennoch möchten Sie eventuell auch aus diesen noch mehr herausholen und für eine verstärkte Brillanz sorgen: Sie wollen dem Betrachter das Gefühl geben, dass Ihr Bild »lebt«. Allerdings müssen Sie dabei aufpassen, dass Sie die Bilder nicht zu scharf oder zu bunt gestalten.

Zielsetzung:
Kontrast und Sättigung erhöhen
(Dauer: 2–3 Minuten)
[Heuschrecke.jpg]

Foto: Hanspeter Bolliger

1 Kontrast verbessern

Öffnen Sie die Datei *Heuschrecke.jpg*. Auf dieses Bild wenden Sie nun den Filter Unscharf maskieren an, mit dem Sie auch den Kontrast erhöhen. Öffnen Sie das Bildfenstermenü Filter • Verbessern • Unscharf maskieren. Stellen Sie den Radius auf »120« und die Menge auf »0,3«. Der Schwellwert bleibt bei »0«. Um den Effekt betrachten zu können, sollten Sie das Häkchen bei Vorschau abwechselnd setzen beziehungsweise wieder entfernen.

2 Unscharf maskieren

Jetzt rufen Sie den Dialog wieder auf über Filter • »Unscharf maskieren« erneut anzeigen oder über Strg + ⇧ + F. Dieses Mal werden Sie so das Bild jedoch tatsächlich schärfen. Stellen Sie den Radius auf »5«, die Menge auf »0,3«, und der Schwellwert bleibt bei »0«.

3 Sättigung erhöhen

Schließlich sollten Sie auch noch die Sättigung der Farbe verbessern. Öffnen Sie hierzu den entsprechenden Dialog über Farben • Farbton/Sättigung. Schieben Sie den grauen Anfasser ❶ für die Sättigung auf den Wert »15«, und bestätigen Sie mit OK. Ein höherer Wert ließe das Bild übertrieben bunt erscheinen.

Geschwindigkeit darstellen
Bewegung durch Unschärfe betonen

Wenn Sie die Geschwindigkeit eines Motivs fotografisch darstellen möchten, müssen Sie im Grunde »nur« die Belichtungszeit erhöhen. Häufig hat man aber bei schnellen Motiven nicht die Zeit dafür und hält einfach drauf. Dabei bleibt die Geschwindigkeit auf der Strecke, und das Bild wirkt recht statisch. Um Geschwindigkeit nachträglich zu simulieren, ist es wichtig, dass das Motiv möglichst scharf bleibt und der Hintergrund verwischt. Im Beispiel verwenden Sie dafür den Filter für Bewegungsunschärfe, eine von mehreren Möglichkeiten, um den Eindruck von Geschwindigkeit nachzuahmen.

Zielsetzungen:
Bewegungsunschärfe simulieren,
Schärfe des Motivs beibehalten
(Dauer: 10–20 Minuten)
[Motocross.jpg]

Foto: Marco Barnebeck

1 Ebene duplizieren

Öffnen Sie das Bild *Motocross.jpg* in GIMP. Duplizieren Sie die aktuelle Ebene über EBENE • EBENE DUPLIZIEREN beziehungsweise mit [Strg]+[⇧]+[D]. Öffnen Sie, falls noch nicht geschehen, auch den Dialog für die Ebenen [Strg]+[L], um den Überblick zu behalten. Klicken Sie die kopierte Ebene mit der rechten Maustaste an, und wählen Sie im Kontextmenü ALPHAKANAL hinzufügen aus. Aktivieren Sie die Originalebene ❶.

2 Bewegungsunschärfe

Starten Sie jetzt den Filter für die Unschärfe über den Menüpfad FILTER • WEICHZEICHNEN • BEWEGUNGSUNSCHÄRFE. Als WEICHZEICHNUNGSART verwenden Sie LINEAR. Geben Sie bei LÄNGE »100« und für den WINKEL »149« an. Bestätigen Sie den Dialog mit OK.

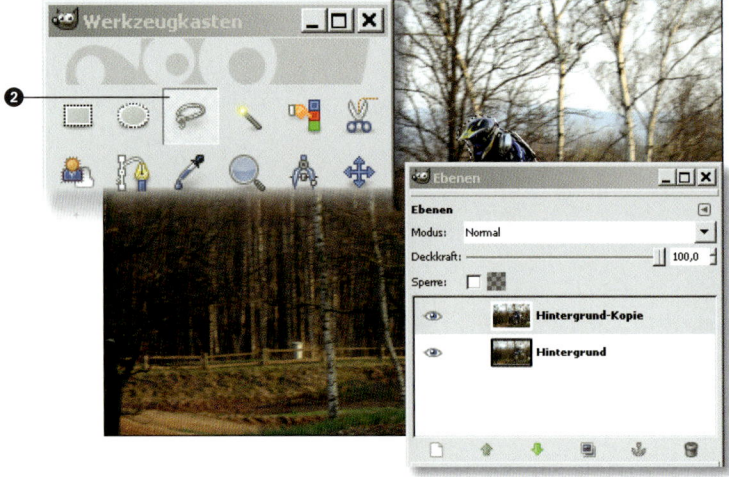

3 Motiv auswählen

Aktivieren Sie im Ebenendialog die Ebene »Hintergrund-Kopie«. Verwenden Sie das Werkzeug FREIE AUSWAHL ❷, um den Motocrossfahrer und sein Motocrossrad auszuwählen. Damit die Auswahlkante nicht zu hart wirkt, können Sie den Dialog AUSWAHL • AUSBLENDEN über das Bildfenstermenü aufrufen und dort »30« Pixel angeben.

4 Hintergrund löschen

Bevor Sie den Hintergrund löschen können, müssen Sie diesen erst einmal auswählen. Das erledigen Sie mit Auswahl • Invertieren oder über das Kürzel [Strg] + [I]. Jetzt können Sie den Hintergrund über Bearbeiten • Löschen oder mit [Entf] löschen. Die Auswahl heben Sie mit einem linken Mausklick innerhalb der Auswahl oder mit [Strg] + [⇧] + [A] auf.

5 Übergang

Jetzt können Sie den Bereich zwischen dem Motocrossfahrer und dem Hintergrund wegradieren, damit die Bewegungsunschärfe direkt um ihn herum sichtbar wird. Wenden Sie hierzu den Radierer ❷ aus der Werkzeugpalette auf die kopierte Ebene ❹ an, und radieren Sie sauber um das freigestellte Motiv herum. Die Größe des Radierers können Sie mit dem Anfasser Skalieren ❸ regulieren, damit Sie auch kleinere Bereiche leicht entfernen können.

6 Motiv schärfen

Schärfen Sie den Motocrossfahrer, indem Sie Filter • Verbessern • Unscharf maskieren auf »Hintergrund-Kopie« anwenden. Als Wert für den Radius tragen Sie »5« und für Menge »0,5« ein, den Schwellwert belassen Sie bei »0«. Anschließend fügen Sie die Ebenen über den Menüpfad Ebene • Nach unten vereinen zusammen. Oder Sie klicken mit der rechten Maustaste im Ebenendialog auf die obere Ebene und führen diesen Befehl über das Kontextmenü aus.

Kapitel 6 | Scharf- und Weichzeichnen **165**

Unschärfe ohne Verwischungen
Dynamik im Bild erhöhen

Im letzten Workshop ging es vor allem darum, Geschwindigkeit zu simulieren. Dort kam das Motiv, der Motocrossfahrer, durch das Schärfen vor einem verwischten Hintergrund zur Geltung. Dies trägt natürlich zur Dynamik des Bildes bei. Allerdings ist dieser Effekt nicht der einzig mögliche. Daher zeige ich Ihnen in diesem Workshop, wie Sie mehr Dynamik auch ohne den Verwischungseffekt erzeugen können.

Zielsetzungen:
Bewegungsunschärfe simulieren, Schärfe des Motivs beibehalten, Verwischungseffekt vermeiden
(Dauer: 15–20 Minuten)
[Motocross_Jump.jpg]

Foto: Marco Barnebeck

1 Objekt auswählen

Öffnen Sie die Datei *Motocross_Jump.jpg*. Wählen Sie mit Hilfe der MAGNETISCHEN SCHERE ❶ den Motocrossfahrer aus. Sie können entweder ganz genau vorgehen, indem Sie näher heranzoomen, oder Überflüssiges an den Rändern später wegradieren. Wenn Sie damit fertig sind, kopieren Sie den Fahrer mittels [Strg] + [C] oder über BEARBEITEN • KOPIEREN in die Zwischenablage.

2 Neue Ebene erzeugen

Öffnen Sie den Ebenendialog mit [Strg] + [L]. Klicken Sie dort auf das Symbol ❷ links unten, um eine neue Ebene zu erzeugen. Die vorgegebene Größe im Dialog entspricht der Bildgröße und sollte so stehen bleiben. Als FÜLLART verwenden Sie TRANSPARENZ. Aktivieren Sie die neue Ebene, und fügen Sie über [Strg] + [V] oder BEARBEITEN • EINFÜGEN den Fahrer aus der Zwischenablage in die neue Ebene ein.

3 Objekt einfügen und verankern

Der Fahrer wird im Ebenendialog noch als »Schwebende Auswahl« ❸ dargestellt. Aktivieren Sie die Auswahl und klicken mit der rechten Maustaste darauf. Im folgenden Kontextmenü wählen Sie EBENE VERANKERN. Sie können aber auch das Anker-Symbol ❹ im Ebenendialog anklicken.

Kapitel 6 | Scharf- und Weichzeichnen   **167**

4 Objekt korrigieren

Machen Sie die Hintergrundebene unsichtbar, indem Sie auf das Auge ❶ klicken. Aktivieren Sie die Ebene mit dem Fahrer. Verwenden Sie jetzt erneut die MAGNETISCHE SCHERE oder den RADIERER, um den Hintergrund zwischen den Armen ❷ des Motocrossfahrers zu entfernen. Entfernen Sie gegebenenfalls verbliebene Ränder um den Fahrer mit dem RADIERER. Gehen Sie dabei so genau wie möglich vor.

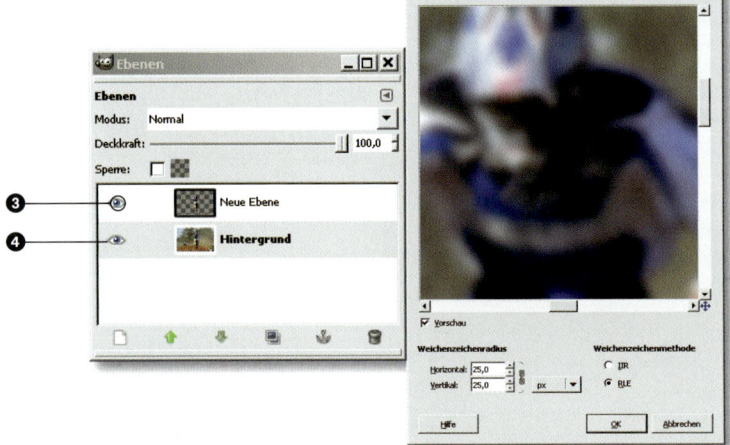

5 Hintergrund weichzeichnen

Bevor Sie den Hintergrund »wegklonen«, wenden Sie zunächst den Gaußschen Weichzeichner darauf an. Aktivieren Sie die Hintergrundebene ❹, und entfernen Sie das Auge vor der oberen Ebene ❸. Starten Sie den Filter über FILTER • WEICHZEICHNEN • GAUSSSCHER WEICHZEICHNER. Wählen Sie für beide Radien den Wert »25« und RLE als Methode. Bestätigen Sie den Dialog mit OK.

6 Objekt entfernen

Wählen Sie KLONEN ❺ aus dem Werkzeugkasten. Suchen Sie einen Bereich aus, mit dem Sie das Motorrad übermalen wollen. Halten Sie dabei [Strg] gedrückt und klicken die linke Maustaste. Halten Sie [Strg] weiterhin gedrückt, gehen zu dem Bereich, den Sie übermalen wollen, und klicken jetzt die Taste [⇧]. Übermalen Sie mit gedrückter linker Maustaste den Bereich. Die Größe des Pinsels ändern Sie bei den Einstellungen mit SKALIEREN.

7 Bereich weichzeichnen

Der geklonte Bereich enthält jetzt vermutlich einige Pinselspuren, die Sie weichzeichnen sollten. Markieren Sie den geklonten Bereich mit dem Werkzeug FREIE AUSWAHL, und drücken Sie ⇧+Strg+F oder wählen FILTER • »GAUSSSCHER WEICHZEICHNER« WIEDERHOLEN.

8 Bewegungsunschärfe

Jetzt ist es an der Zeit, für die Bewegungsunschärfe zu sorgen. Öffnen Sie das Bildfenstermenü FILTER • WEICHZEICHNEN • BEWEGUNGSUNSCHÄRFE. Wählen Sie für die WEICHZEICHNUNGSART hier LINEAR. Die LÄNGE geben Sie mit »75« und den WINKEL mit »90« an. Bestätigen Sie den Vorgang mit OK.

9 Objekt schärfen

Machen Sie die obere Ebene mit dem Augen-Symbol ❻ wieder sichtbar, und aktivieren Sie diese gleichzeitig. Den Motocrossfahrer sollten Sie noch etwas schärfen. Rufen Sie hierzu FILTER • VERBESSERN • UNSCHARF MASKIEREN auf. Für den RADIUS verwenden Sie »5« und für die MENGE »0,5«. Bestätigen Sie mit OK. Fügen Sie die Ebenen über den Pfad EBENE • NACH UNTEN VEREINEN zusammen.

Kapitel 6 | Scharf- und Weichzeichnen

Freigestelltes Objekt montieren
Mit Tiefenschärfe gestalten

Wenn Sie ein Element in ein anderes Bild einfügen, müssen Sie darauf achten, dass Sie die Elemente auch perspektivisch einander anpassen. Sonst wirkt das eingefügte Bildelement schnell wie aufgeklebt. Schließlich wäre es Ihnen sicher nicht recht, wenn jeder Ihre Aufnahme gleich als Fotomontage »entlarvt«.

Zielsetzungen:
Motorrad einmontieren,
Schärfe anpassen
(Dauer: 15–20 Minuten)
[Flugzeug.jpg, Motorrad.jpg]

1 Motorrad auswählen

Öffnen Sie zunächst das Bild *Motorrad.jpg* in GIMP. Wählen Sie mit der Magnetischen Schere ❶ aus dem Werkzeugkasten das Motorrad mitsamt seinem Fahrer aus. Wenn die Auswahl komplett ist, kopieren Sie sie mit `Strg` + `C` oder Bearbeiten • Kopieren in die Zwischenablage. Jetzt können Sie das Bild wieder schließen.

2 Hintergrundbild öffnen

Öffnen Sie das zweite Bild *Flugzeug.jpg*. Legen Sie hierfür gleich eine neue, transparente Ebene mit `Strg` + `⇧` + `N` beziehungsweise über Ebene • Neue Ebene an. Nennen Sie diese Ebene »Motorrad«. Die Breite und Höhe sollten Sie wie vorgegeben belassen. Unter Ebenenfüllart wählen Sie Transparenz. Bestätigen Sie den Dialog mit OK.

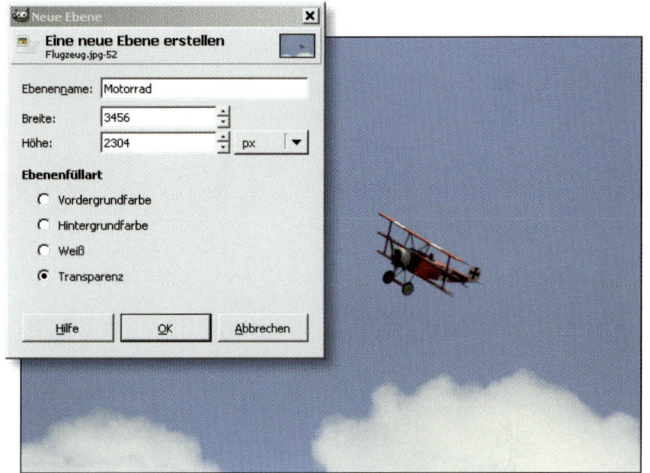

3 Motorrad einfügen

Aktivieren Sie die Ebene »Motorrad«, und fügen Sie die Auswahl aus der Zwischenablage mit `Strg` + `V` oder über Bearbeiten • Einfügen ein. Das Motorrad wird im Ebenendialog, den Sie über `Strg` + `L` aktivieren, als »Schwebende Auswahl« angezeigt.

Kapitel 6 | Scharf- und Weichzeichnen

4   Motorrad verschieben

Verwenden Sie jetzt VERSCHIEBEN ❶, um das Motorrad dorthin zu setzen, wo es Ihnen am besten gefällt. Um die Auswahl mit der Ebene »Motorrad« zu verankern, bewegen Sie den Cursor aus der schwebenden Auswahl heraus, bis neben dem Cursor ein Anker erscheint, und klicken dann mit der linken Maustaste. Alternativ können Sie auch das Anker-Symbol ❷ im Ebenendialog anklicken.

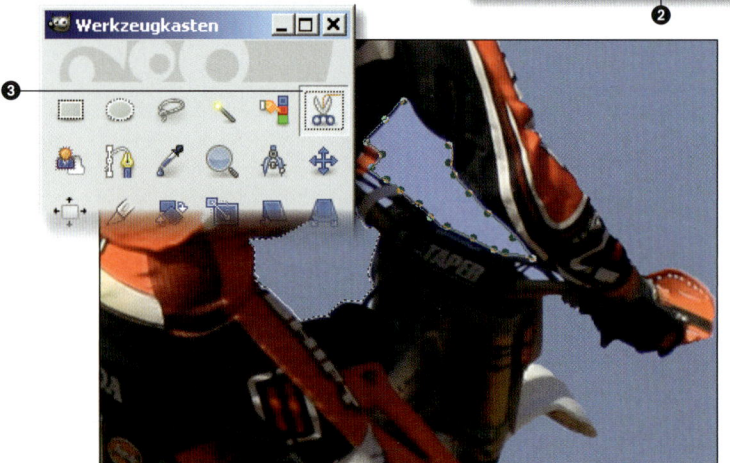

5   Motorrad korrigieren

Zwar habe ich darauf geachtet, dass das Blau des Himmels auf beiden Bildern ähnlich ist, dennoch ist dies nicht zu 100 % möglich. Daher sollten Sie den blauen Bereich zwischen dem Fahrer und dem Motorrad entfernen. Verwenden Sie hierzu die MAGNETISCHE SCHERE ❸ aus der Werkzeugpalette, und drücken Sie nach der Auswahl auf [Entf].

6   Tiefenschärfe simulieren

In diesem Bild möchte ich den Eindruck erwecken, als hätte ich den Motorradfahrer fotografiert, während das Flugzeug zufällig im Hintergrund vorbeigeflogen ist. Da der Motorradfahrer im Nahbereich fokussiert wurde, müssen Sie den Hintergrund im Gegenzug weichzeichnen. Aktivieren Sie dazu die Hintergrundebene. Öffnen Sie FILTER • WEICHZEICHNEN • SELEKTIVER GAUSSSCHER WEICHZEICHNER und geben bei Radius »20« und bei MAX. DELTA »255« ein.

7 Bewegungsunschärfe

Um den Motorradfahrer noch etwas besser ins Bild einzufügen, müssen Sie ihm eine leichte Bewegungsunschärfe verleihen. Aktivieren Sie die »Motorrad«-Ebene, und rufen Sie im Menü Filter • Weichzeichnen • Bewegungsunschärfe auf. Als Weichzeichnungsart verwenden Sie Linear, die Länge beträgt »5« und der Winkel »0«. Bestätigen Sie den Vorgang mit OK.

8 Ebenen zusammenfügen

Jetzt können Sie die beiden Ebenen zusammenfügen. Aktivieren Sie hierzu die Ebene »Motorrad« im Ebenendialog. Klicken Sie mit der rechten Maustaste im Ebenendialog auf die »Motorrad«-Ebene, und wählen Sie im folgenden Kontextmenü Nach unten vereinen aus.

9 Bild analysieren

In diesem Bild war die Montage recht einfach, da sich beide Objekte vor dem Himmel befinden. Achten Sie bei ähnlichen Fotomontagen immer auch auf die Lichtrichtung und die richtige Perspektive. Wenn diese Elemente nicht stimmen, wirken die montierten Objekte wie aufgesetzt.

Kapitel 6 | Scharf- und Weichzeichnen

Einzelne Bereiche schärfen
Auswahlen scharf- beziehungsweise weichzeichnen

Wenn Sie in einem Bild etwas besonders betonen möchten, sollten Sie nicht das ganze Bild scharfzeichnen, sondern nur das Hauptmotiv. Es kann sogar sinnvoll sein, den Rest um das Hauptmotiv über eine Weichzeichnung ein wenig zurückzunehmen. Wichtig dabei ist allerdings, einen harmonischen Übergang zwischen den scharf- und den weichgezeichneten Auswahlen zu erzeugen.

Zielsetzungen:
Hauptmotiv scharfzeichnen, harmonischen Übergang erzeugen
(Dauer: 5–10 Minuten)
[Sion.jpg]

Fotos: Hanspeter Bolliger

1   Hauptmotiv auswählen

Öffnen Sie das Bild *Sion.jpg* in GIMP. Wählen Sie den Teil des Bildes aus, der das Hauptmotiv darstellt. Hierzu können Sie sich eines der Auswahlwerkzeuge aussuchen: RECHTECKIGE AUSWAHL, ELLIPTISCHE AUSWAHL oder MAGNETISCHE SCHERE. Im Beispiel habe ich die FREIE AUSWAHL verwendet. Ziehen Sie hiermit eine grobe Auswahl um die Burg und den Vordergrund.

2   Auswahl ausblenden

Bevor Sie die Burg und den Vordergrund schärfen, sollten Sie die Auswahl etwas ausblenden, um eine weiche Kante, also einen harmonischen Übergang, zu erzeugen. Rufen Sie hierzu im Bildfenstermenü AUSWAHL • AUSBLENDEN auf, und geben Sie im Dialog als Wert »100« Pixel ein. Bestätigen Sie mit OK.

3   Auswahl scharfzeichnen

Jetzt schärfen Sie die Auswahl über FILTER • VERBESSERN • UNSCHARF MASKIEREN. Der Wert für RADIUS ist hier »5«, die MENGE »0,5«, und als SCHWELLWERT lassen Sie »0« stehen. Bestätigen Sie den Dialog mit OK.

Tipp: Durch das selektive Nachschärfen von Hauptobjekten erspart man sich häufig Probleme wie Bildrauschen, JPEG-Artefakte oder Filmkorn.

Kapitel 6 | Scharf- und Weichzeichnen

Unschärfe ausgleichen
Fehler des Autofokus beheben

Wenn die Lichtverhältnisse schlecht sind, kann es passieren, dass der Autofokus der Kamera versagt. Dies kann aber auch eintreten, wenn der Autofokus das Motiv nicht erkennt und die Kamera daher einen anderen Bereich scharf stellt. Es gibt viele Gründe, wenn der Autofokus nicht perfekt funktioniert. Das Bild besitzt dann eine leichte Unschärfe (bitte nicht mit dem »Verwackeln« verwechseln). Zum Glück lässt sich ein solcher Eindruck in GIMP mit wenigen Mausklicks beheben.

Zielsetzung:
Schärfeeindruck verbessern
(Dauer: 2–3 Minuten)
[Defocus.jpg]

Fotos: Jürgen Wolf

1 Analyse

Öffnen Sie das Bild *Defocus.jpg* in GIMP. Die Lichtverhältnisse waren für diese Aufnahme denkbar schlecht: Es war schon recht dunkel, neblig und eiskalt. Die leichte Unschärfe fällt bereits auf den ersten Blick ins Auge.

2 Unscharf maskieren

Wählen Sie den Menüpfad FILTER • VERBESSERN • UNSCHARF MASKIEREN. Stellen Sie den RADIUS auf den Wert »5«, die MENGE auf »0,5«, und der SCHWELLWERT bleibt auf »0«. Bestätigen Sie den Dialog mit OK.

3 Kontrast verbessern

Das Gesamtbild wirkt immer noch ein wenig zu dunkel und kontrastarm. Die Helligkeitswerte sind zudem etwas zu weich. Öffnen Sie daher FARBEN • HELLIGKEIT/KONTRAST, und schieben Sie den grauen Anfasser von HELLIGKEIT auf »25« und den Anfasser von KONTRAST auf »20«. Bestätigen Sie den Dialog mit OK.

Schärfen im Modus LAB-Farben
Halo-Effekt reduzieren

Ganz klar: Das Werkzeug Nummer 1 zum Schärfen von Bildern ist der USM-Filter (UNSCHARF MASKIEREN). Viele Profis schwören auf mehrere Durchgänge mit diesem Filter. Allerdings hat dies bei Fotos mit einem starken Bildrauschen den Nebeneffekt, dass das Rauschen noch verstärkt wird. Und wird der Filter UNSCHARF MASKIEREN übertrieben stark angewandt, so kommt es auf den Bildern zu einem weißen Lichtsaum um die Kanten, dem Halo-Effekt. Um also das Farbrauschen und Artefakte auf ein Mindestmaß zu reduzieren, können Sie auch ein Schärfen über den Helligkeitsbereich LAB-Modus durchführen.

Zielsetzung:
Schärfeeindruck im
LAB-Farbmodus verbessern
(Dauer: 2–3 Minuten)
[Elstertalbruecke.jpg]

Fotos: Marco Barnebeck

1 In LAB-Farben zerlegen

Laden Sie das Bild *Elstertalbruecke.jpg.* Gehen Sie in das Bildfenstermenü FARBEN • KOMPONENTEN • ZERLEGEN. Wählen Sie im sich öffnenden Dialog im Drop-down-Listenfeld FARBMODUS den Wert LAB aus. Haken Sie außerdem IN EBENEN ZERLEGEN an, und bestätigen Sie den Dialog mit OK.

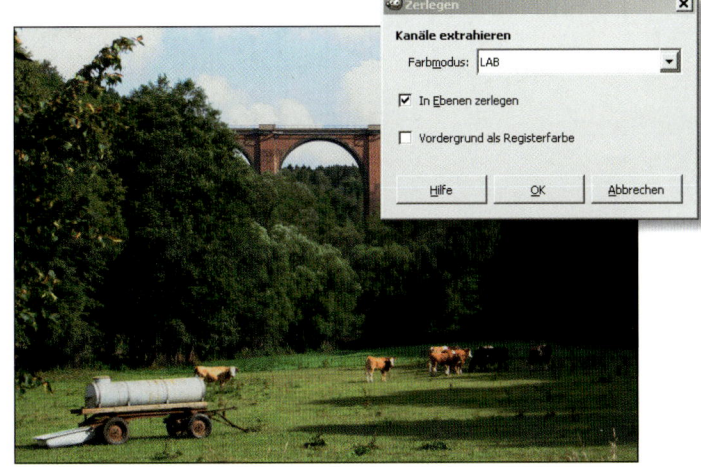

2 Helligkeitskanal schärfen

Jetzt öffnet sich ein weiteres Bildfenster mit dem Namen »Elstertalbruecke-LAB.jpg«. Lassen Sie das andere Bildfenster bitte unbedingt geöffnet. Öffnen Sie den Ebenendialog mit Strg + L, und aktivieren Sie die oberste Ebene »L«, die bei den LAB-Farben der Helligkeitskanal ist. Rufen Sie FILTER • VERBESSERN • UNSCHARF MASKIEREN auf. Wählen Sie bei RADIUS den Wert »5«, bei MENGE »1« und für den Schwellwert »3«. Klicken Sie auf OK.

3 LAB-Farben wieder zusammenfügen

Rufen Sie für das Bild mit den LAB-Farben FARBEN • KOMPONENTEN • WIEDER ZUSAMMENFÜGEN auf, und das farbige Bild *Elstertalbruecke.jpg* wird über den Helligkeitskanal geschärft. Die Datei *Elstertalbruecke-LAB.jpg* können Sie nun schließen.

Hinweis: Um einen Unterschied zwischen dem hier gezeigten Weg und UNSCHARF MASKIEREN zu erkennen, können Sie das Bild mit beiden Methoden übertrieben schärfen und anschließend die Ergebnisse miteinander vergleichen.

Perspektiven

Mit GIMP können Sie selbstverständlich nachträglich Perspektivkorrekturen vornehmen. GIMP ist zwar kein 3D-Programm im eigentlichen Sinn. Dennoch ist es möglich, mit ein paar Tricks einen (Pseudo-)3D-Effekt zu erzielen. Neu seit GIMP 2.4 ist ein Filter, mit dem Sie Objektivfehler beheben oder sogar absichtlich einbauen können. GIMP hat kein Standard-Plug-in, mit dem Sie Panoramafotos montieren können. Aber mit etwas Übung und Zeit lassen sich auch diese problemlos von Hand erstellen.

Foto: Hans-Peter Bolliger

Perspektiven

Stürzende Linien ausgleichen 183
    Perspektive korrigieren

Objekt ragt aus dem Bild 186
    3D-Effekt simulieren

Fisheye-Effekt erzeugen 191
    Perspektive verzerren ohne Spezialobjektiv

Panoramabild erstellen 193
    Mehrere Bilder zusammenfügen

Vignettierung beseitigen 199
    Objektivfehler beheben

Stürzende Linien ausgleichen
Perspektive korrigieren

Wenn Sie ein Gebäude in seiner Gänze fotografieren möchten, kann es schnell passieren, dass alle senkrechten Geraden, die nicht exakt durch die Bildmitte verlaufen, nach oben wegkippen. Das Problem lässt sich mit Tilt-und-Shift-Objektiven schon bei der Aufnahme beheben. Diese Objektive haben aber auch ihren Preis und sind eher professionellen Architekturfotografen vorbehalten. Mit GIMP können Sie Perspektivfehler nachträglich weitaus günstiger korrigieren.

Zielsetzung:
Vertikale Linien begradigen
(Dauer: 5–10 Minuten)
[Scheune.jpg]

Fotos: Jürgen Wolf

1 Raster einblenden

Laden Sie die Datei *Scheune.jpg* in GIMP. Wählen Sie das Menü Ansicht • Raster anzeigen. Jetzt wird ein Raster eingeblendet, das Ihnen hilft, die stürzenden Linien der Seitenwände auszugleichen. In der Grundeinstellung wird das Raster in Schwarz und mit Fadenkreuzen angezeigt.

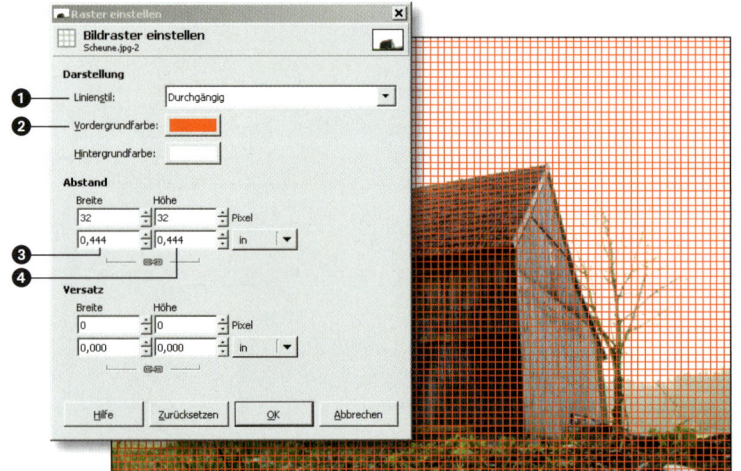

2 Raster konfigurieren

Um das Raster besser erkennen zu können, sollten Sie es anpassen. Gehen Sie hierzu ins Menü über Bild • Raster konfigurieren. Als Linienstil ❶ empfiehlt sich »Durchgängig«, und als Vordergrundfarbe ❷ habe ich Rot ausgewählt. Den Abstand der Rasterung können Sie mit Breite ❸ und Höhe ❹ ebenfalls anpassen. Über Versatz können Sie das Raster verändern, wenn Sie nicht wollen, dass es direkt links oben beginnt.

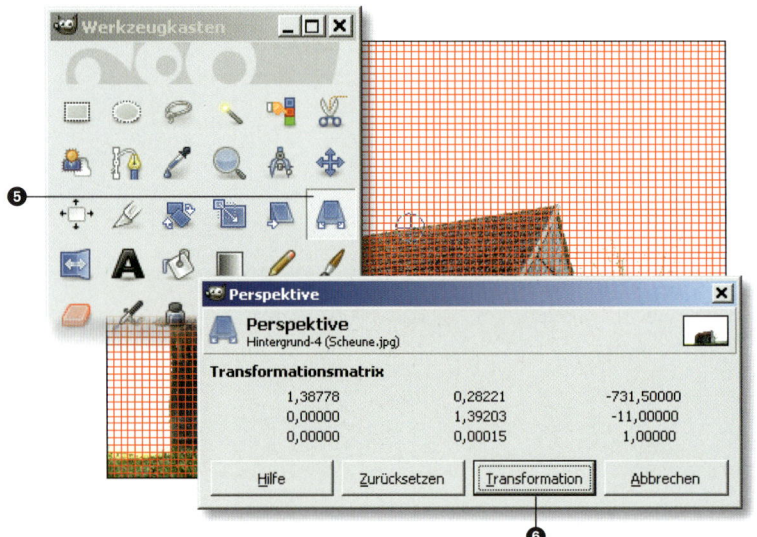

3 Perspektive ändern

Wählen Sie jetzt aus dem Werkzeugkasten Perspektive ❺ aus. Gehen Sie mit dem Cursor zunächst auf die linke obere Seite des Bildes und klicken dort mit der linken Maustaste. Ziehen Sie mit gedrückter Taste die Perspektive nach links. Ziehen Sie die rechte obere Ecke nach rechts. Wiederholen Sie diesen Vorgang für die linke und rechte untere Ecke, bis die vertikalen Linien des Gebäudes gerade sind. Bestätigen Sie den Vorgang mit Transformation ❻.

4 Bild zuschneiden

Entfernen Sie jetzt das Raster über ANSICHT • RASTER ANZEIGEN. Sollte bei der Veränderung der Perspektive eine transparente Fläche zum Vorschein gekommen sein, müssen Sie mit dem Werkzeug ZUSCHNEIDEN ❼ den größtmöglichen rechtwinkligen Bereich des Bildes auswählen und den Ausschnitt mit ⏎ oder der linken Maustaste bestätigen. Bei diesem Bild ist jedoch kein Zuschnitt nötig.

5 Bild schärfen

Um Bildkanten, die durch das Transformieren nun eventuell etwas verschwommen erscheinen, wieder zu präzisieren, sollten Sie das Bild schärfen. Wählen Sie hierzu den Menüpfad FILTER • VERBESSERN • UNSCHARF MASKIEREN. Der Wert für RADIUS beträgt »5«, für MENGE »0,5«, und der SCHWELLWERT bleibt bei »0«. Bestätigen Sie den Vorgang mit OK.

6 Analyse

Anhand des Ergebnisses können Sie deutlich erkennen, dass Sie keine aufwendigen Tricks oder teuren Objektive beim Fotografieren brauchen, um die Perspektive eines Gebäudes richtig darzustellen. Es sind dazu nur ein paar Mausklicks in GIMP nötig.

Objekt ragt aus dem Bild
3D-Effekt simulieren

Es ist auch möglich, einen 3D-Effekt zu erhalten, ohne die Perspektive des gesamten Bildes verändern zu müssen. Es ist lediglich erforderlich, beispielsweise einen Rahmen im Bild einzufügen und die Perspektive des Rahmens zu verändern. Der Vorteil bei dieser Vorgehensweise ist, dass Sie die Bildqualität nicht durch eine Perspektivverschiebung beeinträchtigen. Sie erhalten so ein Bild, bei dem das Motiv aus dem Foto »aussteigt«. Dieser Effekt ist auch unter dem Begriff »Out of bounds« bekannt.

Zielsetzung:
Pseudo-3D-Effekt erzeugen
(Dauer: 20–30 Minuten)
[Ed.jpg]

1 Neue Ebene erstellen

Laden Sie das Bild *Ed.jpg* in GIMP. Öffnen Sie den Ebenendialog mit [Strg]+[L]. Erzeugen Sie eine neue, leere Ebene mit einem Klick auf das entsprechende Symbol ❶. Als Hintergrundfarbe können Sie verwenden, was Sie möchten. Die Farbe lässt sich über die Option HINTERGRUNDFARBE ❸ oder VORDERGRUNDFARBE ❷ bestimmen. Die Ebene wird so mit der Farbe gefüllt, die in der Werkzeugpalette eingestellt ist. Ich habe hier Grau gewählt.

2 Transparente Ebene erzeugen

Erzeugen Sie eine neue, transparente Ebene über das Symbol ❹ und die Angabe TRANSPARENZ im folgenden Dialog. Insgesamt haben Sie jetzt drei Ebenen. Diese sollten Sie wie im Screenshot rechts benennen und mit den Pfeil-Symbolen ❺ und ❻ richtig anordnen: Ganz nach unten kommt die farbige Ebene, die ich »Hintergrund« genannt habe. Dann kommt das Ausgangsfoto, das hier »Bild« heißt. Ganz oben schließlich die transparente Ebene »Rahmen«.

3 Rahmen erzeugen

Aktivieren Sie die transparente Ebene »Rahmen«. Wählen Sie aus dem Werkzeugkasten die RECHTECKIGE AUSWAHL ❼, und ziehen Sie eine Auswahl um das Pferd. Diese wird für den Rahmen verwendet und stellt gleichzeitig später den sichtbaren Hintergrundbereich dar. Rufen Sie jetzt AUSWAHL • RAND auf, und geben Sie im Dialog AUSWAHL UMRANDEN den Wert »50« ein. Bestätigen Sie mit OK.

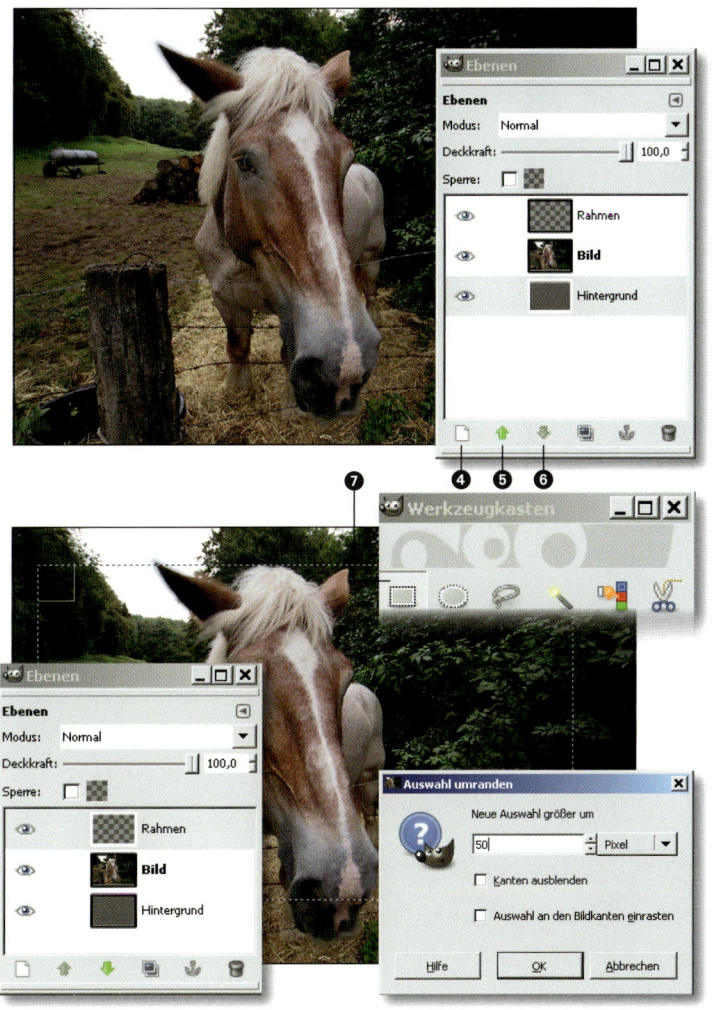

Kapitel 7 | Perspektiven

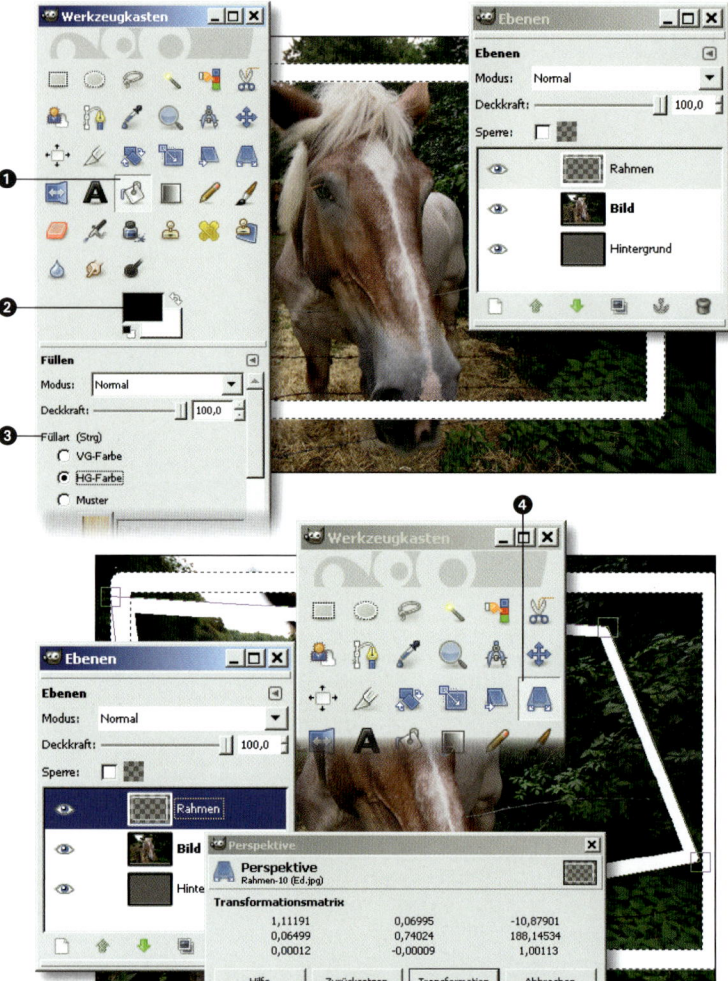

4 Rahmen füllen

Rufen Sie das Werkzeug FÜLLEN ❶ auf. Die Farbe für den Rahmen wählen Sie auf der Werkzeugpalette mit der Vorder- oder Hintergrundfarbe ❷ aus. Diese Farbe können Sie dann bei den Werkzeugeinstellungen unter FÜLLART ❸ auf VG-FARBE (Vordergrundfarbe) oder HG-FARBE (Hintergrundfarbe) einstellen. Gehen Sie mit dem Cursor in den Rahmen, und klicken Sie mit der linken Maustaste, um diesen einzufärben.

5 Rahmenperspektive ändern

Wählen Sie das Werkzeug PERSPEKTIVE ❹ aus. Die Ausrichtung des Rahmens können Sie jetzt beliebig ändern, indem Sie die vier äußeren Anfasser entsprechend verschieben. Im Beispiel habe ich die rechten beiden Anfasser zur Bildmitte gezogen und den Anfasser links unten ein wenig nach oben und zur Mitte. Wichtig ist dabei auch, dass Teile des Hauptmotivs über den Rahmen hinausgehen. Klicken Sie auf TRANSFORMATION.

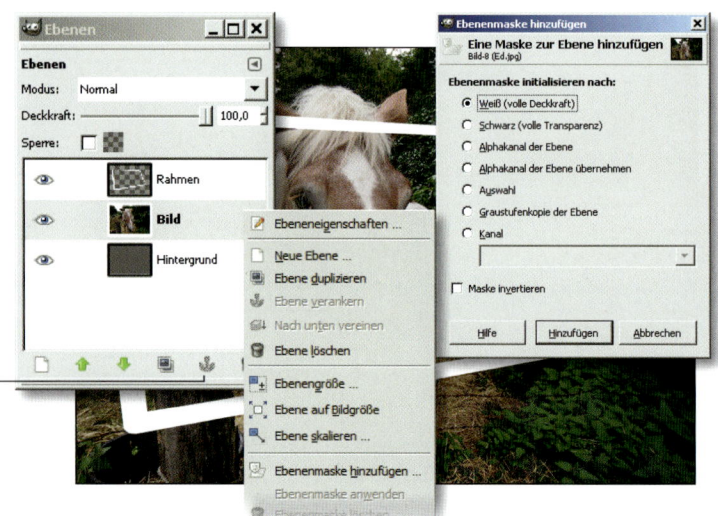

6 Ebenenmaske hinzufügen

Verankern Sie den Rahmen nun mit der gleichnamigen Ebene durch einen Klick auf das Anker-Symbol ❺ im Ebenendialog. Aktivieren Sie die Ebene »Bild«, und klicken Sie mit der rechten Maustaste darauf. Wählen Sie im Kontextmenü EBENENMASKE HINZUFÜGEN aus. Wählen Sie im entsprechenden Dialog WEISS (VOLLE DECKKRAFT) aus, und bestätigen Sie mit HINZUFÜGEN.

7 Hintergrund entfernen

Rufen Sie nun den PINSEL ❻ aus dem Werkzeugkasten auf. Stellen Sie die Vordergrundfarbe ❼ auf Schwarz. Übermalen Sie in der »Bild«-Ebene alles bis auf den Pferdekopf. Dadurch wird die Hintergrundebene sichtbar. Die Pinselstärke können Sie bei den Einstellungen über SKALIEREN ❽ ändern. Haben Sie zu viel gelöscht, wählen Sie Weiß als Vordergrundfarbe.

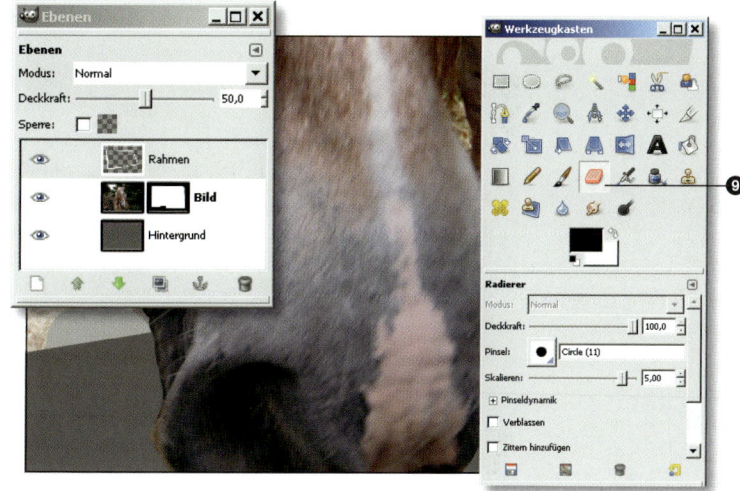

8 Teile des Rahmens entfernen

Wenn Sie die Details um den Pferdekopf im Zoommodus sauber herausgearbeitet haben, klicken Sie mit der rechten Maustaste auf die Ebene im Dialog und wählen EBENENMASKE ANWENDEN aus. Jetzt müssen Sie sich um den Rahmen kümmern: Aktivieren Sie die Ebene »Rahmen«, und reduzieren Sie die DECKKRAFT auf »50«. Löschen Sie mit dem RADIERER ❾ den Rahmen dort, wo der Pferdekopf aus dem Rahmen herausschauen soll.

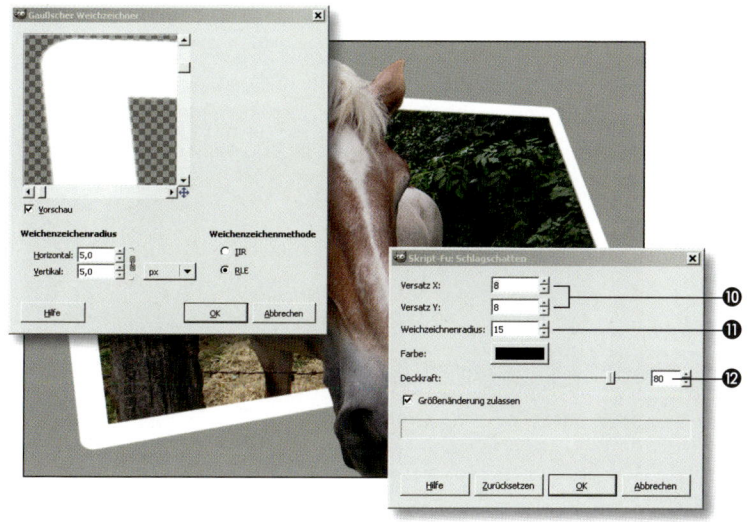

9 Schlagschatten

Stellen Sie die DECKKRAFT des Rahmens wieder auf »100«. Wenden Sie den Gaußschen Weichzeichner (FILTER • WEICHZEICHNEN • GAUSSSCHER WEICHZEICHNER) auf ihn an. Geben Sie unter Radius jeweils »5« und als Methode RLE an. Fügen Sie außerdem noch einen Schatten mit FILTER • LICHT UND SCHATTEN • SCHLAGSCHATTEN hinzu. Wählen Sie als X- und Y-VERSATZ jeweils »8« ❿, für den WEICHZEICHNENRADIUS »15« ⓫ und die Deckkraft »80« ⓬.

Kapitel 7 | Perspektiven **189**

10 Ebenen vereinen

Jetzt ist es an der Zeit, die Ebenen zusammenzufügen. Klicken Sie mit der rechten Maustaste auf die oberste Ebene (»Rahmen«), und wählen Sie im folgenden Kontextmenü Nach unten vereinen. Wiederholen Sie diesen Vorgang, bis nur noch eine Ebene im Dialog vorhanden ist.

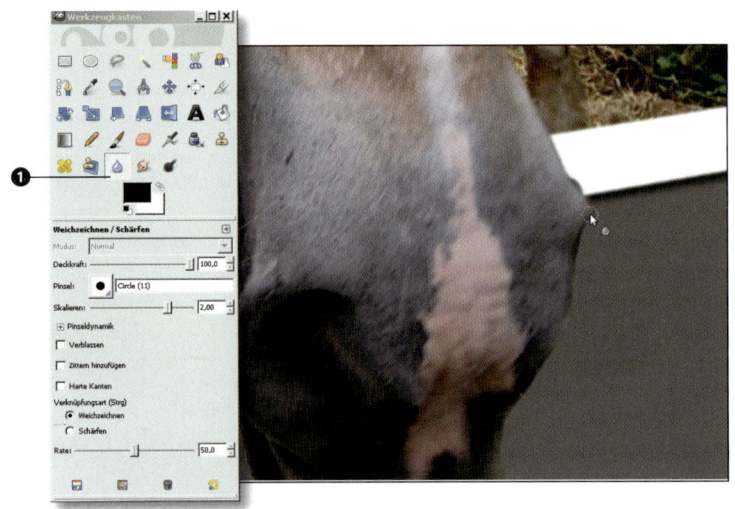

11 Harte Kanten weichzeichnen

Verwenden Sie jetzt Weichzeichnen ❶ aus dem Werkzeugkasten, und wählen Sie bei den Einstellungen unter Verknüpfungsart auch Weichzeichnen aus. Umfahren Sie mit dem Werkzeug die überstehenden Kanten des Pferdekopfes. Besonders die Haare sollten Sie intensiv weichzeichnen.

12 Analyse und Tipps

Das Pferd hat leider beim Fotografieren nicht ganz stillgehalten, was sich besonders durch eine leichte Unschärfe an den Ohren bemerkbar macht. Experimentieren Sie doch einfach auch einmal mit anderen – eventuell zunächst unbewegten – Motiven.

Tipp: Wenn Sie mit dem Pinsel Bildteile in der Ebenenmaske löschen, können Sie mit gehaltener ⇧-Taste gerade Linien erzeugen, was enorm hilfreich ist.

Fisheye-Effekt erzeugen
Perspektive verzerren ohne Spezialobjektiv

Fisheyes sind spezielle Objektive mit einer extrem kurzen Brennweite. Die Projektion des Bildes erscheint dadurch zylinderförmig verzeichnet. Gerade Linien, die nicht über die Bildmitte laufen, werden gekrümmt angezeigt. Leider haben solche Objektive auch ihren Preis. Mit ein paar Mausklicks können Sie diesen Effekt jedoch in GIMP für Ihr Foto simulieren.

Zielsetzung:
Fisheye-Effekt nachahmen
(Dauer: 2–3 Minuten)
[church.jpg]

Foto: Marco Barnebeck

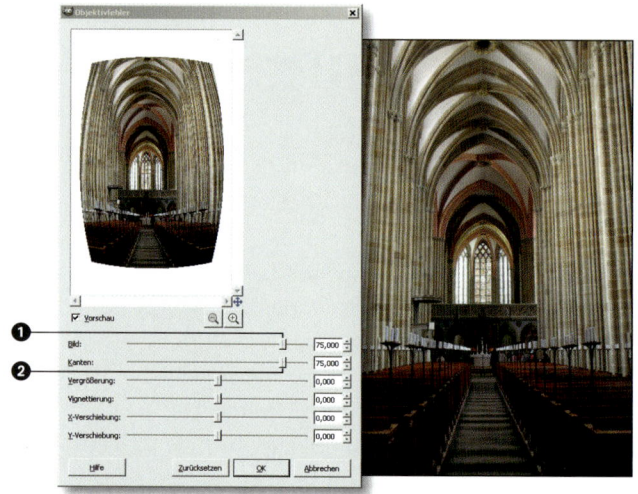

1 Bild konkav wölben

Laden Sie das Bild *church.jpg* in GIMP. Wählen Sie über das Bildfenstermenü FILTER • VERZERREN • OBJEKTIVFEHLER. Zunächst sollen die Ecken des Bildes konkav gewölbt werden. Diesen Effekt erreichen Sie, indem Sie jeweils den grauen Anfasser von BILD ❶ und KANTEN ❷ nach rechts auf den Wert »75« schieben.

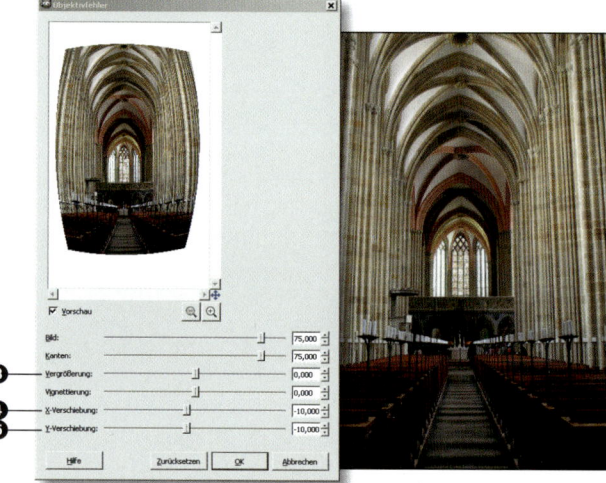

2 Position verändern

Mit der X-VERSCHIEBUNG ❹ können Sie die Bildmitte um die senkrechte Achse einstellen beziehungsweise verzerren. Schieben Sie diesen Anfasser auf den Wert »–10«. Auch die waagerechte Achse verzerren Sie mit dem Anfasser für die Y-VERSCHIEBUNG ❺ auf »–10«. Bestätigen Sie mit OK.

Hinweis: Theoretisch könnten Sie mit dem Anfasser für VERGRÖSSERUNG ❸ das Bild größer skalieren, um ein rechteckiges Bild zu erhalten.

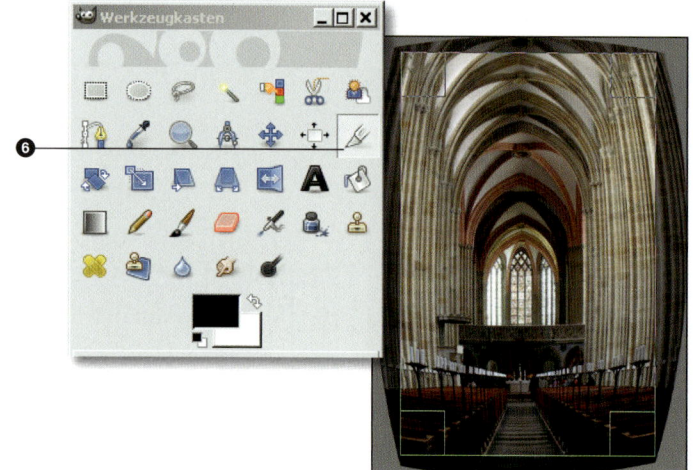

3 Bild zuschneiden

Verwenden Sie jetzt ZUSCHNEIDEN ❻ aus der Werkzeugpalette, und wählen Sie den größtmöglichen rechteckigen Bereich aus. Passen Sie die Auswahl mit den Anfassern an den Ecken und Seiten an. Bestätigen Sie den Zuschnitt mit ⏎ oder einem Mausklick im ausgewählten Bereich. Anschließend können Sie das Bild über FILTER • VERBESSERN • UNSCHARF MASKIEREN mit den voreingestellten Standardwerten schärfen.

Panoramabild erstellen
Mehrere Bilder zusammenfügen

Panoramabilder sind besonders als Landschaftsaufnahmen beliebt. Mittlerweile gibt es eine Menge Programme, die Panoramafotos automatisch erstellen. Die Technik ist einfach: Die Software setzt mehrere überlappende Bilder automatisch zu einem Gesamtbild zusammen. Allerdings setzen diese Programme optimale Bedingungen voraus. Die Bilderserie sollte aus der gleichen Perspektive mit gleicher Belichtung entstanden sein. Die Fotos im Beispiel standen unter keinem so günstigen Stern. Dennoch können Sie aus solchen Vorlagen mit GIMP von Hand ein Panoramabild erstellen, wie Ihnen der Workshop zeigt.

Zielsetzung:
Ein Panorama aus mehreren Bildern erstellen
(Dauer: 30–60 Minuten)
[Bild1.jpg, Bild2.jpg, Bild3.jpg, Bild4.jpg]

Foto: Jürgen Wolf

1 Leinwandgröße festlegen

Laden Sie zunächst *Bild1.jpg* in GIMP. Ändern Sie die Leinwandgröße, also die Breite für das Panorama. Da Sie in diesem Fall vier Bilder haben, vervierfachen Sie die Breite – am Schluss schneiden Sie das endgültige Bild sowieso noch zu. Wählen Sie Bild • Leinwandgrösse. Klicken Sie im Dialog auf die Kette ❶, um nur die Breite unabhängig von der Höhe zu verändern. Im Beispiel habe ich die Breite auf »15 500 Pixel« erhöht. Bestätigen Sie den Dialog mit Grösse ändern.

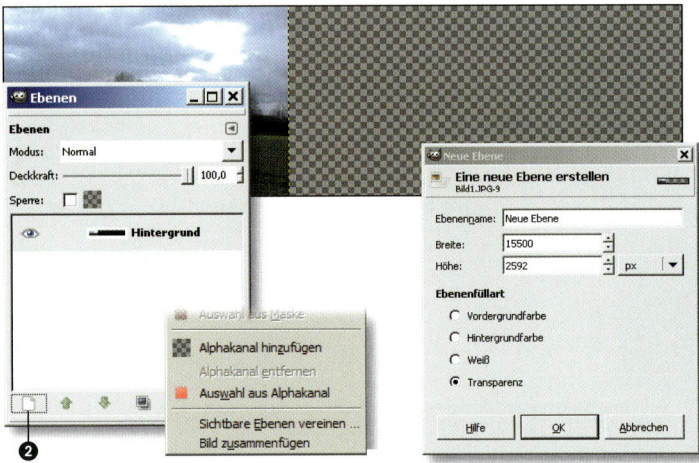

2 Alphakanal hinzufügen

Öffnen Sie jetzt den Ebenendialog mit Strg + L. Klicken Sie die einzige Ebene im Dialog mit der rechten Maustaste an, und wählen Sie im Kontextmenü Alphakanal hinzufügen.

Klicken Sie im Ebenendialog auf die entsprechende Schaltfläche links unten ❷, um eine neue Ebene zu erzeugen. Die Breite und Höhe können Sie entsprechend der Originalebene belassen. Als Ebenenfüllart wählen Sie Transparenz.

3 Bild kopieren und einfügen

Öffnen Sie *Bild2.jpg*. Kopieren Sie dieses mit Strg + C oder Bearbeiten • Kopieren in die Zwischenablage. Jetzt können Sie das Bild wieder schließen. Zurück zu *Bild1.jpg*: Aktivieren Sie die oberste Ebene, und fügen Sie jetzt mittels Strg + V das Bild ein. Verwenden Sie das Verschieben-Werkzeug ❸ und positionieren die schwebende Auswahl möglichst so exakt, dass diese so nahtlos wie möglich an das darunterliegende Bild anknüpft.

4 Zwischenanalyse

Beachten Sie die unterschiedlichen Belichtungen, die Sie später noch bearbeiten. Bei der Aufnahme wurde die automatische Belichtungsmessung nicht abgeschaltet. Folgendes kann ebenfalls vorkommen: Bei Panoramafotos schließen häufig die Bildkanten nicht bündig ab. Das lässt sich mit einem abschließenden Zuschnitt leicht beheben.

5 Schwebende Auswahl verankern

Klicken Sie jetzt im Ebenendialog auf das Anker-Symbol ❹, um die immer noch schwebende Auswahl mit der leeren, transparenten Ebene zu verbinden.

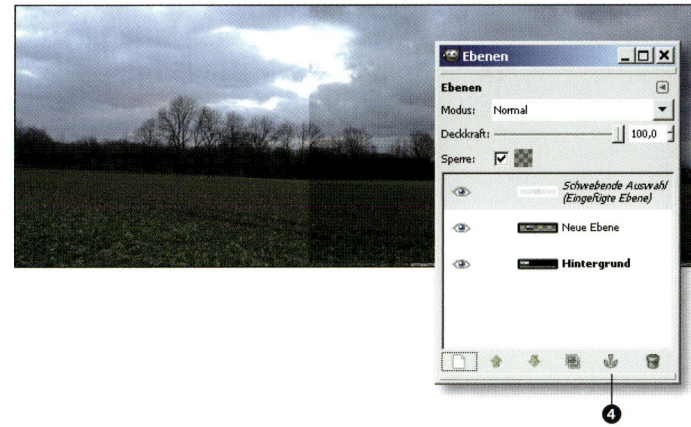

6 Bild 3 und 4 einfügen

Wiederholen Sie die Schritte 2 (mit Ausnahme des ersten Teils von Schritt 2) bis 5 mit *Bild3.jpg*, das Sie neben *Bild2.jpg* beziehungsweise neben die oberste Ebene stellen. Versuchen Sie auch hier, *Bild3.jpg* so genau wie möglich neben *Bild2.jpg* zu legen. Wiederholen Sie dann die Arbeitsschritte 3 und 4 für *Bild4.jpg*. Dieses Bild müssen Sie allerdings dann noch in der Perspektive anpassen, was im nächsten Schritt erfolgt.

Kapitel 7 | Perspektiven

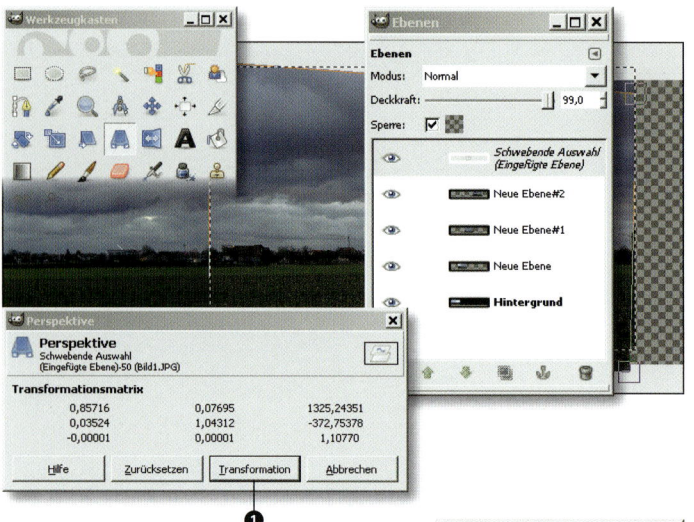

7 Perspektive ändern

Wenden Sie auf das noch »schwebende« vierte Bild das Werkzeug PERSPEKTIVE an, um die Wiese gerade auszurichten. Hierfür habe ich die beiden Anfasser und auf der rechten Seite etwas nach unten gezogen und den Anfasser links oben weiter nach oben. Bestätigen Sie die Änderung der Perspektive im entsprechenden Dialog mit einem Klick auf die Schaltfläche TRANSFORMATION ❶.

8 Auswahl verankern

Klicken Sie jetzt im Ebenendialog auf das Anker-Symbol ❷, um die schwebende Auswahl mit der darunterliegenden Ebene zu verankern. Jetzt haben Sie vier Ebenen. Bevor Sie daraus eine Ebene machen können, müssen Sie noch die unterschiedlichen Belichtungen ausgleichen.

9 Belichtung anpassen

Zunächst müssen Sie sich ein Referenzbild aus den vier Ebenen aussuchen, anhand dessen Sie die Belichtung mit der Gradationskurve anpassen. Da im Beispiel die beiden Bilder ❺ und ❻ auf der rechten Seite eine ähnliche Helligkeit aufweisen, verwenden Sie diese als Referenz für die beiden Bilder ❸ und ❹ auf der linken Seite.

10 Gradationskurve anpassen (1)

Wählen Sie die zweite Ebene von unten (das zweite Bild von links). Öffnen Sie den Menüpfad FARBEN • KURVEN. Um die Belichtung des Bildes an die des Bildes rechts anzupassen, reicht es aus, wenn Sie die Gradationskurve in der Mitte ❼ minimal nach unten ziehen. Bestätigen Sie den Dialog mit OK.

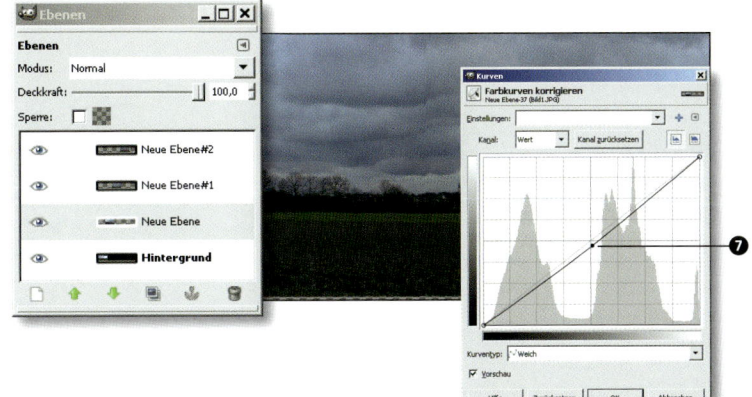

11 Gradationskurve anpassen (2)

Wählen Sie jetzt die unterste Ebene (das erste Bild von links). Öffnen Sie erneut FARBEN • KURVEN. Um hier die Belichtung des Bildes anzupassen, müssen Sie die Kurve in der Mitte ❽ etwas mehr nach unten ziehen. Sind Sie mit dem Ergebnis zufrieden, bestätigen Sie mit OK.

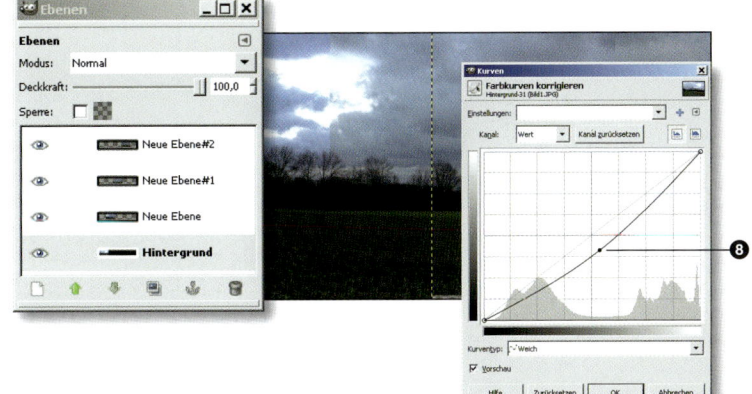

12 Ebenen vereinen

Weitere Bearbeitungen können Sie jetzt in einer Ebene vornehmen. Klicken Sie daher eine beliebige Ebene mit der rechten Maustaste an, und wählen Sie im Kontextmenü SICHTBARE EBENEN VEREINEN aus. Die Option NACH BEDARF ERWEITERT können Sie belassen und den Dialog mit VEREINEN bestätigen.

13   Bildübergänge anpassen (1)

Jetzt ist es an der Zeit, die Übergänge zwischen den Bildern anzupassen. Beim Himmel und bei den Wolken verwenden Sie dazu am besten das HEILEN-Werkzeug ❶. Suchen Sie sich mit dem Pinsel eine Stelle aus, mit der Sie den Bildübergang ausbessern wollen. Drücken Sie die Strg-Taste und klicken Sie hier mit der linken Maustaste. Jetzt ist ein Punkt markiert. Gehen Sie mit dem Pinsel auf die Position, die Sie durch die markierte Stelle anpassen wollen.

14   Bildübergänge anpassen (2)

Die Übergänge im Feld bessern Sie am besten mit dem Werkzeug KLONEN ❷ aus. Suchen Sie sich eine Stelle im Bild aus, mit der Sie ausbessern wollen. Klicken Sie mit der linken Maustaste darauf, während Sie die Strg-Taste drücken. Jetzt ist ein Punkt (mit Kreuz) markiert. Gehen Sie mit dem Pinsel an die Position, die Sie anpassen möchten. Halten Sie die linke Maustaste gedrückt, und malen Sie den Bildübergang nach.

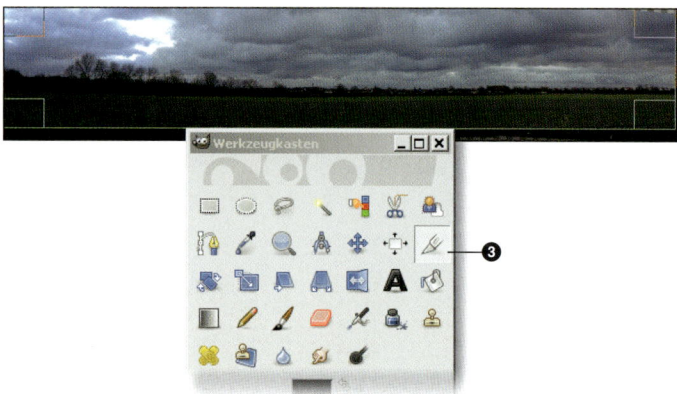

15   Bild zuschneiden

Wiederholen Sie die Arbeitsschritte 13 und 14 für die anderen Bildübergänge. Schwieriger zu bearbeiten sind in diesem Zusammenhang die Details in den Bäumen und Ästen. Dort kommen Sie am besten mit HEILEN zurecht. Am Ende müssen Sie das Panoramafoto nur noch mit ZUSCHNEIDEN ❸ sauber beschneiden. Wenn Sie möchten, können Sie das Bild noch schärfen sowie die Farben, die Helligkeit und den Kontrast anpassen.

Vignettierung beseitigen
Objektivfehler beheben

Seit Version 2.4 hat auch GIMP eine Korrektur für den unbeliebten Objektivfehler, die Abschattung an den Rändern. Denn auch beste Objektive bilden das Motiv außen dunkler ab als in der Bildmitte. Dies passiert umso eher, je weiter die Blende geöffnet ist. Der Workshop zeigt Ihnen, wie Sie mit einem Filter die Vignettierung beseitigen können.

Zielsetzung:
Vignettierung entfernen
(Dauer: 2–3 Minuten)
[Zivilcourage.jpg]

Foto: Jürgen Wolf

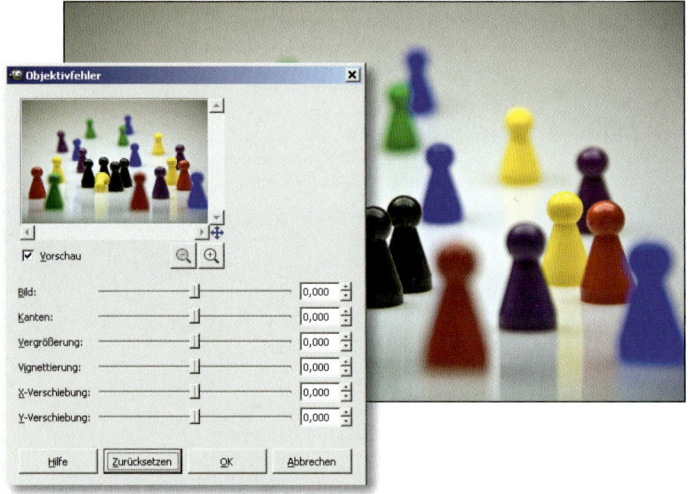

1 Analysieren

Laden Sie die Datei *Zivilcourage.jpg* in GIMP. Bei diesem Bild können Sie eindeutig an den Ecken die Vignettierung erkennen. Die Mitte des Bildes dagegen ist auffällig hell. Wählen Sie jetzt über das Bildfenstermenü
Filter • Verzerren • Objektivfehler.

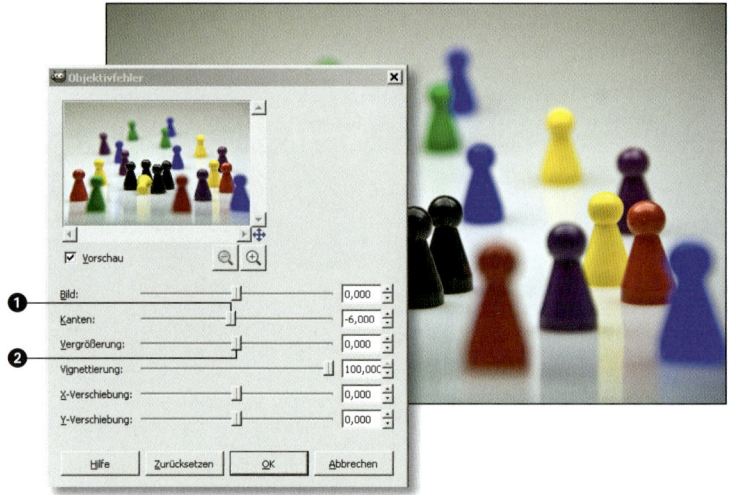

2 Ecken aufhellen

Um die Ecken aufzuhellen, müssen Sie diese zunächst etwas nach außen wölben. Schieben Sie dazu den grauen Anfasser Kanten ❶ auf den Wert »–6«. Jetzt können Sie diese Ecken mit dem grauen Anfasser Vignettierung ❷ anpassen. Schieben Sie den Anfasser nach rechts, werden die Ecken heller. Schieben Sie diesen Anfasser nach links, können Sie die Vignettierung verstärken. Im Beispiel ist der Wert auf »100« gesetzt.

3 Helligkeit/Kontrast verbessern

Dem Bild fehlt noch etwas Helligkeit und Kontrast. Wählen Sie Farben • Helligkeit/Kontrast. Schieben Sie den grauen Anfasser von Helligkeit auf den Wert »10« und den Anfasser von Kontrast auf »10«. Bestätigen Sie den Dialog mit OK.

Schärfen

Wie scharf das Bild aus der Kamera kommt, hängt zunächst vom Objektiv, dem Bildsensor und dem Prozessor ab. Sind alle drei Komponenten optimal aufeinander abgestimmt, erhalten Sie die beste Schärfe. Auf den Bildsensor und den Prozessor haben Sie im Grunde keinerlei Einfluss. Somit ist das schwächste Glied in der Kette meistens das Objektiv. Leider liegen die Preise sehr guter Objektive häufig weit über dem Preis der Kamera. Dennoch ist die Auswahl eines guten Objektivs ein Muss für jeden ambitionierten (Hobby-)Fotografen. Wer hier spart, spart am falschen Ende.

Häufig wird der Schärfeeindruck auch mit dem Kontrast verwechselt, was nicht ganz falsch ist, weil hier ein subjektiver Schärfeeindruck ins Spiel kommt. Sind die Helligkeitsunterschiede im Bild sehr groß, hat der Betrachter den Eindruck, das Bild sei schärfer, obwohl nur der Kontrast stärker ist (siehe Abbildung 1).

Kompaktkamera
Wer eine Kompaktkamera zum Fotografieren verwendet, hat überhaupt keine Möglichkeit, auf technischer Seite die Schärfe zu beeinflussen. Mit einer Kompakten sind Sie von den Fähigkeiten der jeweiligen Kamera abhängig.

◀ **Abbildung 1**
Eindruck von mehr Schärfe (links) durch eine Tonwert- und Farbkorrektur

Bei Abbildung 1 wurde die linke Bildhälfte nicht geschärft, sondern lediglich einer Tonwert- und Farbkorrektur unterzogen. Durch die erhebliche Kontrastanhebung erscheinen die Peperoni wesentlich schärfer und farbiger. Das ist mit dem subjektiven Schärfeeindruck gemeint.

Übliche Schärfungsverfahren

Sie können Bilder auf unterschiedliche Weise schärfen. GIMP bietet hierzu einige interessante Filter. Zusätzlich lassen sich über Plug-ins alle Profi-Filter zum Schärfen nachrüsten. Entgegen vorherrschender Meinung können Sie mit GIMP sowohl über den HOCHPASS-FILTER als auch über den Helligkeitskanal im Modus LAB-Farben nachschärfen.

Scharfzeichnen

Der Filter zum Scharfzeichnen (FILTER • VERBESSERN • SCHÄRFEN) ist der einfachste Weg, um in GIMP ein Bild zu schärfen. Allerdings ist diese Methode nicht immer die beste. Sobald Sie näher in das Bild zoomen, zeigen sich bei diesem Verfahren schnell Artefakte wie ein verstärktes Bildrauschen.

Abbildung 2 ▶
Linke Seite im Originalzustand. Die rechte Seite wurde mit SCHÄRFEN bearbeitet.

»Unscharf maskieren«

Der Filter UNSCHARF MASKIEREN (FILTER • VERBESSERN • UNSCHARF MASKIEREN) ist nicht nur mit GIMP die Methode schlechthin, um seine Bilder zu schärfen. Ab einer gewissen Intensität treten aber auch hier Halo-Effekte auf.

Abbildung 3 ▶
Linke Seite im Originalzustand. Die rechte Seite wurde mit UNSCHARF MASKIEREN bearbeitet.

Helligkeitskanal im Modus LAB-Farben

Bei Bildern, die ohnehin schon ein stärkeres Bildrauschen aufweisen, empfiehlt es sich, eine Schärfung des Helligkeitskanals im Modus LAB-Farben mit dem Filter UNSCHARF MASKIEREN durchzuführen. Ein weiterer Vorteil dieser Methode ist, dass alle Farben beim Schärfen unangetastet bleiben und somit nicht zu stark gesättigt werden.

◀ Abbildung 4
Linke Seite im Originalzustand.
Die rechte Seite wurde über den Helligkeitskanal im Modus LAB-Farben geschärft.

Hochpass (externes Plug-in in FX Foundry)

Besonders beliebt bei Porträts und Motiven mit starken Kanten ist der Filter HOCHPASS. Dieser Filter versucht, die Kanten im Bild zu finden, um dann den Kontrast mit hartem und weichem Licht zu verstärken. Der Filter erzeugt weniger Artefakte und verstärkt den plastischen Effekt. Leider ist dieser Filter noch nicht standardmäßig in GIMP implementiert. Hierzu müssen Sie die Plug-in-Sammlung FX Foundry nachinstallieren. Diese Sammlung finden Sie auf der beiliegenden DVD und zusätzlich eine Beschreibung zur Installation in Workshop »FX Foundry installieren« ab Seite 296.

◀ Abbildung 5
Linke Seite im Originalzustand.
Die rechte Seite wurde mit dem HOCHPASS-FILTER aus der Plug-in-Sammlung FX Foundry geschärft.

Retusche

Die Retusche ist die nachträgliche Verbesserung oder Veränderung eines Fotos. Mittlerweile gibt es fast nur noch die digitale Retusche, die die traditionellen Verfahren aus der Dunkelkammer wie die Schab-, Ausfleck- oder Motivretusche ersetzt. Allerdings haben die nahezu unbegrenzten Möglichkeiten der digitalen Retusche dazu geführt, dass viele Betrachter der »Echtheit« von Bildern kritisch gegenüberstehen. Außerdem bedeutet Retusche ja nicht immer auch Manipulation. Schließlich fällt unter die Retusche auch die Restaurierung von zerkratzten Bildern und die »Aufhübschung« von Porträtaufnahmen. Wie dem auch sei: Wenn Sie gefragt werden, ob Ihr Bild nachbearbeitet wurde oder nicht, dann haben Sie es gut gemacht.

Foto: iStockphoto, Amanda Rohde

Fotos restaurieren 207
Flecken und Kratzern zu Leibe rücken

Leichte Porträtretusche 210
Fältchen und Sommersprossen entfernen

Ausgeblichene Fotos restaurieren 216
Verblasste Fotos retten

Augenfarbe ändern 220
Bildbereich unauffällig umfärben

Zähne optisch verbessern 222
Zähne nachträglich bleichen

Elemente entfernen 224
Wenn auf dem Bild etwas stört

Extreme Porträtretusche 226
Beautyretusche mit GIMP

Hautfarbe anpassen 232
Gesichtern einen warmen Farbton verleihen

Fotos restaurieren
Flecken und Kratzern zu Leibe rücken

Uralte Fotos zeigen so manche Verfallserscheinung. Häufig finden sich auf ihnen Knicke, Kratzer, Staub – und beim Einscannen schleichen sich zudem noch kleinste Fussel ins Bild. Ein altes Foto meiner Ururgroßeltern möchte ich mit Hilfe von GIMP und dem HEILEN-Werkzeug restaurieren. Übrigens: Der Unterschied zwischen KLONEN und HEILEN ist, dass HEILEN beim Ablegen der zuvor ausgewählten Bildinformation an der neuen Stelle automatisch die Hintergrundeigenschaften der Umgebung in Helligkeit und Farbe anpasst.

Zielsetzungen:
Flecken entfernen, Kontrast verbessern
(Dauer: 20–30 Minuten)
[UrUrGrosseltern.jpg]

1 Kontrast verbessern

Öffnen Sie das Bild *UrUrGrosseltern.jpg* in GIMP. Der Scan des Originals ist ziemlich kontrastarm, was wenig verwunderlich ist, wenn man bedenkt, dass das Bild gut 120 Jahre alt ist. Für ein kontrastreicheres Basisbild rufen Sie also den Menüpfad FARBEN • AUTOMATISCH • KONTRASTSPREIZUNG auf.

2 Kratzer entfernen

Wählen Sie jetzt das Werkzeug HEILEN ❶ aus dem Werkzeugkasten aus. Zoomen Sie mit ＋ näher ins Bild. Suchen Sie mit dem Pinsel einen sauberen Fleck im Bild, mit dem Sie den Makel ausbessern wollen. Klicken Sie mit der linken Maustaste darauf, während Sie die Strg -Taste drücken. Gehen Sie jetzt mit dem Pinsel auf die Position, die Sie durch die mit dem Kreuz markierte Stelle verbessern wollen.

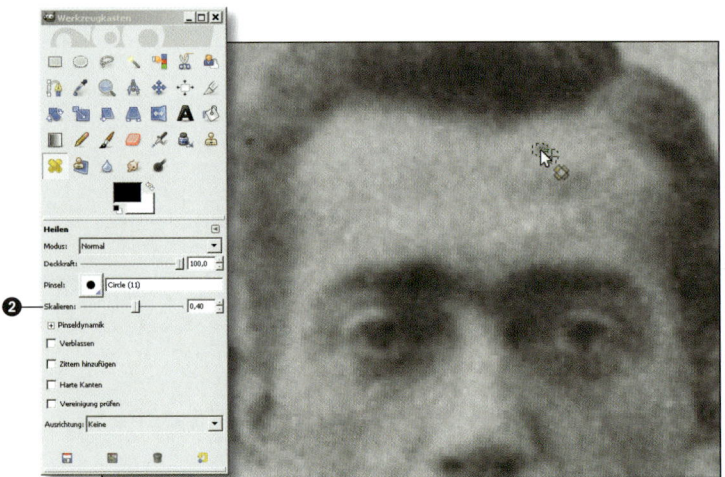

3 Werkzeugstärke anpassen

Wiederholen Sie den Vorgang für die anderen Stellen. Natürlich können Sie eine einmal gewählte Stelle mehrmals verwenden. Versuchen Sie aber so wenig wie möglich damit auf einmal zu verbessern, wenn Sie erreichen wollen, dass die Retusche nicht bemerkt wird. Setzen Sie den Pinsel immer wieder neu an. Passen Sie zudem, wenn nötig, die Pinselstärke bei den Werkzeugeinstellungen über SKALIEREN ❷ an.

4   Staub entfernen

Mit dem Werkzeug HEILEN lässt sich das Bild schon erstaunlich gut wiederherstellen. Wenn Sie allerdings näher ins Bild zoomen, werden Ihnen noch einige Fussel auffallen. Hier können Sie entweder mit dem HEILEN-Werkzeug fortfahren, oder Sie versuchen es mit FILTER • VERBESSERN • FLECKEN ENTFERNEN. Verwenden Sie hier unter MEDIAN ANPASSEND und REKURSIV. Der Wert für RADIUS ist »3«, der SCHWELLWERT für Schwarz ist »0« und für Weiß »255«.

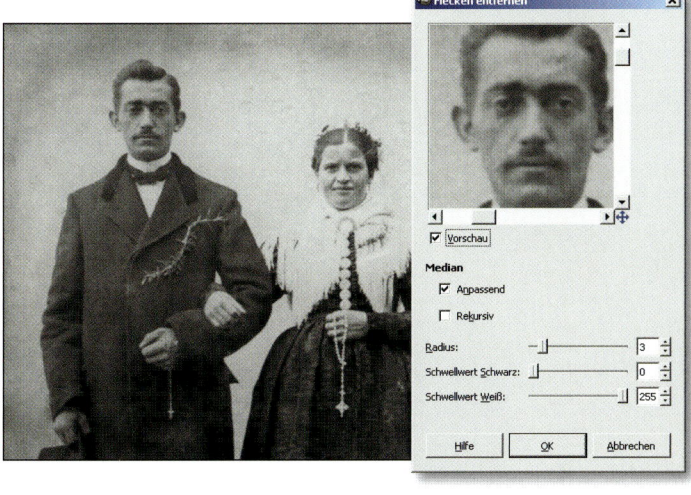

5   Unscharf maskieren

Wählen Sie das Werkzeug FREIE AUSWAHL aus dem Werkzeugkasten, und ziehen Sie damit eine grobe Linie um die Personen. Wählen Sie eine weiche Auswahlkante über AUSWAHL • AUSBLENDEN. Verwenden Sie »50« Pixel zum Ausblenden. Rufen Sie jetzt FILTER • VERBESSERN • UNSCHARF MASKIEREN auf. Verwenden Sie für RADIUS den Wert »5«, für MENGE »0,35« und für den SCHWELLWERT »0«. Bestätigen Sie den Dialog mit OK.

6   Bild zuschneiden

Verwenden Sie das Werkzeug ZUSCHNEIDEN ❸ und ziehen damit eine Auswahl im Bild, so dass der unschöne Rand unberücksichtigt bleibt. Den Zuschnitt können Sie nachträglich noch an den Seiten und an den Ecken einstellen. Wenn Sie mit der linken Maustaste in den ausgewählten Bereich klicken oder die ⏎-Taste drücken, wird das Bild entsprechend ausgeschnitten.

Leichte Porträtretusche
Fältchen und Sommersprossen entfernen

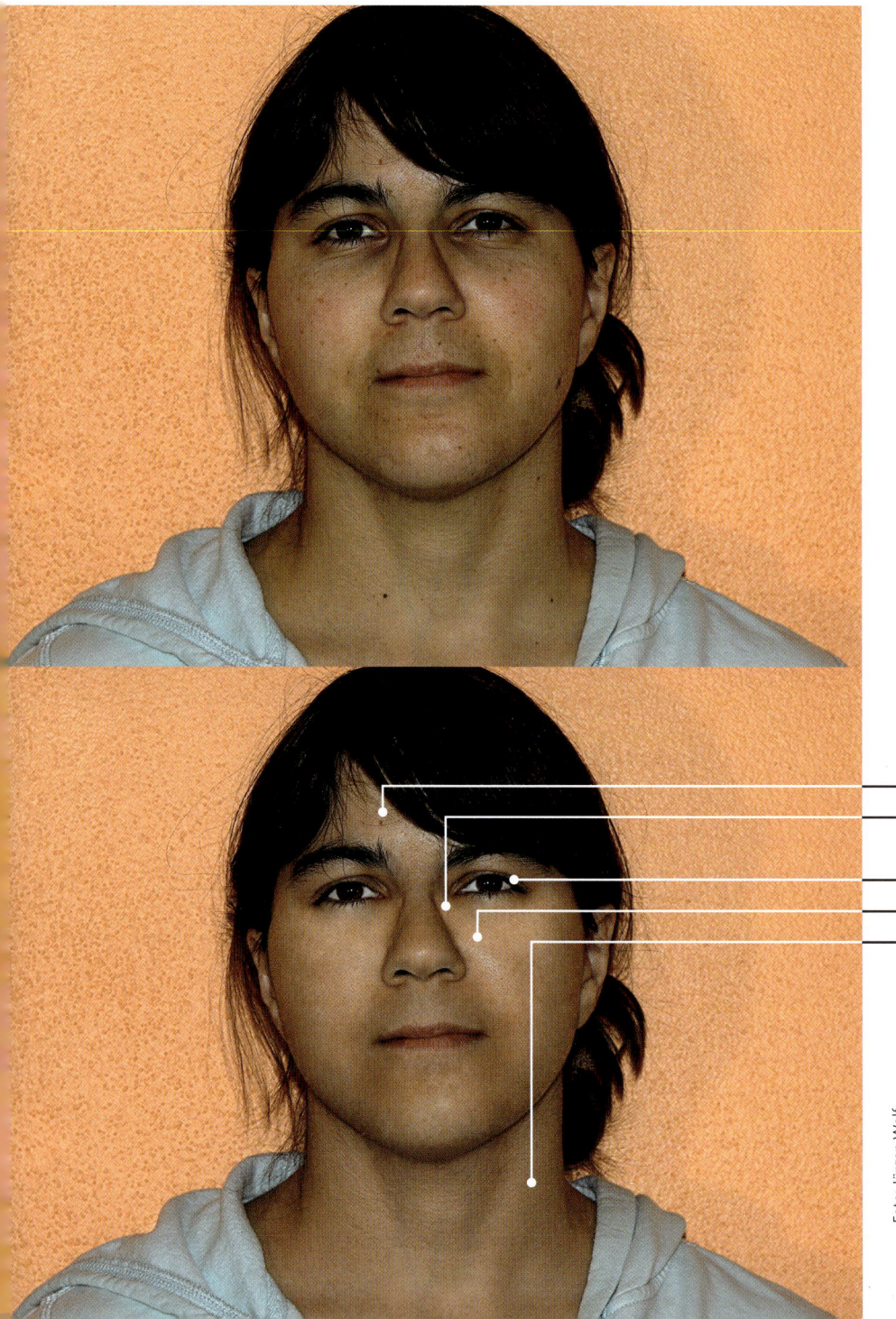

Der HEILEN-Pinsel in GIMP ist ein tolles Retuschewerkzeug. Er wird gerne verwendet, um in Porträtfotos kleinere Makel zu entfernen. Allerdings finde ich, dass man es damit nicht übertreiben und stattdessen eher versuchen sollte, das Gesicht in seiner Natürlichkeit zu erhalten.

▶ **Video-Training**

Zum Thema »Haut glätten« finden Sie eine Video-Lektion auf der Buch-DVD.

Zielsetzungen:
Unreinheiten entfernen,
Sommersprossen und Augenschatten reduzieren,
Augenweiß optimieren,
Make-up auftragen,
Fältchen am Hals entfernen
(Dauer: 30–60 Minuten)
[Face.jpg]

Foto: Jürgen Wolf

1 Hautunreinheiten entfernen

Öffnen Sie das Bild *Face.jpg* in GIMP. Wählen Sie das Werkzeug HEILEN ❶ aus. Zoomen Sie nun mit der +-Taste dorthin, wo Sie Hautunreinheiten entfernen wollen. Suchen Sie mit dem Pinsel eine Hautstelle, klicken Sie mit der linken Maustaste darauf, und drücken Sie gleichzeitig die Strg-Taste. Diese Stelle ist nun als Referenz markiert. Führen Sie den Pinsel auf die Position, die Sie mit der markierten Stelle verbessern wollen.

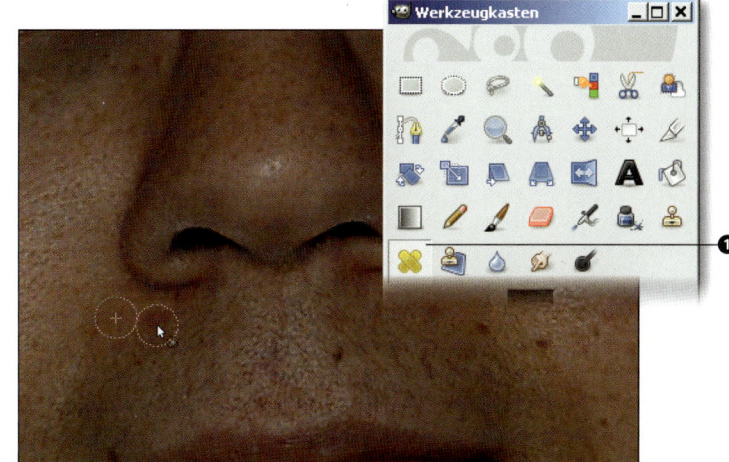

2 Sommersprossen reduzieren

Verwenden Sie auch für die Reduzierung der Sommersprossen und Muttermale das Werkzeug HEILEN. Zoomen Sie mit + jeweils an die Stellen, an denen die Sommersprossen besonders auffallen, und retuschieren Sie diese. Passen Sie dabei die Pinselstärke bei den Werkzeugeinstellungen über SKALIEREN entsprechend an.

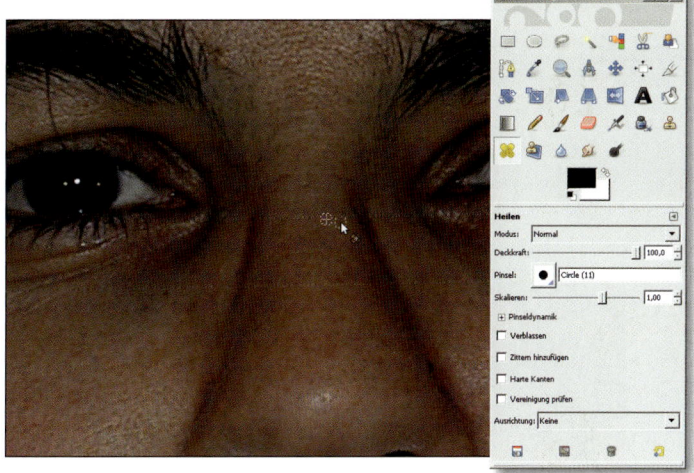

3 Neue Ebene erzeugen

Öffnen Sie den Ebenendialog mit Strg + L oder über das Bildfenstermenü FENSTER • ANDOCKBARE DIALOGE • EBENEN. Erstellen Sie eine neue Ebene mit einem Klick auf die entsprechende Schaltfläche links unten ❷. Die Größe der Ebene ist hier bereits auf die Größe des Basisbildes voreingestellt, und die EBENENFÜLLART ist TRANSPARENZ. Bestätigen Sie den Dialog mit OK.

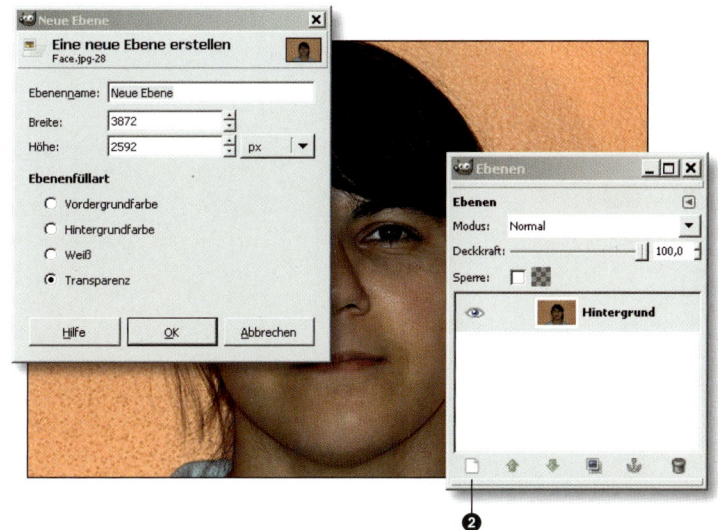

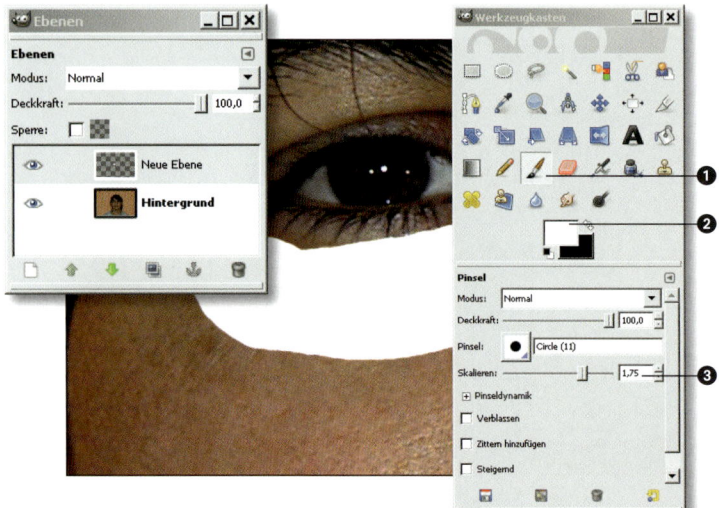

4 Augenschatten übermalen

Aktivieren Sie die neue, transparente Ebene. Verwenden Sie das Werkzeug PINSEL ❶ und wählen Sie Weiß als Vordergrundfarbe in der Werkzeugpalette aus ❷. Zoomen Sie mit ⊞ näher an eines der beiden Augen heran. Passen Sie die Pinselstärke bei den Einstellungen mit SKALIEREN ❸ an. Malen Sie mit dem Pinsel über die Stelle im Bild, die Sie bearbeiten wollen. Führen Sie dasselbe auch bei dem zweiten Auge aus.

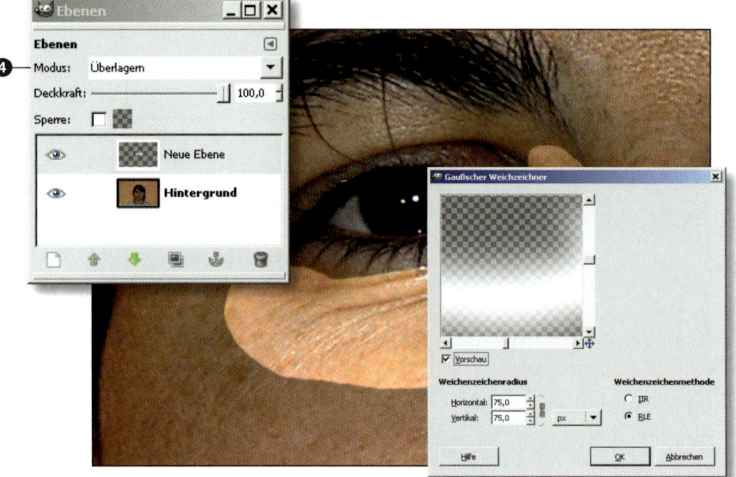

5 Gaußscher Weichzeichner

Stellen Sie den MODUS der transparenten Ebene im Dialog auf ÜBERLAGERN ❹. Zeichnen Sie nun diese Ebene weich. Wählen Sie dafür den Menüpfad FILTER • WEICHZEICHNEN • GAUSSSCHER WEICHZEICHNER. Verwenden Sie für den Radius unter HORIZONTAL und VERTIKAL jeweils den Wert »75«. Als Methode können Sie RLE angeben. Bestätigen Sie den Dialog mit OK.

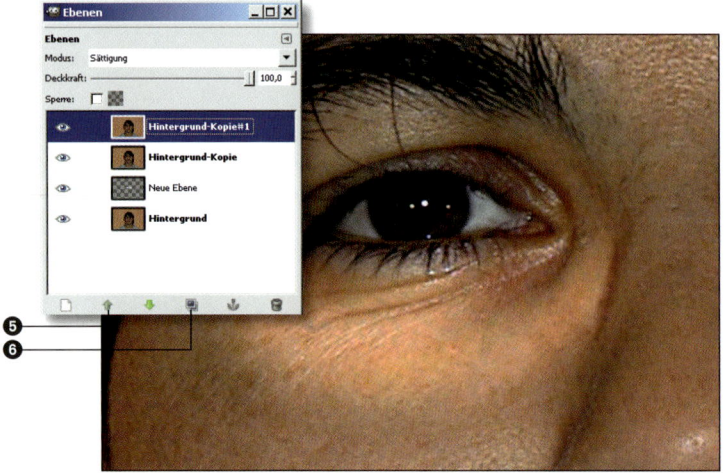

6 Bildebene duplizieren

Duplizieren Sie die Ebene »Hintergrund« über die Schaltfläche ❻ links neben dem Anker. Bewegen Sie diese Ebene nun mit dem entsprechenden Pfeil-Symbol ❺ ganz nach oben. Bei MODUS stellen Sie FARBTON ein, wodurch der Ton der Farben erhalten bleibt. Duplizieren Sie nun die oberste Ebene und stellen dann den MODUS dieser Ebene auf SÄTTIGUNG, damit die Sättigung der Farben erhalten bleibt.

7 Ebenen zusammenfügen

Aktivieren Sie jetzt die transparente Ebene ❽, und reduzieren Sie ihre DECKKRAFT ❼ auf »35«. Klicken Sie mit der rechten Maustaste zunächst auf die zweite Ebene von unten ❽, und wählen Sie im Kontextmenü NACH UNTEN VEREINEN aus. Wiederholen Sie diesen Vorgang immer mit der nächstoberen Ebene, bis nur noch die unterste Ebene übrig bleibt.

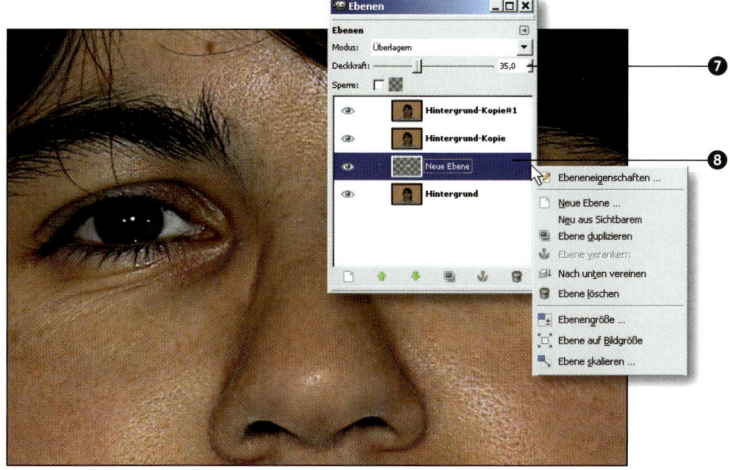

8 Farbe für Make-up

Wählen Sie die FARBPIPETTE ❾ aus dem Werkzeugkasten, und nehmen Sie eine passende Farbe für das Make-up aus dem Gesicht auf. Dabei sollten Sie die Werkzeugeinstellung VORDERGRUNDFARBE ERSETZEN aktivieren. Natürlich können Sie auch eine benutzerdefinierte, passende Farbe für das Make-up auswählen. Legen Sie erneut eine transparente Ebene mit Hilfe der entsprechenden Schaltfläche ❿ an. Schalten Sie den MODUS der Ebene auf FARBTON um.

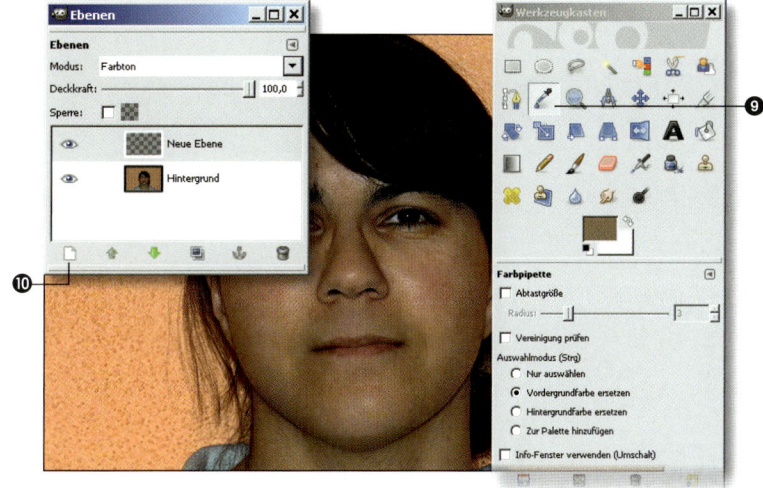

9 Make-up auftragen

Aktivieren Sie die transparente Ebene. Wählen Sie das Werkzeug PINSEL ⓫, und stellen Sie eine gewünschte Pinselstärke mit SKALIEREN ⓬ ein. »Schminken« Sie jetzt die Haut, auch um die Augen, mit dem Pinsel. Besonders gut kommt das Make-up an den Stellen zur Geltung, an denen die Haut rötlich erscheint. Das Gesicht bekommt so einen gleichmäßigeren Teint, ohne dass dabei das Make-up zu auffällig wirkt.

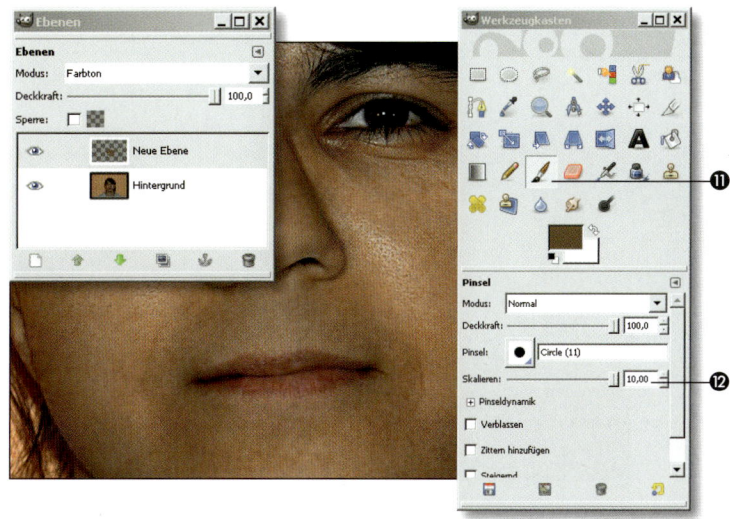

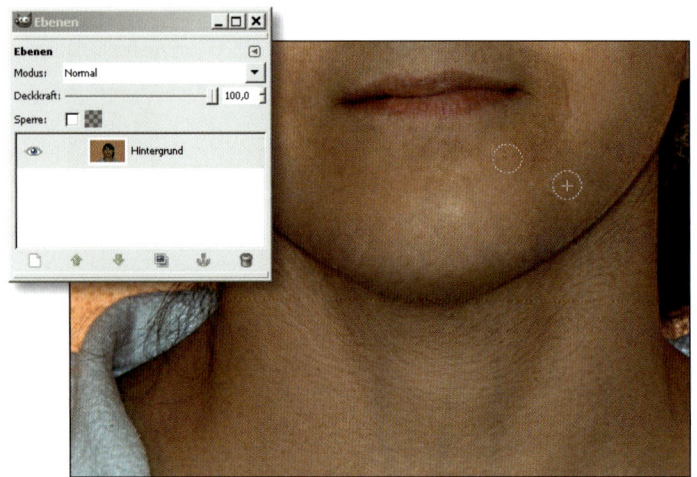

10 Ebenen vereinen

Gegebenenfalls können Sie auch noch den Gaußschen Weichzeichner auf das Make-up anwenden. Hier ist dies jedoch nicht zwingend erforderlich. Vereinen Sie nun die beiden Ebenen wieder, indem Sie die obere mit der rechten Maustaste anklicken und im Kontextmenü NACH UNTEN VEREINEN auswählen.

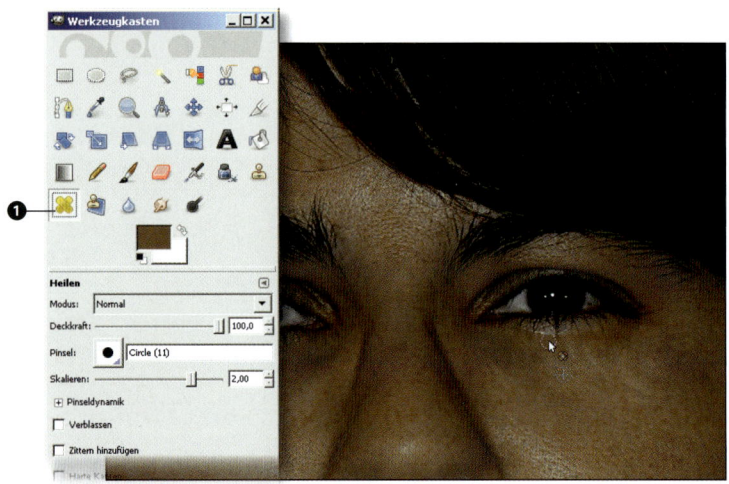

11 Fältchen entfernen

Auch die Falten an Augen und Mundwinkeln lassen sich mit HEILEN ❶ entfernen. Suchen Sie sich einen Bereich knapp unter oder über dem Fältchen als Heilungsbereich aus, und fahren Sie mit gedrückt gehaltener linker Maustaste über das Fältchen. Eventuell müssen Sie den Schritt mehrmals wiederholen. Am Ende sollten Sie den Vorgang nochmals Punkt für Punkt ausführen, um Unregelmäßigkeiten auszugleichen.

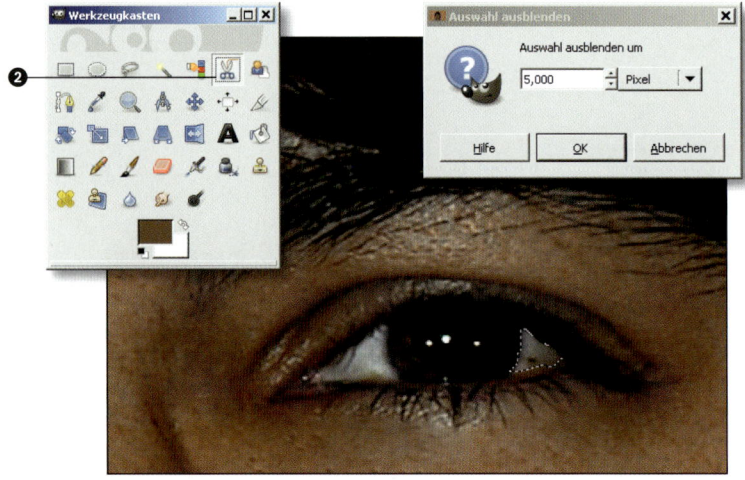

12 Augenweiß auswählen

Verwenden Sie die MAGNETISCHE SCHERE ❷ aus dem Werkzeugkasten, und markieren Sie damit einen Teil des Auges. Damit der Übergang nicht zu hart wird, sollten Sie einen Teil der Auswahl ausblenden. Gehen Sie auf das Bildfenstermenü AUSWAHL • AUSBLENDEN, und wählen Sie für einen weichen Übergang »5« Pixel aus. Bestätigen Sie dann mit OK.

13 Augenweiß verbessern

Um das Augenweiß heller zu machen, wählen Sie FARBEN • FARBTON/SÄTTIGUNG. In diesem Bild habe ich die HELLIGKEIT um »30« erhöht und die SÄTTIGUNG um »–70« reduziert. Sie sollten die Helligkeit mit viel Gefühl verändern, da Sie sonst schnell einen unnatürlichen Effekt bewirken. Wiederholen Sie die Schritte 12 und 13 für die andere Seite des Auges und natürlich für das andere Auge.

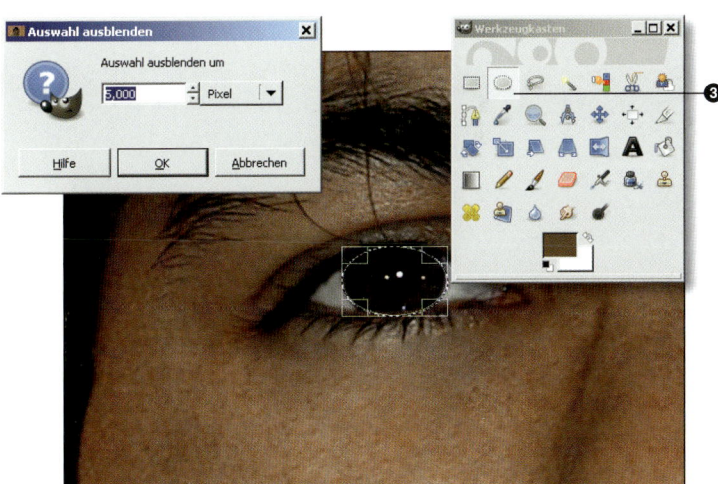

14 Iris auswählen

Verwenden Sie die ELLIPTISCHE AUSWAHL ❸ aus dem Werkzeugkasten, und markieren Sie damit die Iris. Damit der Übergang der Auswahl nicht zu hart wird, sollten Sie auch hier einen Teil davon ausblenden über AUSWAHL • AUSBLENDEN. Geben Sie dort »5« Pixel an. Bestätigen Sie den Dialog mit OK.

15 Iris aufhellen

Um die Iris aufzuhellen, wählen Sie FARBEN • FARBTON/SÄTTIGUNG. Erhöhen Sie die HELLIGKEIT um »5« und die SÄTTIGUNG um »15«. Der FARBTON bleibt. Bestätigen Sie den Dialog mit OK. Wiederholen Sie die Schritte 14 und 15 auch bei der Iris des anderen Auges.

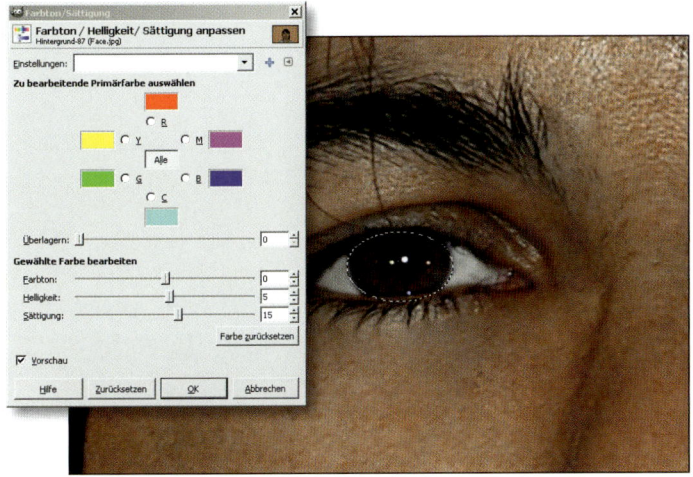

Hinweis: Natürlich spricht nichts dagegen, bei helleren Augen die Iris abzudunkeln. Um dies zu erreichen, müssen Sie nur die Helligkeit und die Sättigung reduzieren.

Ausgeblichene Fotos restaurieren
Verblasste Fotos retten

Der Zahn der Zeit nagt an Fotoabzügen. Häufig bleichen diese mit der Zeit stark aus. Zum Glück können Sie hier durch die Digitalisierung und Nachbearbeitung einiges retten. Zwar können Sie Informationen, die verloren sind, nicht mehr zurückholen. Trotzdem lässt sich selbst aus »schlechten« Vorlagen noch viel machen.

Zielsetzungen:
Ausbleichen kompensieren,
Vignettierung abschwächen
(Dauer: 15–30 Minuten)
[Lady.jpg]

Foto: Jürgen Wolf

1 Automatik verwenden

Öffnen Sie die Datei *Lady.jpg*. Zunächst verbessern Sie das gesamte Bild mit Hilfe der Automatik. Gehen Sie hierzu auf das Bildfenstermenü FARBEN • AUTOMATISCH • KONTRASTSPREIZUNG. Diese Maßnahme sollte das Bild schon bedeutend auffrischen.

2 Tonwertkorrektur

Jetzt korrigieren Sie die Tonwerte der dunklen und hellen Farben entsprechend. Wählen Sie hierzu FARBEN • WERTE. Ziehen Sie den schwarzen Anfasser ❷ unter QUELLWERTE nach rechts auf den Wert »10«. Den weißen Anfasser ❶ ziehen Sie nach links auf den Wert »225«. Im Ergebnis wirkt das Bild jetzt noch kontrastreicher: Die Lichter sind heller und die Schatten tiefer.

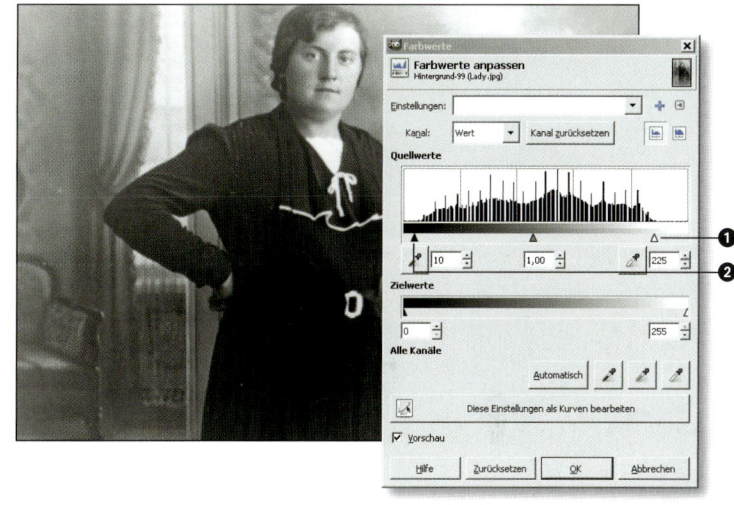

3 Neue Ebene anlegen

Als Nächstes korrigieren Sie die ausgeblichenen Ränder. Öffnen Sie den Ebenendialog mit [Strg] + [L], und duplizieren Sie die Ebene mit dem entsprechenden Symbol ❹. Wählen Sie für den Ebenenmodus ADDITION ❸ aus. Jetzt werden die ausgeblichenen Ränder deutlicher sichtbar.

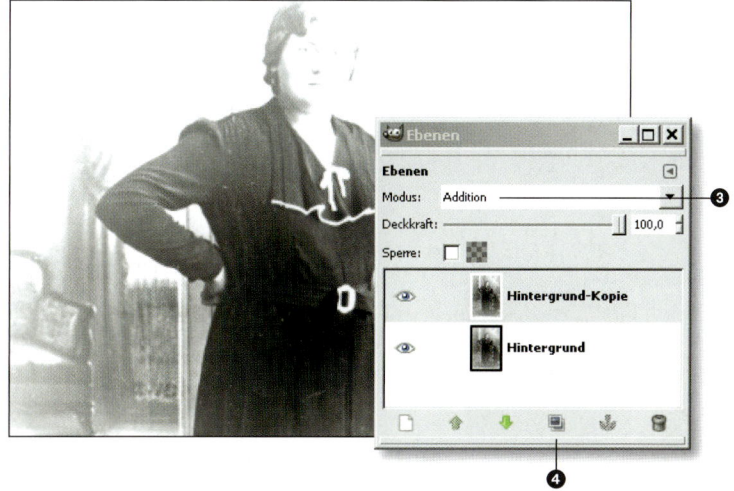

Kapitel 8 | Retusche

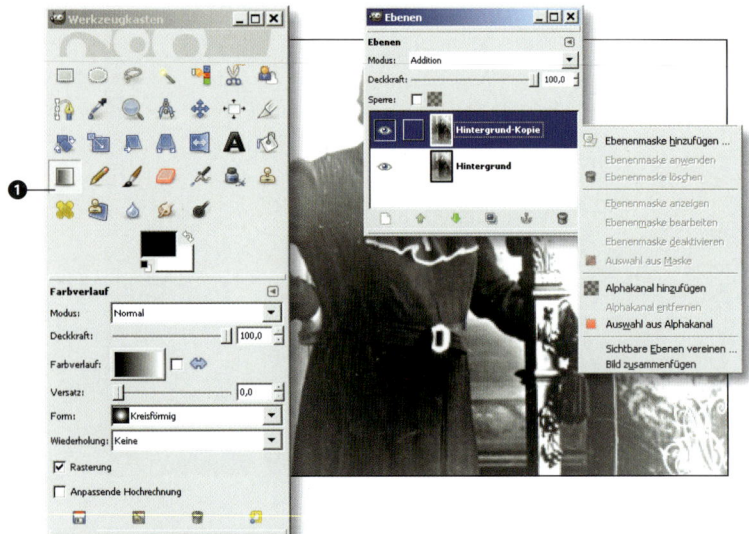

4   Ebenenmaske anlegen

Klicken Sie mit der rechten Maustaste auf die neue Ebene, und wählen Sie EBENENMASKE HINZUFÜGEN aus. Verwenden Sie für die neue Ebenenmaske WEISS (VOLLE DECKKRAFT). Rufen Sie das Werkzeug FARBVERLAUF ❶ aus dem Werkzeugkasten auf. Verwenden Sie bei den Einstellungen unter FORM »Kreisförmig«. Stellen Sie die Farben für den Vordergrund auf Schwarz und für den Hintergrund auf Weiß.

5   Farbverlauf anwenden

Klicken Sie jetzt in der Mitte des Bildes ❷ mit dem Werkzeug FARBVERLAUF die linke Maustaste. Halten Sie diese gedrückt, und ziehen Sie eine Linie bis an den unteren Rand, an dem das Bild ausgeblichen ist ❸. Lassen Sie die Maustaste nun wieder los. Jetzt können Sie einen schwarzen Kreis ❹ in der Ebenenmaske erkennen. Ändern Sie den MODUS der Ebene von ADDITION auf MULTIPLIKATION. Jetzt sollten die ausgeblichenen Ränder kaum noch sichtbar sein.

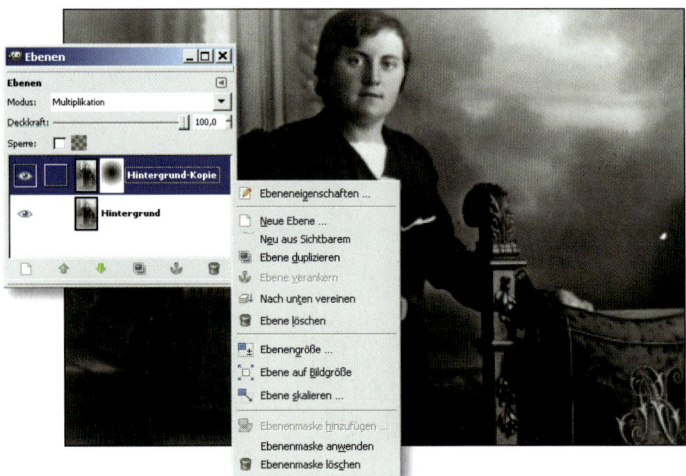

6   Ebenen vereinen

Wenn Sie mit dem Ergebnis zufrieden sind, klicken Sie mit der rechten Maustaste auf die Ebene mit der Ebenenmaske und wählen dann im Kontextmenü EBENENMASKE ANWENDEN aus. Anschließend können Sie die beiden Ebenen wieder vereinen. Klicken Sie mit der rechten Maustaste auf die obere Ebene, und wählen Sie NACH UNTEN VEREINEN aus.

7 Flecken entfernen

Wählen Sie HEILEN ❺ aus dem Werkzeugkasten aus. Zoomen Sie mit [+] näher ins Bild, und zwar an die Stelle, an der Sie Flecken entfernen wollen. Suchen Sie sich einen Bildbereich in der Umgebung, mit dem Sie den Fleck ausbessern wollen. Klicken Sie mit der linken Maustaste auf diese Stelle, während Sie die [Strg]-Taste drücken. Diese ist nun mit einem Kreuz markiert. Klicken Sie mit dem Pinsel auf die Position, die ausgebessert werden soll.

8 Tonwertkorrektur

Jetzt müssen die Farbwerte noch etwas korrigiert werden. Öffnen Sie dazu erneut den Dialog mit dem Menüpfad FARBEN • WERTE. Schieben Sie bei QUELLWERTE den linken Anfasser ❻ auf »4« und den rechten ❼ auf »244«. Bestätigen Sie den Dialog mit OK.

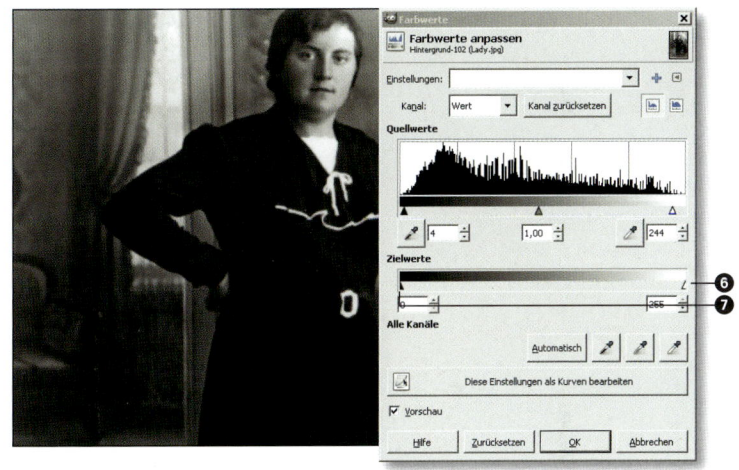

9 Unscharf maskieren

Um einige Details im Bild abschließend zu schärfen, öffnen Sie FILTER • VERBESSERN • UNSCHARF MASKIEREN. Verwenden Sie für den RADIUS den Wert »5«, für die MENGE »0,3«. Der SCHWELLWERT bleibt bei »0«. Bestätigen Sie den Vorgang mit OK.

Tipp: Arbeitsschritt 7 können Sie alternativ auch über FILTER • VERBESSERN • FLECKEN ENTFERNEN ausführen.

Kapitel 8 | Retusche **219**

Augenfarbe ändern
Bildbereich unauffällig umfärben

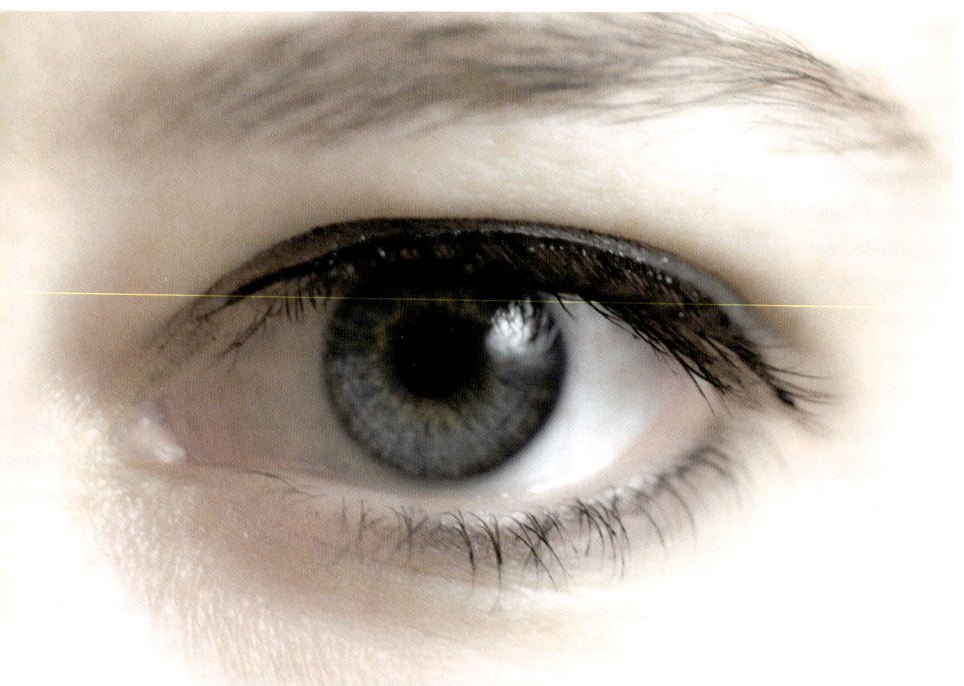

Vielleicht möchten Sie Ihre Augenfarbe oder die eines anderen Menschen ändern? Dafür müssen Sie sich nicht einmal kolorierte Kontaktlinsen kaufen! Machen Sie einfach ein Porträtfoto, und ändern Sie in GIMP nachträglich die Augenfarbe. Keiner wird es merken.

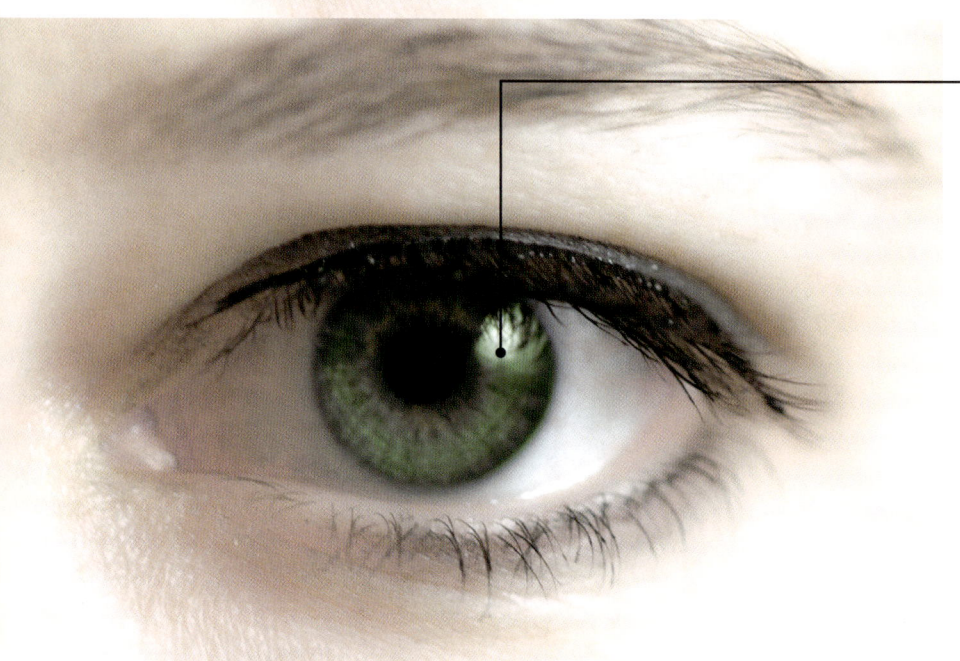

Zielsetzung:
Augenfarbe ändern
(Dauer: 5–10 Minuten)
[BlueEye.jpg]

Foto/Modell: Clarissa Schwarz

1 Auge auswählen

Öffnen Sie das Bild *BlueEye.jpg* in GIMP. Verwenden Sie die Elliptische Auswahl ❶, um damit die Iris des Auges zu markieren. Die Auswahl können Sie nachträglich an den Ecken und den Seiten anpassen.

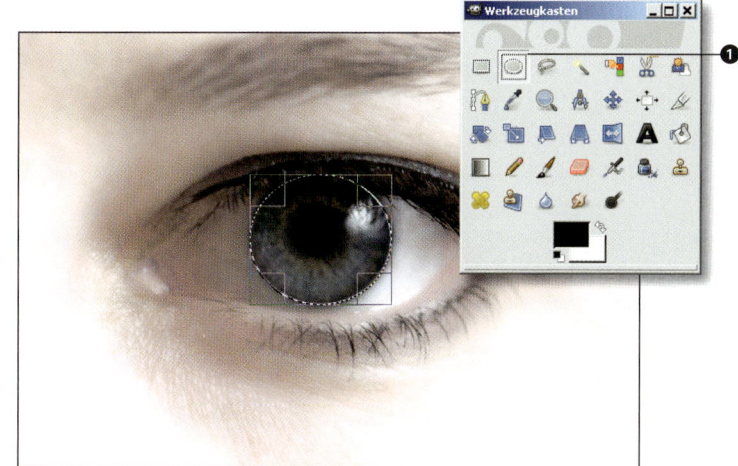

2 Auswahl ausblenden

Damit der Übergang der Auswahl weich ausfällt, müssen Sie einen Teil davon ausblenden. Wählen Sie dafür den Menüpfad Auswahl • Ausblenden, und geben Sie für den Übergang »7,5« Pixel an. Bestätigen Sie mit OK.

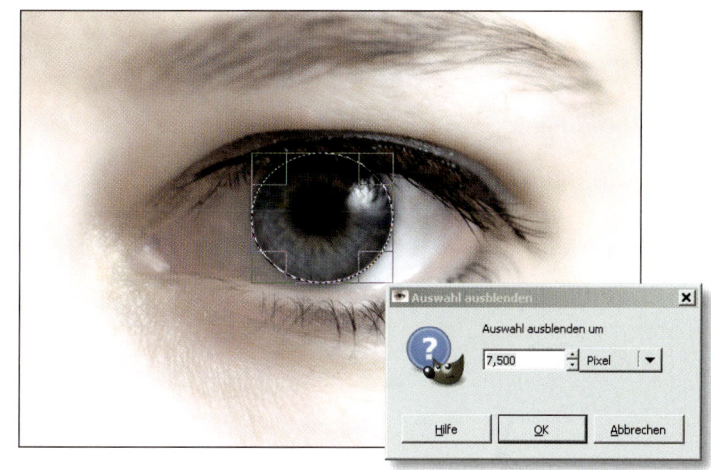

3 Auge umfärben

Wählen Sie nun Farben • Farbton/Sättigung aus. Als zu bearbeitende Farbe entscheiden Sie sich für Blau (B) ❷. Schieben Sie den Anfasser von Farbton nach links auf den Wert »–100«. Wiederholen Sie diesen Vorgang auch noch für Cyan (C) ❸. Klicken Sie anschließend auf OK.

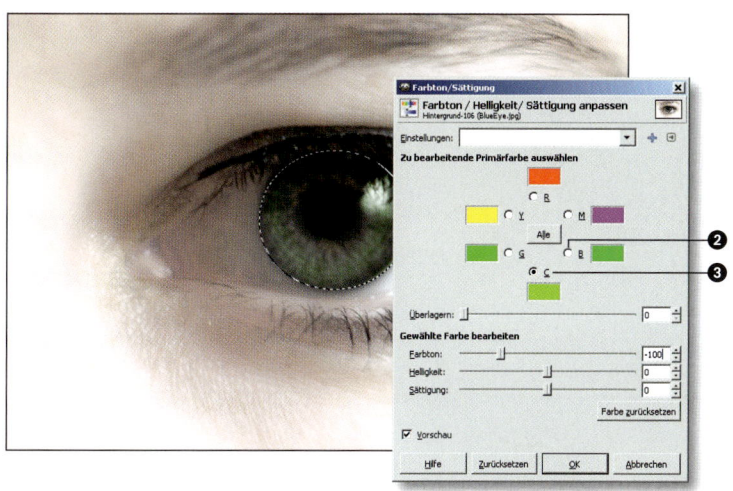

Zähne optisch verbessern
Zähne nachträglich bleichen

Im seltensten Fall haben Menschen von Natur aus blendend weiße Zähne. Wer das nicht an sich sehen kann, lässt sich die Zähne eben bleichen. Für strahlend weiße Zähne auf einem Foto müssen Sie nicht zu solch drastischen Maßnahmen greifen. Mit GIMP können Sie sich und anderen virtuell die Zähne entfärben.

Zielsetzung:
Zähne verbessern und bleichen
(Dauer: 5–10 Minuten)
[Cry.jpg]

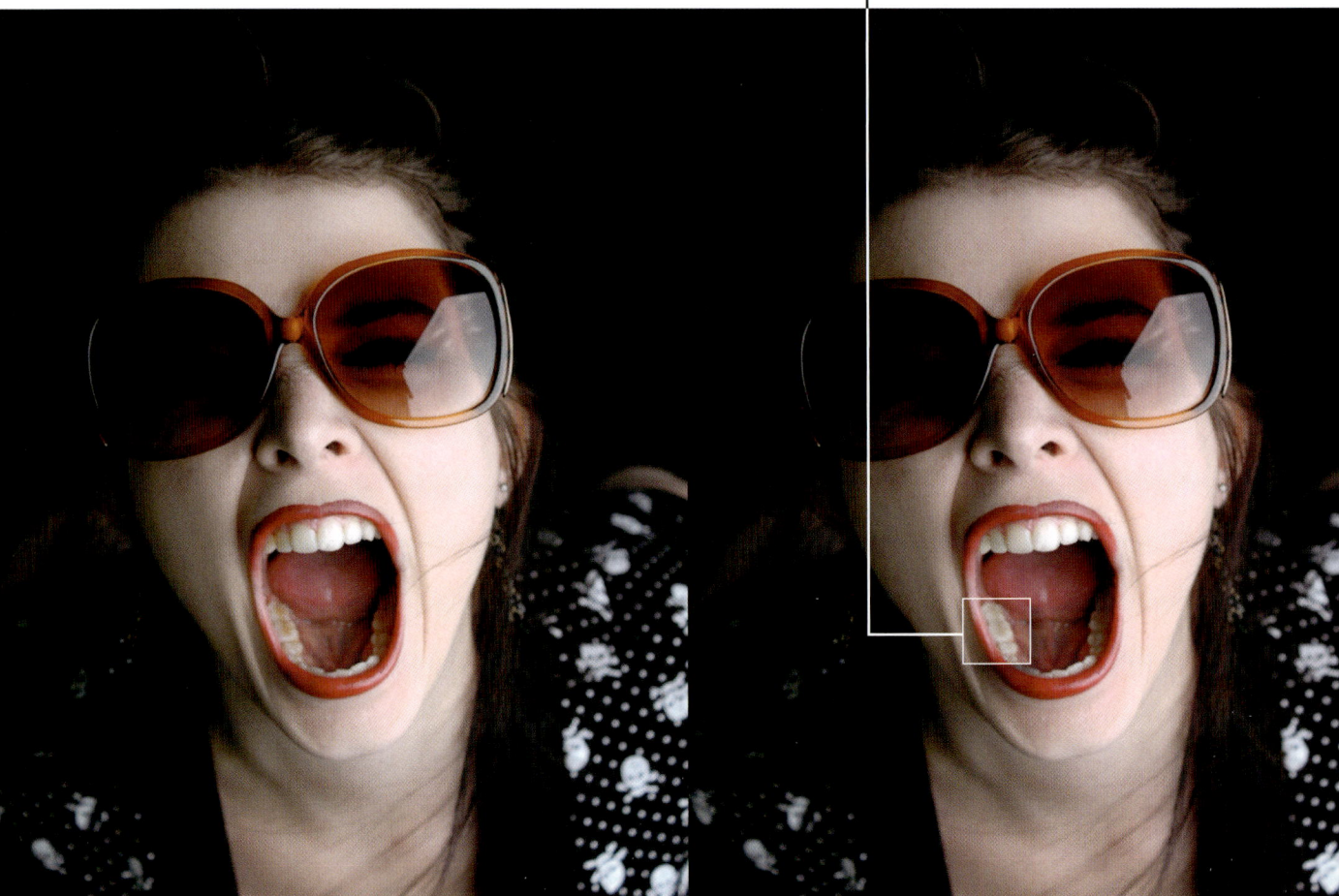

1   Zähne auswählen

Öffnen Sie das Bild *Cry.jpg*. Markieren Sie die Zähne mit der Magnetischen Schere ❶ aus dem Werkzeugkasten. Achten Sie darauf, dass Sie nur die Zähne markieren und keinen Teil des Zahnfleisches, der Zunge oder der Lippen.

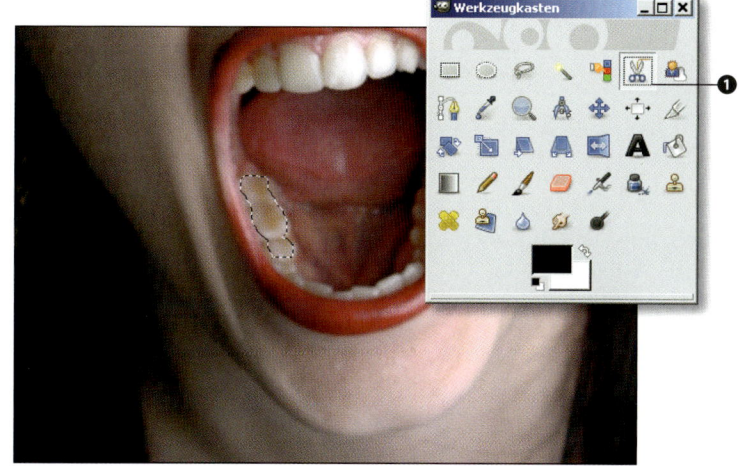

2   Auswahl ausblenden

Damit die Auswahl nicht zu hart erscheint, sollten Sie einen Teil ausblenden. Gehen Sie dafür auf Auswahl • Ausblenden, und geben Sie für den weichen Übergang »5« Pixel an. Bestätigen Sie den Dialog mit OK.

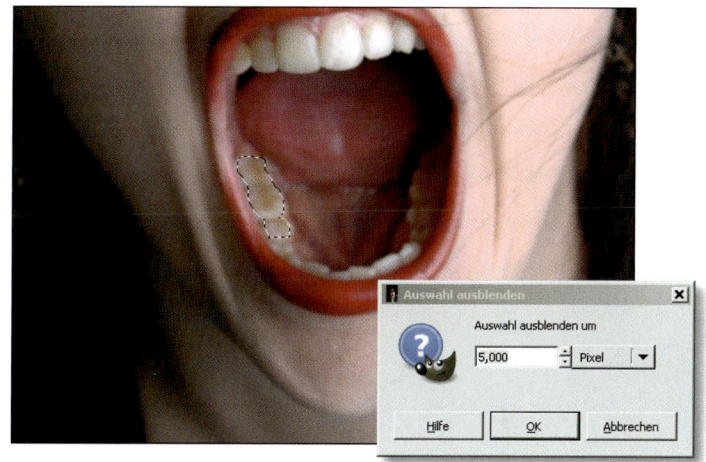

3   Zähne bleichen

Wählen Sie nun den Menüpfad Farben • Farbton/Sättigung aus. Schieben Sie den Anfasser für Helligkeit nach rechts auf »30«. Den Anfasser für Sättigung schieben Sie nach links auf den Wert »–40«. Bestätigen Sie den Dialog mit OK. Wiederholen Sie die Arbeitsschritte 1 bis 3 auch mit der anderen Zahnreihe. Dort sollten Sie aber die Helligkeit höchstens um den Wert »5« erhöhen, da diese Retusche sonst als solche auffällt.

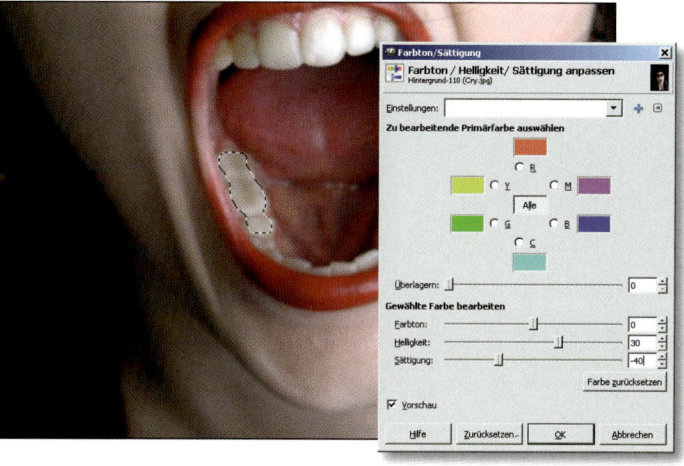

Kapitel 8 | Retusche   **223**

Elemente entfernen
Wenn auf dem Bild etwas stört

Wer kennt das nicht: Sie haben ein schönes Foto gemacht, aber etwas ist auf dem Bild, das in Ihren Augen alles ruiniert. Oder auf einer Gruppenaufnahme tanzt jemand unschön aus der Reihe. Sofern sich diese Elemente nicht auf das Hauptmotiv des Bildes beziehen, lassen sie sich recht unauffällig entfernen.

Zielsetzung:
Ein Schaf entfernen
(Dauer: 10–15 Minuten)
[Schafe.jpg]

Foto: Marco Barnebeck

1   Schaf »wegklonen«

Laden Sie die Datei *Schafe.jpg* in GIMP. Wählen Sie das Werkzeug KLONEN ❶ aus der Werkzeugpalette. In den Werkzeugeinstellungen können Sie die Pinselstärke mit SKALIEREN ❷ noch genauer anpassen. Suchen Sie sich eine Stelle der Wiese, mit der Sie das Schaf überdecken wollen, und drücken Sie mit der linken Maustaste und der [Strg]-Taste darauf. Jetzt erscheint ein zweiter Pinsel, mit dem Sie mit gedrückter linker Maustaste das Schaf retuschieren können.

2   Klonränder weichzeichnen

Das Gras, mit dem Sie das Schaf überdeckt haben, fällt zunächst noch etwas unnatürlich auf. Das liegt zum einen an der Farbe des Grases und zum anderen an den Schattenwürfen. Verwenden Sie WEICHZEICHNEN ❸ aus der Werkzeugpalette. Wählen Sie bei der Einstellung VERKNÜPFUNGSART WEICHZEICHNEN ❹ und für die RATE ❺ den Wert »20,8«. Verwenden Sie einen kleineren Pinsel, und umfahren Sie damit die Ränder des sichtbaren Klonbereiches.

3   Klonbereich verschmieren

Die restlichen Ränder können Sie jetzt mit dem Werkzeug VERSCHMIEREN ❼ verwischen. Reduzieren Sie bei den Werkzeugeinstellungen die RATE ❽ auf den Wert »10,4«. Zoomen Sie in das Bild, und verschmieren Sie jetzt mit Gefühl die gröberen Ränder möglichst unauffällig. Alternativ können Sie auch das Werkzeug HEILEN ❻ für die letzten Feinarbeiten verwenden.

Kapitel 8 | Retusche   **225**

Extreme Porträtretusche
Beautyretusche mit GIMP

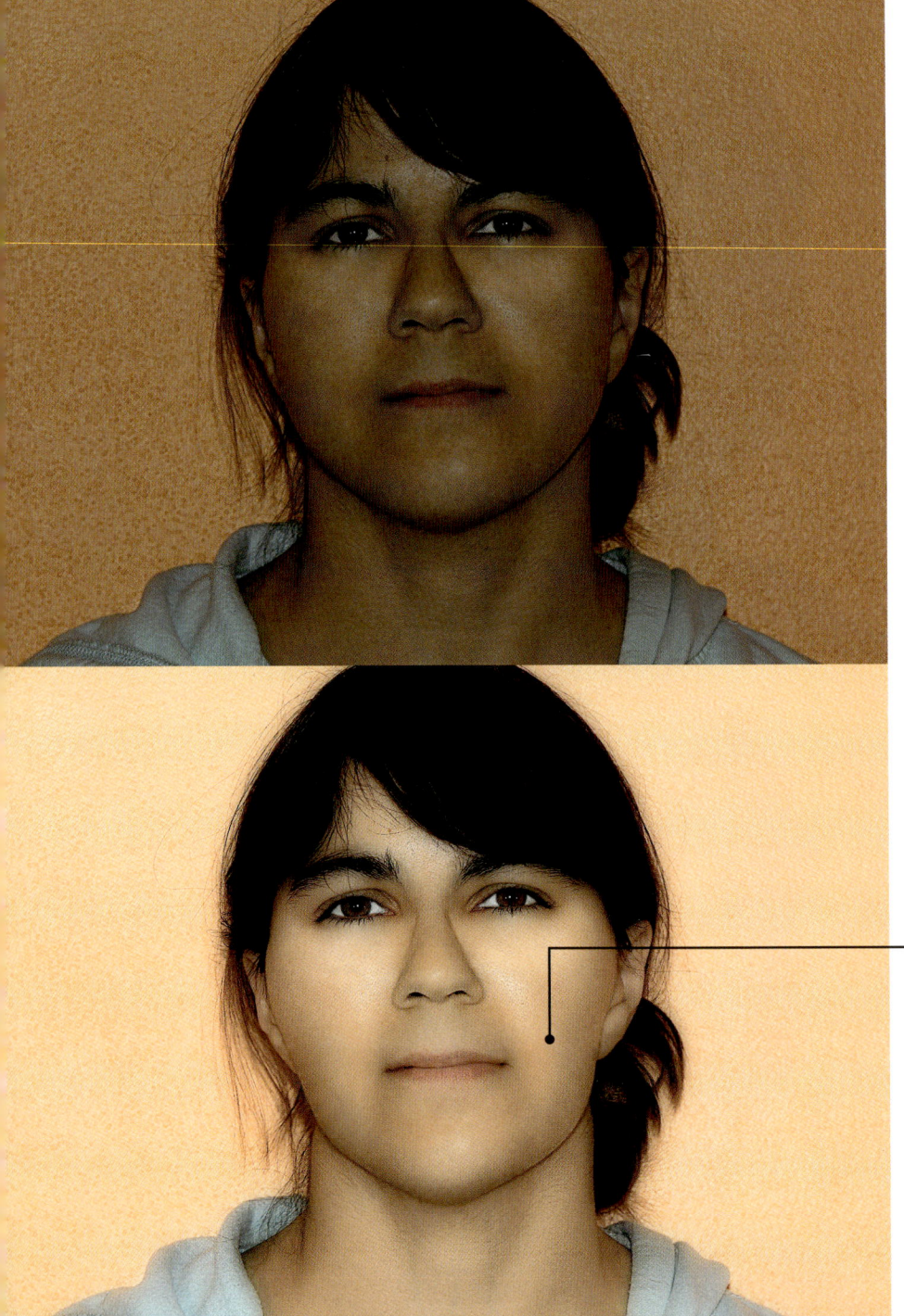

In einem Abschnitt dieses Kapitels haben Sie schon eine Porträtretusche ausprobiert. Allerdings beschränkte sich diese Arbeit nur auf das Entfernen von Falten und Hautunreinheiten – also kleineren Makeln. In der Mode- und Beautyfotografie werden Porträts jedoch häufig so sehr überarbeitet, bis sie »titelbildtauglich« sind. Bei diesen Bearbeitungen können Sie so radikal, wie Sie es für nötig erachten, vorgehen; sogar so weit, bis die Retusche nicht mehr viel mit der ursprünglichen Ausgangsvorlage gemeinsam hat.

▶ Video-Training

Zum Thema »Gesichtsproportionen angleichen« finden Sie eine Video-Lektion auf der Buch-DVD.

Zielsetzungen:
Gesicht formen,
transparente Haut erzeugen
(Dauer: 30–45 Minuten)
[Face2.jpg]

Foto: Jürgen Wolf

1 Gesicht formen

Laden Sie das Bild *Face2.jpg* in GIMP. Wenn Sie das Gesicht modellieren wollen, sollten Sie diesen Schritt immer zuerst ausführen. Hierzu wählen Sie FILTER • VERZERREN • IWARP. Möchten Sie die Augen vergrößern, so wählen Sie den Modus VERGRÖSSERN ❷, und klicken Sie im Vorschaubild ❶ mit der linken Maustaste auf das Auge. Über SCHRUMPFEN können Sie auch noch die Nase und die Wangen verschmälern.

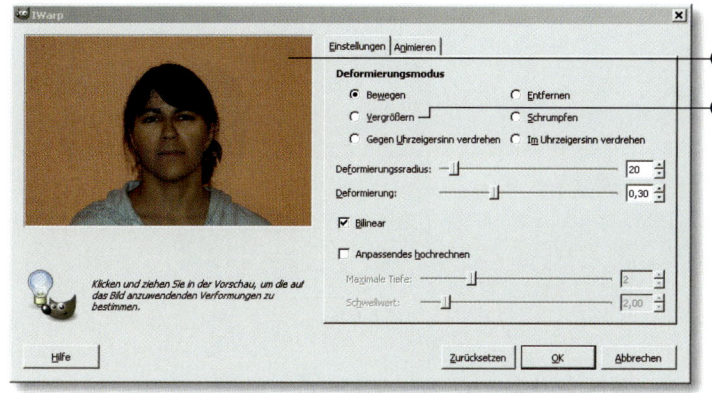

2 Originalebene zweimal duplizieren

Öffnen Sie den Ebenendialog mit `Strg` + `L`, und duplizieren Sie die Originalebene zweimal, indem Sie zweimal auf die Schaltfläche ❺ klicken. Jetzt haben Sie insgesamt drei Ebenen. Wählen Sie die oberste Ebene ❹, und ändern Sie ihren MODUS um in BILDSCHIRM ❸. Das Bild, vor allem das Gesicht, wirkt jetzt heller und weicher. Dunkle Farben hingegen erscheinen ein wenig transparenter.

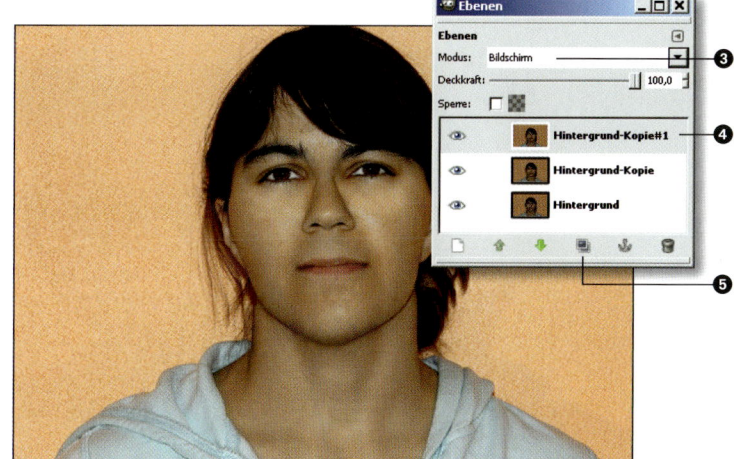

3 Ebenen vereinen

Klicken Sie die oberste Ebene mit der rechten Maustaste an, und wählen Sie im Kontextmenü NACH UNTEN VEREINEN aus. Jetzt befinden sich nur noch zwei Ebenen im Ebenendialog. Neben der »Hintergrund«-Ebene bleibt die Ebene mit der weichgezeichneten Haut übrig.

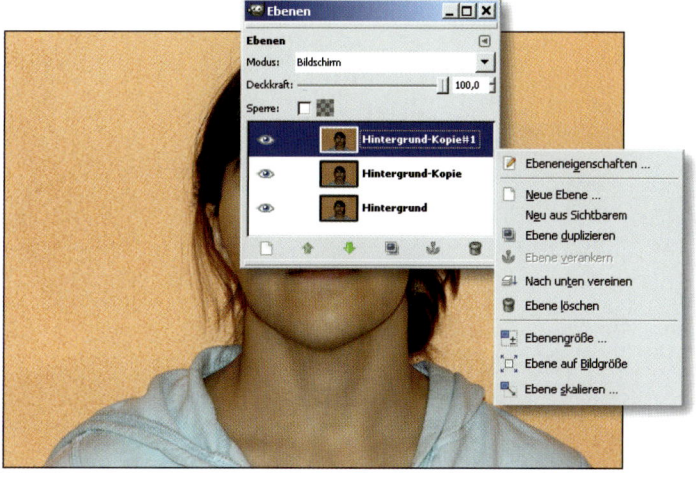

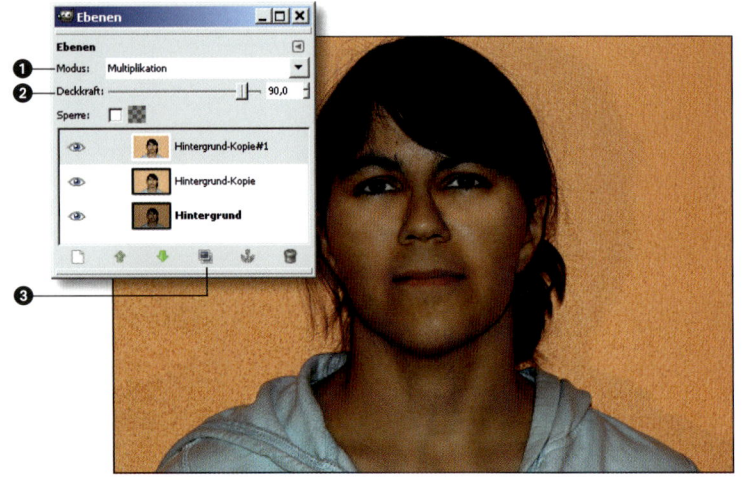

4 — Details hervorheben

Wählen Sie jetzt die obere der beiden Ebenen aus, und duplizieren Sie diese, indem Sie auf die entsprechende Schaltfläche ❸ klicken. Jetzt haben Sie wieder drei Ebenen. Ändern Sie den Modus der neuen Ebene auf Multiplikation ❶, und setzen Sie ihren Wert für Deckkraft auf »90« ❷. Dadurch erhalten die dunkleren Bereiche mehr Kontur, die Details rücken wieder stärker in den Vordergrund.

5 — Details schärfen

Wählen Sie jetzt die Ebene »Hintergrund-Kopie«. Verwenden Sie als nächstes den Dialog, den Sie über das Bildfenstermenü Filter • Verbessern • Schärfen erreichen. Schieben Sie den Anfasser ❹ bei Schärfe auf den Wert »80«, und bestätigen Sie die Aktion mit OK. So wirkt das Porträt kontrastreicher.

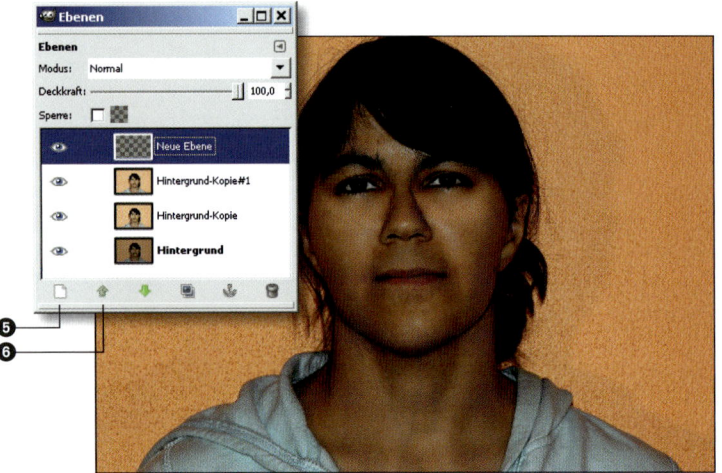

6 — Neue Ebene für die Augen

Legen Sie eine neue, transparente Ebene mit der entsprechenden Schaltfläche ❺ im Ebenendialog an. Schieben Sie – wenn es nötig sein sollte – diese Ebene mit dem Pfeil-Symbol ❻ ganz nach oben. Diese Ebene benötigen Sie, um die Natürlichkeit der Augen beizubehalten. So können Sie extreme Retuschearbeiten auf anderen Ebenen ausführen, ohne die Augen dort schützen zu müssen.

7 Auge kopieren

Wählen Sie jetzt möglichst genau mit dem Werkzeug MAGNETISCHE SCHERE ❼ ein Auge aus der Ebene »Hintergrund« aus. Kopieren Sie diese Auswahl mit [Strg]+[C] beziehungsweise über den Menüpfad BEARBEITEN • KOPIEREN in die Zwischenablage.

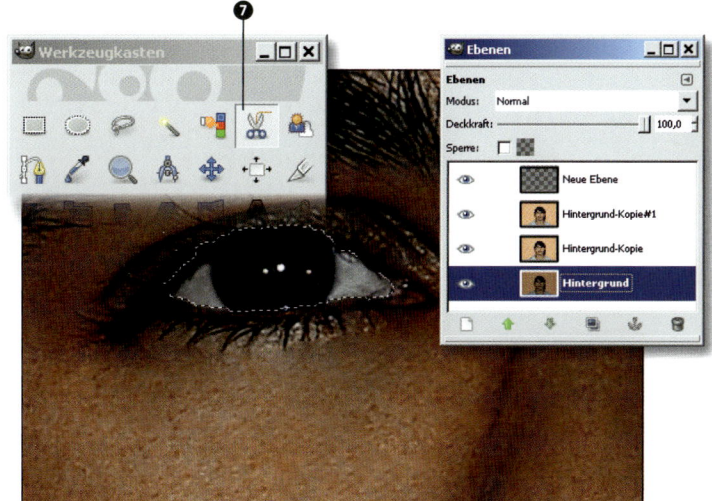

8 Auge einfügen

Aktivieren Sie jetzt die oberste Ebene, und fügen Sie dort das Auge mit [Strg]+[V] oder BEARBEITEN • EINFÜGEN ein. Um die schwebende Auswahl mit der Ebene zu verbinden, klicken Sie auf das Anker-Symbol ❽ im Ebenendialog. Wiederholen Sie die Schritte 7 und 8 für das andere Auge. Da Sie die Augen zum Schutz in eine gesonderte Ebene gelegt haben, können Sie mit der Retusche fortfahren.

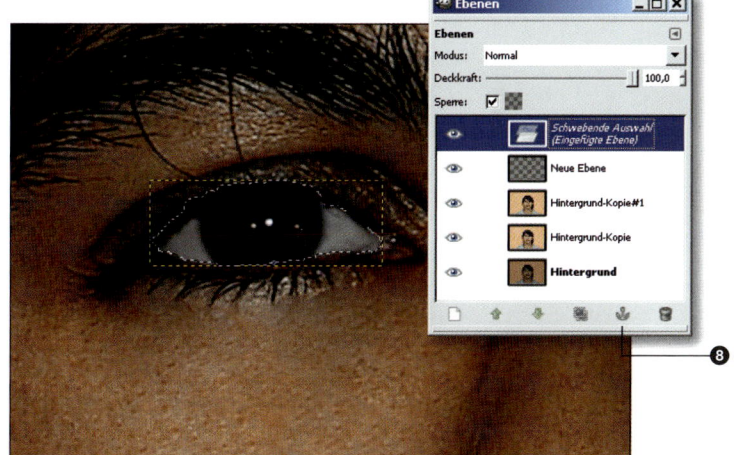

9 Haut weichzeichnen

Wählen Sie jetzt die Ebene »Hintergrund-Kopie#1« aus. Verwenden Sie für diese Ebene jetzt FILTER • WEICHZEICHNEN • GAUSSSCHER WEICHZEICHNER. Setzen Sie für den WEICHZEICHENRADIUS jeweils den Wert »100« ein, und bestätigen Sie den Dialog mit OK. Die Haut wirkt jetzt noch weicher, verliert aber kaum Details, da diese in einer anderen Ebene gesichert sind (siehe Arbeitsschritte 4 und 5).

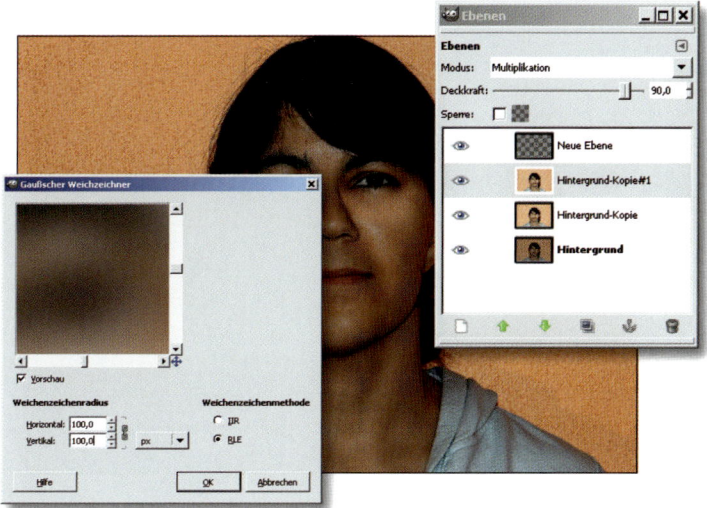

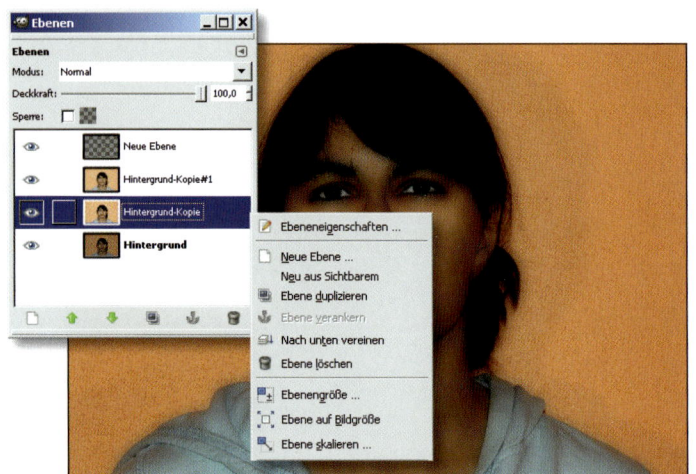

10 Ebenen vereinen

Zum Vereinen der Ebenen klicken Sie jeweils mit der rechten Maustaste die Ebene über der Originalebene an. Im folgenden Kontextmenü wählen Sie NACH UNTEN VEREINEN aus. Wiederholen Sie diesen Vorgang, bis Sie schließlich noch die Ebene mit den Augen mit der untersten Ebene verbinden.

11 Transparente Haut

Um eine porzellanartige Haut zu erzeugen, duplizieren Sie nochmals die Ebene mit einem Klick auf die Schaltfläche ❶. Aktivieren Sie die kopierte Ebene, und wählen Sie das Bildfenstermenü FARBEN • KOMPONENTEN • KANALMIXER. Setzen Sie einen Haken vor MONOCHROM und LEUCHTSTÄRKE ERHALTEN. Schieben Sie den Anfasser für ROT auf »200«, für GRÜN auf »90«, und entfernen Sie BLAU komplett, indem Sie diese Farbe auf den Wert »–200« setzen. Bestätigen Sie mit OK.

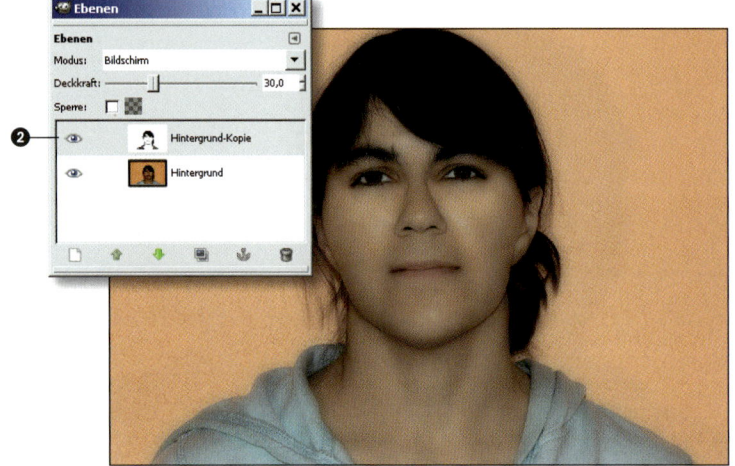

12 Modus ändern

Ändern Sie jetzt den MODUS der obersten Ebene auf BILDSCHIRM ❷, und reduzieren Sie die DECKKRAFT dieser Ebene auf »30«. Dieser Modus bewirkt, dass weiße Bereiche noch heller gemacht werden. Die Haut wirkt noch ein wenig transparenter und weicher.

13 »Hintergrund« duplizieren

Um den Effekt der porzellanartigen Haut zu verstärken, duplizieren Sie die unterste Ebene über die entsprechende Schaltfläche ❹ im Ebenendialog. Schieben Sie diese Ebene jetzt mit der Pfeil-Schaltfläche ❺ ganz nach oben. Stellen Sie den MODUS auf BILDSCHIRM ❸, und reduzieren Sie die DECKKRAFT auf »70«.

14 Ebenen vereinen

Zum Vereinen der Ebenen klicken Sie jetzt mit der rechten Maustaste auf die Ebene über der Ebene »Hintergrund«, und wählen Sie im Kontextmenü NACH UNTEN VEREINEN aus. Wiederholen Sie diesen Vorgang erneut, bis nur noch eine Ebene im Ebenendialog zu sehen ist.

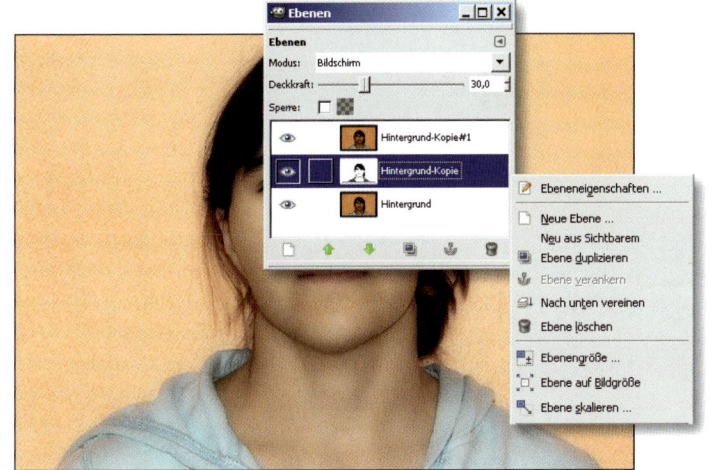

15 Kontrast verbessern

Nun können Sie den Kontrast des Porträts noch etwas intensivieren. Öffnen Sie hierzu FARBEN • HELLIGKEIT/KONTRAST, und schieben Sie den Anfasser für HELLIGKEIT auf »5« und den Anfasser für KONTRAST auf »10«. Bestätigen Sie den Dialog mit OK.

Hinweis: Bei solch extremen Retuschen bietet es sich an, das Porträt vorher freizustellen oder zumindest vor einen einfarbigen Hintergrund zu stellen.

Hautfarbe anpassen
Gesichtern einen warmen Farbton verleihen

Einer bleich wirkenden Hautstruktur eine wärmere Farbe zu verleihen, ist eine häufig benötigte Retusche. Zwar hat GIMP keinen direkten Filter, um die Hautfarbe beziehungsweise den Hautton anzupassen, trotzdem ist dies mit einem kleinen Umweg möglich, wie der folgende Workshop zeigt.

Zielsetzung:
Wärmere Gesichtsfarbe
(Dauer: 10–15 Minuten)
[Blue.jpg]

Foto/Modell: Clarissa Schwarz

1 Farbe auswählen

Laden Sie das Bild *Blue.jpg* in GIMP. Da die Person auf dem Foto eine besonders helle Haut hat, müssen Sie die Haut zunächst in einer anderen Farbe übermalen, damit diese durch die anschließende Bearbeitung nicht rotstichig wird. Wählen Sie dazu im Werkzeugkasten die Farbauswahl der Vordergrundfarbe ❶ und suchen eine zur Haut passende Farbe aus. Ich habe die HTML-NOTATION ❷ »6e4831« gewählt.

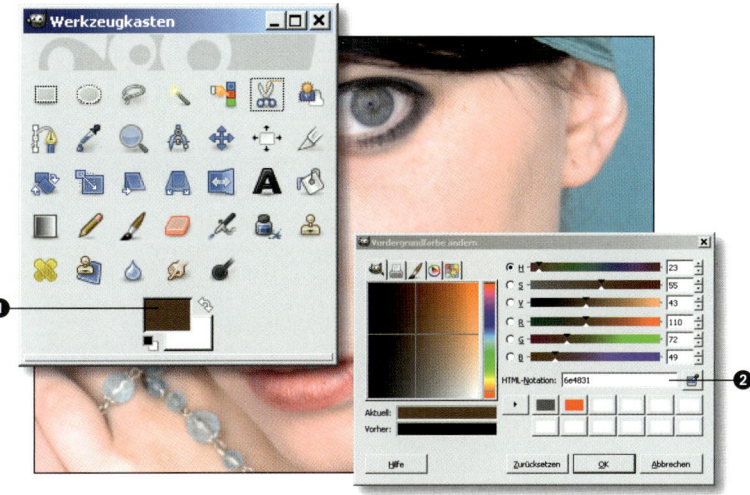

2 Neue Ebene mit Farbton

Öffnen Sie den Ebenendialog mit [Strg] + [L]. Legen Sie eine neue, transparente Ebene mit Hilfe der entsprechenden Schaltfläche ❹ an, und stellen Sie den MODUS ❸ der Ebene auf FARBTON. Aktivieren Sie gleich die neue, transparente Ebene.

3 Haut übermalen

Wählen Sie jetzt den PINSEL ❺. Seine Farbe haben Sie bereits in Schritt 1 ausgesucht. Stellen Sie eine passende Pinselstärke über SKALIEREN ❻ ein, und malen Sie möglichst genau mit dem Pinsel über die Haut. Besonders gut kommt die Farbe an den Stellen zur Geltung, wo die Haut etwas rötlich ist. Anschließend hat das Modell einen ebenmäßigeren Teint.

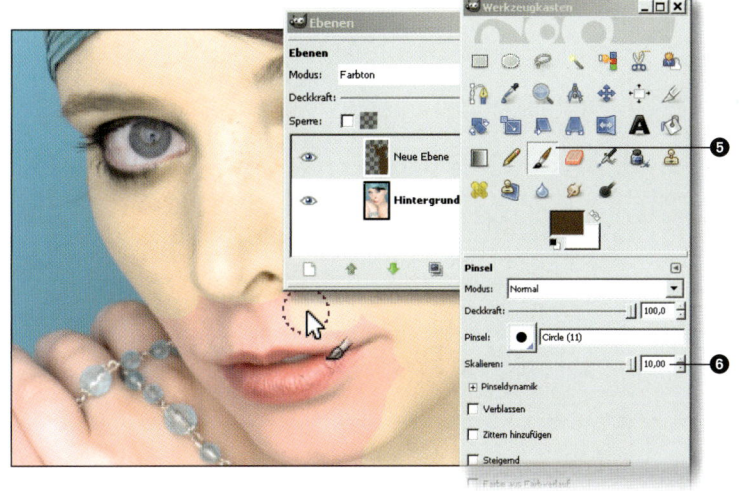

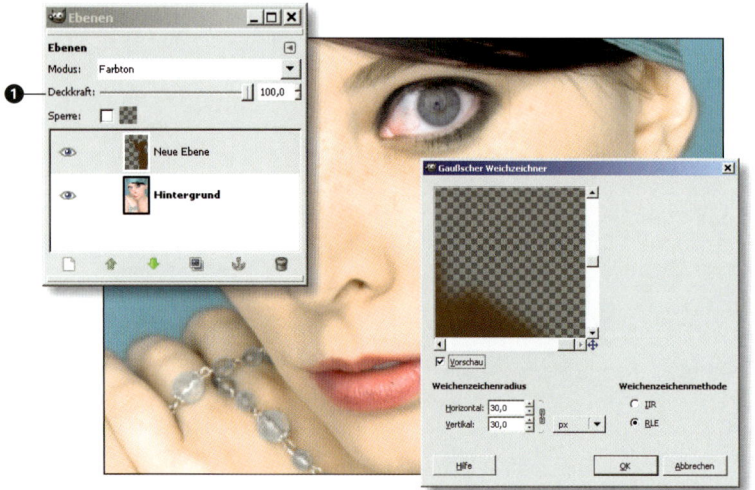

4 Weichzeichnen

Wenden Sie FILTER • WEICHZEICHNEN • GAUSSSCHER WEICHZEICHNER auf die Ebene an, um die Übergänge zu vertuschen. Als WEICHZEICHENRADIUS geben Sie jeweils den Wert »30« an. Sollte Ihnen der Farbton zu kräftig sein, können Sie die DECKKRAFT ❶ leicht reduzieren. Vereinen Sie die beiden Ebenen wieder, indem Sie den Menüpfad EBENE • NACH UNTEN VEREINEN auswählen.

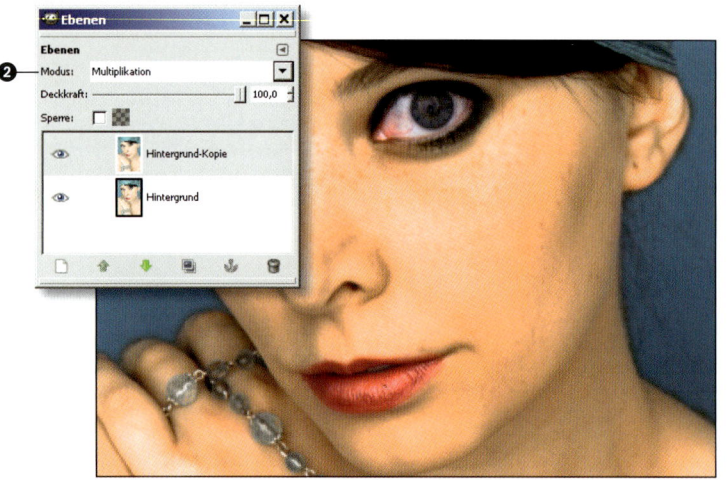

5 Ebene duplizieren

Duplizieren Sie jetzt die Originalebene mit ⇧ + Strg + D. Setzen Sie den MODUS ❷ der kopierten Ebene auf MULTIPLIKATION.

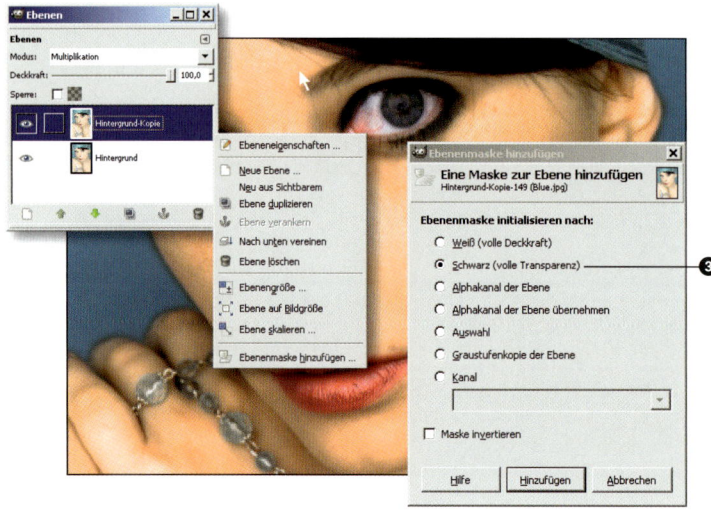

6 Ebenenmaske hinzufügen

Klicken Sie mit der rechten Maustaste auf die kopierte Ebene, und wählen Sie im Kontextmenü EBENENMASKE HINZUFÜGEN aus. Wählen Sie im Dialog die Radio-Schaltfläche SCHWARZ (VOLLE TRANSPARENZ) ❸ aus und klicken Sie auf die Schaltfläche HINZUFÜGEN.

7 Haut mit Pinsel übermalen

Wählen Sie jetzt den PINSEL ❹. Stellen Sie eine passende Stärke über SKALIEREN ein, und verwenden Sie eine weiße Vordergrundfarbe ❺. Malen Sie mit dem Pinsel über die Haut: über das Gesicht, den Hals, das Dekolleté und den Arm. Die Augen lassen Sie frei. Infolge des Übermalens mit dem Pinsel kommt die dunklere Haut zum Vorschein, die durch den Modus MULTIPLIKATION entstanden ist und durch die Ebenenmaske ausgeblendet war.

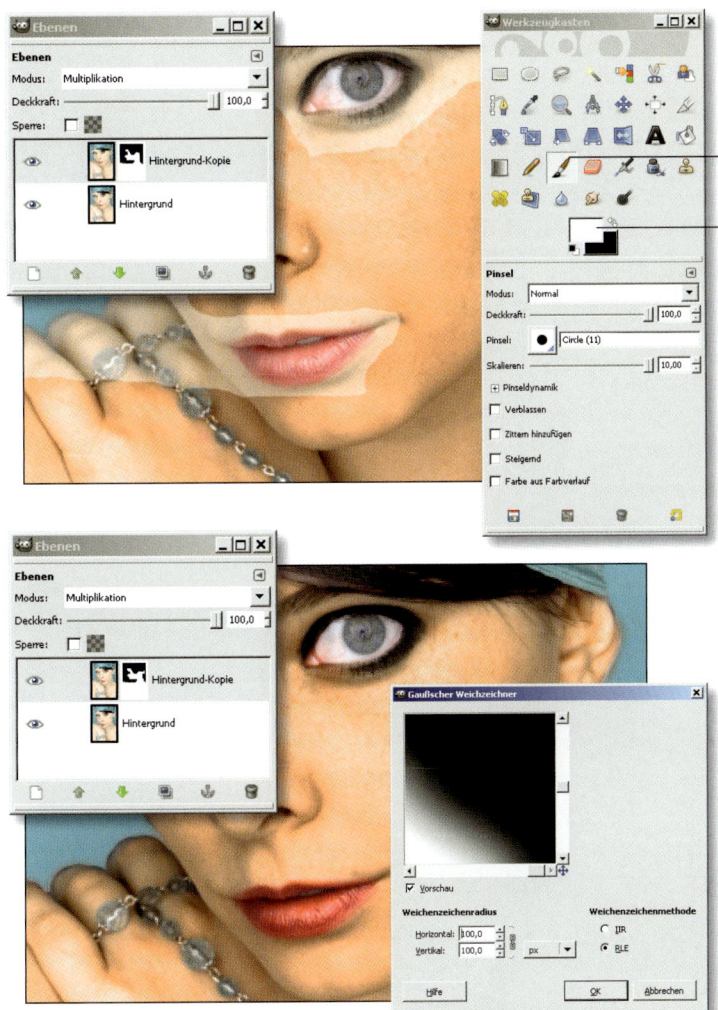

8 Ebenenmaske weichzeichnen

Sie müssen beim Übermalen nicht 100%ig genau arbeiten. Dennoch gilt: Je genauer Sie malen, umso perfekter ist das anschließende Ergebnis. Als Nächstes können Sie die Ebenenmaske noch weichzeichnen. Wählen Sie dazu FILTER • WEICHZEICHNEN • GAUSSSCHER WEICHZEICHNER. Verwenden Sie unter WEICHZEICHENRADIUS jeweils den Wert »100«, und bestätigen Sie den Dialog mit OK.

9 Deckkraft anpassen

Jetzt müssen Sie die Hautfarbe einstellen. Der optimale Wert hängt hierbei vom Hauttyp ab. Hier habe ich die DECKKRAFT der Ebenen auf »70« reduziert. Wenn Ihnen der Hautton gefällt, klicken Sie auf die oberste Ebene mit der rechten Maustaste, und wählen im Kontextmenü NACH UNTEN VEREINEN aus.

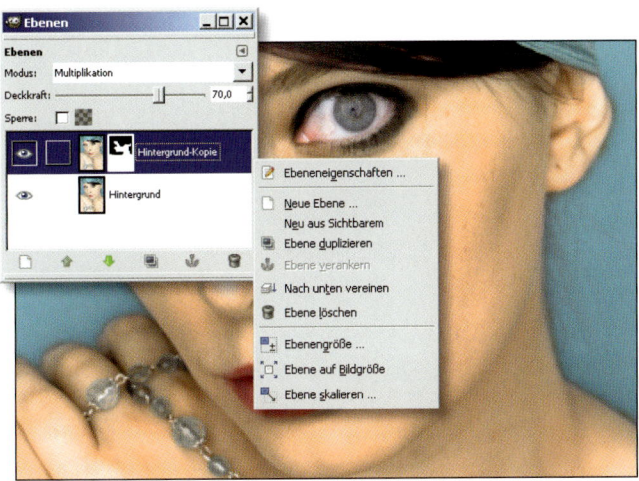

Kapitel 8 | Retusche **235**

Fotomontage

Bei einer Fotomontage darf zusammenkommen, was eigentlich nicht zusammengehört. Im Grunde ist die Fotomontage eine Form der Collage. Auch mit GIMP ist es mit etwas Übung möglich, aufwendigere Montagen zu erstellen. Wie gut diese gelingen, hängt von der Zeit ab, die Sie dafür investieren möchten, und natürlich auch von Ihrer Kreativität. Haben Sie erst einmal den Bogen raus, macht es Ihnen sicher sehr viel Spaß, ein Foto zu manipulieren. Der »Wow!«-Effekt beim Betrachter ist sehr groß. Und neugierige Fragen nach dem Trick, mit dem Sie das Bild erstellt haben, lassen auch nicht auf sich warten!

Foto: Marco Barnebeck

Fotomontage

Text einfügen **239**
   Schriften in ein Bild montieren

Text ins Bild integrieren **242**
   Schriftzug erstellen

Hintergrund austauschen **245**
   Bildstimmung durch einen anderen Himmel verändern

Porträts verfremden **248**
   Gesichtsverformung mit dem Filter IWarp

Doppelgänger erstellen **251**
   …oder Selbstgespräche führen

Objekte einfügen **254**
   Grundlagen zum Montieren von Elementen

Text einfügen
Schriften in ein Bild montieren

Wenn Sie eine Foto- oder Diashow gestalten, möchten Sie einleitende Bilder vielleicht gerne mit einem Text versehen. Mit GIMP können Sie die Texte sehr attraktiv präsentieren. Der folgende Workshop demonstriert Ihnen, wie Sie einen durchsichtigen Text mit einem Schattenwurf in eine Aufnahme einfügen können.

Zielsetzung:
Text einfügen
(Dauer: 10–15 Minuten)
[NeuJahr.jpg]

Foto: Marco Barnebeck

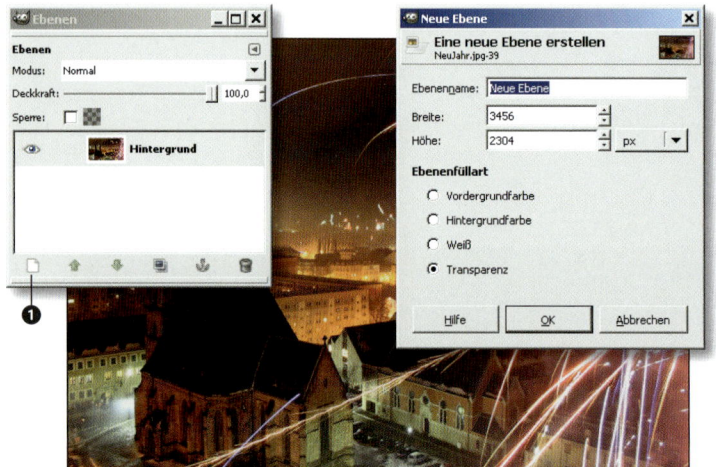

1 Neue Ebene anlegen

Öffnen Sie das Bild *NeuJahr.jpg* in GIMP. Lassen Sie sich den Ebenendialog über ⌨Strg⌨ + ⌨L⌨ anzeigen. Klicken Sie auf den kleinen Button ❶ links unten, um eine neue Ebene anzulegen. Verwenden Sie die voreingestellte Höhe und Breite. Als EBENENFÜLLART wählen Sie TRANSPARENZ. Bestätigen Sie den Dialog mit OK.

2 Text einfügen

Aktivieren Sie die neue Ebene, und wählen Sie jetzt das Werkzeug TEXT A ❷. Wenn Sie damit im Bildfenster mit der linken Maustaste klicken, erscheint der Texteditor, in den Sie den gewünschten Text »2009« eingeben können. Bei den Einstellungen können Sie die Schriftart mit SCHRIFT ❸ und die Schriftgröße ❹ mit GRÖSSE (hier »700« Pixel) anpassen. Als FARBE ❺ wurde hier Weiß gewählt. KANTEN GLÄTTEN und HINTING sollten aktiviert sein.

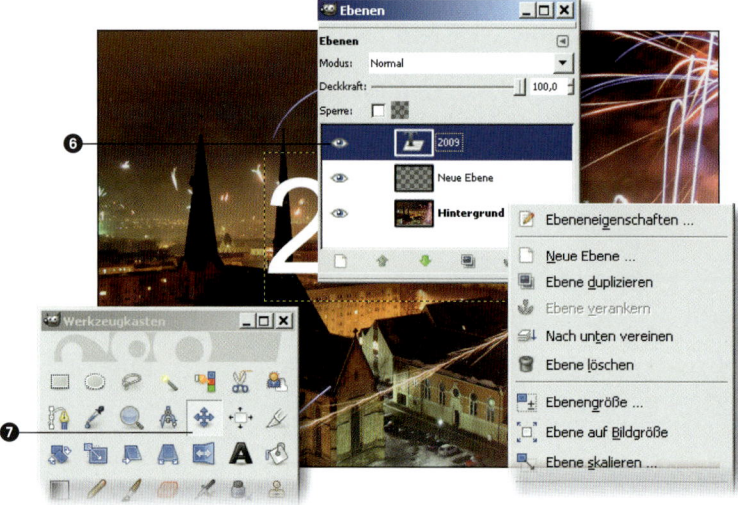

3 Text positionieren

Verwenden Sie, falls nötig, das Werkzeug VERSCHIEBEN ❼, um die schwebende Ebene, also den Text, zu positionieren. Wenn Sie mit der Position zufrieden sind, klicken Sie den Text im Ebenendialog ❻ mit der rechten Maustaste an, und wählen Sie im Kontextmenü NACH UNTEN VEREINEN aus.

4   Ebene duplizieren

Aktivieren Sie die oberste Ebene mit dem Text und duplizieren diese mit einem Klick auf das entsprechende Symbol ❽ im Ebenendialog. Aktivieren Sie die neue Ebene, und wählen Sie den Menüpfad Ebenen • Transformation • Versatz. Der Versatz für X und Y beträgt jeweils »8« Pixel. Das Kantenverhalten ist Falten. Bestätigen Sie den Dialog mit einem Klick auf Versetzen.

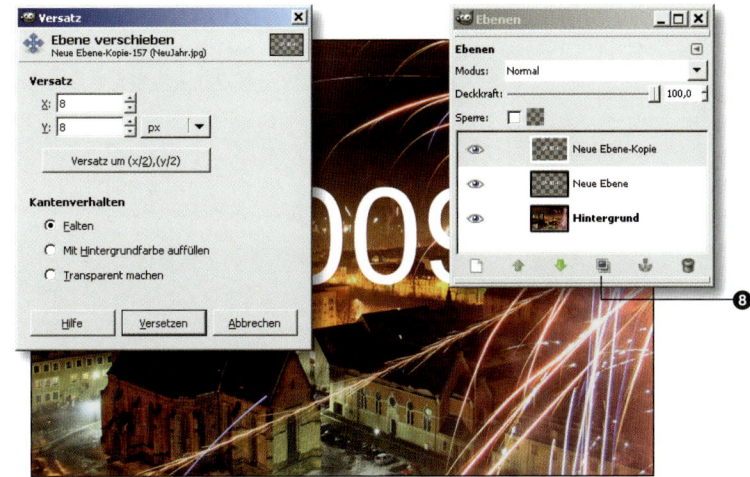

5   Alphakanal verwenden

Aktivieren Sie die oberste Ebene. Färben Sie mit Füllen 🖌 ❾ die Zahlen schwarz. Dazu müssen Sie bei den Einstellungen Füllart auf VG Farbe gesetzt und die Farbe Schwarz in der Werkzeugpalette als Vordergrundfarbe gewählt haben. Klicken Sie mit der rechten Maustaste auf die mittlere Ebene ⓫, und wählen Sie Auswahl aus Alphakanal. Gehen Sie wieder zurück auf die oberste Ebene ❿, und wählen Sie jetzt Bearbeiten • Ausschneiden oder Strg + X.

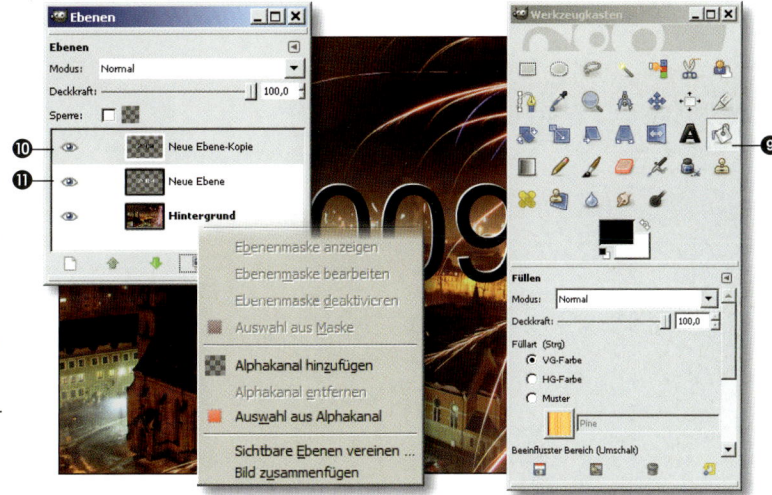

6   Deckkraft reduzieren

Reduzieren Sie jetzt die Deckkraft für die oberste Ebene auf 70 % und die Deckkraft für die mittlere Ebene auf 50 %. Klicken Sie anschließend mit der rechten Maustaste auf die oberste Ebene, und wählen Sie Nach unten vereinen. Wiederholen Sie dies mit der zweiten Ebene, so dass am Ende nur noch die Hintergrundebene vorhanden ist.

Text ins Bild integrieren
Schriftzug erstellen

Wenn Sie einen Titel für eine Diashow in ein Bild montieren, können Sie bei der Platzierung des Textes Ihrer Fantasie freien Lauf lassen. Sie können einen besonders interessanten Effekt erzielen, wenn Sie den Text so ins Bild integrieren, dass dieser wie ein Teil des Motivs erscheint.

Zielsetzung:
Text im Hintergrund einfügen
(Dauer: 10–15 Minuten)
[Salam.jpg]

Foto/Modell: Clarissa Schwarz

1 Text eingeben

Öffnen Sie *Salam.jpg* in GIMP. Wählen Sie das Werkzeug TEXT A ❶ aus der Werkzeugpalette, und klicken Sie ins Bild. Im sich jetzt öffnenden Texteditor können Sie den Text »SALAM ALEIKUM« eingeben. Bei den Einstellungen verwenden Sie für SCHRIFT »Arial Heavy« ❷ mit einer GRÖSSE ❸ von »420« Pixeln. Die FARBE ❹ ist Weiß und die AUSRICHTUNG ❺ zentriert. Zudem sollte ein Häkchen vor HINTING und KANTEN GLÄTTEN gesetzt werden.

2 Text positionieren

Wählen Sie jetzt das Werkzeug VERSCHIEBEN ❻, und positionieren Sie den Text mit gedrückter linker Maustaste an der gewünschten Position. Damit der Text und nicht der Hintergrund verschoben wird, ist es wichtig, dass Sie mit gedrückter linker Maustaste direkt auf einen Buchstaben zielen.

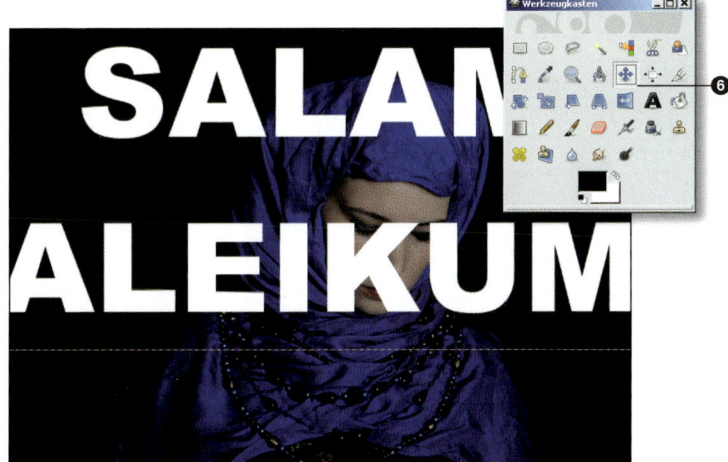

3 Neue Ebene anlegen

Öffnen Sie den Ebenendialog mit [Strg]+[L], und erzeugen Sie eine neue Ebene mit [Strg]+[⇧]+[N]. Für die HÖHE und BREITE belassen Sie die Werte, und die EBENENFÜLLART soll TRANSPARENZ sein. Bestätigen Sie den Dialog mit OK.

Kapitel 9 | Fotomontage   **243**

4 Mit Text vereinen

Der Text soll jetzt mit der neuen Ebene verbunden werden. Aktivieren Sie die neue Ebene und schieben diese mit dem Pfeil-nach-unten-Symbol ❶ in der Rangordnung eine Position nach unten. Jetzt ist der Text die oberste Ebene. Klicken Sie den Text mit der rechten Maustaste an, und wählen Sie im Kontextmenü Nach unten vereinen aus. Jetzt haben Sie insgesamt zwei Ebenen: das Basisbild und die transparente Ebene mit dem Text.

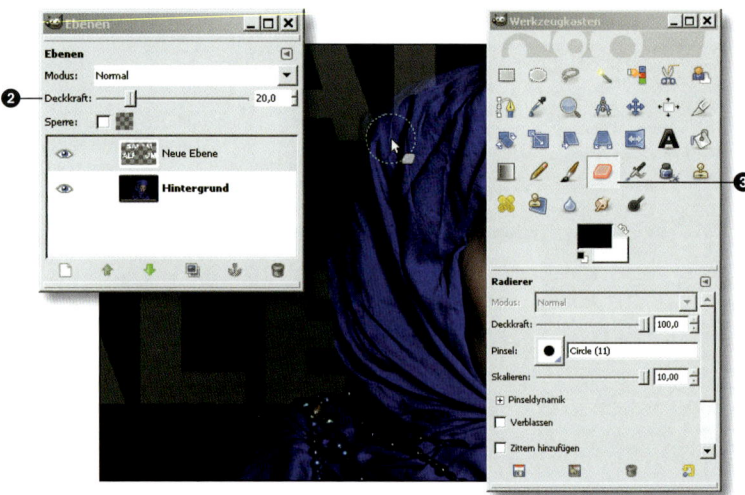

5 Buchstaben wegradieren

Aktivieren Sie die Ebene mit dem Text, und setzen Sie die Deckkraft ❷ auf 20 % herunter. Wählen Sie den Radierer ❸ aus der Werkzeugpalette, und löschen Sie damit die Buchstaben, die die Frau überlagern. Zoomen Sie eventuell mit + näher ins Bild, um möglichst genau radieren zu können. Die Stärke des Radierers können Sie bei den Einstellungen über Skalieren ändern.

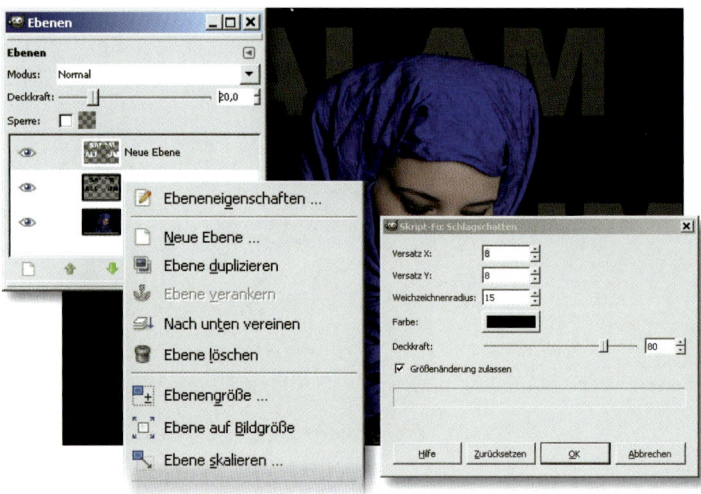

6 Schatten hinzufügen

Jetzt soll dem Text noch ein Schatten über Filter • Licht und Schatten • Schlagschatten hinzugefügt werden. Die vorgegebenen Werte im folgenden Dialog können Sie so belassen. Gegebenenfalls müssen Sie danach erneut den Radierer verwenden, da sich ein geringfügiger Schatten über die Frau gelegt haben könnte. Schließlich müssen Sie alle drei Ebenen von oben nach unten zusammenfügen: über einen rechten Mausklick und Nach unten vereinen.

Hintergrund austauschen
Bildstimmung durch einen anderen Himmel verändern

Wenn Ihnen bei einem Foto der Himmel zu langweilig, zu grau oder zu blau erscheint, dann tauschen Sie diesen doch einfach gegen einen anderen Himmel aus. Das ist eine gar nicht so seltene Aktion in der digitalen Bildbearbeitung. Es kann sich also lohnen, öfter den Himmel zu fotografieren und sich ein Archiv mit unterschiedlichen »Himmelsstimmungen« anzulegen.

Zielsetzung:
neuen Himmel einfügen
(Dauer: 10–15 Minuten)
[Mountain.jpg]

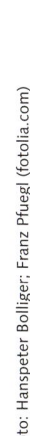

Foto: Hanspeter Bolliger; Franz Pfuegl (fotolia.com)

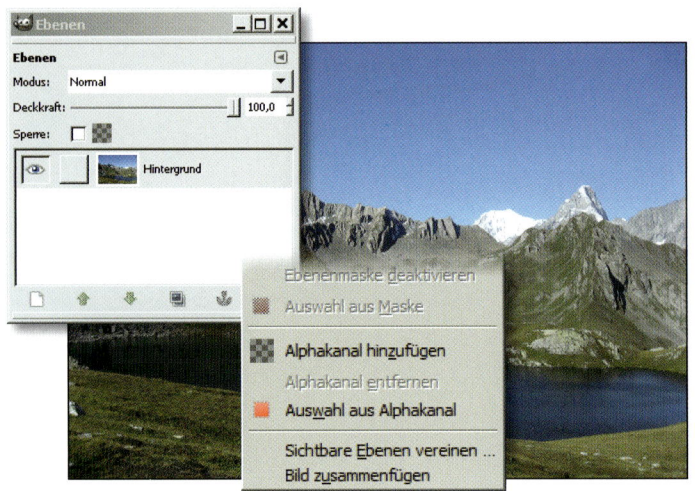

1 Alphakanal hinzufügen

Laden Sie die Datei *Mountain.jpg* in GIMP. Öffnen Sie den Ebenendialog mit [Strg]+[L]. Klicken Sie die Ebene mit der rechten Maustaste an, und wählen Sie im Kontextmenü ALPHAKANAL HINZUFÜGEN. Den Alphakanal benötigen Sie, damit der Hintergrund transparent ist, wenn Sie den Himmel löschen.

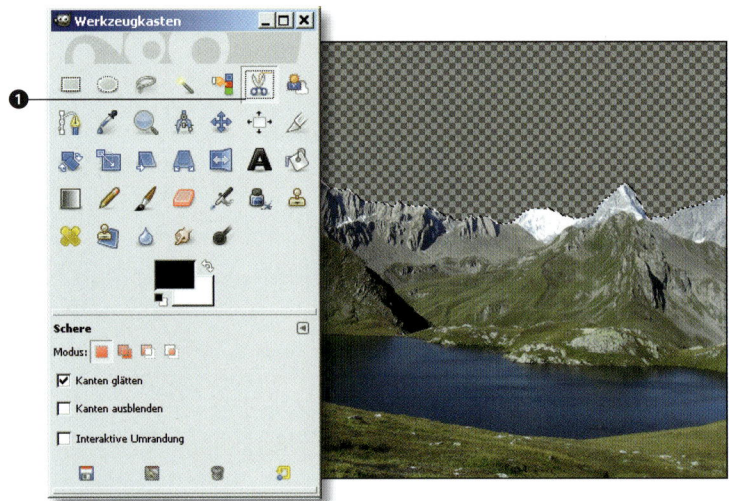

2 Himmel entfernen

Verwenden Sie nun die MAGNETISCHE SCHERE ❶ aus dem Werkzeugkasten, und markieren Sie damit den Himmel entlang der Bergkanten. Haben Sie den Himmel ausgewählt, klicken Sie mit der Maus in die geschlossene Auswahl. Jetzt können Sie den Himmel mit [Entf] beziehungsweise über BEARBEITEN • LÖSCHEN entfernen. Im Hintergrund wird der Alphakanal sichtbar.

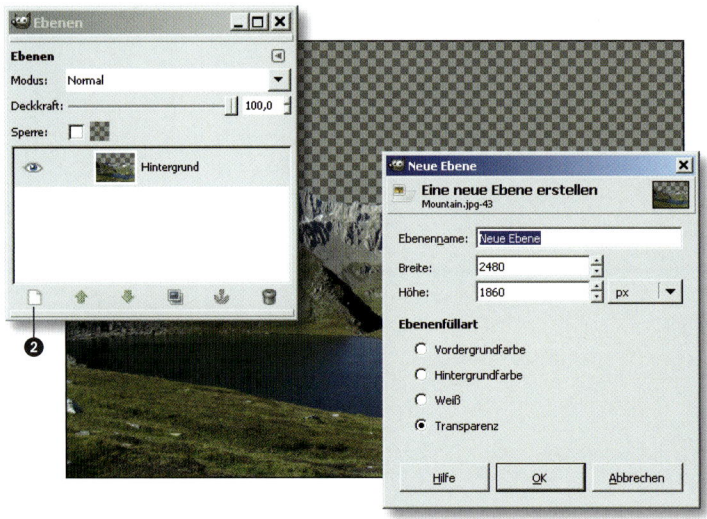

3 Neue Ebene anlegen

Öffnen Sie den Ebenendialog mit [Strg]+[L], und erzeugen Sie eine neue Ebene über die entsprechende Schaltfläche ❷ oder mit dem Tastenkürzel [Strg]+[⇧]+[N]. Die Werte bei HÖHE und BREITE lassen Sie so stehen, und die EBENENFÜLLART stellen Sie auf TRANSPARENZ. Bestätigen Sie den Vorgang mit OK.

4 Neuen Himmel kopieren

Laden Sie jetzt das Bild *Himmel.jpg* in GIMP. Wählen Sie BEARBEITEN • KOPIEREN oder Strg + C zum Kopieren des Bildes in die Zwischenablage. Schließen Sie das Bild anschließend wieder.

Foto: Franz Pfluegl (fotolia.com)

5 Himmel einfügen

Zurück zum Bild *Mountain.jpg*: Öffnen Sie abermals den Ebenendialog mit Strg + L. Platzieren Sie die Ebene mit den Bergen vor der neuen, transparenten Ebene, indem Sie diese auswählen und mit dem Pfeil-Symbol ❹ nach oben bewegen. Aktivieren Sie die leere Ebene, und fügen Sie den Himmel mit Strg + V oder BEARBEITEN • EINFÜGEN ein. Positionieren Sie den Himmel wie gewünscht, und drücken Sie dann das Anker-Symbol ❸.

6 Ebenen vereinen

Wenn Sie möchten, können Sie jetzt noch den Gaußschen Weichzeichner auf den Himmel anwenden, falls dieser zu stark verrauscht sein sollte. Gehen Sie dazu auf den Ebenendialog, klicken die oberste Ebene mit der rechten Maustaste an und wählen anschließend im Kontextmenü NACH UNTEN VEREINEN aus. Übrig bleibt eine Ebene: das Bild mit dem neuen Himmel.

Porträts verfremden
Gesichtsverformung mit dem Filter IWarp

Mit dem Filter IWarp können Sie auf einfache Weise bestimmte Bildausschnitte verformen, vergrößern, verkleinern, drehen und so weiter. Damit ist es Ihnen möglich, schöne, künstlerische, groteske oder auch humorvolle Effekte zu erzielen. Es ist daher sehr empfehlenswert, sich mit diesem Werkzeug vertraut zu machen.

Zielsetzung:
Gesicht verformen
(Dauer: 10–15 Minuten)
[Mimik.jpg]

1 Augen vergrößern

Laden Sie das Bild *Mimik.jpg*. Starten Sie Filter • Verzerren • IWarp. Wählen Sie den Deformiermodus Vergrössern. Klicken Sie mit dem Cursor knapp über das linke Auge in der Bildvorschau. Halten Sie die linke Maustaste gedrückt, und ziehen Sie das Auge etwas nach oben und lassen dann wieder los. Gehen Sie mit dem Mauscursor unter das linke Auge, und ziehen Sie den Cursor bei gedrückter Maustaste etwas nach unten. Wiederholen Sie den Vorgang für das rechte Auge.

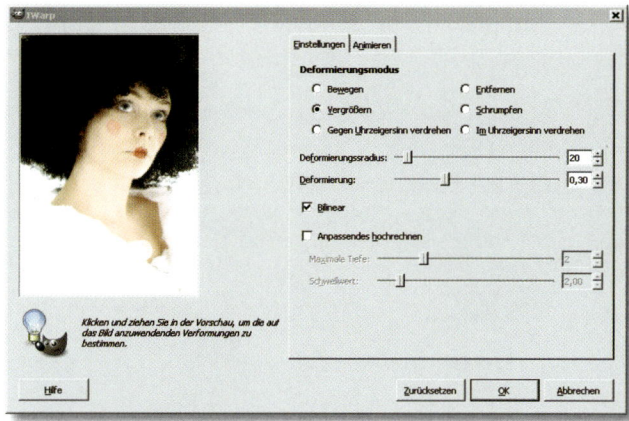

2 Analyse

Wenn Sie die Aktion mit OK bestätigt haben, sollten sich die Augen im Bild vergrößert haben. Sofern Sie nicht damit zufrieden sind, drücken Sie [Strg] + [Z] oder Bearbeiten • Rückgängig: IWarp und führen anschließend Arbeitsschritt 1 erneut aus.

3 Wangen verschmälern

Starten Sie erneut Filter • Verzerren • IWarp. Wählen Sie jetzt den Deformiermodus Bewegen. Klicken Sie mit dem Cursor in der Bildvorschau knapp neben die rechte Wange, ziehen Sie diese mit gedrückter Maustaste nach innen, und lassen Sie dann die Maustaste los. Verfahren Sie ähnlich mit der linken Wange, mit dem Unterschied, dass Sie in diesem Fall unterhalb der roten Bäckchen etwas von links nach rechts ziehen. Bestätigen Sie mit OK.

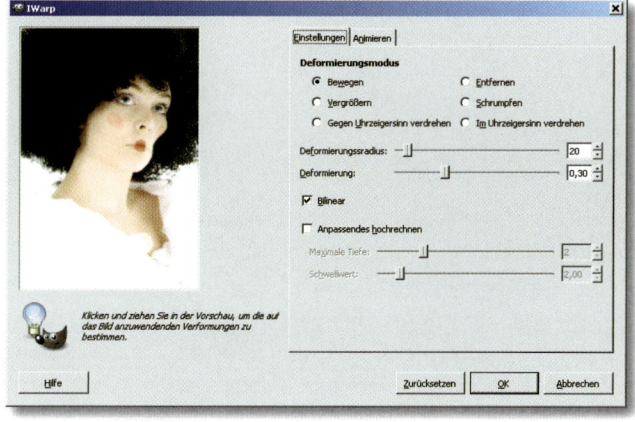

4   Analyse

Auch hier sollten Sie nach der Bestätigung mit OK erheblich schmalere Wangen sehen. Falls sich das gewünschte Ergebnis nicht eingestellt haben sollte, drücken Sie [Strg] + [Z], und versuchen Sie, Schritt 3 mit etwas anderen Bewegungen erneut auszuführen. Es empfiehlt sich, einfach ein wenig mit dem Filter IWarp zu experimentieren.

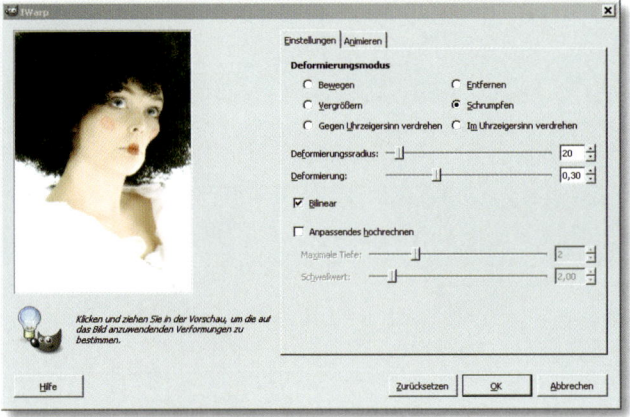

5   Nase verkleinern

Starten Sie den Filter IWarp erneut mit [Strg] + [⇧] + [F]. Aktivieren Sie den Modus SCHRUMPFEN. Gehen Sie mit dem Cursor an das linke untere Nasenloch, und ziehen Sie es mit gedrückter Maustaste leicht nach oben. Wiederholen Sie dies für das rechte Nasenloch, und bestätigen Sie den Vorgang mit OK. Im Bild sollte die Nase jetzt verkleinert erscheinen.

6   Analyse

Deformieren Sie zum Schluss auch noch den Hals mit dem Modus SCHRUMPFEN. Das fertige Ergebnis wirkt sehr grotesk. Der Filter IWarp eignet sich also gut dazu, humorvolle Bilder zu gestalten. Sie können damit aber auch genauso gut virtuelle »Schönheitsoperationen« durchführen, wenn Sie die Aktionen nicht zu sehr übertreiben.

Doppelgänger erstellen
... oder nie mehr alleine sein

Manches Mal will man auf einem Foto mehrmals die gleiche Person abbilden, ohne diese erst mühsam freistellen und anschließend möglichst unauffällig wieder einfügen zu müssen. Um dies zu erreichen, genügt ein Stativ für Ihre Kamera. Stellen Sie das Stativ an einem festen Punkt auf und machen Sie mehrere Fotos von der betreffenden Person, die ihre Position am besten mehrmals wechseln sollte. Wichtig hierbei ist auch, dass Sie die Belichtungsautomatik abschalten, damit immer dieselbe Lichtbedingung vorhanden ist und die Montage nicht auffällt.

Zielsetzung:
zwei Bilder mit derselben Person zusammenfügen
(Dauer: 15–20 Minuten)
[Junge1.jpg – Junge4.jpg]

Foto: Jürgen Wolf

1 Bilder öffnen

Laden Sie zuerst das Bild *Junge1.jpg* in GIMP. Die anderen drei Bilder *Junge2.jpg*, *Junge3.jpg* und *Junge4.jpg* können Sie jetzt über DATEI • ALS EBENE ÖFFNEN beziehungsweise mit [Strg]+[Alt]+[O] öffnen. Im Ebenendialog, den Sie mit [Strg]+[L] aufrufen können, befinden sich jetzt alle vier Bilder. Die Reihenfolge spielt hierbei keine große Rolle.

2 Ebenenmaske anlegen

Klicken Sie im Ebenendialog mit der rechten Maustaste auf die oberste Ebene, und wählen Sie im Kontextmenü EBENENMASKE HINZUFÜGEN aus. Initialisieren Sie diese Ebenenmaske im folgenden Dialog mit WEISS (VOLLE DECKKRAFT) ❶ und klicken Sie auf die Schaltfläche HINZUFÜGEN.

3 Doppelgänger »freimalen« (1)

Verwenden Sie den PINSEL aus dem Werkzeugkasten, und stellen Sie über SKALIEREN ❹ einen ausreichend großen Radius ein. Verwenden Sie Schwarz als Vordergrundfarbe ❸. Aktivieren Sie jetzt im Ebenendialog die oberste Ebene ❺, und deaktivieren Sie gleichzeitig die Sichtbarkeit der Ebene über das Augen-Symbol ❷. Dadurch, dass die untere Ebene sichtbar, aber die obere Ebene aktiv ist, können Sie nun mit dem Pinsel knapp um die Umrisse der Person auf dem Bild malen.

4 Doppelgänger »freimalen« (2)

Aktivieren Sie im Ebenendialog wieder das Augen-Symbol ❻ der obersten Ebene, und betrachten Sie im Bildfenster den Doppelgänger, der mit Hilfe der Ebenenmaske nun hier sichtbar ist. Da Sie die Umrisse jetzt auch auf der obersten Ebene sehen, können Sie den Rest mit Hilfe des Pinsels ✎ sichtbar machen. Wenn Sie zu weit über die Person hinaus gemalt haben, können Sie dies jederzeit mit einer weißen Pinselfarbe korrigieren.

5 Ebene nach unten vereinen

Bevor Sie die nächste Ebene in Angriff nehmen können, müssen Sie zunächst die oberste Ebene mit der darunterliegenden vereinen. Klicken Sie hierzu die oberste Ebene mit der rechten Maustaste an, und wählen Sie im Kontextmenü Nach unten vereinen aus.

6 Schritte 2 bis 5 wiederholen

Wiederholen Sie die Arbeitsschritte 2 bis 5 für die nächsten beiden Ebenen. Sollte es mal kleine Unterschiede zwischen den Bildern wie beispielsweise unterschiedliche Belichtung, Überlappungen oder ein etwas anderes Wolkenbild geben, müssen Sie entweder genauer arbeiten, mehr »freimalen«, oder Sie wenden die üblichen Retusche-Tricks mit dem Werkzeug Heilen 🩹 an.

Kapitel 9 | Fotomontage

Objekte einfügen
Grundlagen zum Montieren von Elementen

Um ein Objekt möglichst nahtlos in ein anderes Bild einfügen zu können, müssen Sie über ein gutes Gespür für Licht und Schatten verfügen. Der folgende Workshop soll Ihnen die entsprechenden Grundlagen vermitteln. Die verwendete Technik lässt sich auf ähnliche Weise in fast allen Montagen einsetzen. Der Workshop setzt ein bereits freigestelltes Objekt mit transparentem Hintergrund voraus.

Zielsetzungen:
Erdkugel einfügen, Lichtrichtung anpassen, Schatten einfügen
(Dauer: 15–20 Minuten)
[Hand.jpg, Erde.jpg]

Foto: Jürgen Wolf

1 Objekt kopieren

Laden Sie die Datei *Erde.tif* in GIMP. Kopieren Sie dieses Bild mit [Strg]+[C] beziehungsweise über den Menüpfad Bearbeiten • Kopieren in die Zwischenablage. Jetzt können Sie das Fenster wieder schließen.

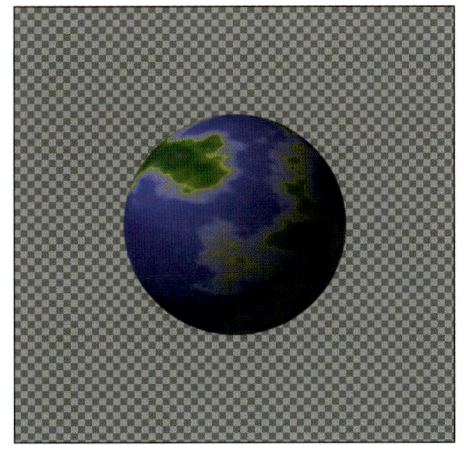

2 Neue Ebene erzeugen

Laden Sie nun das Bild *Hand.jpg*. Öffnen Sie den Ebenendialog mit [Strg]+[L]. Klicken Sie auf die Schaltfläche links unten ❶, oder Sie drücken [Strg]+[⇧]+[N], um eine neue Ebene zu erzeugen. Wählen Sie für die Ebenenfüllart die Radioschaltfläche Transparenz ❷, und bestätigen Sie den Dialog mit OK. Aktivieren Sie die neue Ebene.

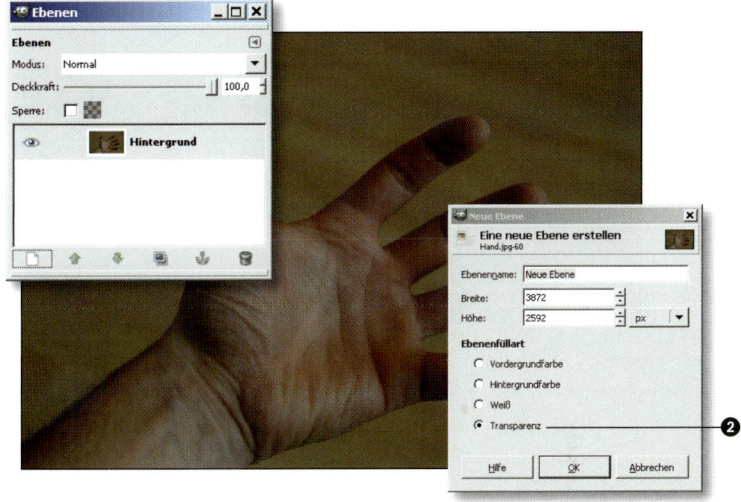

3 Objekt einfügen

Fügen Sie jetzt mit [Strg]+[V] oder Bearbeiten • Einfügen das Bild aus der Zwischenablage in die neue Ebene ein. Zunächst finden Sie die Erdkugel als »Schwebende Auswahl« im Ebenendialog. Verwenden Sie das Werkzeug Verschieben ❹ aus der Werkzeugpalette, und platzieren Sie die eingefügte Ebene so, dass es aussieht, als schwebe die Erdkugel über der Hand. Klicken Sie anschließend auf das Anker-Symbol ❸ im Ebenendialog.

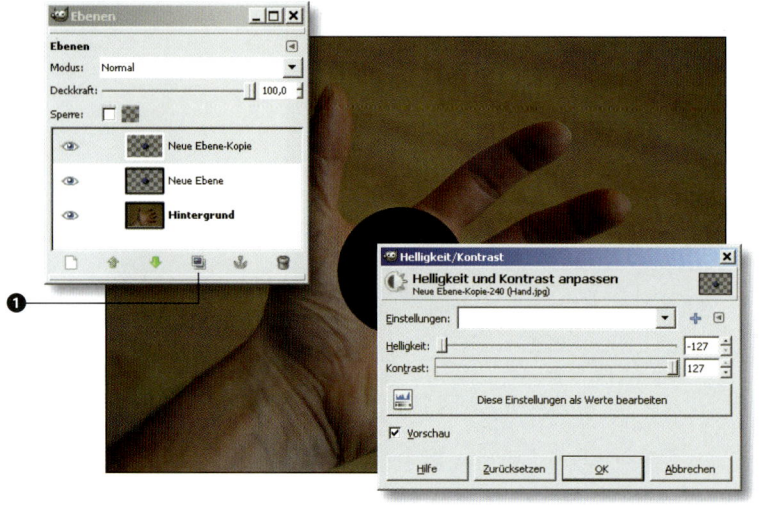

4 Ebene duplizieren und verdunkeln

Duplizieren Sie die Ebene mit der Erdkugel mit ⌈Strg⌉+⌈⇧⌉+⌈D⌉ oder mit einem Klick auf das Duplizieren-Symbol ❶ im Ebenendialog. Aktivieren Sie die kopierte Ebene, und wählen Sie jetzt FARBEN • HELLIGKEIT/KONTRAST. Schieben Sie den grauen Anfasser von HELLIGKEIT ganz nach links auf »–127« und den Anfasser für KONTRAST ganz nach rechts auf »127«, bis ein schwarzer Kreis im Bild angezeigt wird. Bestätigen Sie den Dialog mit OK.

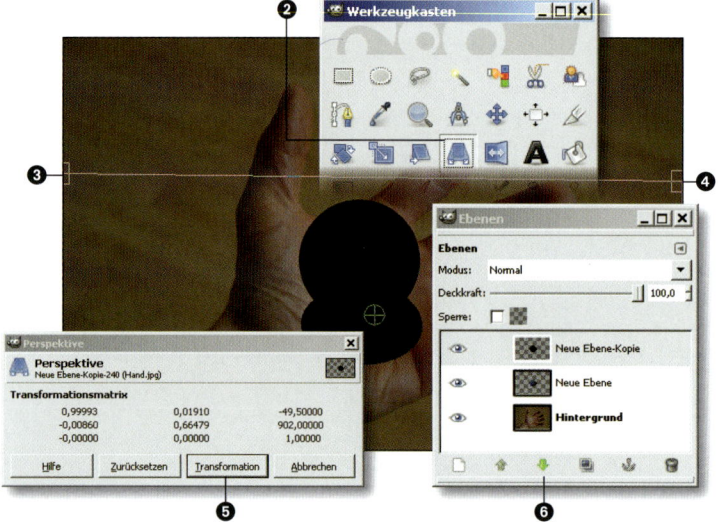

5 Perspektive verzerren

Verwenden Sie das Werkzeug PERSPEKTIVE ❷, und ziehen Sie die oberen beiden Anfasser ❸ und ❹ etwa um ein Drittel nach unten. Die Auswahl soll so aussehen, als läge der Kreis mitten auf der Handfläche. Sind Sie mit dem Schatten zufrieden, so klicken Sie auf TRANSFORMATION ❺. Schieben Sie diese Ebene im Dialog mit dem Pfeil-nach-unten-Symbol ❻ eine Ebene nach unten, so dass die Erdkugel über der Ebene mit dem Schatten liegt.

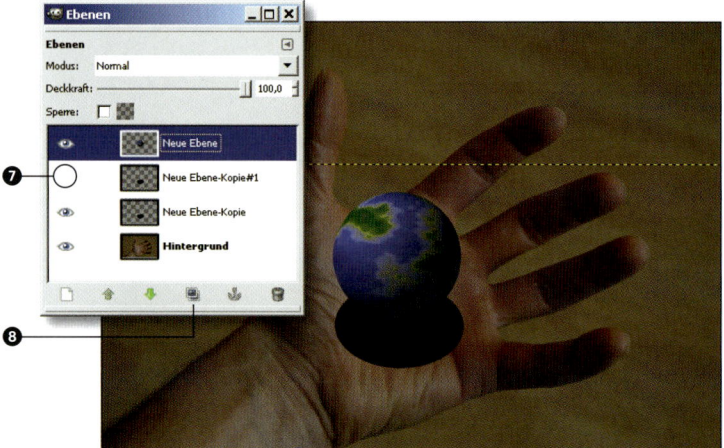

6 Schattenebene duplizieren

Aktivieren Sie die Schattenebene, und klicken Sie im Ebenendialog auf das Duplizieren-Symbol ❽, um eine weitere Kopie zu erstellen. Entfernen Sie außerdem das Augen-Symbol ❼ neben der neu kopierten Ebene, damit diese vorerst nicht angezeigt wird.

7 Schatten weichzeichnen

Um den Schatten der Umgebung anzupassen, zeichnen Sie diesen entsprechend weich. Wählen Sie hierzu den Menüpfad FILTER • WEICHZEICHNEN • GAUSSSCHER WEICHZEICHNER. Verwenden Sie als Radius zum Weichzeichnen jeweils den Wert »300« und als Methode RLE. Bestätigen Sie den Dialog mit OK.

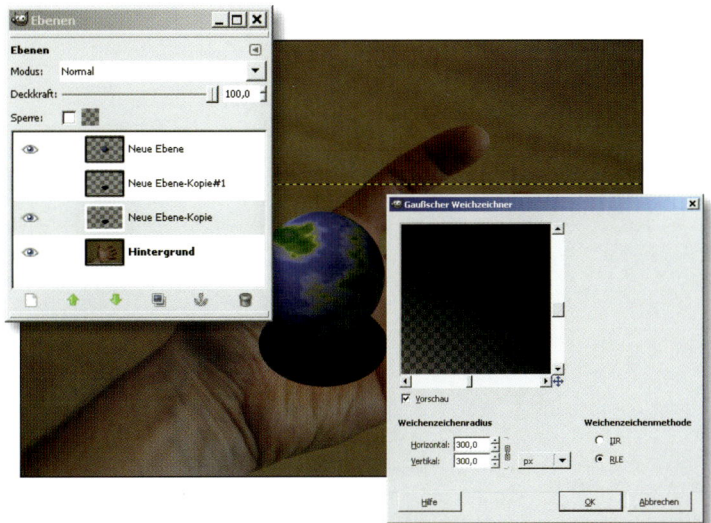

8 Kernschatten bearbeiten

Aktivieren Sie die nicht weichgezeichnete Schattenebene. Machen Sie diese sichtbar, indem Sie das Augen-Symbol ❾ wieder anklicken. Wählen Sie EBENE • EBENE SKALIEREN. Stellen Sie die Maßeinheit der EBENENGRÖSSE auf PROZENTE, und skalieren Sie die BREITE und HÖHE der Ebenen auf »75« herunter. Bestätigen Sie den Dialog mit SKALIEREN. Setzen Sie jetzt die DECKKRAFT für den Kernschatten im Ebenendialog auf den Wert 10 %.

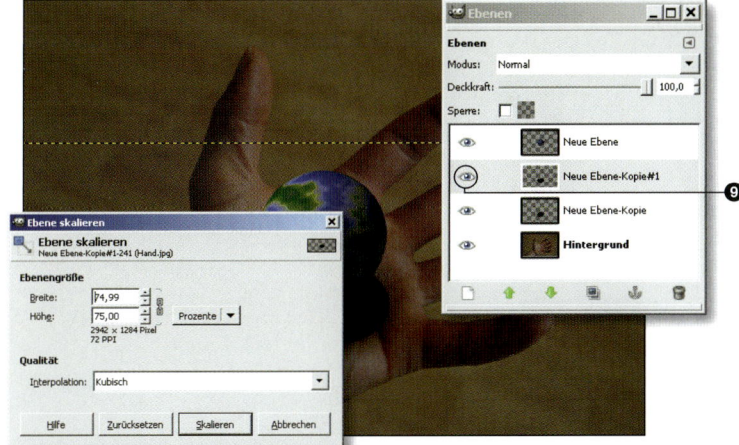

9 Kanten weichzeichnen

Aktivieren Sie nun die Ebene mit der Erdkugel, um die harten Kanten abzurunden. Wählen Sie das Werkzeug WEICHZEICHNEN ❿. SKALIEREN Sie den Pinsel auf »3« und wählen Sie unter VERKNÜPFUNGSART ⓫ WEICHZEICHNEN. Stellen Sie die RATE ⓬ auf »50«. Umfahren Sie mit dem Pinsel den Rand der Erdkugel. Wiederholen Sie diese Aktion für die Ebene mit dem Kernschatten.

Kapitel 9 | Fotomontage **257**

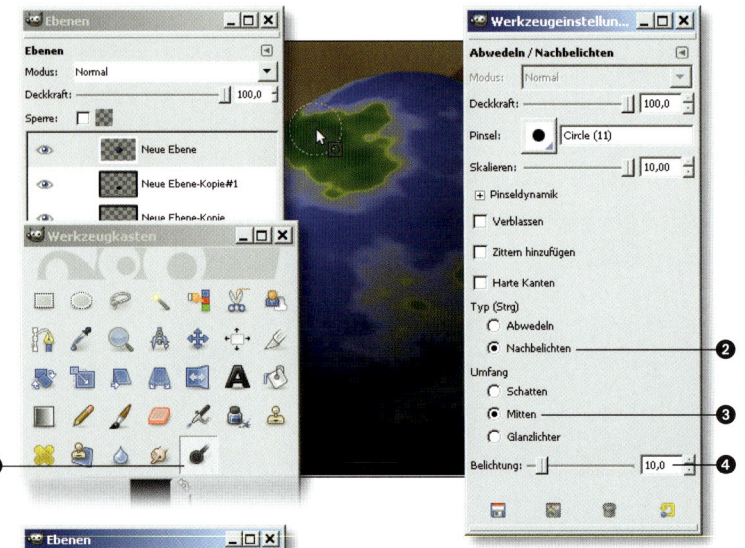

10 Reflexionen abschwächen

Damit die Erdkugel noch realer wirkt, wählen Sie das Werkzeug ABWEDELN/NACHBELICHTEN ❶. Verwenden Sie eine große Pinselspitze »11«. Für den TYP ❷ verwenden Sie NACHBELICHTEN, der MODUS ❸ ist MITTEN, und die BELICHTUNG ❹ beträgt »10«. Malen Sie mit dem Pinsel über den helleren, seitlichen Rand der Kugel. Gehen Sie damit auch in den Kugelkörper bis kurz vor die dunkle Stelle.

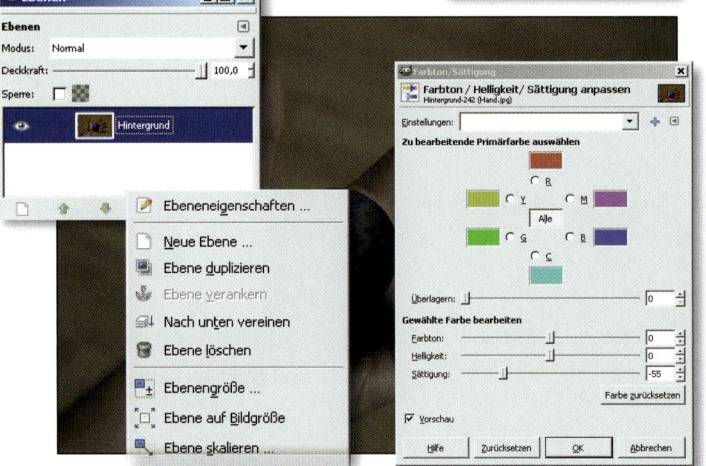

11 Sättigung reduzieren

Klicken Sie mit der rechten Maustaste auf eine der Ebenen, und wählen Sie im Kontextmenü SICHTBARE EBENEN VEREINEN. Im anschließenden Dialog müssen Sie nichts verändern und können gleich auf die Schaltfläche VEREINEN drücken. Wählen Sie jetzt das Bildfenstermenü FARBEN • FARBTON/SÄTTIGUNG, und schieben Sie den grauen Anfasser von SÄTTIGUNG auf »–55«. Bestätigen Sie den Dialog mit OK.

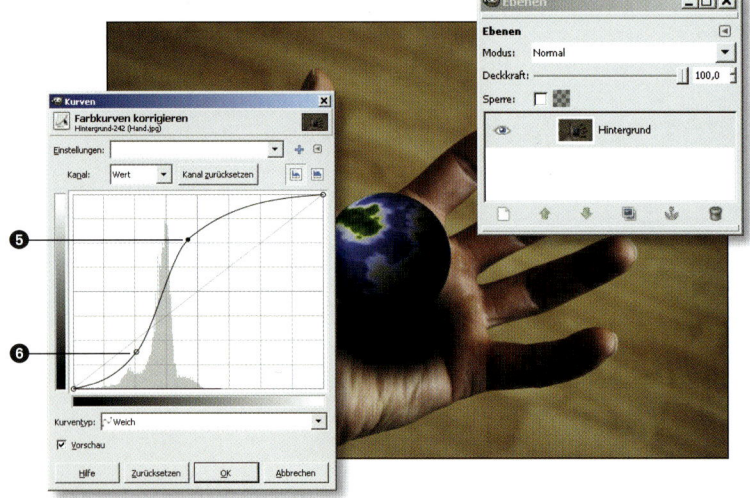

12 Dramatik im Bild

Um die Lichtstimmung dramatischer zu gestalten, wählen Sie FARBEN • KURVEN. Um die hellen und dunklen Stellen im Bild zu verstärken, ziehen Sie im unteren Teil der Kurve einen Punkt ❻ nach unten. Die helleren Stellen im Bild heben Sie mit Punkt ❺ an, indem Sie diesen nach oben ziehen. Hier entscheiden Sie ganz nach Ihrem persönlichen Geschmack.

Schließlich habe ich noch einen Filmbalken hinzugefügt. Wie das geht, entnehmen Sie dem Workshop ab Seite 270.

Dateiformate

Wenn Sie ein Bild speichern, müssen Sie auch das Dateiformat wählen. GIMP bietet Ihnen eine Menge verschiedener Dateiformate an. In der Praxis kommen Sie aber wahrscheinlich mit zwei bis drei Formaten aus. Bei der digitalen Bildbearbeitung mit GIMP dürfte es sich dabei in der Regel um die Formate XFC, JPEG und TIFF handeln. In den folgenden Abschnitten finden Sie einen Überblick über die gängigsten Dateiformate mit einer kurzen Beschreibung ihrer Anwendungsgebiete.

Dateiformat
Ein Dateiformat beschreibt die Art, in der Informationen gespeichert werden. Um die Formate zu unterscheiden, werden unterschiedliche Dateinamenerweiterungen verwendet.

BMP – Windows Bitmap

Windows Bitmap ist ein unkomprimiertes Dateiformat von Microsoft, das hauptsächlich auf diesem Betriebssystem benutzt wird. Das Format wird in erster Linie mit 1, 4 oder 8 Bit Farbtiefe verwendet, es unterstützt aber auch höhere Tiefen. Da BMP keine Komprimierung anbietet und dadurch die Dateigröße enorm ist, ist das Format für das Internet ungeeignet. Als Alternative empfehle ich hier das TIFF-Format.

BMP-Versionen
Es gibt drei verschiedene BMP-Versionen. Meistens liegen die Daten in Version 3 vor, eine frühere Version gibt es nicht. Seltener findet man die Versionen 4 und 5.

GIF – Graphics Interchange Format

GIF ist ein richtiger Klassiker unter den Dateiformaten und immer noch ein beliebtes Format im Webdesign. GIF bietet eine relativ gute, verlustfreie Komprimierung mit 256 Farben an. GIF wird bei Grafiken mit wenigen Farbabstufungen, wie beispielsweise Buttons, im Web verwendet. Beliebt ist GIF auch, weil sich damit Animationen erstellen lassen. Zudem unterstützt GIF Transparenz. Für das Speichern von Fotos ist dieses Format allerdings ungeeignet. Als Alternative zu GIF gilt das PNG-Format, das diesem mittlerweile in technischen Belangen überlegen ist – abgesehen davon, dass PNG keine Animationen unterstützt.

Lizenzfreies GIF
Seit dem 1. Oktober 2006 ist das GIF-Format lizenzfrei und kann somit von jedem und überall verwendet werden. Ex-Patentinhaber Unisys hatte immer wieder damit gedroht, Lizenzgebühren für GIF erheben zu wollen.

JPEG – Joint Photographic Experts Group

Die JPEG-Kompression ist für natürliche Pixelbilder der Fotografie und computergenerierte Bilder (CGI) entwickelt worden. JPEG ist das beste Dateiformat für Fotos mit einer möglichst kleinen Dateigröße. Dieses Format wird zudem vorwiegend im Web verwendet. Auch die Kompressionsverfahren für bewegte Bilder, MPEG-1 und MPEG-2, bauen auf dem JPEG-Standard auf.

Allerdings hat dieses Format auch einen gravierenden Nachteil: Bei jedem Speichern wird mit Verlusten komprimiert (auch wenn Sie die Option »100 % verlustfrei« verwenden). Wenn Sie JPEG-Bilder des Öfteren überarbeiten und abspeichern, bemerken Sie irgendwann sichtbare Qualitätsverluste im Bild.

JFIF = JPEG
Das *JPEG File Interchange Format (JFIF)* ist ein Minimalstandard, der den Austausch von JPEG-komprimierten Bildern zwischen verschiedenen Plattformen und Anwendungen ermöglicht.

JPEG-2000 und JBIG
Nachfolger mit verbesserten Kompressionsverfahren von JPEG sind mit JPEG-2000 und JBIG bereits vorhanden.

PNG – Portable Network Graphics

Da es mit GIF bis zum 1. Oktober 2006 noch Probleme bezüglich der Lizenzierung gab, haben fleißige Entwickler das PNG-Format als freie Alternative dazu entworfen. PNG hat dieselben Eigenschaften wie GIF, es ist damit jedoch nicht möglich, Animationen zu erstellen. Im Gegensatz zum JPEG-Format hat PNG den Vorteil, dass die Daten zu 100 % verlustfrei komprimiert abgespeichert werden können. Zudem ist PNG weniger komplex als TIFF.

Animiertes PNG
Mit dem MNG- und APNG-Format sind PNG-Animationen möglich. Doch diese Formate wurden bisher kaum beachtet.

PSD – Photoshop Document

PSD ist das Format von Photoshop und Photoshop Elements, das alles speichert, was diese Anwendungen können. PSD ist so etwas wie ein Standardformat und kann von anderen Bildbearbeitungsprogrammen – auch GIMP – ebenfalls verwendet werden. Allerdings kann GIMP nicht alle Eigenschaften dieses Dokuments wiedergeben. PSD verwendet keinerlei Kompressionen und speichert sämtliche Ebenen. Daher ist die Größe der Datei ziemlich umfangreich.

Das Photoshop-eigene Format ist nicht für den Druck oder das Internet geeignet. Es wird eher zum Archivieren von Projekten genutzt.

TIFF – Tagged Image File Format

Ebenfalls bereits ein »Oldie« ist das weitverbreitete TIFF-Format. TIFF ist eigentlich das Dateiformat schlechthin, wenn es um den Austausch von hochwertigen Bildern (ohne Ebenen) geht. Auch mit Transparenz bei voller Farbtiefe kann TIFF sehr gut umgehen. Dieses Format speichert die Dateien verlustfrei. Diese sind allerdings recht groß, da TIFF keine hohe Kompressionsrate besitzt.

Sie sollten vorsichtig mit JPEG-Kompressionen bei TIFF-Bildern umgehen, da sich sonst recht schnell Verluste bemerkbar machen können. Ein weiterer Nachteil ist – wenn man diese Funktion brauchen sollte –, dass TIFF keine Ebenen kennt.

In der Praxis ist TIFF neben PDF und EPS das wichtigste Format zum Austausch von Daten in der Druckvorstufe, weil TIFF das für den Druck benötigte CMYK-Farbprofil unterstützt. TIFF ist somit quasi ein Standardformat für Bilder mit hoher Qualität.

XCF – GIMP-eigenes Dateiformat

Was für Photoshop das PSD-Format ist, ist für GIMP das XCF-Format. Das XCF-Format bietet Ihnen die Möglichkeit, GIMP-eigene Informationen wie Pixeldaten für die Ebenen, zusätzliche Kanäle, Pfade und noch einiges mehr mit zu speichern.

Die Daten im XCF-Format werden ebenfalls verlustfrei mit einem RLE-Algorithmus komprimiert gespeichert. Dadurch gehen beim Laden und Speichern im Gegensatz zum JPEG-Format keinerlei Informationen verloren. Allerdings sind auch XCF-Dateien relativ groß: Ein 1000 x 1000 Pixel großes Bild im RGB-Modus mit drei Kanälen kann durchaus 100 Megabytes groß sein.

Wenn's eng wird
Sie können mit Komprimierungsprogrammen wie gzip oder bzip2 die Dateigröße eines Bildes durchaus um das Zehnfache verringern.

Bilder schnell komprimieren

Statt mit Hilfe von Komprimierungsprogrammen können Sie die Dateien direkt beim Speichern in GIMP packen. Hierzu müssen Sie lediglich hinter dem Dateiformat die Endung ».gz« oder ».bz2« anfügen. Ändern Sie beispielsweise *EinBild.xcf* in *EinBild.xcf.gz*, so wird die Datei automatisch von GIMP mit gzip komprimiert. Damit lassen sich schon mehr als 50 % an Speicherplatz einsparen.

Gleiches gilt natürlich ebenfalls für die Endung ».bz2«, mit der Sie die gewünschte Datei mit bzip2 komprimieren können. Wenn Sie diese Dateien wieder mit GIMP öffnen, werden diese automatisch entpackt. Wollen Sie die Dateien auf einem Rechner ohne GIMP verwenden, müssen die Programme auf diesem Rechner vorhanden sein beziehungsweise die Daten müssen erst dekomprimiert werden, bevor Sie die Bilder ansehen können.

Bilder packen
Das Packen der Bilder durch Hinzufügen der Endungen ».gz« beziehungsweise ».bz2« ist natürlich nicht nur auf das Dateiformat XCF beschränkt, sondern lässt sich für alle anderen Dateiformate umsetzen. Beispielsweise können Sie beim TIFF-Format bis zu 80 % der Datengröße sparen. Im Vergleich dazu komprimiert meistens bzip2 mit der Endung ».bz2« stärker.

Unterstützte Dateitypen in GIMP

Die folgende Tabelle listet Ihnen alle Dateitypen auf, die GIMP unterstützt. Teilweise können Sie diese Dateiformate in GIMP öffnen, aber nicht speichern. Das ist ebenfalls aufgeführt.

Endung	Dateityp	Öffnen	Schreiben
.avi	unkomprimiertes AVI-Video von Microsoft	ja	ja
.bmp	Windows Bitmap	ja	ja
.c, .h	C-Quelltext	nein	ja
.cel	KISS CEL	ja	ja
.dcm, .dicom	Digitale Bilderzeugung in der Medizin	ja	ja
.fits, .fit	Astronomiegrafiken	ja	ja
.fli, .flc	Animationen von AutoDesk	ja	ja
.g3	G3 Fax	ja	nein
.gbr, .gpb, .gih	GIMP-Pinsel	ja	ja
.gif	Compuserve GIF (Graphics Interchange Format)	ja	ja
.html	HTML, Tabelle mit farbigen Zellen	nein	ja
.ico	Microsoft-Windows-Icons	ja	ja
.im1, .im8, .im24, .im32, .rs, .ras	SUN-Rasterfile-Bilder	ja	ja
.jpeg, .jpg, .jpe	JPEG (Joint Photographic Experts Group)	ja	ja
.mng	Multiple Network Graphic Layered Image File – animiertes PNG	nein	ja
.pat	GIMP-Muster	ja	ja
.pcx	Zsoft-PCX-Bild	ja	ja
.pdf	PDF (Portable Document Format)	ja	nein
.pix, .matte, .mask, .alpha, .als	Alias-Pix-Bild	ja	ja
.png	PNG (Portable Network Graphics)	ja	ja
.pnm, .ppm, .pgm, .pbm	PNM-Bilder	ja	ja
.ps, .eps, ps.gz	Postscript	ja	ja
.ps, .psd	Adobe Photoshop	ja	ja

Endung	Dateityp	Öffnen	Schreiben
.psp, .tub	Paint-Shop-Pro-eigenes Format	ja	ja
.sgi, .rgb, .bw, .icon	Silicon-Graphics-IRIS-Bild	ja	ja
.svg	Scalable Vector Graphics mit exportiertem Pfad	ja	ja
.tga	Truevision TarGA	ja	ja
.tiff, .tif	TIFF (Tagged Image File Format)	ja	ja
.txt, .ansi, .text	ASCII-Bilder (nur wenn AAlib vorhanden ist)	nein	ja
.wmf, .apm	Windows-WMF-Datei	ja	nein
.xbm, .bitmap	X-Bitmap-Bild	ja	ja
.xcf, .xcf.gz, .xcf.bz2	GIMP-eigener Dateityp	ja	ja
.xjt, .xjtgz, .xjtbz2	GIMP-komprimiertes XJT-Bild	ja	ja
.xpm	X-PixMap-Bild	ja	ja
.xwd	X-Windows-Speicher	ja	ja

Tabelle 1
Dateitypen, die GIMP ohne weitere Plug-ins unterstützt

Effekte, Filter und Tricks

GIMP hält eine ganze Menge an Filtern und Plug-ins für Sie bereit. Zusätzlich gibt es noch unzählige Plug-ins, die Sie nachträglich installieren können. Einzeln angewendet, verlieren manche von ihnen sicherlich mit der Zeit ihren Reiz. Manchmal wirken sie dann kitschig und verbraucht auf den Betrachter. Die Effekte demzufolge richtig und wirkungsvoll einzusetzen, hängt sehr von der Kreativität des Einzelnen ab. Lassen Sie sich also nicht davon abhalten, mit den Filtern zu experimentieren. So können Sie ungewöhnliche und einzigartige Effekte erzielen, mit denen Sie sicherlich das eine »Ah!« und das andere »Oh!« ernten werden.

Foto: iStockphoto, Hedda Gjerpen

Effekte, Filter und Tricks

Foto in Comic umwandeln **267**
  Comicbilder leicht gemacht

Bleistiftzeichnung erstellen **270**
  Ohne Illustrationswerkzeug »zeichnen«

Bilder wie aus einem Film **272**
  Ein Foto im »Hollywood-Look« erstellen

Mehr Licht und Schatten **277**
  Dem Bild einen dramatischen Look verpassen

Crossentwicklung nachahmen **279**
  Analoge Tricks digital simulieren

Mit Farbverläufen tonen **282**
  Bilder mit Farbspielen verfremden

Vignettierung erzeugen **284**
  Bild mit einer Abschattung versehen

Foto in Comic umwandeln
Comicbilder leicht gemacht

Für den einen ist Comic ein Begriff für sequenzielle Kunst, für den anderen eine Form der Unterhaltung. Jedenfalls können Sie mit GIMP ohne großen Aufwand aus einem Foto ein Comicbild machen. Gute Ergebnisse in diesem Bereich sind allerdings meistens das Produkt längeren Experimentierens.

Zielsetzung:
Bild in Comic umwandeln
(Dauer: 10–15 Minuten)
[Police.jpg]

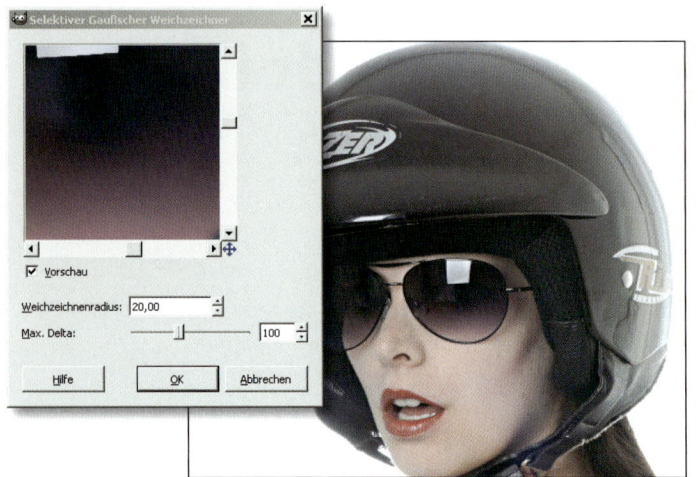

1 Bild weichzeichnen

Laden Sie das Bild *Police.jpg* in GIMP. Wählen Sie das Bildfenstermenü FILTER • WEICHZEICHNEN • SELEKTIVER GAUSSSCHER WEICHZEICHNER. Verwenden Sie für den WEICHZEICHNENRADIUS den Wert »20« und für MAX. DELTA den Wert »100«. Bestätigen Sie den Dialog mit OK.

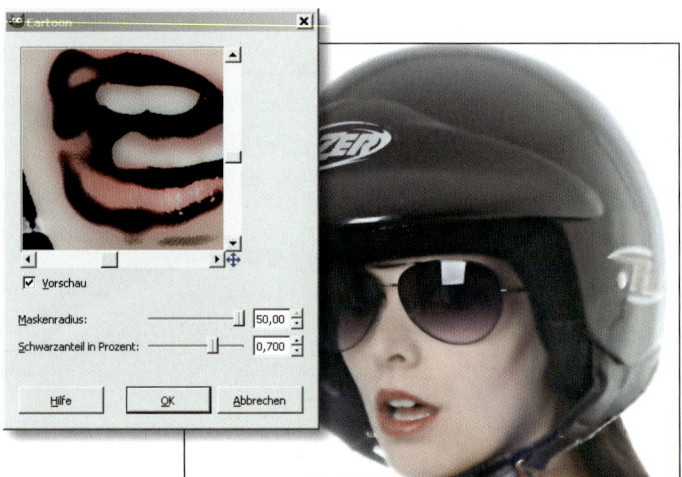

2 Filter Cartoon verwenden

Wählen Sie jetzt FILTER • KÜNSTLERISCH • CARTOON. Stellen Sie bei MASKENRADIUS den Wert »50« und bei SCHWARZANTEIL IN PROZENT den Wert »0,7« ein. Bestätigen Sie mit OK.

3 Farbe entziehen

Jetzt entziehen Sie dem Bild etwas Farbe. Gehen Sie dazu auf FARBEN • POSTERISIEREN. Im Beispiel wurde die FARBANZAHL auf »2« reduziert. Dieser Vorgang ist allerdings, wie so oft, eine Frage des individuellen Geschmacks. Sie können hier auch gerne einen höheren Wert wählen. Klicken Sie anschließend auf OK.

4 Farbsättigung erhöhen

Erhöhen Sie nun noch die Sättigung der Farbe. Wählen Sie FARBEN • FARBTON/SÄTTIGUNG. Die SÄTTIGUNG habe ich auf den Wert »100« erhöht. Auch das ist Geschmackssache. Aber schließlich soll es ein Comic sein, und ich mag gerne knallige Farben. Bestätigen Sie den Dialog mit OK.

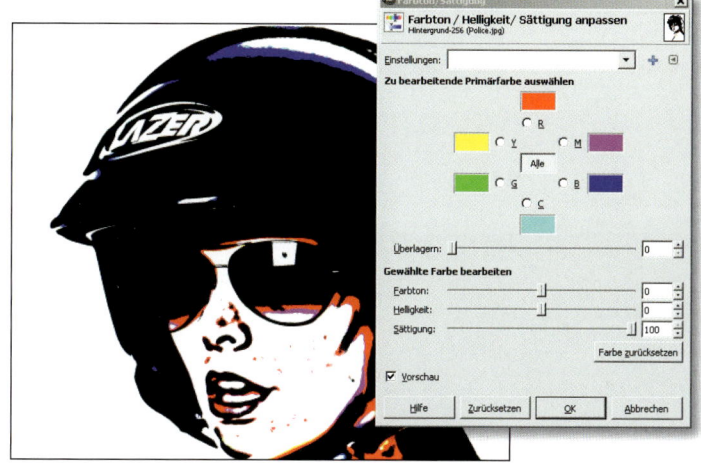

5 Farbflecken »wegklonen«

Im Bild befinden sich noch viele rote, gelbe und schwarze Farbflecken. Verwenden Sie das Werkzeug KLONEN ❶ aus dem Werkzeugkasten, und passen Sie die Stärke des Pinsels über SKALIEREN ❷ an. Wählen Sie einen freien weißen Bereich im Bild aus, und drücken Sie die linke Maustaste und Strg gleichzeitig. Klicken Sie jetzt mit der linken Maustaste auf den Farbklecks. Wiederholen Sie diesen Vorgang bei den anderen farbigen Stellen, die Sie entfernen möchten.

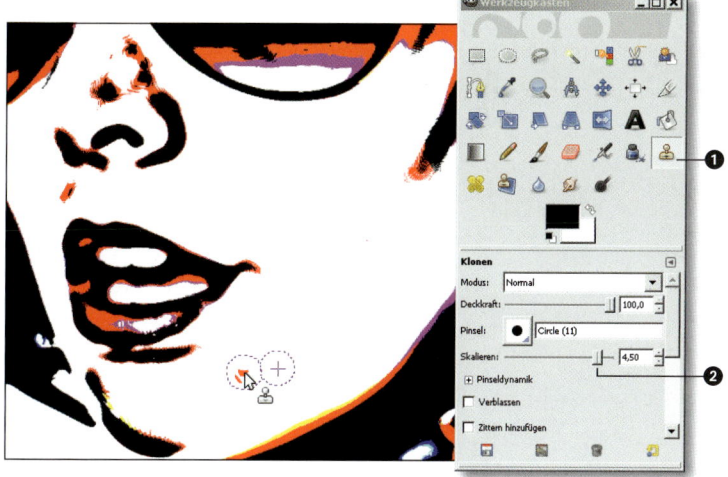

6 Analyse

Im Beispiel wurde bewusst die Hautfarbe ignoriert, so dass sich am Ende die Haupthautfarbe in Weiß darstellt. Dies können Sie ändern, wenn Sie beim Posterisieren mehr Farben verwenden. Allerdings sind dann oft die Farbflecken so unregelmäßig, dass eine Nachbearbeitung mehr Arbeit macht, als ein nachträgliches Einfärben der Haut.

Bleistiftzeichnung erstellen
Ohne Illustrationswerkzeug »zeichnen«

Wenn Sie im digitalen Zeitalter eine Zeichnung erstellen und diese anschließend am Computer bearbeiten möchten, würden Sie sie sicher von Hand erstellen und anschließend einscannen. So geht auch ein Comiczeichner oder Grafiker vor, der sein gezeichnetes Konzept digitalisieren möchte. In diesem Workshop überspringen Sie das Zeichnen und stellen direkt aus einem Foto eine »Bleistiftzeichnung« her.

Zielsetzung:
Bild in eine Bleistiftzeichnung umwandeln
(Dauer: 5 Minuten)
[Seitenblick.jpg]

Foto/Modell: Clarissa Schwarz

1 Weichzeichnen und Kanten finden

Laden Sie die Datei *Seitenblick.jpg* in GIMP. Verwenden Sie zunächst den Gaußschen Weichzeichner über den Menüpfad FILTER • WEICHZEICHNEN • GAUSSSCHER WEICHZEICHNER. Benutzen Sie für beide Radien den Wert »5« und als Methode RLE.

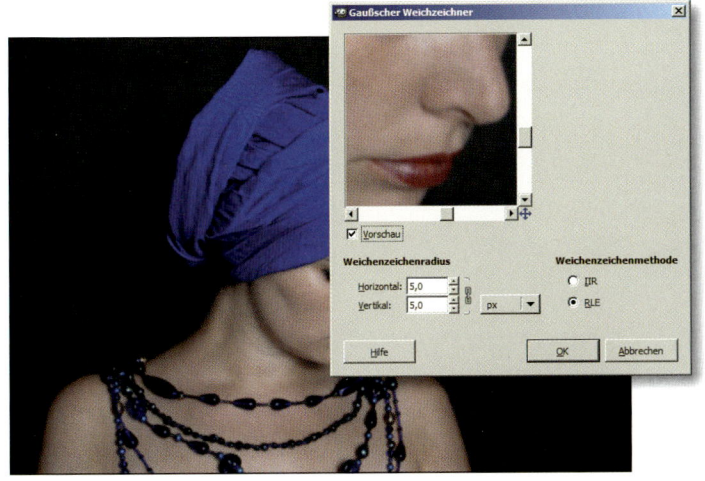

2 Farbwerte umkehren

Öffnen Sie jetzt FILTER • KANTEN FINDEN • KANTEN. Wählen Sie als ALGORITHMUS »Sobel«, für die MENGE »2« und den Radioknopf VERWISCHEN aus. Bestätigen Sie den Vorgang mit OK. Jetzt soll der Farbwert jedes einzelnen Pixels umgekehrt werden. Gehen Sie hierzu auf FARBEN • INVERTIEREN.

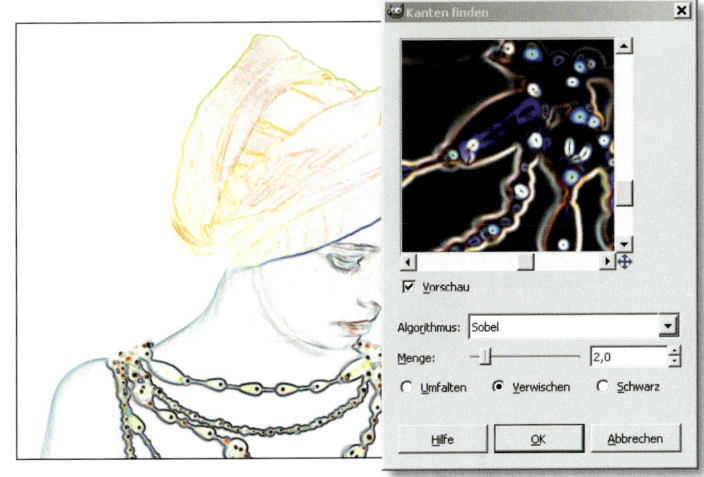

3 Farbe entfernen

Schließlich müssen Sie nur noch dem Bild die letzte Farbe entziehen. Gehen Sie dazu auf FARBEN • FARBTON/SÄTTIGUNG, und schieben Sie den grauen Anfasser von SÄTTIGUNG ganz nach links auf den Wert »–100«. Bestätigen Sie dann den Dialog mit OK.

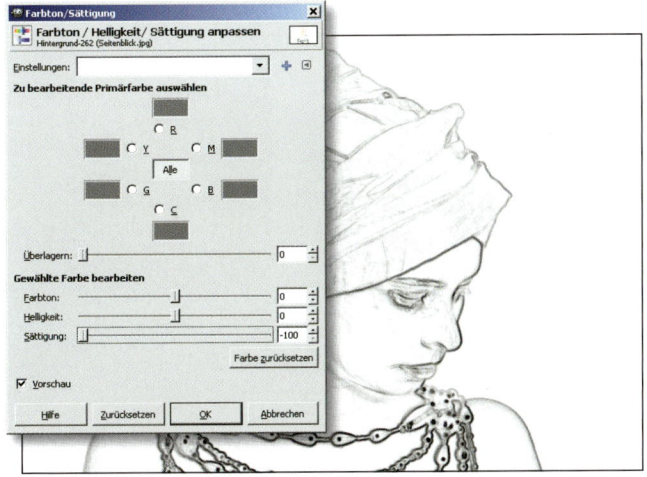

Kapitel 10 | Effekte, Filter und Tricks

Bilder wie aus einem Film
Ein Foto im »Hollywood-Look« erstellen

Screenshots von einem Film zu erstellen, ist keine schwierige Sache. Aber ein Foto so zu bearbeiten, dass es aussieht, als entstamme es einem Film, ist ein sehr beeindruckender Effekt. Damit lassen sich auch viele auf den ersten Blick vielleicht langweilig wirkende Fotos eindrucksvoll aufpeppen.

Zielsetzung:
Bild in einen Filmausschnitt umwandeln
(Dauer: 10–15 Minuten)
[Gigant.jpg]

Foto: Marco Barnebeck

1 Sättigung reduzieren

Öffnen Sie das Bild *Gigant.jpg* in GIMP. Rufen Sie dann FARBEN • FARBTON/SÄTTIGUNG auf, und reduzieren Sie über das Bildfenstermenü die SÄTTIGUNG ❶ der Farben auf den Wert »–55«. Bestätigen Sie den Dialog mit OK.

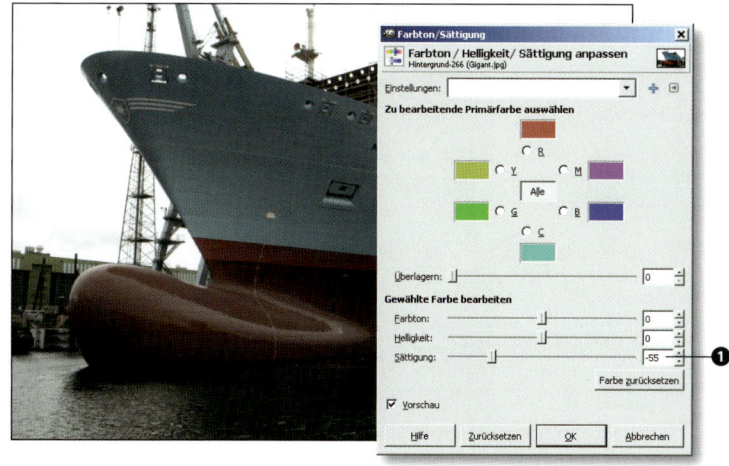

2 Farbkurve korrigieren

Als Nächstes soll auch die Farbkurve angepasst werden. Öffnen Sie hierzu FARBEN • KURVEN, und verbiegen Sie die Kurve an den Stellen ❷ und ❸ so, dass ein leichtes »S« entsteht. Das Bild wirkt jetzt schon wesentlich dramatischer. Natürlich können Sie auch selbst so lange experimentieren, bis Sie mit dem Ergebnis zufrieden sind. Die hier verwendete Form führt aber häufig, auch bei anderen Bildern, zum besten Ergebnis.

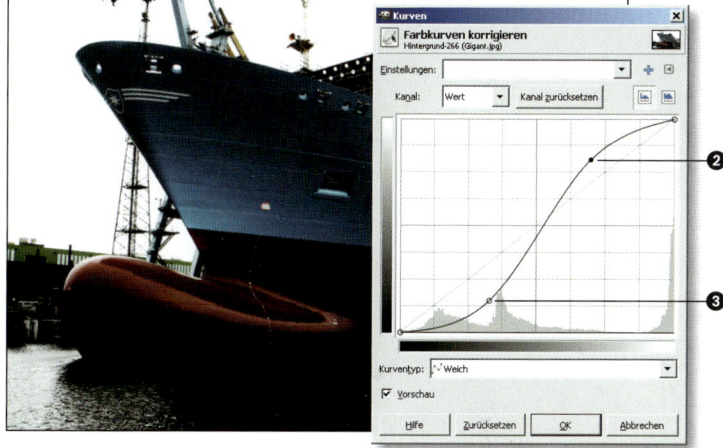

3 Neue Ebene erzeugen

Öffnen Sie jetzt den Ebenendialog mit [Strg]+[L], und duplizieren Sie die aktuelle Ebene mit [Strg]+[⇧]+[D] oder mit einem Klick auf die entsprechende Schaltfläche ❹. Aktivieren Sie die neue Ebene, und wählen Sie FILTER • WEICHZEICHNEN • GAUSSSCHER WEICHZEICHNER. Für den horizontalen und vertikalen Radius verwenden Sie jeweils den Wert »7« und für die WEICHZEICHENMETHODE RLE. Bestätigen Sie die Aktion mit OK.

Kapitel 10 | Effekte, Filter und Tricks **273**

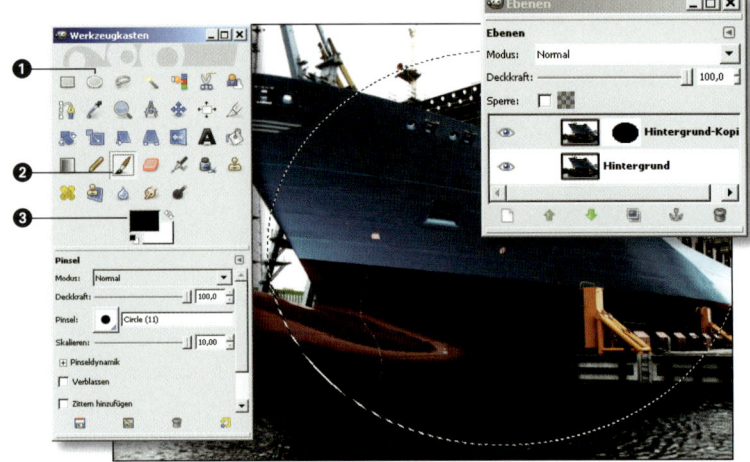

4 Ebenenmaske

Klicken Sie mit der rechten Maustaste auf die duplizierte Ebene, und wählen Sie EBENENMASKE HINZUFÜGEN aus. Stellen Sie WEISS (VOLLE DECKKRAFT) für die Maske ein. Verwenden Sie die ELLIPTISCHE AUSWAHL ❶ aus dem Werkzeugkasten, und wählen Sie einen runden Bereich aus, der schärfer erscheinen soll. Verwenden Sie einen stärker skalierten, schwarzen ❸ PINSEL ❷ zum Übermalen, damit das schärfere Bild in der Auswahl zum Vorschein kommt.

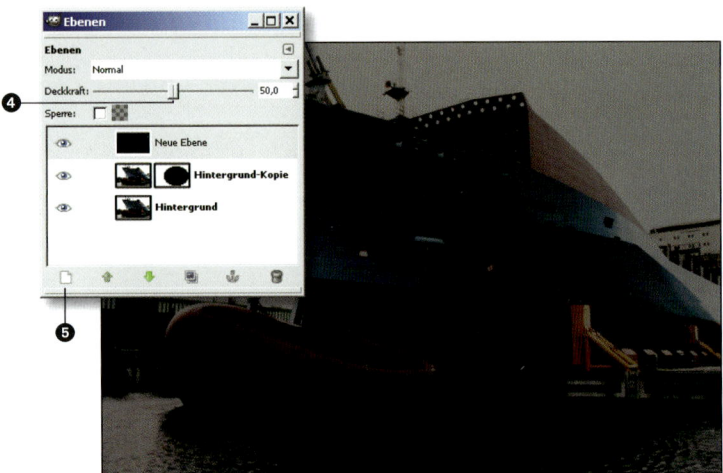

5 Schwarze Ebene erzeugen

Erstellen Sie eine neue Ebene mit [Strg] + [⇧] + [N] oder über die entsprechende Schaltfläche ❺ im Ebenendialog. Achten Sie darauf, dass Sie die Vordergrundfarbe auf Schwarz gestellt haben, und geben Sie dann im Dialog NEUE EBENE unter EBENENFÜLLART die VORDERGRUNDFARBE an. Bestätigen Sie den Dialog mit OK. Aktivieren Sie die neue Ebene, und reduzieren Sie ihre DECKKRAFT auf 50 % ❹.

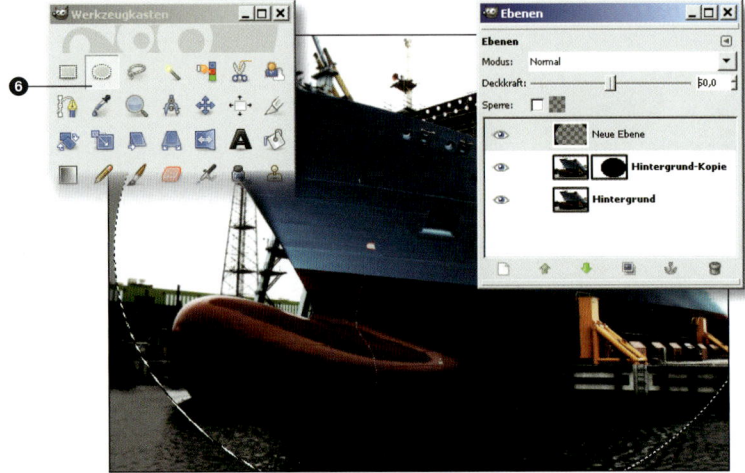

6 Vignettierung einbauen

Verwenden Sie jetzt die ELLIPTISCHE AUSWAHL ❻ aus dem Werkzeugkasten, und ziehen Sie erneut einen Kreis so ins Bild, dass er das Schiff umschließt. Der Kreis muss dabei nicht unbedingt mittig sein. Klicken Sie jetzt in die Auswahl zur Bestätigung, und drücken Sie [Entf] oder BEARBEITEN • LÖSCHEN, um ein Loch auszuschneiden. Entfernen Sie die Auswahl, indem Sie mit der linken Maustaste in einen Bereich außerhalb des Kreises klicken.

7 Vignettierung weichzeichnen

Jetzt haben Sie zwar ein Bild mit einem runden Ausschnitt, aber wie eine Vignettierung sieht das leider noch nicht aus. Bleiben Sie bei der schwarzen Ebene. Wählen Sie den Menüpfad Filter • Weichzeichnen • Gaussscher Weichzeichner, und verwenden Sie für den Weichzeichenradius jeweils den Wert »1 500«. Bestätigen Sie mit OK.

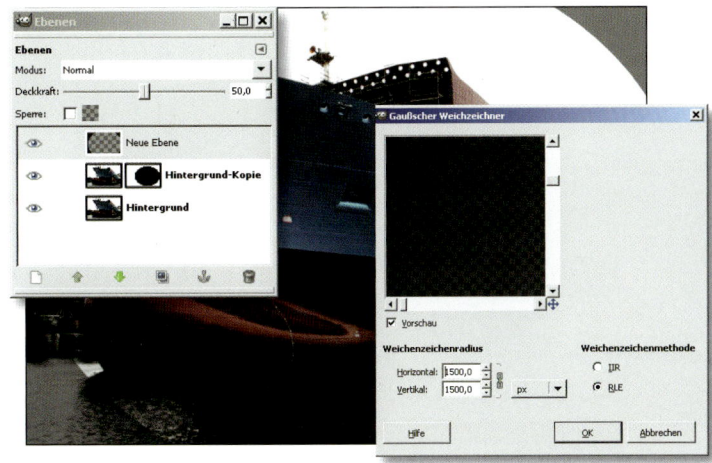

8 Ebenen zusammenfügen

Jetzt ist es an der Zeit, die einzelnen Ebenen zu einem Bild zusammenzufügen. Klicken Sie hierzu mit der rechten Maustaste auf die oberste Ebene, und wählen Sie im folgenden Kontextmenü Nach unten vereinen aus. Führen Sie denselben Vorgang mit der nächsten Ebene durch, bis am Ende nur noch eine Ebene übrig bleibt.

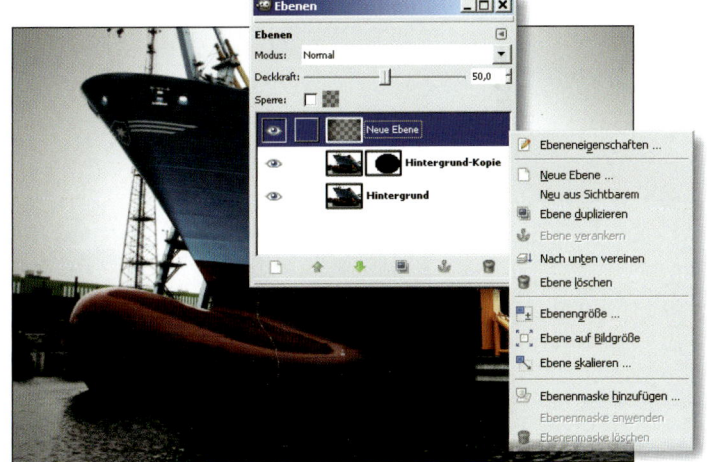

9 Bild skalieren

Gehen Sie jetzt auf Bild • Bild skalieren. Ändern Sie die Einheit bei Bildgröße auf Prozente ❽. Lösen Sie die Kette ❼ bei der Bildgrösse, um die Breite und Höhe unabhängig voneinander ändern zu können. Erhöhen Sie die Breite auf »105 %«, und reduzieren Sie die Höhe auf »95 %«. Bestätigen Sie den Dialog mit Skalieren. Jetzt erscheint das Bild im typischen 16:9-Look.

Kapitel 10 | Effekte, Filter und Tricks

10 Filmbalken hinzufügen

Wählen Sie jetzt den Menüpfad BILD • LEINWANDGRÖSSE. Lösen Sie die Kette ❶ bei der LEINWANDGRÖSSE, und stellen Sie den Wert für HÖHE auf »3 200« Pixel. Klicken Sie bei VERSATZ auf die Schaltfläche ZENTRIEREN ❷, und führen Sie den Vorgang aus mit GRÖSSE ÄNDERN ❸. Setzen Sie die Farbe für den Hintergrund in der Werkzeugpalette auf Schwarz und wählen Sie BILD • BILD ZUSAMMENFÜGEN – jetzt hat das Bild einen schwarzen Filmbalken.

11 Bildrauschen hinzufügen

Wählen Sie jetzt FILTER • RAUSCHEN • RGB-RAUSCHEN. Setzen Sie ein Häkchen vor UNABHÄNGIGE RGB-KANÄLE, und wählen Sie für die Farben ROT, GRÜN und BLAU jeweils den Rauschwert »0,2« aus. Bestätigen Sie den Dialog mit OK.

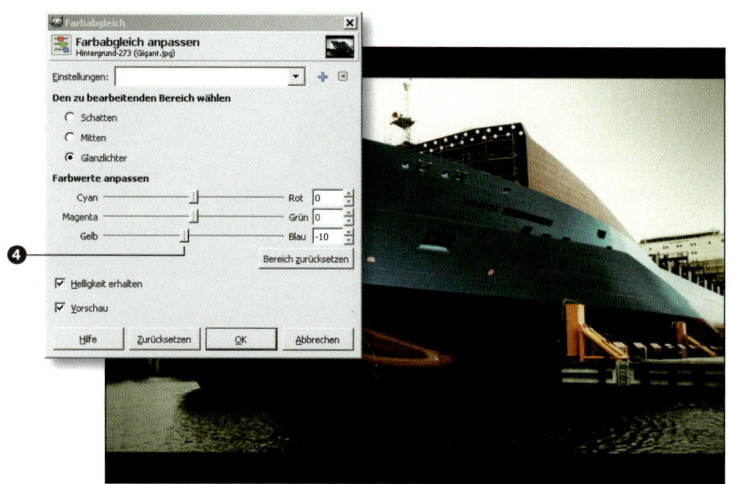

12 Farbverteilung korrigieren

Am Ende können Sie noch die Farbverteilung korrigieren. Wählen Sie hierzu FARBEN • FARBABGLEICH. Verwenden Sie zunächst den Radiobutton SCHATTEN, und schieben Sie den grauen Anfasser ❹ zwischen GELB und BLAU nach links auf den Wert »–10«. Wiederholen Sie diesen Vorgang auch mit den Radioschaltflächen MITTEN (Mitteltöne) und GLANZLICHTER. Bestätigen Sie mit OK.

Mehr Licht und Schatten

Dem Bild einen dramatischen Look verpassen

Wenn Sie einem Bild oder einem Porträt mehr Dramatik verleihen möchten, können Sie mit den Lichtern und den Schatten spielen. Je nach Motiv wird das Bild dadurch dramatischer oder auch düsterer.

Foto/Model: Clarissa Schwarz

Zielsetzung:

Licht und Schatten hervorheben

(Dauer: 10 Minuten)

[Spider.jpg]

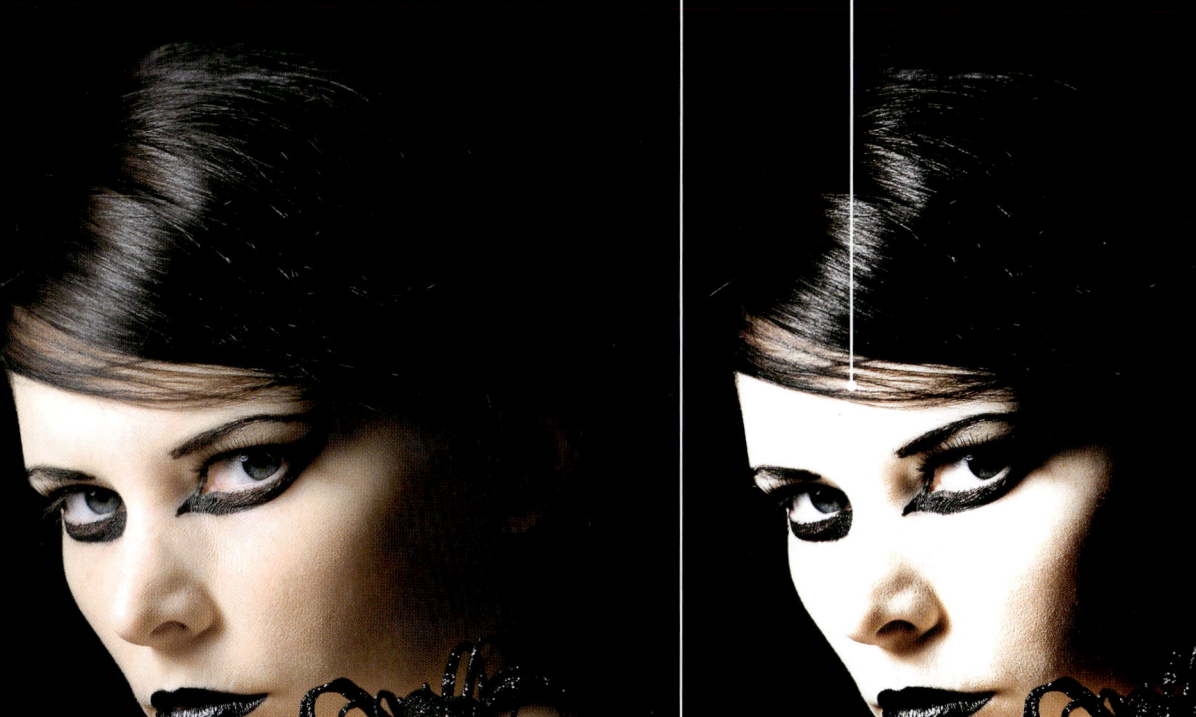

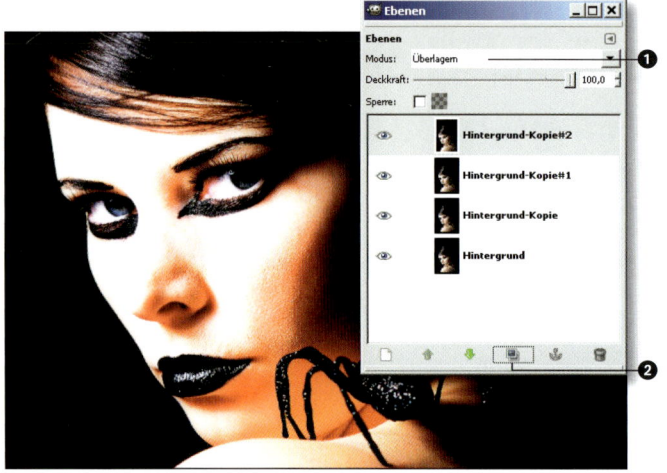

1 Ebenen duplizieren

Laden Sie die Datei *Spider.jpg* in GIMP. Öffnen Sie den Ebenendialog mit [Strg] + [L]. Klicken Sie auf die Schaltfläche zum Duplizieren ❷ der Ebene. Stellen Sie den Modus für die duplizierte Ebene auf ÜBERLAGERN ❶. Duplizieren Sie die kopierte Ebene weitere zwei Mal, so dass Sie insgesamt vier Ebenen haben.

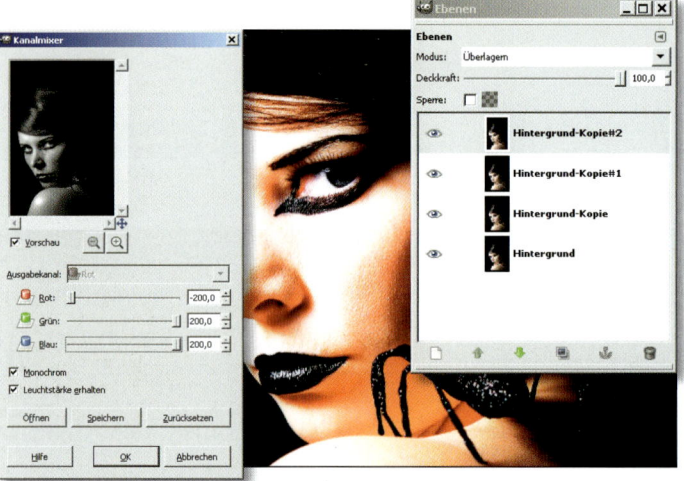

2 Kanalmixer anwenden

Wählen Sie jetzt die Ebene »Hintergrund-Kopie#2«, und öffnen Sie den Menüpfad FARBEN • KOMPONENTEN • FARBMIXER. Setzen Sie einen Haken vor MONOCHROM und LEUCHTSTÄRKE ERHALTEN. Schieben Sie den grauen Anfasser für ROT nach links auf »–200«. Die Anfasser für GRÜN und BLAU schieben Sie nach rechts auf »200«. Bestätigen Sie den Dialog mit OK.

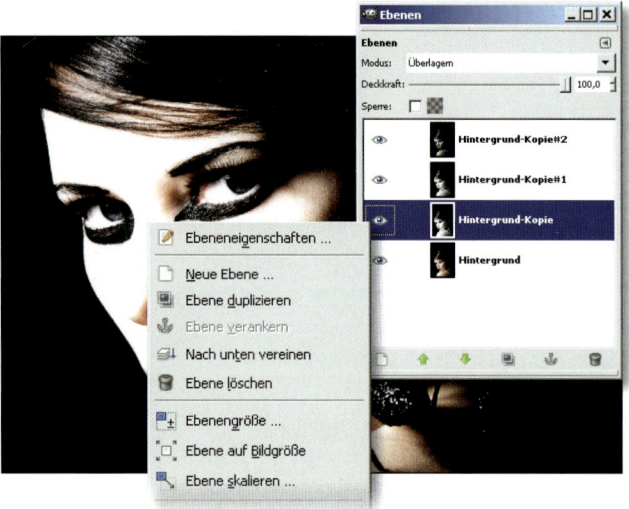

3 Ebenen vereinen

Wiederholen Sie Arbeitsschritt 2 bei »Hintergrund-Kopie#1«, allerdings mit den folgenden Werten: ROT »200«, GRÜN »–200« und BLAU »200«. Und das Ganze wenden Sie dann auch noch auf die Ebene »Hintergrund-Kopie« an mit den Werten: ROT »200«, GRÜN »200« und BLAU »–200«. Klicken Sie jetzt jeweils die Ebene über dem (farbigen) Basisbild mit der rechten Maustaste an, und wählen Sie NACH UNTEN VEREINEN, bis nur noch eine Ebene übrig bleibt.

Crossentwicklung nachahmen
Analoge Tricks digital simulieren

Die Crossentwicklung stammt aus der analogen Fotografie. Hier wird ein Positivfilm als Negativfilm entwickelt beziehungsweise umgekehrt. Das Ergebnis sind poppige, ins Grüngelbe verschobene Farben. Die Bilder sind zudem grobkörnig und mit harten Kontrasten sowie ausgewaschenen Lichtern versehen. Der Effekt war besonders in den 1980er Jahren beliebt und wird auch heute noch in Lifestyle-Magazinen verwendet.

Zielsetzungen:
Kontraste erhöhen,
Farbe verstärken,
Filmkorn erzeugen
(Dauer: 10 Minuten)
[Kundendienst.jpg]

Foto: Marco Barnebeck

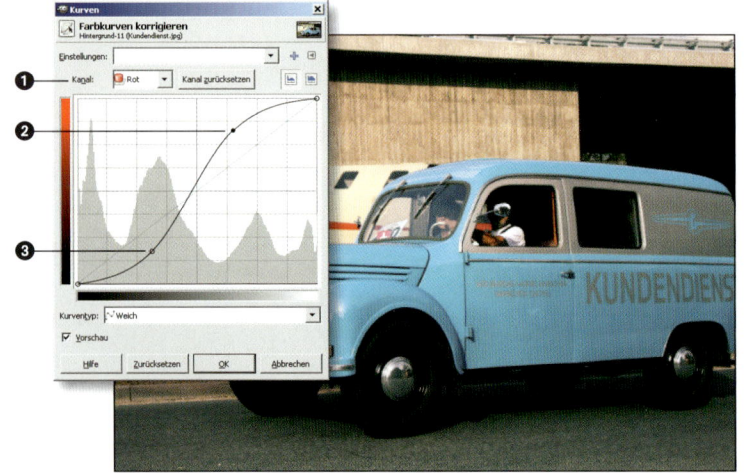

1 Farbverschiebung (Rot)

Laden Sie das Bild *Kundendienst.jpg* in GIMP. Simulieren Sie anschließend eine Farbverschiebung mit Hilfe der Gradationskurve. Öffnen Sie den Menüpfad FARBEN • KURVEN. Wählen Sie zuerst den roten KANAL ❶ aus, und erzeugen Sie eine etwas stärkere S-Kurve, indem Sie den hellen Bereich ❷ anheben und den dunklen Bereich ❸ absenken.

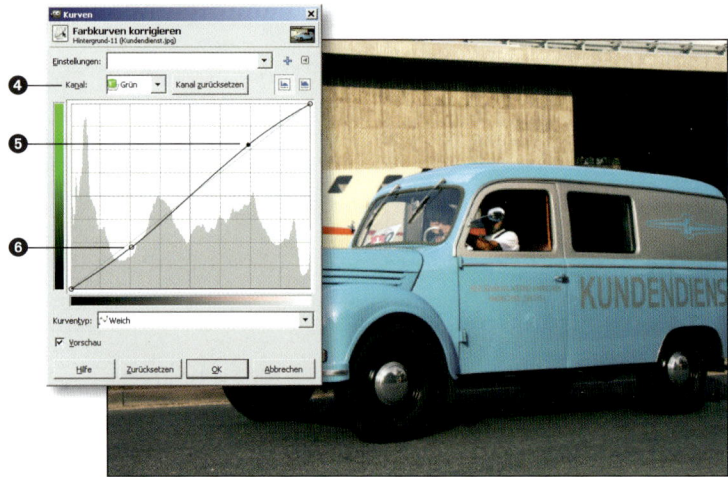

2 Farbverschiebung (Grün)

Wählen Sie als Nächstes den grünen KANAL ❹ bei der Gradationskurve aus. Erzeugen Sie hier eine schwächere S-Kurve, indem Sie den hellen Bereich ❺ ganz leicht anheben und den dunklen Bereich ❻ ganz leicht absenken.

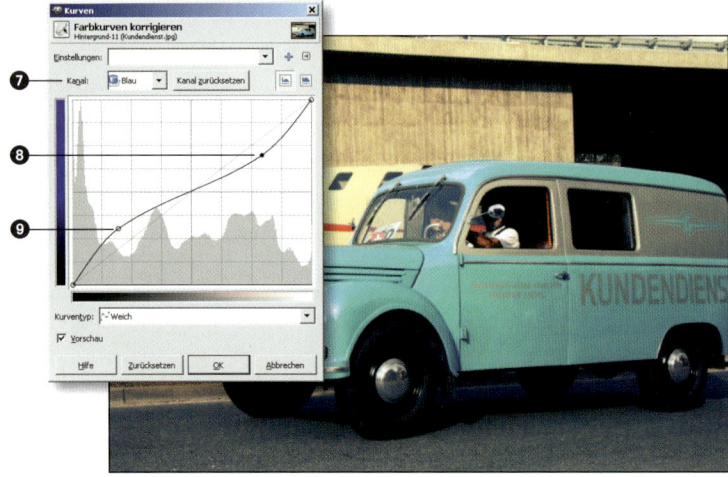

3 Farbverschiebung (Blau)

Wählen Sie nun noch den blauen KANAL ❼ aus. Hier gehen Sie genau umgekehrt vor: Senken Sie den hellen Bereich ❽ leicht ab, und heben Sie den dunklen Bereich ❾ etwas an. Dadurch entsteht eine umgekehrte S-Kurve. Bestätigen Sie den KURVEN-Dialog mit OK.

4 Filmkorn hinzufügen

Öffnen Sie den Ebenendialog mit [Strg] + [L], und duplizieren Sie die aktuelle Ebenen mit einem Klick auf die Schaltfläche ❿. Setzen Sie den Modus auf Überlagern. Aktivieren Sie die Ebene, und wählen Sie jetzt Rauschen • RGB-Rauschen aus. Setzen Sie ein Häkchen vor Korreliertes Rauschen und vor Unabhängige RGB-Kanäle. Verwenden Sie für Rot, Grün und Blau jeweils den Wert »0,2«. Bestätigen Sie mit OK.

5 Farbstich hinzufügen

Wählen Sie als Vordergrundfarbe ⓫ in der Werkzeugleiste einen leichten Grün- oder Gelbton, um den Farbstich auszuwählen. Im Beispiel habe ich eine schwach grünliche Farbe mit der HTML-Notation »c0ffb5« ausgewählt. Gehen Sie jetzt zum Ebenendialog, und klicken Sie auf die Schaltfläche für eine neue Ebene ⓬. Als Ebenenfüllart wählen Sie die eben eingestellte Vordergrundfarbe aus. Bestätigen Sie den Dialog mit OK.

6 Farbstich anpassen

Die farbige Ebene muss ganz oben liegen. Ändern Sie den Modus ⓭ dieser Ebene auf Farbton, und setzen Sie die Deckkraft auf 20 % herunter. Klicken Sie am Ende mit der rechten Maustaste auf eine der Ebenen im entsprechenden Dialog, und wählen Sie Sichtbare Ebenen vereinen aus. Den Dialog können Sie unverändert mit einem Klick auf die Schaltfläche Vereinen bestätigen – fertig ist die digitale Crossentwicklung.

Kapitel 10 | Effekte, Filter und Tricks **281**

Mit Farbverläufen tonen
Bilder mit Farbspielen verfremden

Wenn Sie ein Bild mit Farb- oder Helligkeitsverläufen einfärben möchten, hält die digitale Bildbearbeitung dafür viele Möglichkeiten bereit. Die einfachste zeige ich Ihnen anhand dieses Workshops. Wer hier selbstständig das eine oder andere Experiment wagt, wird mit tollen Effekten belohnt.

Zielsetzung:
Bild mit verschiedenen Farbverläufen tonen
(Dauer: 5–10 Minuten)
[Diamonds.jpg]

1 Transparente Ebene anlegen

Laden Sie das Bild *Diamonds.jpg*. Öffnen Sie den Ebenendialog mit [Strg]+[L], und erzeugen Sie eine neue, transparente Ebene, indem Sie auf die entsprechende Schaltfläche ❷ klicken. Im Dialog Neue Ebene wählen Sie unter Ebenenfüllart die Transparenz aus. Stellen Sie den Modus ❶ der Ebene auf Farbe.

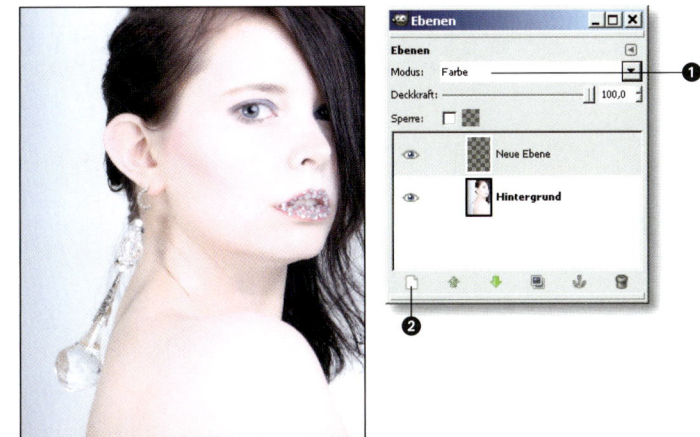

2 Farbverlauf erzeugen

Verwenden Sie das Werkzeug Farbverlauf ❸. Wählen Sie bei den Einstellungen den gewünschten Farbverlauf ❹ aus. Gehen Sie zum Bild und drücken die linke Maustaste dort, wo der Verlauf beginnen soll. Ziehen Sie mit gedrückter Maustaste eine Linie ❺ bis zu dem Punkt, an dem der Verlauf enden soll. Im Ebenendialog müssen Sie jetzt nur noch mit der rechten Maustaste auf eine Ebene klicken und Sichtbare Ebenen vereinen auswählen.

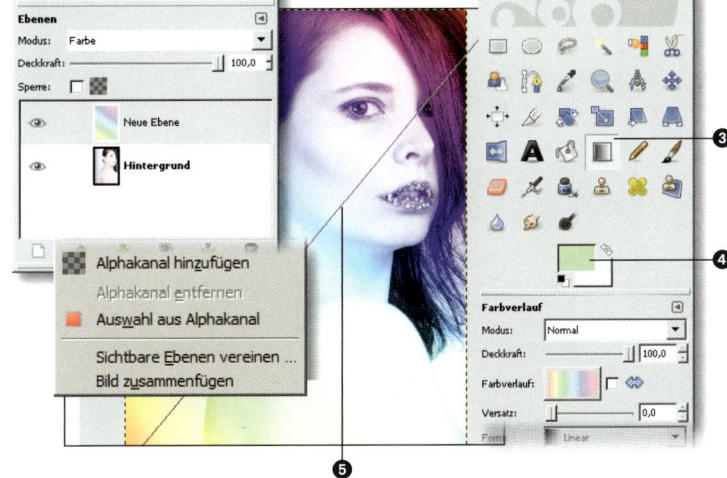

3 Variante

Laden Sie erneut das Bild *Diamonds.jpg* in GIMP. Verwenden Sie wiederum das Werkzeug Farbverlauf ❻, und wählen Sie bei den Einstellungen den gewünschten Farbverlauf ❼ aus. Gehen Sie auf Farben • Abbilden • Auf Farbverlauf. Jetzt wird das gesamte Bild auf dem Farbverlauf abgebildet.

Tipp: Im Untermenü Farben • Abbilden finden Sie noch weitere Funktionen, die zum Experimentieren mit Farben und Helligkeit anregen.

Kapitel 10 | Effekte, Filter und Tricks **283**

Vignettierung erzeugen
Bild mit einer Abschattung versehen

Mit Vignettierung – oder Abschattung – ist in diesem Fall ein Effekt gemeint, der in der Fotografie normalerweise eher als Fehler gilt. Als nachträglicher Effekt in der Bildbearbeitung kann eine Vignettierung aber sicherlich einige Bilder aufwerten. So entsteht ein sehr dezenter »Rahmen«, mit dem Sie ein Objekt subtil hervorheben können.

Zielsetzung:
dunklen Rand hinzufügen
(Dauer: 5–10 Minuten)
[Schloss.jpg]

Foto: Jürgen Wolf

1 Neue Ebene erzeugen

Laden Sie das Bild *Schloss.jpg* in GIMP. Erzeugen Sie eine neue Ebene in der gleichen Größe mit [Strg]+[⇧]+[N]. Als Füllfarbe für die Ebene verwenden Sie Schwarz. Im Beispiel ist für die Hintergrundfarbe ❶ in der Werkzeugpalette Schwarz ausgewählt, weshalb ich auch im Dialog für die neue Ebene den Radioschalter HINTERGRUNDFARBE ❷ für EBENENFÜLLART ausgewählt habe. Bestätigen Sie den Dialog mit OK.

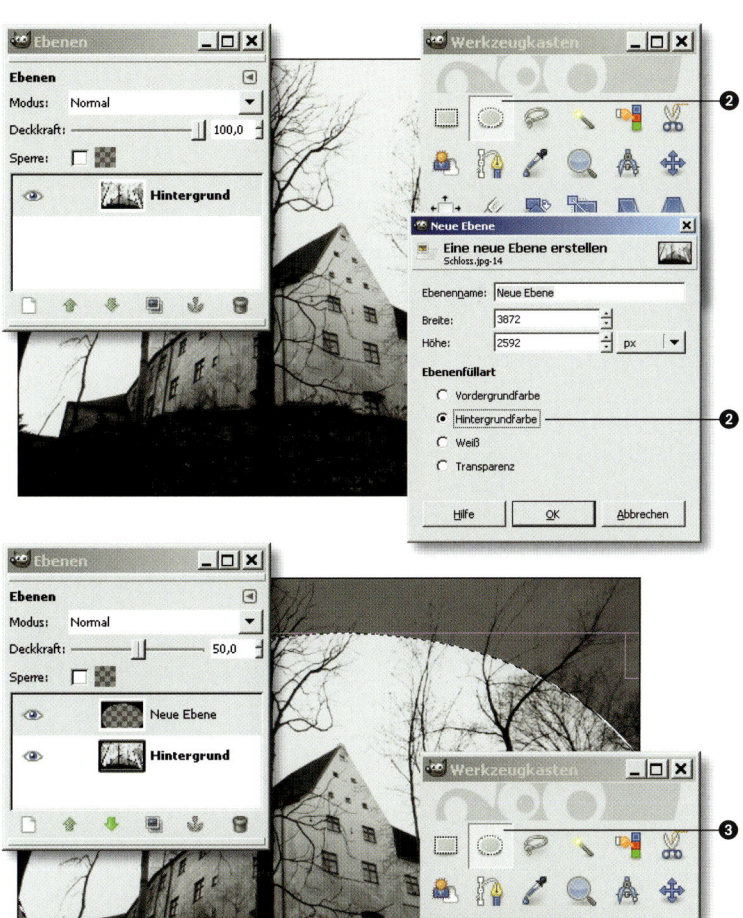

2 »Loch« erstellen

Zeigen Sie den Ebenendialog mit [Strg]+[L] an, und aktivieren Sie die schwarze Ebene. Setzen Sie die DECKKRAFT für diese Ebene auf 50 %. Verwenden Sie die ELLIPTISCHE AUSWAHL ❸ aus der Werkzeugpalette. Markieren Sie jetzt den Bereich im Bild, den Sie von der Vignettierung ausschließen wollen. Klicken Sie mit der linken Maustaste in den Kreis, und drücken Sie [Entf] oder wählen den Menüpfad BEARBEITEN • LÖSCHEN.

3 Ebene weichzeichnen

Deaktivieren Sie die Auswahl in der schwarzen Ebene, indem Sie mit der linken Maustaste in den Bereich außerhalb der Auswahl klicken. Wählen Sie jetzt FILTER • WEICHZEICHNEN • GAUSSSCHER WEICHZEICHNER. Wählen Sie für den WEICHZEICHENRADIUS jeweils den Wert »500« aus und als Methode RLE. Bestätigen Sie den Dialog mit OK. Klicken Sie dann mit der rechten Maustaste auf die schwarze Ebene, und wählen Sie NACH UNTEN VEREINEN aus.

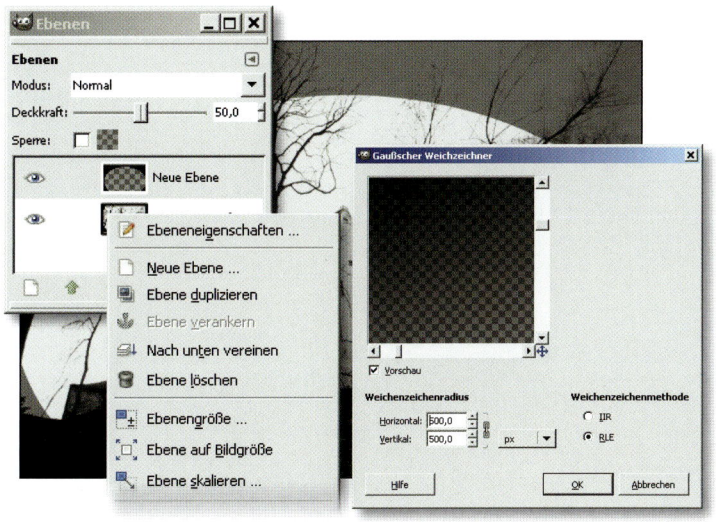

Kapitel 10 | Effekte, Filter und Tricks

GIMP erweitern

GIMP lässt sich ohne großen Aufwand erweitern. Das weite Feld an Möglichkeiten teilt sich in zwei Kategorien auf: Sie können GIMP zum einen mit einzelnen Plug-ins ergänzen und zum anderen durch Skript-Fus. Plug-ins sind externe, binäre Programme. Die zweite Möglichkeit – und zugleich die am häufigsten umgesetzte – ist die Erweiterung mit Skript-Fus. Ein Skript-Fu basiert auf der Programmiersprache »Scheme«. Skript-Fus werden meistens zur Automatisierung von regelmäßigen oder komplizierten Aktionen eingesetzt. Viele der Filter in GIMP basieren auf einem solchen Scheme-Skript. Häufig werden die beiden Erweiterungsmöglichkeiten miteinander gleichgesetzt und pauschal Plug-in genannt.

Foto: Jürgen Wolf

GIMP erweitern

Skript-Fu installieren **289**
   Selbst Skripts einrichten

Photoshop-Plug-ins verwenden **292**
   GIMP-fremde Plug-ins nutzen

FX Foundry installieren **296**
   Umfangreiche Plug-in-Sammlung nachinstallieren

Stapelverarbeitung **299**
   GIMP automatisieren

Skript-Fu installieren
Selbst Skripts einrichten

Wer schon mal die Webseite http://registry.gimp.org/ besucht hat, dem dürften dort die vielen Plug-ins aufgefallen sein. Viele dieser Plug-ins sind Skript-Fus. Der Vorteil von Skript-Fus im Gegensatz zu reinen Plug-ins ist, dass diese plattformunabhängig getauscht und verwendet werden können. Bei Ihrer GIMP-Version sind bereits viele solcher Skripte mitgeliefert und installiert. Noch mehr finden Sie beispielsweise auf der eben erwähnten Website und auf anderen Internetseiten.

Zielsetzungen:
Skript-Fu installieren, Skript-Fu ORTON EFFECT anwenden
[Silent.jpg]

Foto: Jürgen Wolf; Skript-Fu: Martin Conrad

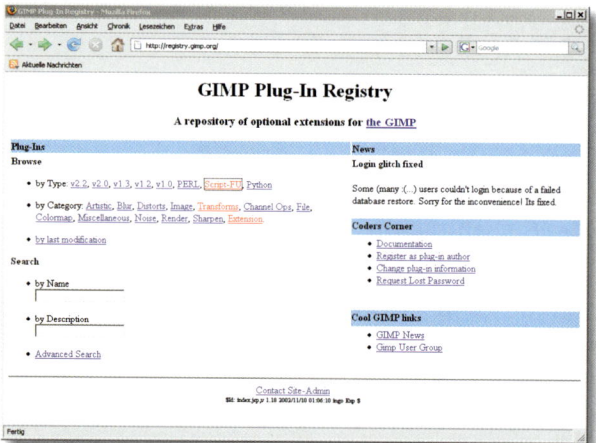

1 Skript zulegen

Zunächst einmal müssen Sie sich ein solches Skript besorgen, beispielsweise aus dem Internet. Die Skript-Fus enden gewöhnlich mit »*.scm« oder sind ZIP- oder RAR-komprimiert. Unter Linux können diese komprimierten Dateien auch die Endung »*.tar«, »*tar.gz« oder auch »*tar.bz2« haben. Mittlerweile kann auch jedes Windows-Packprogramm mit diesen komprimierten Formaten umgehen.

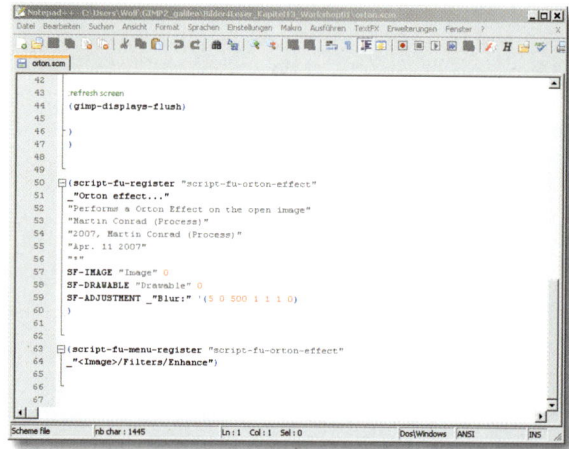

2 Skript lesen

Laden Sie für diesen Workshop das Skript *orton.scm* von der Buch-DVD in einem Texteditor Ihrer Wahl. Wenn Sie ganz nach unten scrollen, finden Sie neben dem Urheber meistens auch die Nutzungs- und Lizenzbedingungen für das Skript. Schließen Sie nun den Texteditor wieder.

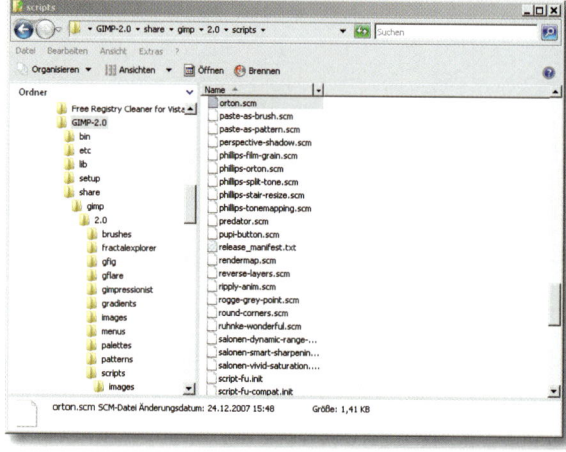

3 Skript installieren

Keine Sorge, es ist keine aufwendige Installation für das Skript nötig. Sie müssen einfach das Skript in das *scripts*-Verzeichnis von GIMP kopieren. Unter Windows lautet der Pfad *C:\Program Files\GIMP-2.0\share\gimp\2.0\scripts*. Unter Linux finden Sie das Verzeichnis in *$HOME*. Darin gibt es ein verstecktes Unterverzeichnis *.gimp* (beziehungsweise *.gimp-2.6*).

4 Skript verfügbar machen

Das Skript steht Ihnen jetzt entweder nach einem Neustart von GIMP oder über den Menüpfad FILTER • SKRIPT-FU • SKRIPTE AUFFRISCHEN zur Verfügung.

5 Skript testen

Laden Sie das Bild *Silent.jpg* in GIMP. Das neue Skript-Fu finden Sie jetzt unter dem Bildfenstermenü FILTER • VERBESSERN • ORTON EFFECT. Die Einstellungen im folgenden Dialog können Sie so belassen, wie sie sind. Bestätigen Sie mit OK, und schon bearbeitet das neue Skript das Bild.

6 Analyse

Wenn Sie wissen möchten, was das Skript bewirkt hat, öffnen Sie einfach den Ebenendialog mit [Strg]+[L]. Neben dem Original hat das Skript zwei weitere Ebenen angelegt. Es hat die eine Ebene nachgeschärft und die andere weichgezeichnet. Das ist der sogenannte Orton-Effekt (benannt nach dem Fotografen Michael Orton), bei dem eine scharfe und eine unscharfe Aufnahme aufeinandergelegt werden.

Kapitel 11 | GIMP erweitern **291**

Photoshop-Plug-ins verwenden
GIMP-fremde Plug-ins nutzen

Tor Lillqvist hat mit PSPI ein Plug-in geschrieben, das Photoshop-Plug-ins den GIMP-Filtern hinzufügt. Das Plug-in funktioniert zwar noch nicht perfekt, aber trotzdem überraschend gut. Am besten läuft PSPI unter Windows, aber es funktioniert auch mit Linux, wenn Wine installiert wurde. Als Linux-User können Sie sich auf der Webseite www.gimp.org/~tml/gimp/win32/pspi.html darüber informieren. Der Workshop beschreibt den Ablauf zwar für Windows, aber im Prinzip funktioniert dieser unter Linux ähnlich. Sie finden auf der CD für Linux die Binaries für Ubuntu 5.10, Suse 10 und Fedora Core 5. Noch mehr Infos für Linux finden Sie unter www.linux-user.de/ausgabe/2006/09/064-pshop-plugins/index.html.

Zielsetzungen:
  PSPI installieren,
  Photoshop-Plug-in
  Boss Emboss testen
[frozen.jpg]

Foto: Jürgen Wolf

1 PSPI zulegen

Zunächst müssen Sie sich das PSPI-Plug-in besorgen. Entweder Sie gehen auf die offizielle Homepage von Tor Lillqvist unter *www.gimp.org/~tml/gimp/win32/pspi.html*, oder Sie haben die Möglichkeit, das Plug-in der beiliegenden Buch-DVD zu entnehmen. Gewöhnlich ist das Plug-in gepackt, so dass Sie es erst einmal dekomprimieren müssen. Bei Windows ist es ein zip-Paket, Linux verwendet ein tar.gz-Paket (Ubuntu, Suse) beziehungsweise rpm-Paket (Fedora).

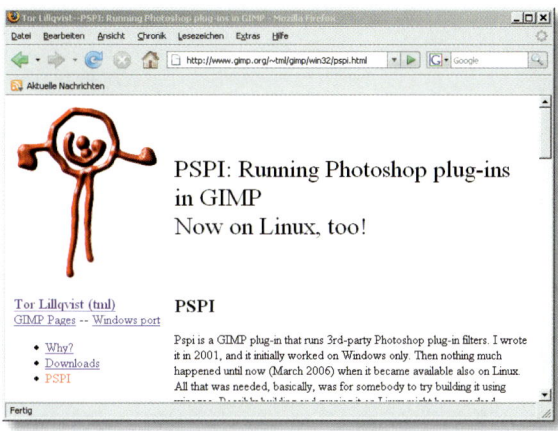

2 PSPI installieren

Unter Windows kopieren Sie die entpackte Datei *pspi.exe* in das Plug-in-Verzeichnis *C:\Program Files\GIMP-2.0\lib\gimp\2.0\plug-ins*. Unter Linux sind es drei Dateien: Neben *pspi.exe.so* finden Sie noch ein Shellskript *pspi* und eine README-Datei. Kopieren Sie diese Dateien in *$HOME*. Dort gibt es ein verstecktes Unterverzeichnis *.gimp/plug-ins* (oder *.gimp-2.6/plug-ins*).

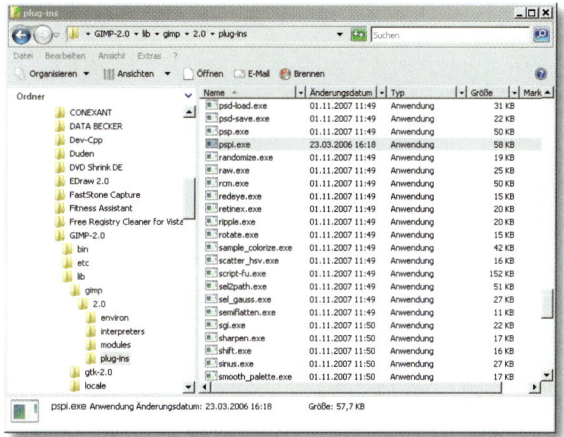

3 Photoshop-Plug-ins zulegen

Photoshop-Plug-ins finden Sie wie Sand am Meer: auf CDs, die einschlägigen Zeitschriften und Büchern beiliegen, und auf vielen Webseiten. Zum Testen können Sie sich zunächst Plug-ins von der Seite *http://flamingpear.com* herunterladen. Viele der Plug-ins sind 30-tägige Demoversionen, aber es sind auch freie Plug-ins zu finden. Laden Sie in diesem Fall das Plug-in-Paket Creative Pack herunter.

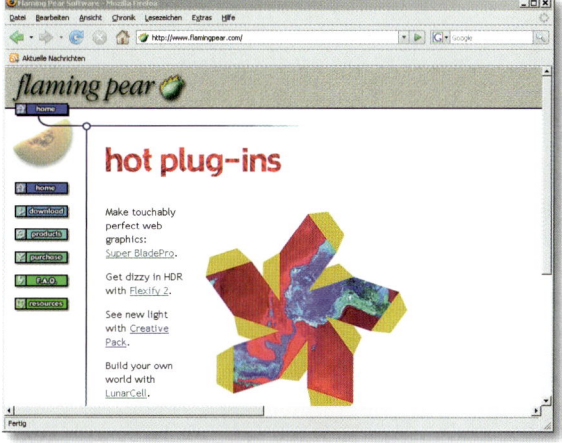

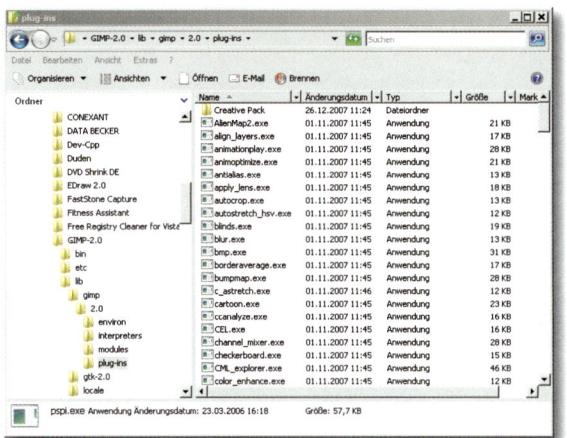

4 Photoshop-Plug-ins entpacken

Entpacken Sie jetzt die heruntergeladene Datei *creativepack-130.zip* in ein Verzeichnis Ihrer Wahl. Ich empfehle Ihnen, für diesen Zweck ein Verzeichnis in GIMP zu verwenden. So bleibt zusammen, was zusammengehört. Unter Windows in *C:\Program Files\GIMP-2.0\lib\gimp\2.0\plug-ins* und unter Linux in *.gimp-2.6/plug-ins*.

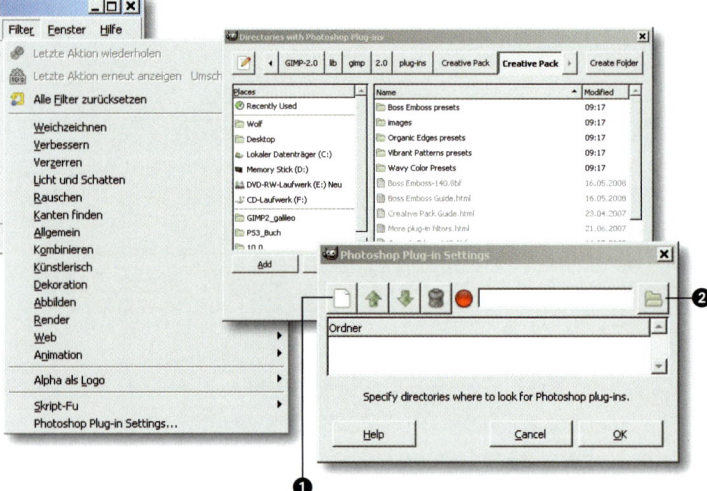

5 Plug-ins in GIMP aktivieren

Starten Sie GIMP neu. Wählen Sie jetzt Filter • Photoshop Plug-in Settings. Im folgenden Dialog müssen Sie angeben, wo sich die Photoshop-Plug-ins befinden. Klicken Sie auf die Schaltfläche ❶ mit der leeren Seite und anschließend auf das Ordner-Symbol ❷. Jetzt erscheint ein Auswahldialog. Dort geben Sie den Pfad zu den Plug-ins an, die Sie in Arbeitsschritt 4 entpackt haben. Bestätigen Sie den Dialog mit OK.

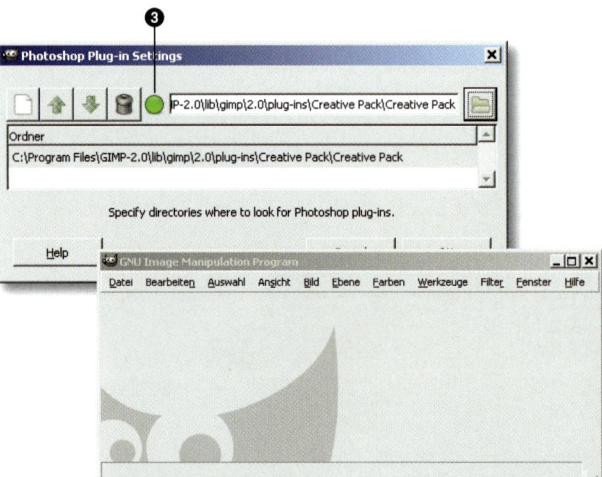

6 Weitere Plug-ins hinzufügen

Jetzt sollten Sie im Dialog Photoshop Plug-in Settings einen grünen Punkt ❸ sehen. So können Sie auch weitere Plug-ins von Photoshop hinzufügen. Beachten Sie, dass es genügt, nur den Pfad zu einem Verzeichnis anzugeben, in dem sich mehrere Plug-ins befinden (hier: Creative Pack). Bestätigen Sie diesen Dialog mit OK, anschließend erscheint die Meldung, dass die Plug-ins beim Neustart von GIMP zur Verfügung stehen.

7 GIMP neu starten

Beenden Sie jetzt GIMP mit ⌈Strg⌉+⌈Q⌉ beziehungsweise über DATEI • BEENDEN, und starten Sie danach GIMP neu. Beim Laden der einzelnen Komponenten können Sie gegebenenfalls schon lesen, wie die Photoshop-Plug-ins mit *pspi.exe* geladen werden.

8 Photoshop-Plug-in testen

Laden Sie jetzt das Bild *frozen.jpg*. Ihre neuen Plug-ins finden Sie unter FILTER • FLAMING PEAR. Starten Sie zum Testen einfach FILTER • FLAMING PEAR • BOSS EMBOSS. Es kann sein, dass der Start des Plug-ins nicht sehr schnell ist. Auch die Optik des anschließenden Dialoges passt natürlich nicht zu GIMP. Aber wenn Sie mit den Werten spielen und dann auf OK drücken, werden Sie feststellen, dass es trotzdem funktioniert.

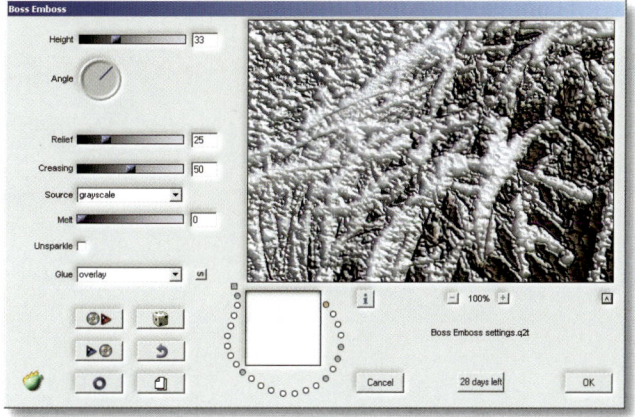

9 Zusammenfassung

Beim Testen der Photoshop-Plug-ins kam es selten zu gravierenden Problemen. Die Start- und Ausführzeiten der Plug-ins sind in der Regel langsamer. Bei manchen Plug-ins (besonders unter Linux) gab es Probleme mit der grafischen Oberfläche, aber das Plug-in selbst funktionierte immer tadellos. Leider können Linux-User das Paket nicht wie gewohnt selbst übersetzen, weil das Photoshop-Software-Development-Kit (SDK) nicht als freier Download von Adobe vorhanden ist.

FX Foundry installieren
Umfangreiche Plug-in-Sammlung nachinstallieren

Die vielen tollen, bereits vorinstallierten Plug-ins und Skripte von GIMP werden in der Dokumentation hinreichend beschrieben. Deshalb möchte ich Ihnen hier stattdessen eine großartige Sammlung von Plug-ins und Skripten für GIMP vorstellen. FX Foundry ist eine Sammlung von Plug-ins und freien Skripten, die ständig erweitert wird. Mittlerweile enthält sie 90 tolle und nützliche Erweiterungen. Mit dabei sind die bekannten Simulationen der Photoshop-Ebeneneffekte (innerer Schatten, äußerer Schatten) und vieles mehr.

Zielsetzungen:
FX Foundry installieren,
Effekt PASTEL SKETCH testen
[Seerose.jpg]

Foto: Martin Conrad

1 FX Foundry zulegen

Zunächst müssen Sie sich die Sammlung FX Foundry besorgen. Sie können sie entweder der Buch-DVD entnehmen oder die aktuellste Version von *http://gimpfx-foundry.sourceforge.net/* herunterladen. Die Sammlung ist gewöhnlich im zip- oder tar.bz2-Format komprimiert.

2 FX Foundry installieren

Ich gehe davon aus, dass Sie das komplette Paket entpackt haben. Für die Installation müssen Sie jetzt nur noch alle entpackten Dateien in das *scripts*-Verzeichnis von GIMP kopieren. Wenn Ihr Laufwerk den Buchstaben »C« hat, lautet der Pfad unter Windows: *C:\Program Files\GIMP-2.0\share\gimp\2.0\scripts*. Unter Linux finden Sie das Verzeichnis in *$HOME*. Darin gibt es ein verstecktes Unterverzeichnis *.gimp* (beziehungsweise *.gimp-2.6*).

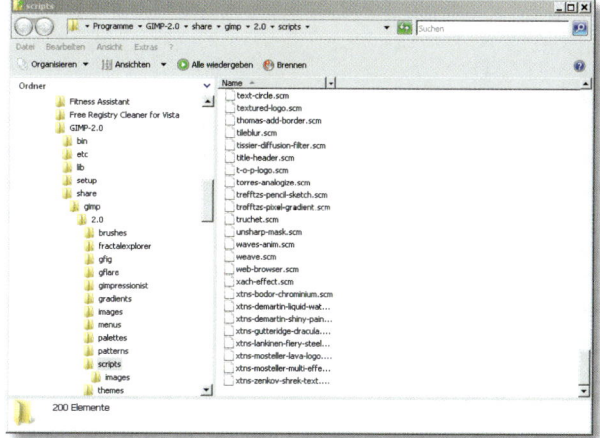

3 Sammlung aktivieren

Die Sammlung steht Ihnen jetzt entweder nach einem Neustart von GIMP oder über den Menüpfad FILTER • SKRIPT-FU • SKRIPTE AUFFRISCHEN zur Verfügung.

Kapitel 11 | GIMP erweitern   **297**

4 FX Foundry testen

Laden Sie das Bild *Seerose.jpg* in GIMP. Die neue Sammlung finden Sie im Bildfenster unter dem neuen Menüeintrag FX FOUNDRY. Wählen Sie FX FOUNDRY • ARTISTIC • PASTEL SKETCH. Geben Sie im folgenden Dialog bei DETAIL LEVEL den Wert »12«, bei SKETCH LENGTH den Wert »10« und bei SKETCH AMOUNT den Wert »1« ein. Den Anfasser von WINKEL setzen Sie auf »45«. Bestätigen Sie mit OK, und Sie erhalten ein Bild, so schön wie ein Gemälde.

5 Anmerkung zur Sprache

Beim Durchsehen der Sammlung sind Ihnen vielleicht die verschiedenen Sprachen aufgefallen. FX Foundry ist eine Sammlung von Beiträgen aus allen möglichen Ländern. So ist es nur allzu logisch, dass die meisten Plug-ins in Englisch geschrieben sind. Wer keinerlei Englisch-Kenntnisse hat, der wird die meisten Effekte der Sammlung einfach ausprobieren müssen. Theoretisch können Sie die Skripte mit der Endung »*.scm« in einem Editor öffnen und sich diese übersetzen lassen.

6 Ebeneneffekt

Die Ebeneneffekte (FX-FOUNDRY • LAYER EFFECTS) sind ausgegraut, wenn kein Alphakanal (Transparenz) vorhanden ist. Testen Sie diese Ebeneneffekte einfach, indem Sie einen Text oder ein paar Pinselstriche in Ihr Bild einfügen. Bei diesem Bild habe ich auf die Textebene FX FOUNDRY • LAYER EFFECTS • BEVEL AND EMBOSS mit dem Stil EMBOSS angewendet. Die Optionen bei vielen Plug-ins sind gewaltig: Das lädt wahrlich zum Experimentieren ein!

Stapelverarbeitung
GIMP automatisieren

Wer viel mit Bildern arbeitet, ist irgendwann an dem Punkt angelangt, an dem er viele Bilder auf einmal skalieren, drehen oder zuschneiden muss, um diese beispielsweise für eine Webseite zu verwenden. Außerdem kommt es sicher häufiger vor, dass Sie mehrere Bilder in ein anderes Format konvertieren möchten, um diese in der gleichen Größe auszudrucken. Sobald Sie diesen Vorgang mit 10, 20 oder gar 100 Fotos vornehmen müssen, sollten Sie sich das Plug-in DBP (David's Batch Processor) ansehen. Dieses bietet zahlreiche Automatisierungen für beliebig viele Bilder an.

Zielsetzungen:
DBP-Plug-in installieren,
DBP-Plug-in anwenden

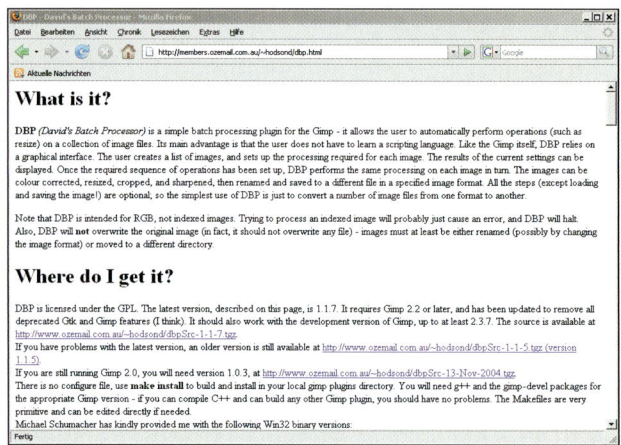

1 DBP zulegen

Zunächst müssen Sie sich das DBP-Plug-in besorgen. Dazu können Sie entweder das Plug-in von der Buch-DVD verwenden, oder Sie laden – falls vorhanden – eine aktuellere Version von der Webseite *http://members.ozemail.com.au/~hodsond/dbp.html* herunter. Das Plug-in ist im zip- oder tgz-Format komprimiert. Entpacken Sie nun als Erstes die komprimierte Datei.

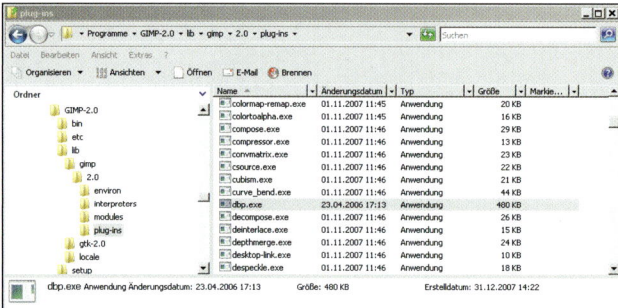

2 DBP installieren (MS Windows)

Unter Windows kopieren Sie das entpackte *dbp.exe* in das Plug-in-Verzeichnis (C sei hier der Laufwerksbuchstabe) *C:\Program Files\GIMP-2.0\lib\gimp\2.0\plug-ins*.

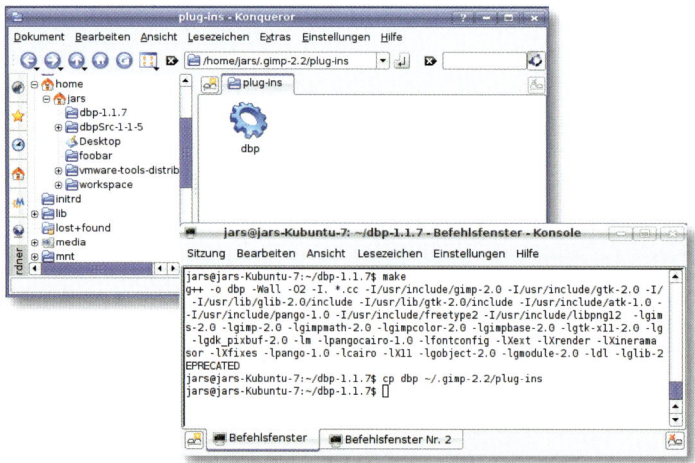

3 DBP installieren (Linux)

Unter Linux müssen Sie das Paket übersetzen, was nicht schwer ist, wenn Sie das Entwicklerpaket von GIMP (*gimp_dev*) und GTK+ (*libgtk+*) installiert haben. Wechseln Sie mit einer Konsole in das Verzeichnis mit dem Quellcode (Endung »*.cc«), und geben Sie »make« ein. Wenn alle nötigen Pakete vorhanden sind, können Sie die Binary in den Ordner *plug-ins* des Heimatverzeichnisses kopieren. Darin gibt es das Unterverzeichnis *.gimp* beziehungsweise *.gimp-2.6*.

4 GIMP starten

Damit Ihnen das DBP-Plug-in unter GIMP zur Verfügung steht, müssen Sie GIMP beenden und anschließend wieder neu starten.

5 DBP starten

Um das Plug-in zu starten, müssen Sie im Bildfenster auf FILTER • BATCH PROCESS gehen. Direkt nach dem Anklicken öffnet sich der Dialog DAVID'S BATCH PROCESSOR.

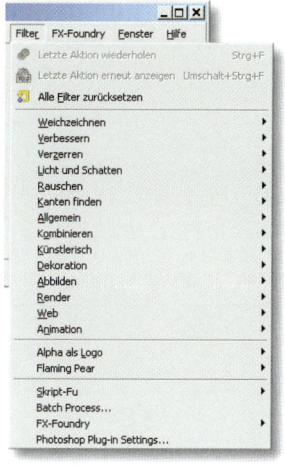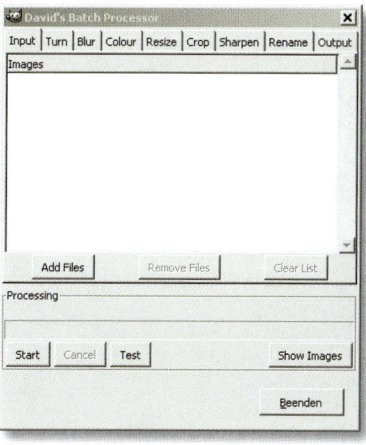

6 Bilder auswählen

Zunächst müssen Sie im Register INPUT ❶ die Bilder auswählen. Klicken Sie auf ADD FILES ❸, und wählen Sie im folgenden Dialog die Bilder aus. Mehrere Bilder können Sie mit gedrückter Strg-Taste markieren. Mit der Schaltfläche HINZUFÜGEN ❺ werden die Bilder zur Auswahl ❷ (IMAGES) von DBP hinzugefügt. Natürlich können Sie sich hierbei auch durch mehrere Verzeichnisse hangeln, um Bilder auszuwählen. Wenn Sie fertig sind, SCHLIESSEN ❹ Sie den Dialog.

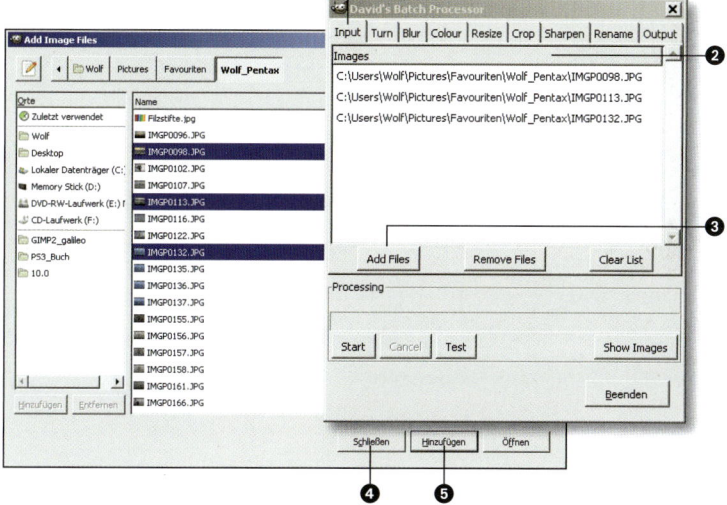

Kapitel 11 | GIMP erweitern

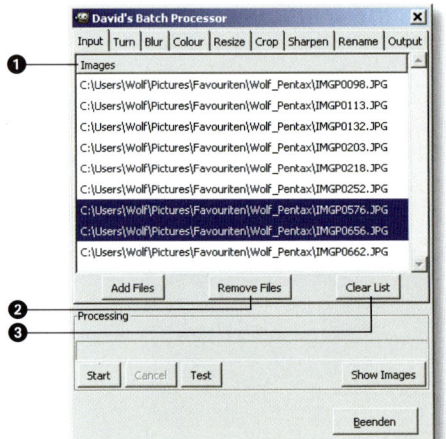

7 Bilder entfernen

Wollen Sie ein Bild aus der Auswahlliste ❶ entfernen, müssen Sie dieses lediglich markieren und dann auf die Schaltfläche REMOVE FILES ❷ klicken. Natürlich können Sie auch mit gedrückter [Strg]-Taste mehrere Bilder gleichzeitig auswählen. Wollen Sie alle Bilder aus der Liste entfernen, klicken Sie auf CLEAR LIST ❸.

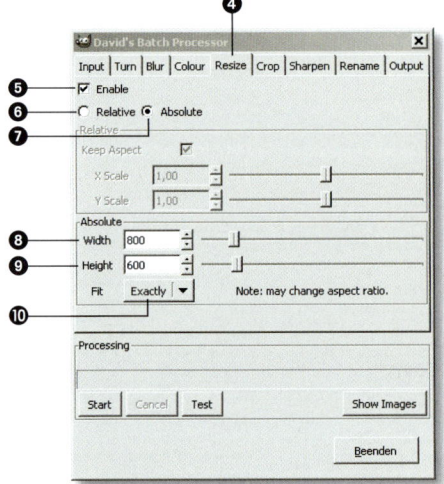

8 Bildgröße ändern

Zum Ändern der Bildgröße wählen Sie das Register RESIZE ❹ aus. Setzen Sie einen Haken vor ENABLE ❺, um die Funktion einzuschalten. Wählen Sie jetzt, ob Sie die Bilder relativ oder absolut verkleinern wollen. RELATIVE ❻ entspricht dem prozentualen Verändern der Größe und ABSOLUTE ❼ der Angabe in Pixeln (Höhe und Breite). Wählen Sie ABSOLUTE, und geben Sie für WIDTH ❽ den Wert »800« und HEIGHT ❾ »600« ein. Für FIT ❿ wählen Sie EXACTLY.

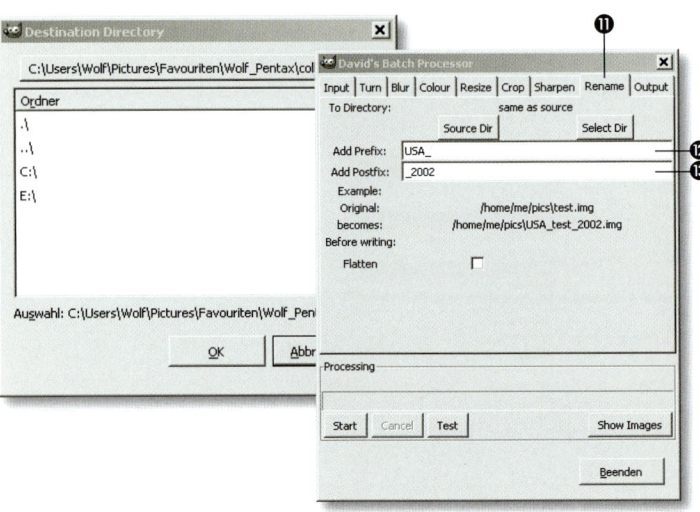

9 Bildname und Verzeichnis anpassen

Klicken Sie das Register RENAME ⓫ an. Wählen Sie das Verzeichnis aus, in dem die Bilder gespeichert werden sollen. Zugegeben, der Dialog DESTINATION DIRECTORY ist recht trist, aber er erfüllt seinen Zweck. Bestätigen Sie die Auswahl mit OK. Jetzt können Sie in der Zeile ADD PREFIX ⓬ einen Text eingeben, der vor den Bildnamen gesetzt wird. Ähnliches leistet ADD POSTFIX ⓭, allerdings wird dieser Text hinter dem Bildnamen angeführt.

10 Dateiformat und Qualität

Gehen Sie zum Register OUTPUT ❶. Dort legen Sie das Dateiformat fest. Wählen Sie bei FORMAT ❶ JPG aus. Jetzt erscheinen die bereits bekannten Optionen, mit denen die Qualität der abgespeicherten JPG-Datei eingestellt werden kann. Anstatt einer prozentualen Qualität müssen Sie hier mit einer Gleitpunktzahl vorliebnehmen. Also statt 85 % geben Sie bei QUALITY ❶ den Wert »0,85« ein. Ähnlich verläuft dies bei den anderen Dateiformaten.

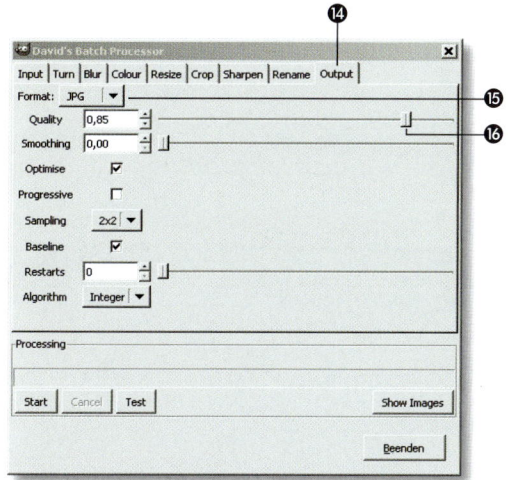

11 Batch-Prozess ausführen

Zum Ausführen der Stapelverarbeitung betätigen Sie die Schaltfläche START ❶. Der Fortschrittsbalken zeigt an, wie weit der Prozess fortgeschritten ist. Wollen Sie den Vorgang bei der Arbeit sehen, aktivieren Sie einfach die Schaltfläche SHOW IMAGES ❶. Wollen Sie eine Art Vorschau des ersten Bildes sehen, klicken Sie auf TEST ❶. Wenn Sie versehentlich ein zweites Mal START ❶ betätigt haben sollten, werden Sie merken, dass DBP keine gleichnamigen Dateien überschreibt.

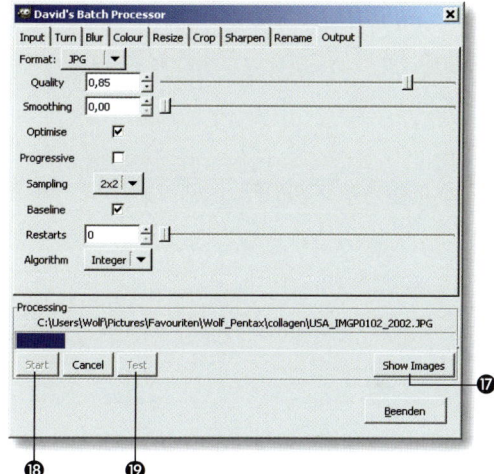

12 Weitere Automatisierungen

Es dürfte Ihnen schon aufgefallen sein, dass neben dem Anpassen der Größe (RESIZE), der Angabe des Bildnamens (RENAME) und des Dateiformats (OUTPUT) weitere Arbeiten automatisiert werden können. Sie können Bilder drehen (TURN), weichzeichnen (BLUR), zuschneiden (CROP), schärfen (SHARPEN) und die Helligkeit, den Kontrast und die Sättigung ändern (COLOUR).

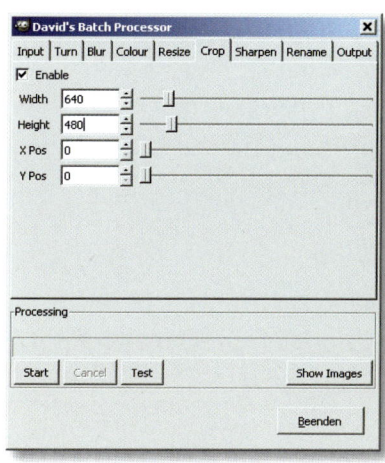

Präsentieren

GIMP beschränkt sich nicht nur auf die Bildbearbeitung. Ihre fertigen Aufnahmen und sonstigen Werke können Sie mit dem Programm auch für die Veröffentlichung beziehungsweise Präsentation vorbereiten. Sie können damit Bilder im Handumdrehen fürs Web speichern. Genauso einfach lässt sich mit GIMP eine Visitenkarte erstellen. Und auch ein Copyright-Pinsel für Ihre Bilder ist schnell angefertigt.

Foto: Marco Barnebeck

Präsentieren

Visitenkarte erstellen 307
  Eine besondere Visitenkarte entwerfen

Copyright-Vermerk setzen 312
  Einen eigenen Pinsel erstellen

Für das Web speichern 315
  Optimale Bildqualität einstellen

Visitenkarte erstellen
Eine besondere Visitenkarte entwerfen

Es gibt Programme, mit denen Sie sich Ihre eigene Visitenkarte erstellen können. Warum aber Geld dafür ausgeben, wenn Sie das auch ohne großen Aufwand mit GIMP erledigen können? Bei dieser Aufgabe können Sie Ihrer Fantasie freien Lauf lassen. Von der schlichten, geschäftstauglichen Karte bis hin zu ungewöhnlichen Layouts mit Bildern ist alles möglich. Wichtig ist nur, dass Sie die Größe und das Format der Karten beachten

Zielsetzung:
Visitenkarten erstellen
(Dauer: 15–20 Minuten)

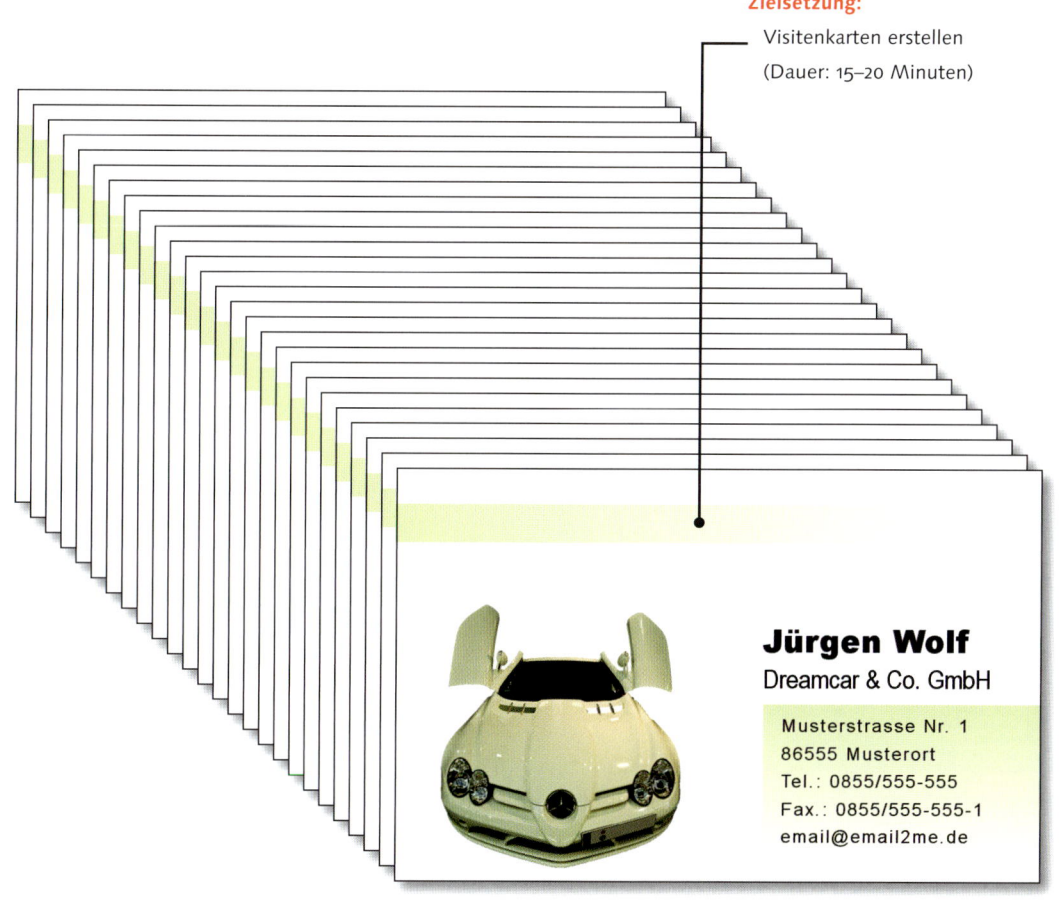

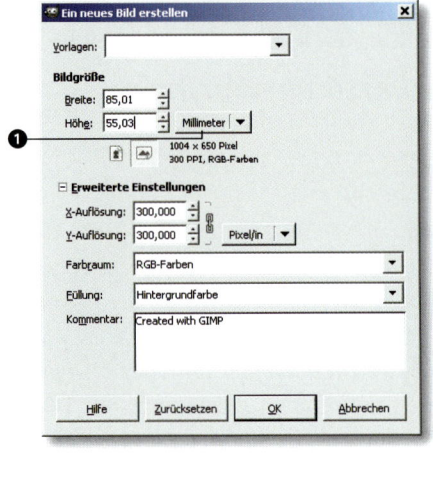

1 Neues Bild erstellen

Zunächst erstellen Sie ein neues Bild mit Strg + N beziehungsweise über DATEI • NEU. Wählen Sie die Größe für Ihre Visitenkarte. Stellen Sie die Maßeinheit für die Bildgröße auf MILLIMETER ❶. Eine gängige Standardgröße für Visitenkarten sind beispielsweise eine BREITE von 85 mm und eine HÖHE von 55 mm. Klicken Sie auf ERWEITERTE EINSTELLUNGEN, und verwenden Sie eine Auflösung von jeweils »300« Pixel und für die FÜLLUNG die Farbe »Weiß«.

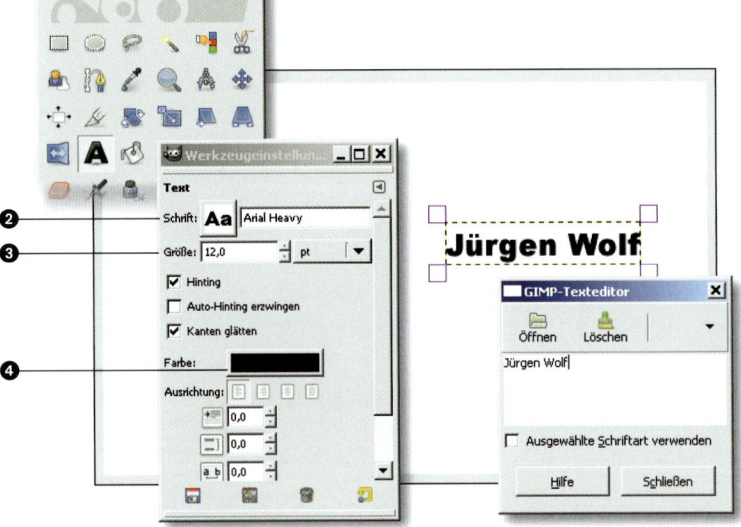

2 Namen eingeben

Wählen Sie jetzt das Werkzeug zur Texterstellung A aus. Suchen Sie sich in den Einstellungen die passende SCHRIFT ❷ und GRÖSSE ❸ aus. Im Beispiel habe ich die Schriftart »Arial Heavy« mit »12,0« pt Höhe gewählt. Als Schriftfarbe ❹ habe ich Schwarz verwendet. Klicken Sie mit dem Mauscursor dorthin, wo der Text positioniert werden soll, und geben Sie Ihren Namen im sich öffnenden GIMP-TEXTEDITOR ein. Ggf. können Sie dahinter noch die Firma in einer anderen Schriftart angeben.

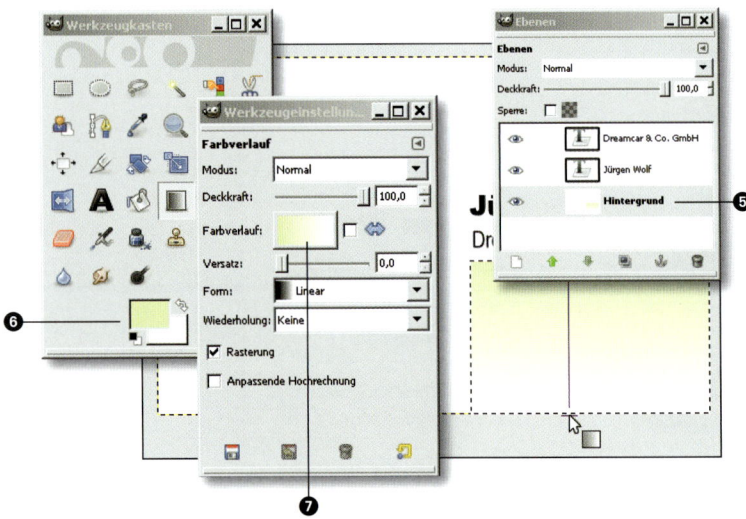

3 Adressfeld einfügen

Aktivieren Sie die »Hintergrund«-Ebene ❺ im Ebenendialog, den Sie über Strg + L aufrufen können. Wählen Sie das Werkzeug für die RECHTECKIGE AUSWAHL aus, und ziehen Sie einen Rahmen um den Bereich, in dem der Rest der Adresse platziert werden soll. Wählen Sie dann für die Vorder- und Hintergrundfarben ❻ jeweils eine helle Farbe aus. Mit dem FARBVERLAUF-Werkzeug füllen Sie die Auswahl mit einem voreingestellten Verlauf aus (hier mit der Vorder- und Hintergrundfarbe ❼).

308 Kapitel 12 | Präsentieren

4 Restlichen Text eingeben

Wählen Sie wieder das Werkzeug zur Texterstellung **A** aus. Ändern Sie für den restlichen Text die SCHRIFT um in »Arial« mit einer GRÖSSE von »6,5« pt, einen Zeilen- ❽ und Zeichenabstand ❾ von »3,0«. Klicken Sie erneut im Bild ein wenig unterhalb des Namens und geben Sie die restlichen Daten wie Straße, Postleitzahl, Ortschaft, Telefon etc. ein. Einen Zeilenumbruch erreichen Sie hier wie es für Texteditoren üblich ist mit ⏎.

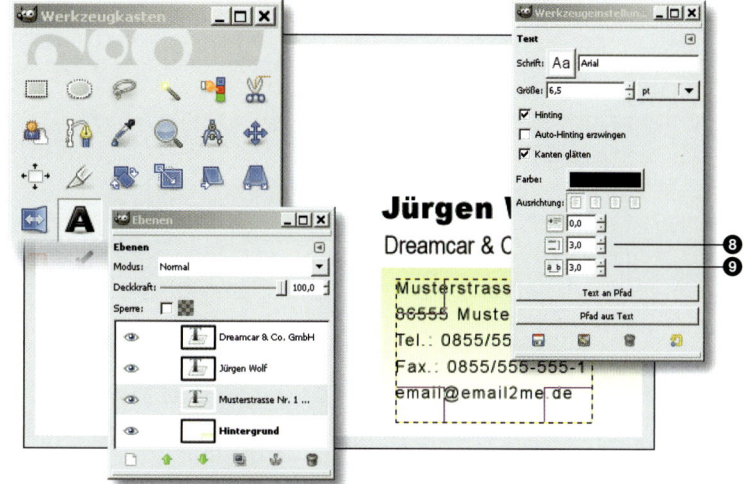

5 Text positionieren

Öffnen Sie den Ebenendialog mit Strg + L. Blenden Sie ein Raster über ANSICHT • RASTER ANZEIGEN für eine genauere Positionierung ein. Wenn Sie möchten, können Sie auch ANSICHT • MAGNETISCHES RASTER aktivieren. Wählen Sie zum Positionieren des Textes das Werkzeug VERSCHIEBEN aus. Aktivieren Sie zunächst die Ebene mit dem Namen, und platzieren Sie diese entsprechend im Bild. Wählen Sie jetzt die Ebene mit dem restlichen Text aus, und positionieren Sie diese passend zum Namen.

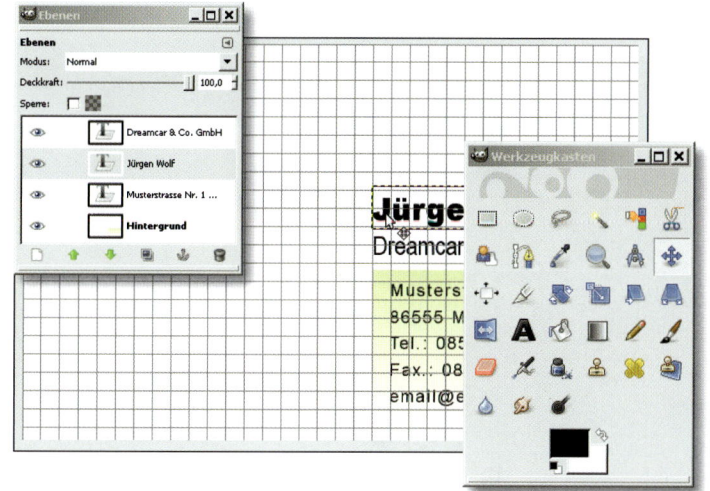

6 Textebenen vereinen

Jetzt können Sie ANSICHT • RASTER ANZEIGEN beziehungsweise ANSICHT • MAGNETISCHES RASTER wieder deaktivieren. Klicken Sie im Ebenendialog mit der rechten Maustaste auf die oberste Ebene, und wählen Sie NACH UNTEN VEREINEN aus. Jetzt haben Sie eine neue transparente Ebene mit dem gesamten Text.

Tipp: Alternativ können Sie auch das AUSRICHTEN-Werkzeug [Q] verwenden, um den Text anhand eines Objektes (hier einer Text-Ebene) auszurichten.

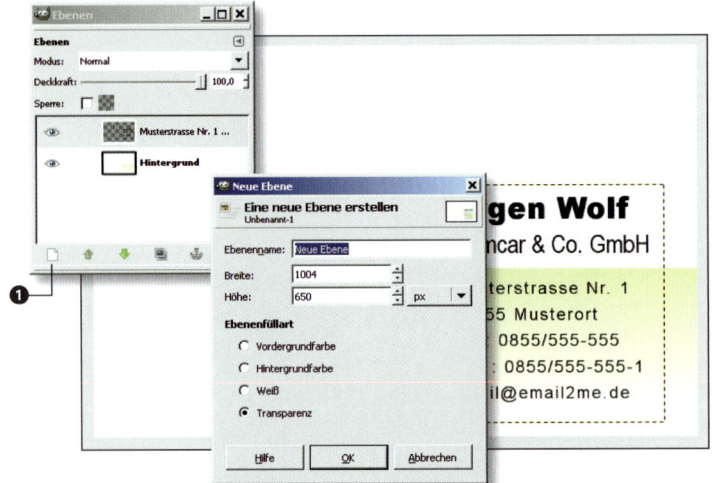

7 Neue Ebene für Grafik

Klicken Sie im Ebenendialog auf die Schaltfläche ❶ (oder [Strg]+[⇧]+[N]), um eine neue Ebene zu erzeugen. Die BREITE und HÖHE können Sie jeweils so lassen. Für die EBENENFÜLLART verwenden Sie bitte TRANSPARENZ. Bestätigen Sie den Dialog mit OK.

8 Grafik einfügen

Öffnen Sie jetzt eine Grafik nach Wahl, die Sie für Ihre Visitenkarte verwenden wollen. Im Beispiel verwende ich das Bild *Auto.tif*. Kopieren Sie das Bild mit [Strg]+[C] beziehungsweise BEARBEITEN • KOPIEREN in die Zwischenablage. Schließen Sie das Bild wieder. Kehren Sie zurück zum Bildfenster der Visitenkarte. Fügen Sie das Bild hier mit [Strg]+[V] beziehungsweise BEARBEITEN • EINFÜGEN aus der Zwischenablage ein.

9 Grafik skalieren

Gewöhnlich ist die eingefügte Grafik nicht der Größe angepasst. Wählen Sie hierzu das Werkzeug SKALIEREN aus dem Werkzeugkasten, und klicken Sie auf die eingefügte Grafik. Stellen Sie die Maßeinheit ❸ im Dialog SKALIEREN zunächst auf MILLIMETER, und geben Sie eine für die Visitenkarte taugliche HÖHE ❷ ein. Im Beispiel wurde hier der Wert 35 mm ausgewählt. Die BREITE wird automatisch angepasst. Bestätigen Sie den Dialog mit SKALIEREN.

10 Grafik positionieren

Aktivieren Sie jetzt das Werkzeug VERSCHIEBEN, und rücken Sie mit gedrückter linker Maustaste die Grafik an die gewünschte Position. Wenn Sie mit der Platzierung zufrieden sind, fahren Sie mit dem Mauscursor aus der Grafik heraus, bis zusätzlich ein Anker am Cursor erscheint. Drücken Sie jetzt die linke Maustaste, und die schwebende Auswahl wird mit der darunterliegenden transparenten Ebene vereint.

11 Zierbalken erstellen

Aktivieren Sie die »Hintergrund«-Ebene ❹ im Ebenendialog ([Strg]+[L]), und wählen Sie wieder das Werkzeug für die RECHTECKIGE AUSWAHL aus. Ziehen Sie einen Rahmen im oberen Bereich der Visitenkarte auf. Wählen Sie noch eine gewünschte Vorder- und Hintergrundfarbe ❺ aus. Mit dem FARBVERLAUF-Werkzeug füllen Sie die Auswahl mit einem vorher ausgewählten Verlauf ❻ aus.

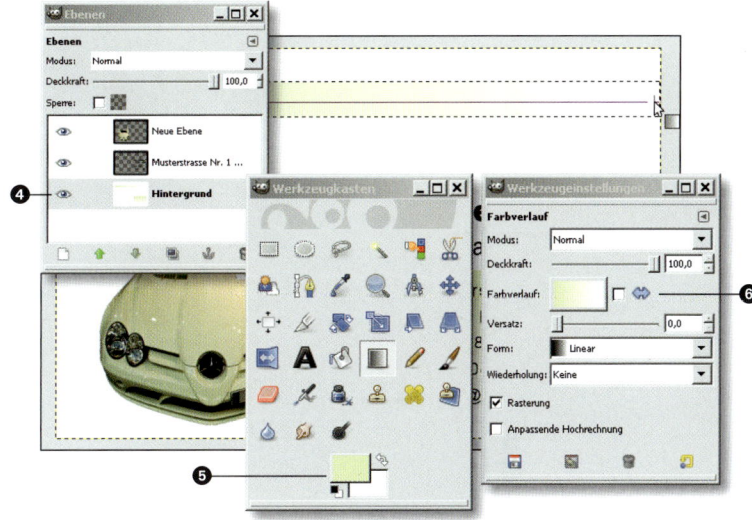

12 Rahmen zeichnen

Wenn Sie mit der Visitenkarte zufrieden sind, fügen Sie abschließend alle Ebenen zusammen. Gehen Sie dafür im Ebenendialog auf die oberste Ebene, und klicken Sie diese mit der rechten Maustaste an. Wählen Sie im Kontextmenü NACH UNTEN VEREINEN aus. Wiederholen Sie diesen Schritt, und es bleibt nur noch eine Ebene – die fertige Visitenkarte – übrig.

Copyright-Vermerk setzen
Einen eigenen Pinsel erstellen

Wer seine Bilder der Öffentlichkeit zugänglich machen will, sollte sich auch Gedanken über deren Schutz machen. Niemand sieht seine Fotos gerne in einem Magazin, in einem Buch oder auf Internetseiten, ohne vorher gefragt worden zu sein. Eine Möglichkeit ist die Verwendung von halbtransparenten Wasserzeichen. Wenn Sie ein solches Zeichen einmal erstellt haben, können Sie es ohne größeren Aufwand allen anderen Ihrer Fotos hinzufügen – natürlich nicht den Originalen!

Zielsetzungen:
Copyright-Pinsel erstellen, Bilder mit einem Wasserzeichen versehen (Dauer: 10–15 Minuten)
[Snake.jpg]

Foto: Jürgen Wolf

1 Neues Bild erstellen

Erstellen Sie zunächst ein neues Bild über `Strg`+`N` oder den Menüpfad des Bildfensters DATEI • NEU. Verwenden Sie für die BREITE »300« und für die HÖHE »200« Pixel. Klappen Sie die ERWEITERTEN EINSTELLUNGEN ❶ herunter und ändern die FÜLLUNG in TRANSPARENZ. Bestätigen Sie den Dialog mit OK.

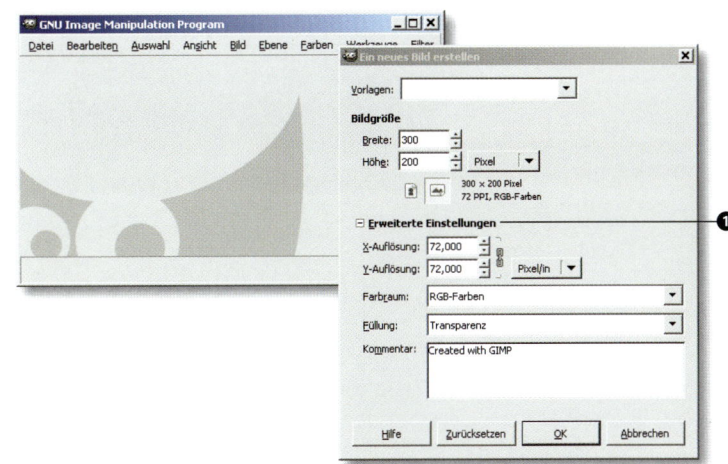

2 Text eingeben

Wählen Sie im nächsten Schritt das Textwerkzeug A ❷ aus der Werkzeugpalette. Verwenden Sie in den Einstellungen die SCHRIFT ❸ und die GRÖSSE ❹ der Schrift aus. Hier habe ich die Schriftart »Segoe Print Bold« in »24« Punkt gewählt. Als FARBE ❺ für die Schrift habe ich Schwarz verwendet. Klicken Sie mit dem Cursor ins Bild, und geben Sie im GIMP-Texteditor den gewünschten Text ein: © 2008, J. Wolf (beziehungsweise Ihren Namen).

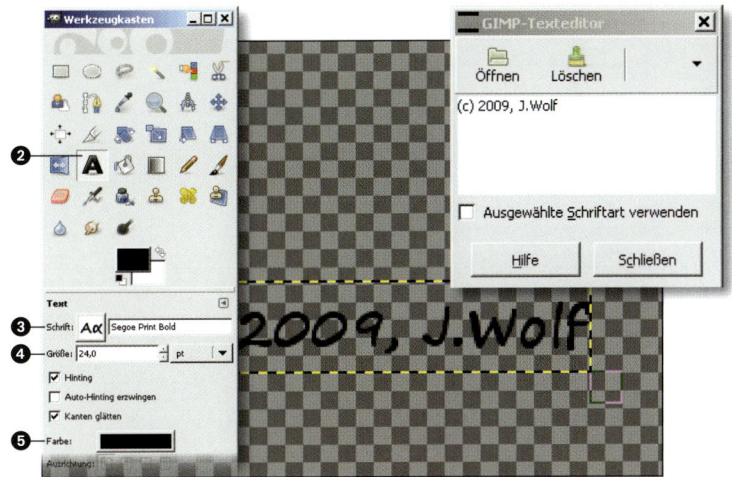

3 Text zuschneiden

Öffnen Sie den Ebenendialog mit `Strg`+`L`, und klicken Sie die Textebene mit der rechten Maustaste an. Wählen Sie im Kontextmenü NACH UNTEN VEREINEN aus. Verwenden Sie jetzt das Werkzeug ZUSCHNEIDEN ✂ ❻ aus der Palette, und ziehen Sie damit einen großzügigen Rahmen um den Text. Den Zuschnitt können Sie an den vier Ecken und Seiten nachträglich anpassen. Drücken Sie `↵`, wenn Sie den Zuschnitt ausführen wollen.

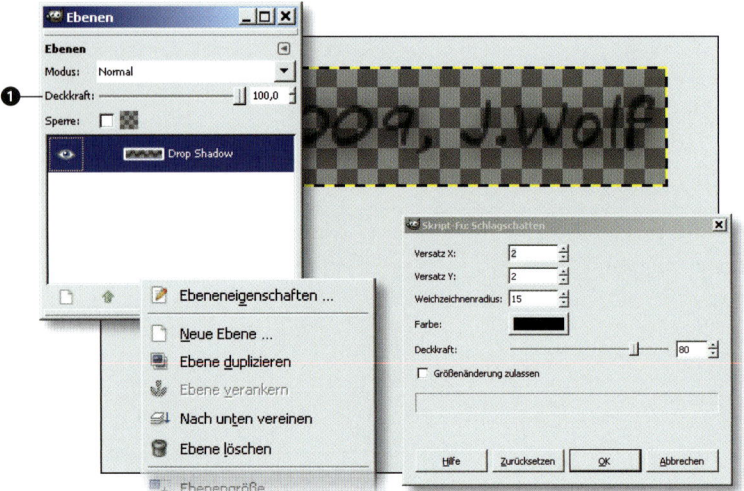

4 Text anpassen

Setzen Sie die DECKKRAFT ❶ des Textes herunter auf 50 %. Wählen Sie den Menüpfad FILTER • LICHT UND SCHATTEN • SCHLAGSCHATTEN. Verwenden Sie für den VERSATZ jeweils den Wert »2«. Der WEICHZEICHNENRADIUS bleibt bei »15«, und die FARBE ist Schwarz. Entfernen Sie den Haken vor GRÖSSENÄNDERUNG ZULASSEN. Bestätigen Sie mit OK. Klicken Sie die obere Ebene mit der rechten Maustaste im Dialog an, und wählen Sie NACH UNTEN VEREINEN.

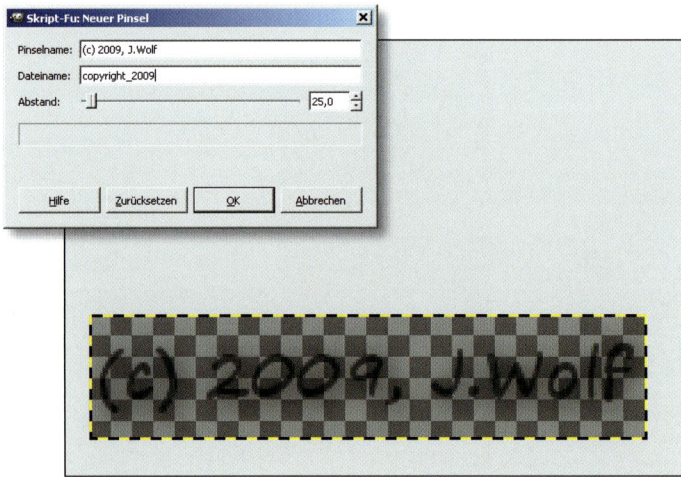

5 Pinsel erzeugen

Kopieren Sie nun den Text mit Strg + C oder BEARBEITEN • KOPIEREN in die Zwischenablage. Wählen Sie BEARBEITEN • EINFÜGEN ALS • NEUER PINSEL. Vergeben Sie im folgenden Dialog den PINSELNAMEN (»© 2008, J. Wolf«; beziehungsweise Ihren Namen) und den DATEINAMEN (»copyright_2008«). Den ABSTAND belassen Sie beim eingestellten Wert. Bestätigen Sie mit OK. So lässt sich übrigens aus jeder beliebigen Grafik ein Pinsel erstellen.

6 Wasserzeichen verwenden

Öffnen Sie ein Bild Ihrer Wahl oder *Snake.jpg*. Wählen Sie PINSEL ❸ oder STIFT ❷. Bei den Werkzeugeinstellungen sollten Sie jetzt unter PINSEL ❹ Ihren selbst erstellten Pinsel finden. Wenn nicht, so klicken Sie auf das Drop-down-Menü und durchsuchen die Pinsel. Wählen Sie die gewünschte Größe über SKALIEREN ❺, und drücken Sie anschließend an der gewünschten Position im Bild Ihren Pinsel auf.

Für das Web speichern
Optimale Bildqualität einstellen

Wenn Sie Ihre Fotos im Internet veröffentlichen oder selbst Ihre Webseiten gestalten möchten, dann müssen Sie einen geeigneten Kompromiss zwischen Dateigröße und Qualität finden.

Zielsetzungen:
Dateigröße anpassen,
Bild skalieren
(Dauer: 1–2 Minuten)
[horse.jpg]

Foto: Martin Conrad

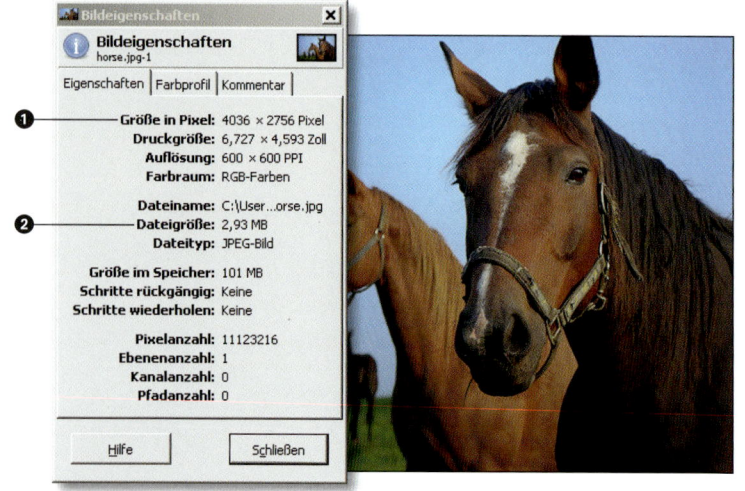

1 Bild analysieren

Zunächst sollten Sie sich die Eigenschaften des Bildes *horse.jpg* ansehen. Diese bekommen Sie über BILD • BILDEIGENSCHAFTEN oder auch mit [Alt] + [↵] angezeigt. Besonders von Interesse für das Internet ist hier die GRÖSSE IN PIXEL ❶ und die DATEIGRÖSSE ❷. Die Größe ist mit 4036 x 2756 Pixeln so wie auch die Dateigröße mit 2,93 MB für das Web viel zu groß. Statt MB (Megabytes) sollten hier nur KB (Kilobytes) stehen – und zwar möglichst weniger als 100 KB.

2 Bildgröße anpassen

Wählen Sie BILD • BILD SKALIEREN. Wenn Sie Bilder für das Internet speichern wollen, müssen Sie die Auflösungen von Bildschirmen (meistens 1024 x 768 oder 1280 x 800 Pixel) kennen. Davon müssen Sie noch ungefähr die Breite des Webbrowsers und des Layouts Ihrer Homepage abziehen. Die BREITE habe ich mit »600« Pixeln gewählt. Die HÖHE wird automatisch angepasst. Die Auflösung ❸ können Sie für das Web auf »150« dpi reduzieren. Bestätigen Sie den Dialog mit SKALIEREN.

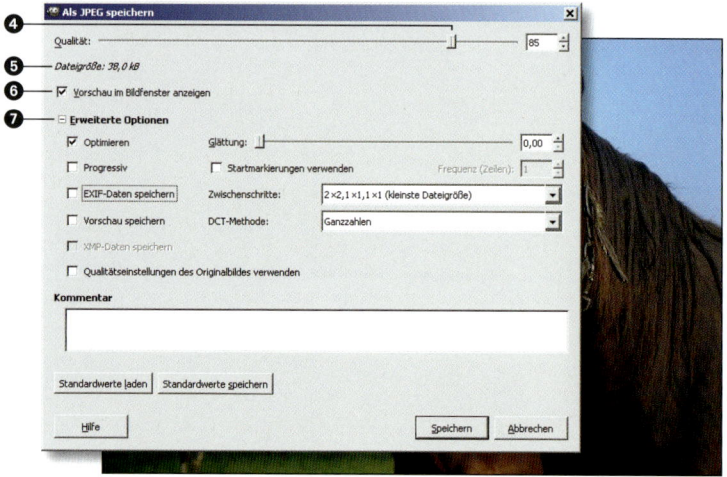

3 Qualität einstellen

Gehen Sie auf DATEI • SPEICHERN UNTER. Wählen Sie als Dateiendung »JPG«, und klicken Sie auf SPEICHERN. Aktivieren Sie die Vorschau ❻, um zu sehen, was sich an der Qualität ändert. Schieben Sie den Anfasser ❹ von QUALITÄT auf »85« Prozent. Dabei können Sie sehen, wie sich dies auf die DATEIGRÖSSE ❺ auswirkt. Sie können noch ein paar Bytes bei ERWEITERTE OPTIONEN ❼ sparen, indem Sie EXIF-DATEIEN SPEICHERN und VORSCHAU SPEICHERN deaktivieren.

GRUNDLAGENEXKURS

Bildauflösung

Digitale Bilder bestehen aus einer Menge von Quadraten oder Bildpunkten beziehungsweise Pixeln (siehe Grundlagenexkurs »Pixel- und Vektorgrafik« ab Seite 349). Bei der Bildauflösung unterscheidet man zwischen der *relativen* und der *absoluten* Auflösung.

Absolute Auflösung

Bei der absoluten Auflösung gibt es zwei Möglichkeiten:
- Bei der ersten Methode wird ganz einfach die Gesamtanzahl der Pixel pro Bild angegeben, wie dies beispielsweise bei der Digitalfotografie mit der Einheit Megapixel (abgekürzt »MP«) üblich ist. Finden Sie bei Ihrer Digitalkamera die Angabe 12 Megapixel, so bedeutet dies, dass Sie Ihre Bilder mit einer Auflösung von über 12 Millionen Pixeln fotografieren können.
- Die zweite Angabe, auf die sich die absolute Auflösung beziehen kann, ist die Anzahl der Pixel pro Spalte (vertikal) und Zeile (horizontal). Diese Angaben finden Sie vorwiegend bei Grafikkarten und Bildschirmen wieder. Übliche und bekannte Formate sind hier beispielsweise 1024 x 768 oder 1280 x 1024 Pixel.

Sie könnten jetzt einwenden, die erste Variante mit der Gesamtanzahl der Pixel sei im Grunde identisch mit der zweiten. Allerdings geht aus einer Angabe von 12 Megapixeln nicht hervor, wie viele Spalten und Zeilen das Bild anschließend hat.
Dies hängt häufig auch vom Hersteller der Kamera ab, je nachdem, welches Auflösungsformat dieser verwendet. Übliche Formate sind hier 4:3- und 3:2-Auflösungen. Somit ergäbe sich bei einer 4:3-Auflösung ein Bild mit 4048 x 3040 Pixeln, wohingegen ein Bild mit einer 3:2-Auflösung 4256 x 2848 Pixel hat.

Analoge Retusche
Das Gegenstück zur digitalen Bildbearbeitung, die analoge Retusche, wird in der Praxis immer seltener eingesetzt. Meistens werden die damit verbundenen Arbeitsgänge in der inzwischen ebenfalls größtenteils digitalen Druckvorstufe zusammen mit den Satzarbeiten erledigt.

HD ready versus Full HD
HD ready hat 0,9 Megapixel und entspricht im 16:9-Format 1280 x 720 Bildpunkten. Full HD hingegen hat 2,1 Megapixel, was im 16:9-Format 1920 x 1080 Pixel ergibt. Und für die ferne Zukunft UDTV mit 8,3 Megapixeln: 3840 x 2160 Bildpunkte.

Relative Auflösung (dpi, ppi)

Als relative Auflösung wird die tatsächliche Dichte der Bildpunkte eines Bildes bezeichnet. Damit ist die Anzahl der Pixel für eine bestimmte Längeneinheit gemeint. Üblicherweise wird hierbei die Einheit *dpi* (dots per inch/Bildpunkte pro 2,54 cm) verwendet. In der digitalen Fotografie ist häufig auch der Begriff *ppi* (pixel per inch/Pixel pro 2,54 cm) und manchmal auch *lpi* (lines per inch/Zeilen pro 2,54 cm) relevant.

Sicherlich sind Ihnen diese Begriffe von Ihrem Drucker oder Scanner bekannt. Hierbei erscheint es zunächst logisch, dass ein höherer Wert ein besseres Ergebnis verspricht. Allerdings handelt es sich hierbei leider um einen Irrtum. Ich habe beispielsweise einen Scanner, der mir 2 400 x 2 400 dpi verspricht. Diese Angabe ist allerdings relativ. In der Praxis schaffen die meisten Scanner nur eine *physikalische Auflösung* von 1 600, 1 200 oder 600 dpi.

Wenn Sie einen Fotoabzug mit Ihrem Scanner in der höchsten Auflösung einscannen, erhalten Sie zwar ein Bild mit mehr Speicherumfang und gleichzeitig auch mehr Pixeln, aber diese Pixel sind nur »interpoliert«, das heißt, sie sind errechnet und enthalten lediglich den durchschnittlichen Farbwert der umliegenden Pixel.

Abzüge von Digitalfotos, die Sie in einem Labor entwickeln lassen, haben gewöhnlich eine Auflösung von 300 dpi. Es macht also keinen Sinn, wenn Sie mit Ihrem Scanner das Bild mit 600 dpi einscannen: Die Auflösung wird dadurch nicht besser. Pixelinformationen, die nicht auf dem Original vorhanden sind, werden nicht auf wundersame Weise erscheinen. Was sich hier eher erhöht, ist die Größe der Datei. Diese ist bei einer interpolierten Auflösung mit 600 dpi viermal größer als mit 300 dpi – aber dennoch kein einziges Pixel besser.

Zum besseren Verständnis finden Sie in der folgenden Tabelle eine Übersicht zu gängigen dpi-Werten von Geräten beziehungsweise Medien, die Sie aus der alltäglichen Verwendung kennen.

Inch
Inch ist der Begriff für die internationale Maßeinheit Zoll. Ein Zoll misst exakt 25,4 mm (= 2,54 cm).

Auflösung für den Druck
Einige Drucker werden mit 4 800 dpi und mehr beworben. Hier sind allerdings praktisch nur 300 bis 1 200 dpi möglich. Sinnvoll ist eine extrem hohe Auflösung nicht: Sobald Ihre Bilder mehr als 400 dpi haben, werden Sie beim Druck kaum mehr Unterschiede bemerken.

Anwendung	dpi
82-cm-Fernsehbildschirm	50
Poster DIN A1	75
Zeitschriften, Bücher	300
Fotos (Labor)	300
Drucker (Laser, Tintenstrahl)	300 bis 1 200
Scanner	600 bis 1 200
Computermäuse (optisch)	400 bis 2 200

Tabelle 1 ▶
Gängige dpi-Werte für Standardanwendungen

▲ **Abbildung 1**
Die Auflösung beträgt von links nach rechts 300 dpi, 150 dpi, 72 dpi und 36 dpi.

Wenn Sie auf der sicheren Seite sein wollen, sollten Sie eine Auflösung von 300 dpi wählen. Das ist in der Praxis für einen guten Ausdruck ausreichend. In Abbildung 1 sehen Sie ungefähr, welche Auswirkungen die unterschiedlichen Auflösungen auf den Druck haben.

Für das Internet sind Auflösungen von 72 beziehungsweise 96 dpi ausreichend. Mehr kann ein Monitor meist ohnehin nicht anzeigen (Standardwert ist 96 dpi). Außerdem hält eine niedrigere Auflösung die Datei kleiner, was sich zugleich positiv auf die Übertragungszeit der Daten über das Netz auswirkt.

Der 72-dpi-Mythos
Im Internet finden Sie einen interessanten Artikel dazu, den Sie kennen sollten:
http://praegnanz.de/essays/72dpi

RAW-Bearbeitung

Wenn Sie das Beste aus Ihren Bildern herausholen und sich nicht allein auf die Automatik der Kamera verlassen wollen, dann verwenden Sie das RAW-Format. Beim RAW-Format stehen Ihnen alle Daten zur Verfügung, die bereits als Grundlage für die Aufnahme dienten. So können Sie die Qualität in der anschließenden Bildbearbeitung gegenüber der Kameraautomatik weit übertreffen. Sie bestimmen selbst Einstellungen wie den Weißabgleich, die Temperatur des Lichtes und einiges mehr. Wenn Ihre Kamera das RAW-Format unterstützt, sollten Sie es also vor allem bei Bildern verwenden, bei denen Ihnen die Qualität besonders wichtig ist.

Foto: Martin Conrad

RAW-Bearbeitung

RAW-Plug-in für GIMP 323
  RAW-Formate umwandeln und bearbeiten

RAW-Informationen 325
  Histogramme und Kameradaten

UFRaw verwenden 328
  Ein Bild mit UFRaw bearbeiten

RAW-Plug-in für GIMP
RAW-Formate umwandeln und bearbeiten

GIMP unterstützt zwar auch das RAW-Format, aber leider nur mit 8 Bit pro Farbkanal. Außerdem funktioniert die Formatunterstützung bisher noch nicht bei allen herstellereigenen RAW-Formaten der Kameras. Die Alternative schlechthin ist UFRaw von Udi Fuchs. UFRaw unterstützt viele gängige Kamera-RAW-Formate und 16 Bit pro Farbkanal. UFRaw kann als Plug-in für GIMP verwendet werden, aber auch als eigenständiges Programm. Öffnen Sie eine RAW-Datei aus GIMP, so wird automatisch UFRaw in einem eigenen Fenster gestartet. Zudem stehen mit UFRaw mehr Möglichkeiten zur Nachbearbeitung der RAW-Datei zur Verfügung als mit GIMP allein.

Zielsetzung:
UFRaw installieren
(Dauer: 1–2 Minuten)
[DeepSea.DNG]

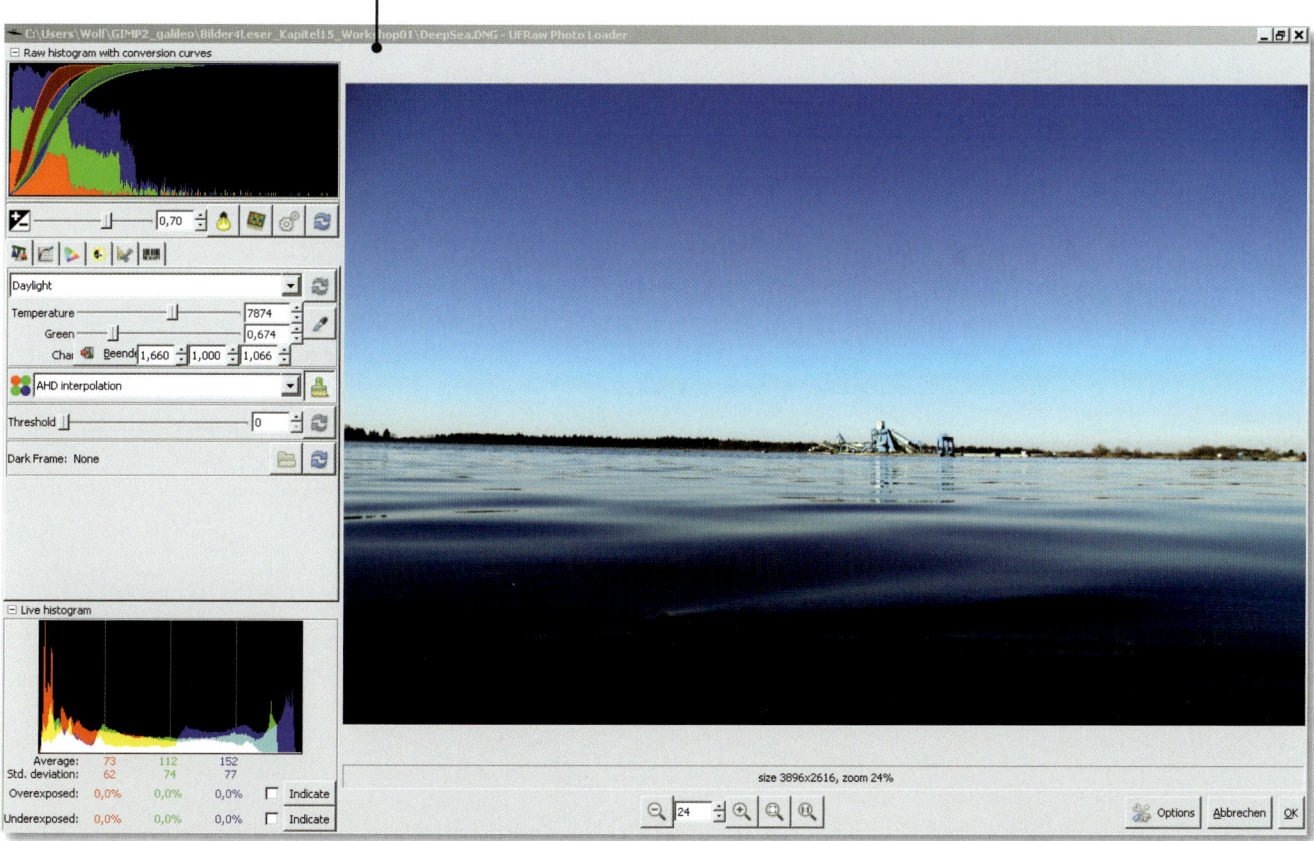

1 UFRaw zulegen

Zunächst sollten Sie sich die aktuelle Version von UFRaw von *http://ufraw.sourceforge.net/Install.html* herunterladen. Auf der Buch-DVD finden Sie nur die Windows-Version. Unter Linux müssen Sie die Paketverwaltung der entsprechenden Distribution starten und die aktuelle Version des Plug-ins beziehen. Auch das Paket für Mac OS X ist dort zu finden. Ich empfehle Ihnen, immer die aktuelle Version aus dem Internet zu beziehen.

2 UFRaw installieren

Verwenden Sie unter Linux, Unix oder BSD die entsprechende Paketverwaltung, so installiert sich das Plug-in nach dem Bezug automatisch. Es sei denn, es fehlt irgendein Paket. Aber auch das sollten die Paketverwaltungsprogramme automatisch abfragen. Die Installation von Windows verläuft typisch: Doppelklick – und dann den Anweisungen des Installationsprogramms folgen. UFRaw wird grundsätzlich in das GIMP-Verzeichnis kopiert.

3 UFRaw in GIMP verwenden

Um UFRaw zu verwenden, öffnen Sie einfach in GIMP über DATEI • ÖFFNEN oder Strg + O eine Datei im RAW-Format, beispielsweise *DeepSea.DNG*. Dann wird das UFRaw-Bildfenster angezeigt.

Hinweis: Ist GIMP installiert, lässt sich UFRaw auch als eigenständiges Programm starten. Sollten Sie UFRaw ohne GIMP verwenden wollen, benötigen Sie die GTK2-Bibliothek.

RAW-Informationen
Histogramme und Kameradaten

Nachdem Sie das Plug-in UFRaw installiert haben, ist es an der Zeit, sich damit vertraut zu machen. Zunächst sollten Sie sich mit den beiden Histogrammen (RAW-Farbhistogramm, Live-Histogramm) und den Kameradaten (EXIF-Daten) auseinandersetzen. Wenn Sie Ihre Fotos wie – im wahrsten Sinne des Wortes – rohe Eier behandeln, sollten Sie auch die Bedeutung dieser Informationen kennen.

Zielsetzung:
Informationen aus dem RAW-Format ermitteln
(Dauer: 1–2 Minuten)
[RAWPhoto.dng]

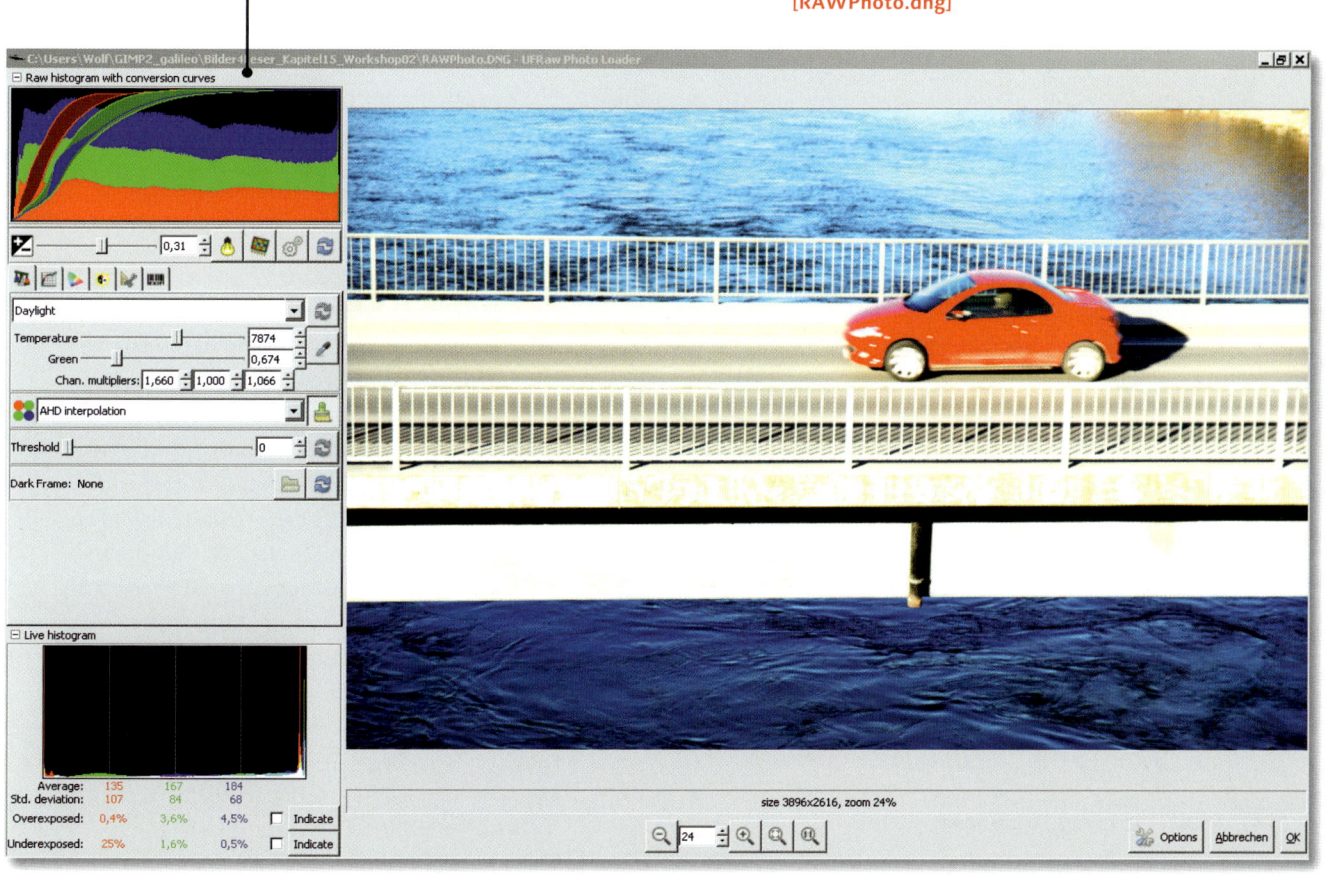

1 RAW-Farbhistogramm

Starten Sie GIMP, und öffnen Sie *RAWPhoto.dng*. Links oben ❶ sehen Sie das Farbhistogramm des RAW-Bildes. Das Histogramm ❸ zeigt die Bildhelligkeit beziehungsweise die Brillanz des Bildes an. Die Kurve ❷ darüber zeigt, wie die Daten des RAW-Formates in das fertige Bild konvertiert werden. Mit einem rechten Mausklick auf das Histogramm können Sie die Ansicht ändern.

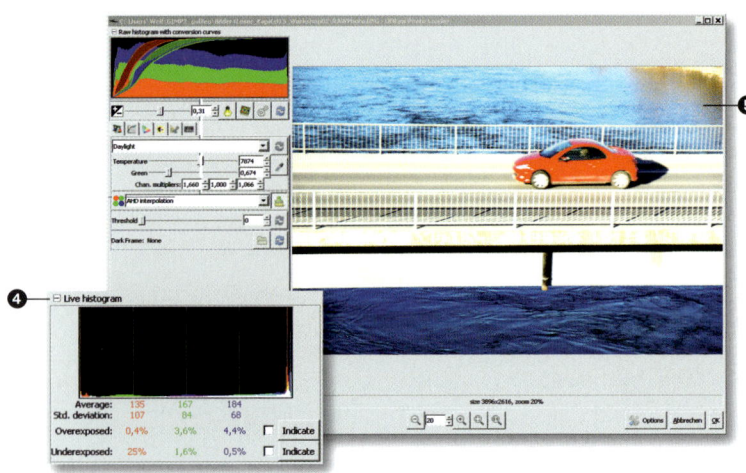

2 Live-Histogramm

Links unten ❹ im Programmfenster wird das Live-Histogramm angezeigt, das die Farbhelligkeitsverteilung im zu bearbeitenden Vorschaubild ❺ anzeigt. Das Histogramm ändert sich, während Sie Änderungen am Bild vornehmen. Auch hier lässt sich die Ansicht mit einem Klick auf die rechte Maustaste ändern.

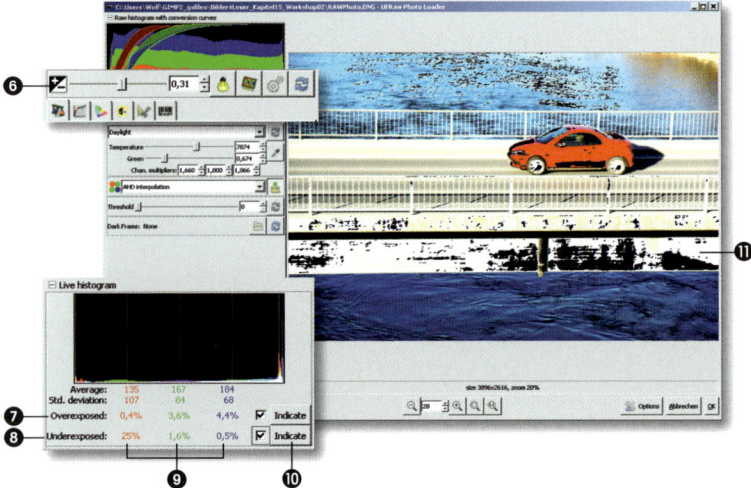

3 Belichtung kontrollieren

Mit OVEREXPOSED ❼ (überbelichtet) und UNDEREXPOSED ❽ (unterbelichtet) können Sie die Belichtung des Bildes kontrollieren. Durch das Setzen entsprechender Häkchen vor INDICATE ❿ wird die Überbelichtung und Unterbelichtung in Prozent ❾ angegeben, und im Bild blinken diese Bereich schwarz ⓫. Mit dem Anfasser unter dem Histogramm ❻ können Sie nun die optimale Belichtung für das Bild einstellen – ideal wäre, wenn alle Prozentwerte ❾ bei 0 lägen.

4 Kameradaten (EXIF)

Wenn Sie das letzte Symbol ❿ im Register anwählen, erhalten Sie eine Übersicht ⓭ der EXIF-Daten, die mittlerweile jede moderne Kamera in der Bilddatei speichert. Darin finden Sie Angaben über den Kamerahersteller, das Kameramodell, die Aufnahme- und Belichtungszeit, die Blende, den ISO-Wert und einiges mehr.

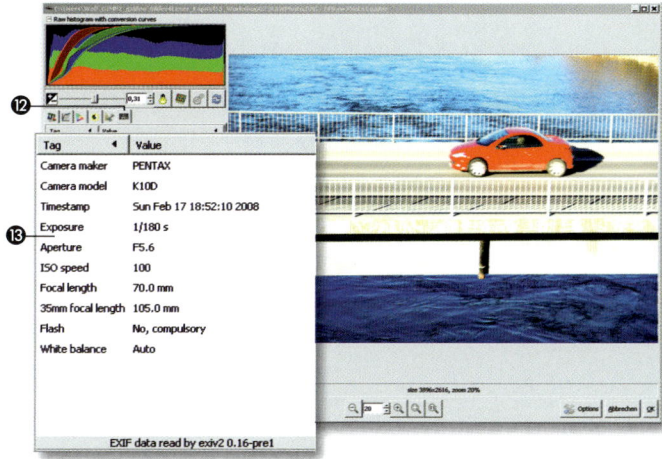

5 Pixelwert auslesen

Im Register für den Weißabgleich ⓯ können Sie den RGB-Wert eines Pixels mit einem Mausklick auf das Bild ermitteln. Dann öffnet sich der Textbereich Spot values ⓮: Die ersten Zahlen stehen für Rot ⓰, Grün ⓱ und Blau ⓲. Der vierte Wert ⓳ zeigt die Helligkeit mit einem Wert zwischen 0 und 1 an. Der Wert Adams' zone ⓴ ist nach dem Zonensystem von Ansel Adams benannt. Dieses teilt den Kontrastumfang eines Bildes von 0 (Schwarz) bis 10 (Weiß) in Graustufen ein.

6 Optionen

Einstellungen, Informationen und Optionen, die nicht das RAW-Bild, sondern das Programm UFRaw betreffen, finden Sie, wenn Sie auf die Schaltfläche Options klicken.

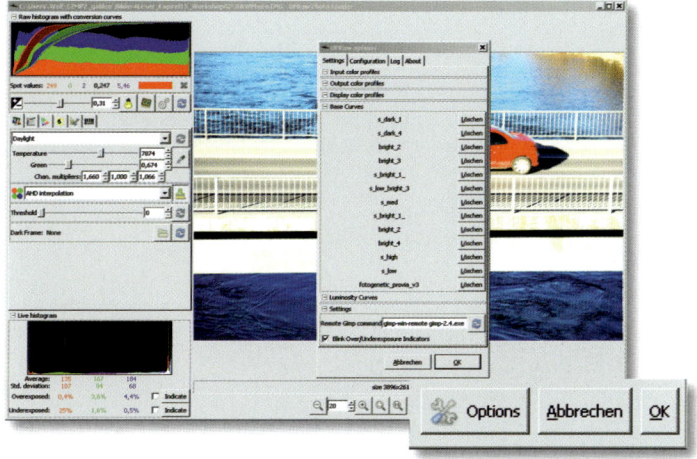

Kapitel 13 | RAW-Bearbeitung **327**

UFRaw verwenden
Ein Bild mit UFRaw bearbeiten

Wenn man das erste Mal ein Foto im RAW-Format erstellt, ist man oft ziemlich überrascht, was die Kamera im Nachhinein alles optimiert. Sie können gerne zum Test ein Bild im RAW-Format und eines im JPEG-Format erstellen. Allerdings entsprechen diese Optimierungen oft nicht jedermanns Geschmack. Diese sonst von der Kamera erstellten Optimierungen wollen wir jetzt mit UFRaw und einem RAW-Bild selbst vornehmen. Dieser Workshop soll die Benutzung von UFRaw in der Praxis veranschaulichen.

Zielsetzungen:
Weißabgleich einstellen,
Tonwertumfang korrigieren,
Sättigung und Kontrast anpassen
(Dauer: 10–30 Minuten)
[RAWPhoto.DNG]

Foto: Martin Conrad

1 Weißabgleich (manuell)

Öffnen Sie das Bild *RAWPhoto.DNG* in GIMP. Beim Öffnen des UFRaw-Fensters ist zunächst das Register für den Weißabgleich ❶ aktiv. Hier können Sie die Farbtemperatur (Temperature) ❷ einstellen. Diese wirkt hauptsächlich auf den roten und blauen Farbkanal. Daher ist separat auch die Einwirkung auf den grünen Farbkanal (Green) ❸ möglich. Mit der Farbtemperatur können Sie beeinflussen, ob das Bild wärmer oder kälter wirken soll.

2 Weißabgleich (automatisch)

Alternativ zur manuellen Einstellung über die Schieberegler können Sie mit dem Dropdown-Listenfeld ❹ einen vordefinierten, automatischen Weißabgleich durchführen. Wenn Sie den automatischen Weißabgleich Ihrer Kamera setzen möchten, können Sie hier »Camera WB« wählen. Weitere Weißabgleichformen sind Tageslicht (Daylight WB), Leuchtstofflampe (Fluorescent), Wolframlampe (Tungsten), bewölkt (Cloudy), Blitzlicht (Flash) und Schatten (Shade).

3 Weißabgleich anpassen

Sie können gerne den Weißabgleich mit dem Anfasser von Temperature ❺ und Green ❻ anpassen. Einfacher geht es jedoch mit der Pipette ❼. Wählen Sie dafür im Bild einen weißen, grauen oder schwarzen Bereich aus. Mit gedrückter linker Maustaste können Sie auch eine Auswahl ziehen. Klicken Sie nun auf die Pipette ❼. Jetzt werden die Farben anhand des weißen, grauen beziehungsweise schwarzen Punktes neu berechnet.

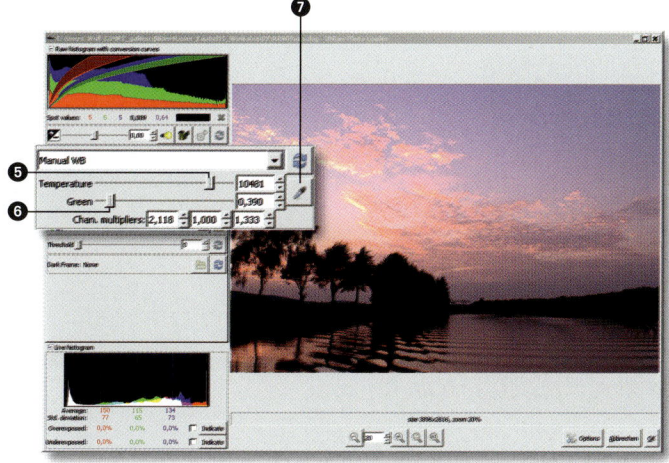

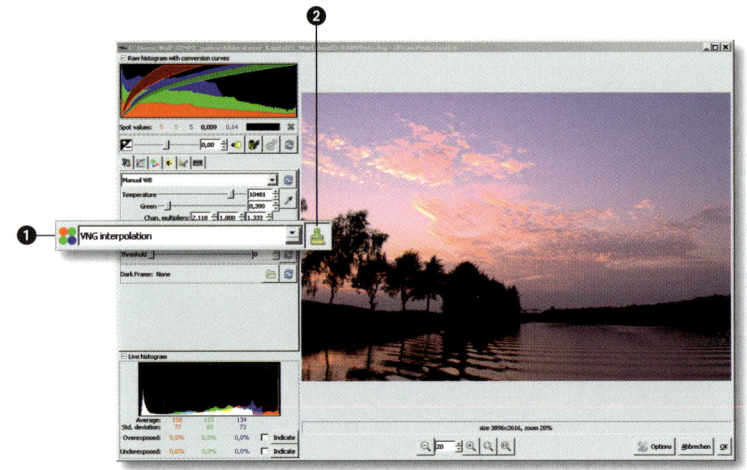

4 Interpolation

Unterhalb des Weißabgleichs finden Sie ein Drop-down-Listenfeld, mit dem Sie die Interpolation ❶ ändern können. Damit legen Sie die Neuberechnung der Bildpunkte beim Speichern fest. Für die beste Qualität wählen Sie hier »VGN interpolation«. Das voreingestellte »AHD interpolation« ist ebenfalls hervorragend, kann aber das Bildrauschen verstärken. Mit einem Klick auf den Pinsel ❷ können Sie die Farben glätten, um Artefakte zu vermeiden.

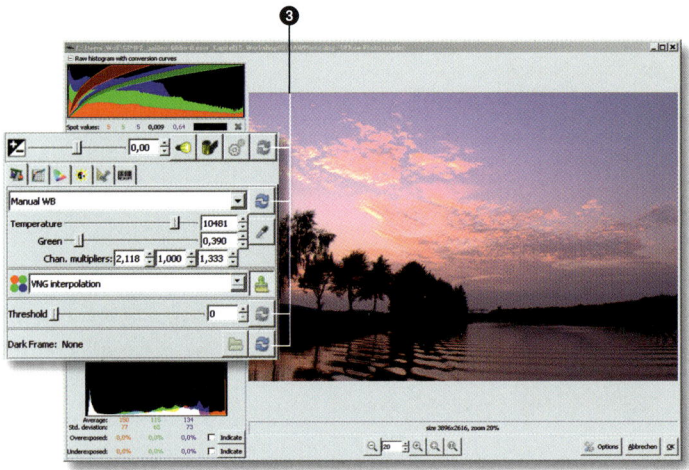

5 Vorgang zurücknehmen

Wenn Sie eine Aktion rückgängig machen möchten, klicken Sie einfach auf das entsprechende Reset-Symbol ❸, das sich neben fast allen Funktionen von UFRaw befindet. Beachten Sie außerdem bei der Bearbeitung eines Bildes, dass sich das Programm die Einstellungen merkt und diese automatisch auf das nächste Bild anwendet.

6 Gradationskurve

Mit der Gradationskurve (BASE CURVE) ❹ können Sie Kontrast- und Helligkeitseinstellungen in einzelnen Bildbereichen nacharbeiten. Wenn Sie die Tiefen noch dunkler und somit kontrastreicher machen möchten, klicken Sie auf die Linie im unteren Bereich ❻ und ziehen diese mit gedrückter Maustaste nach unten. Gleichermaßen funktioniert dies mit den hellen Bereichen: Klicken Sie auf einen Punkt im oberen Bereich der Linie ❺ und schieben ihn nach oben.

7 Gradationskurve anpassen

Die Gradationskurve erlaubt Ihnen ein völlig freies Arbeiten – Experimente sind erlaubt und erwünscht. Die Werte können Sie über das Disketten-Symbol ❼ speichern und mit dem Ordner-Symbol ❽ jederzeit wieder öffnen. Wer noch relativ unerfahren ist, findet im Internet fertige Gradationskurven, mit denen er üben kann. Schauen Sie mal unter *http://fotogenetic.dearingfilm.com/downloads.html* nach.

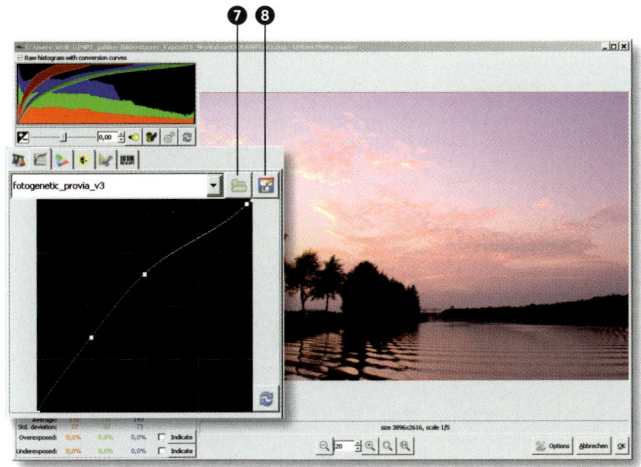

8 Farbmanagement (1)

Das Farbmanagement (COLOR MANAGEMENT) ❾ bezieht sich auf den Arbeitsbereich des verwendeten Gerätes. Im Grunde können Sie überall mit sRGB zufrieden sein. Es ist allerdings auch möglich, andere Profile über die Ordner-Symbole zu laden. Dies wäre zunächst das Eingabeprofil ❿ (INPUT PROFILE) für Ihre Kamera, das Ausgabeprofil ⓫ (OUTPUT PROFILE) für Ihre Arbeitsumgebung (GIMP) und das Anzeigeprofil ⓬ (DISPLAY PROFILE) für den Bildschirm.

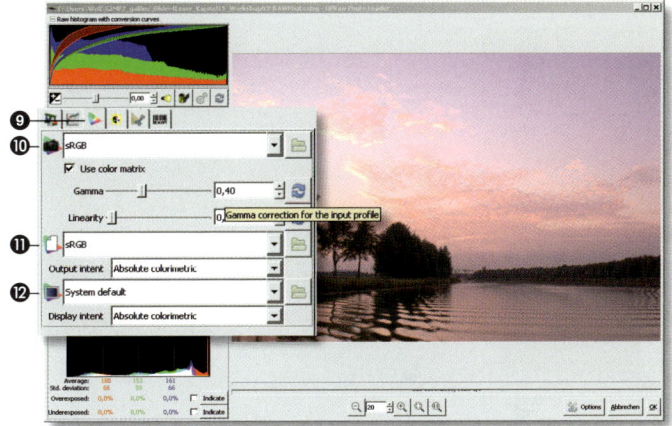

9 Farbmanagement (2)

Beim Eingabeprofil können Sie über das Kontrollkästchen USE COLOR MATRIX ⓭ die Farbintensität steigern. Allerdings ist hier eine größere Gefahr von Über- beziehungsweise Unterbelichtung gegeben. Sie können hier auch den Gamma-Wert für das Eingabeprofil ändern. Schieben Sie dafür den Anfasser ⓮ auf »0,4«. Den linearen Teil der Gamma-Korrektur ⓯ (LINEARITY) ändern Sie für das Bild auf den Wert »0,02«.

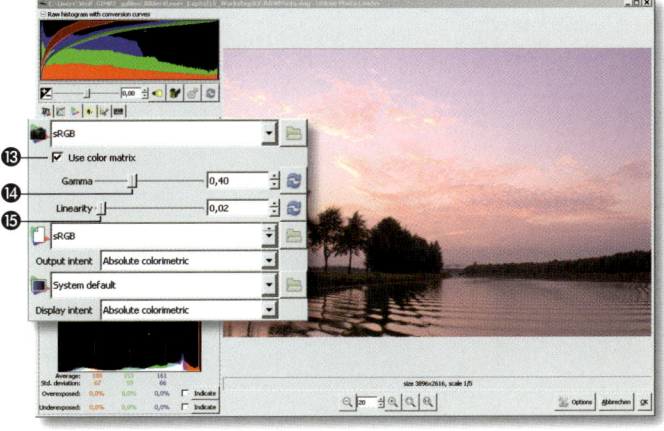

Kapitel 13 | RAW-Bearbeitung

10 Sättigung und Korrektur

Im nächsten Reiter CORRECT LUMINOSITY, SATURATION ❶ können Sie die Sättigung anpassen. Mit dem Anfasser SATURATION ❷ können Sie die Farbsättigung des Bildes steigern, indem Sie diesen nach rechts schieben beziehungsweise reduzieren, indem Sie ihn nach links bewegen. Schieben Sie den Anfasser ❷ auf den Wert »1,5«. Die Kurve ❸ entspricht in etwa der bereits beschriebenen Gradationskurve und dient dazu, die Kontraste im Bild ein weiteres Mal zu steigern.

11 Größe und Ausrichtung

Im Register CROP AND ROTATE ❹ können Sie das Bild zuschneiden. Auch das Bildverhältnis (ASPECT RATIO) ❺ lässt sich hier anpassen. Zudem können Sie, wenn Sie möchten, das Bild kleiner skalieren (SHRINK FACTOR) ❻ und drehen (ORIENTATION) ❼.

12 Belichtung

Die Belichtung können Sie nachträglich mit dem Anfasser beim +/-Symbol ❽ ändern. Achten Sie allerdings beim Aufhellen darauf, dass das Bildrauschen nicht größer wird. Mit der Zahnrad-Schaltfläche ❾ können Sie eine automatische Nachbelichtung vornehmen. Hier können Sie die Belichtung mit dem Anfasser auf »–0,55« reduzieren.

13 Zoomen

Gelegentlich sollten Sie auch gründlich überprüfen, was die eine oder andere Einstellung bei Ihrem Bild bewirkt hat. Dazu können Sie über die Zoomeinstellungen unten im Bildfenster herein- beziehungsweise herauszoomen.

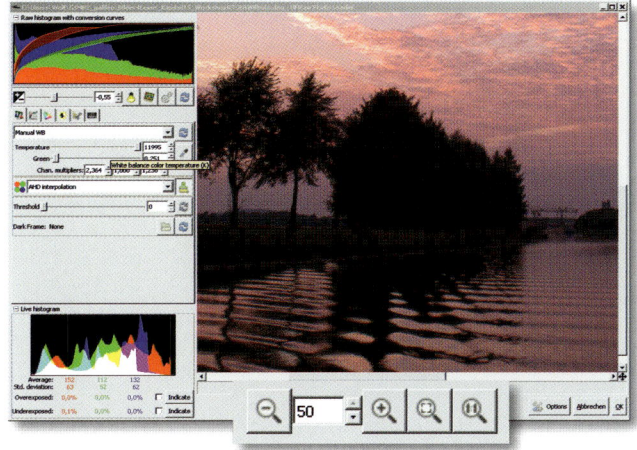

14 Bearbeiten abschließen

Wenn Sie mit der Bearbeitung des RAW-Bildes fertig sind, klicken Sie im UFRaw-Fenster links unten auf die Schaltfläche OK. Daraufhin wird das mit UFRaw bearbeitete Bild in GIMP geladen und angezeigt.

15 Bild speichern

Jetzt können Sie das Bild über DATEI • SPEICHERN UNTER oder [Strg] + [⇧] + [S] speichern. Für die höchste Qualität verwenden Sie das TIFF-Format. Des Weiteren bietet sich JPEG und auch PPM an.

Hinweis: Ich habe es bereits erwähnt, aber vorsichtshalber weise ich nochmals darauf hin: Wenn Sie jetzt erneut ein RAW-Bild in UFRaw öffnen, werden automatisch die Einstellungen des zuletzt bearbeiteten Bildes darauf angewendet.

Kapitel 13 | RAW-Bearbeitung

GRUNDLAGENEXKURS

RAW-Format

Kompatibilität
RAW-Daten verschiedener Hersteller und Modelle sind untereinander nicht kompatibel.

Das RAW- beziehungsweise Roh-Format (englisch raw = roh) ist ein modellabhängiges Dateiformat von Digitalkameras. Bei diesem Format handelt es sich um die Daten, die der Kamerasensor während der Belichtung aufzeichnet und die fast ohne weitere Komprimierung und Bearbeitung auf das Speichermedium geschrieben werden.

Ältere Spiegelreflexkameras und günstigere Digitalkameras unterstützen meistens kein RAW-Format. Lesen Sie trotzdem weiter, auch wenn dies auf Ihre Kamera zutreffen sollte. Vielleicht stellen Sie fest, dass es sich für Sie lohnt, beim nächsten Kamerakauf darauf zu achten. Sie können ja übungshalber mit den RAW-Daten auf der Buch-DVD vorab ein wenig experimentieren. Ambitionierten (Hobby-)Fotografen lege ich eine Kamera ans Herz, die RAW unterstützt.

Vorteile des RAW-Formats

Wenn Sie fotografieren, stellen Sie meistens nur die Belichtungszeit, die Blende und den ISO-Wert ein. Werte wie die Farbsättigung, den Kontrast passt die Kamera automatisch an – meistens auch den Weißabgleich. Wenn Sie aber die Speicherung des Bildformats von JPEG in eines der vielen herstellerabhängigen RAW-Formate ändern, können Sie nachträglich unter anderem die Parameter Weißabgleich, Farbsättigung, Kontrast und Schärfung von Hand anpassen.

Die folgenden Abbildungen zeigen, wie Sie über das RAW-Format den Weißabgleich nachträglich ändern können und wie sich eine solche Änderung auf die Bildstimmung auswirkt.

Die Vorteile des RAW-Formats liegen somit auf der Hand. Sie müssen beim Fotografieren weniger Parameter beachten, weil Sie diese ja nachträglich ändern können, beziehungsweise Sie können nun auch Einfluss auf Werte nehmen, auf die Sie zuvor keinen Zugriff hatten. Sie erreichen so – wenn Sie ein Gefühl dafür bekommen – eine viel bessere Bildqualität. Zudem haben Sie viel mehr Flexibilität bei der Nachbearbeitung als beim JPEG-Format. Gerade Personen, die ihre Fotos gerne nachbearbeiten, kommen um das RAW-Format kaum herum.

◄ **Abbildung 1**
Kamerainterner Weißabgleich

◄ **Abbildung 2**
Manueller Weißabgleich mit 12 000 K

◄ **Abbildung 3**
Manueller Weißabgleich mit 3 600 K

Nachteile des RAW-Formats

Wo Licht ist, ist auch Schatten: RAW-Bilder benötigen erheblich mehr Speicherplatz als ihr JPEG-Gegenstück. Der Wert ist zwar abhängig vom Hersteller, aber häufig ist die Datenmenge vier- bis fünfmal höher. Natürlich verlängert sich dabei auch die Zeit für das Schreiben auf das Speichermedium. Daher lassen sich häufig im RAW-Format beispielsweise nur drei Bilder in der Sekunde anstatt fünf erstellen. Auch die Rechenzeit des Bildprozessors erhöht sich bei der Aufnahme von RAW-Daten, weil die Prozessoren gewöhnlich für das JPEG-Format optimiert sind.

Ein weiterer Nachteil ist, so sehe ich das zumindest, dass kaum noch digitale Kompaktkameras das RAW-Format verwenden. Meistens muss der Käufer tiefer in die Tasche greifen und eine digitale Spiegelreflexkamera erwerben. Es wäre schön, würden die Hersteller auch eine RAW-Option für den kleineren Geldbeutel zur Verfügung stellen. Dazu kommt noch, dass man nicht immer Lust hat, die meist doch recht schwere digitale Spiegelreflexkamera mit sich herumzuschleppen.

Ein weiteres Problem ist, dass die Hersteller alle ihr eigenes Süppchen kochen. RAW ist nämlich nur ein Sammelbegriff für die unterschiedlichen herstellerabhängigen Formate. Zwar gibt es bereits Hersteller wie Sigma, die den Programmcode für das RAW-Format offenlegen, andere wiederum halten Teile der Spezifikation geheim, so dass ein Vollzugriff auf alle Parameter nicht immer möglich ist.

Verschiedene RAW-Formate

Wie bereits erwähnt, hat fast jeder Hersteller sein eigenes RAW-Format. Adobe Systems hat sich in der Zwischenzeit bemüht, mit DNG (digitales Negativ) einen RAW-Standard zu etablieren. Ob sich dieses Format durchsetzt, wird sich noch herausstellen, aber immer mehr Kamerahersteller sind schon dazu übergegangen, zusätzlich das DNG-Format anzubieten. Sollte Ihre Kamera es noch nicht unterstützen, so ist es dennoch mittlerweile möglich, verschiedene RAW-Formate verlustfrei in das DNG-Format umzuwandeln. In der folgenden Tabelle finden Sie einen Überblick über die verschiedenen RAW-Formate, ihre Dateierweiterungen und die jeweiligen Hersteller.

▼ Tabelle 1
Herstellerabhängige Dateierweiterungen

Dateierweiterung	Hersteller
3FR	Hasselblad
ARW	Sony
CRW, CR2	Canon
DCR, DCS	Kodak
ERF	Epson
KDC	Kodak EasyShare
MEF	Mamiya
MRW, MDC	Minolta
NEF	Nikon
ORF	Olympus
PEF	Pentax
RAF	Fuji
RAW	Contax
RAW	Panasonic
RAW	Leica
SRF, SR2	Sony
X3F	Sigma

RAW-Konverter

Die Software (Konverter) hat bei der Umwandlung des RAW-Formats einen großen Einfluss auf die Qualität des daraus resultierenden Bildes. Viele Kamerahersteller liefern daher einen eigenen RAW-Konverter mit, den Sie demzufolge unbedingt ausprobieren sollten. Leider haben in diesem Zusammenhang die Anwender jenseits der Microsoft-Plattformen meistens das Nachsehen.

Es lohnt sich, mehrere Konverter auszuprobieren, da sie sich je nach Aufgabe unterschiedlich gut eignen. Der eine Konverter erzeugt schärfere Kanten, der andere ist dafür besser für die Darstellung von Strukturen (Holz, Mauern) geeignet. GIMP bietet zwar keinen eigenen Konverter an, harmoniert aber beispielsweise hervorragend mit dem Programm UFRaw.

Software
Auf der Buch-DVD finden Sie einige kostenlose RAW-Konverter beziehungsweise deren Bezugsquellen. Ab Seite 328 finden Sie einen Workshop, der Ihnen die RAW-Konvertierung mit UFRaw erläutert.

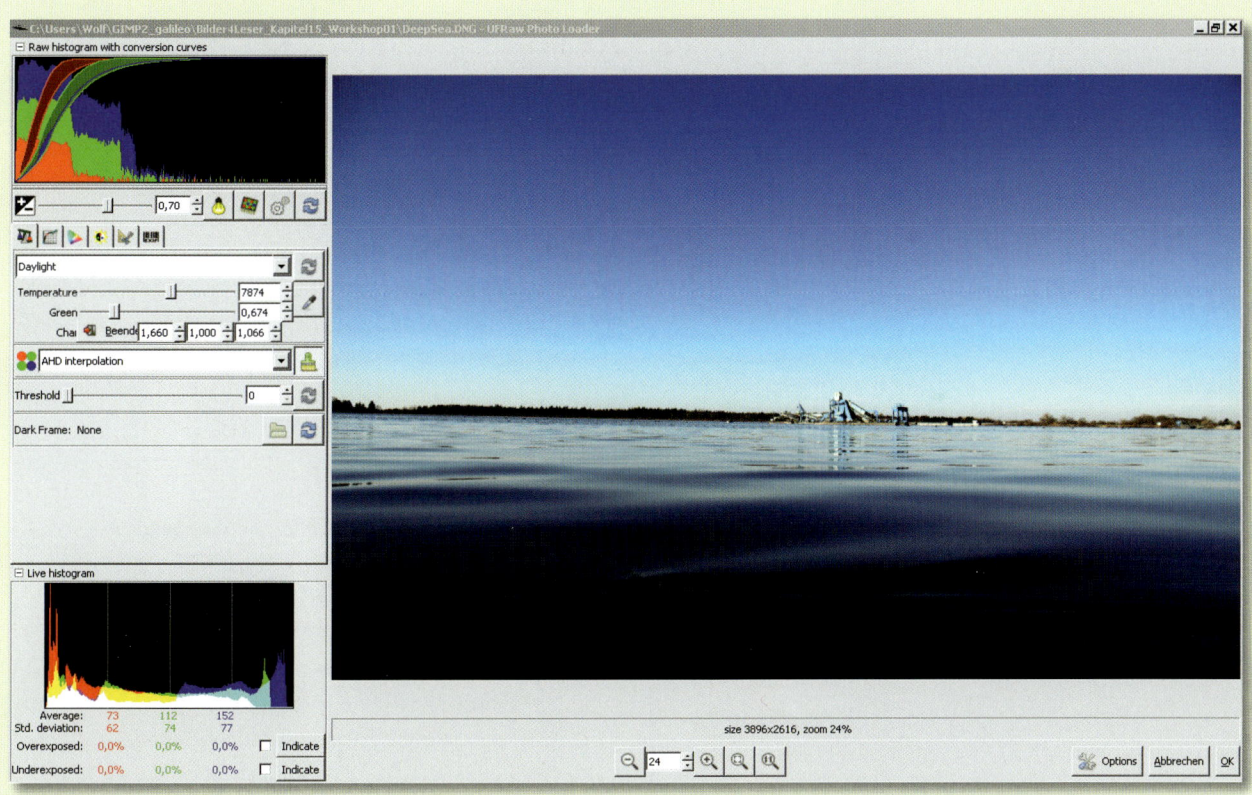

▲ **Abbildung 4**
Der UFRaw-Konverter liegt diesem Buch bei.

Grundlagenexkurs | RAW-Format

Dynamic Range Increase – DRI

Mit der Methode DRI (Dynamic Range Increase) können Sie den Dynamikbereich beziehungsweise den Kontrastumfang eines Bildes verbessern. Der Kontrastumfang ist der Bereich zwischen dem hellsten und dem dunkelsten Wert in allen Farbkanälen. Um eine DRI-Aufnahme erstellen zu können, müssen Sie mehrere Aufnahmen desselben Motivs mit verschiedenen Belichtungszeiten machen. Dadurch stellen Sie sicher, dass bei den überbelichteten Aufnahmen die hellsten Stellen und bei den unterbelichteten die dunkelsten Stellen im Bild gut gezeichnet sind. Im Anschluss daran können Sie diese Aufnahmen zu einem DRI-Bild zusammensetzen.

Foto: Marco Barnebeck

Dynamic Range Increase – DRI

DRI-Bild manuell erstellen **341**
Dynamic-Range-Increase-Technik mit GIMP

DRI mit Plug-in erzeugen **346**
DRI-Technik mit einem GIMP-Plug-in

DRI-Bild manuell erstellen
Dynamic-Range-Increase-Technik mit GIMP

Zielsetzungen:
Bilder zusammensetzen, Belichtung anpassen
(Dauer: 10–30 Minuten)
[4Sekunden.jpg, 15Sekunden.jpg, 38Sekunden.jpg, 60Sekunden.jpg]

Bei Nachtaufnahmen stehen Sie vor dem Problem, dass das Motiv bei einer kürzeren Belichtung in den dunklen Bereichen keine Zeichnung mehr hat und bei einer längeren Belichtung helle Bereiche überstrahlen. Dieses Dilemma lösen Sie, indem Sie Ihr Motiv mit unterschiedlichen Belichtungszeiten aufnehmen. Die Bilder für diesen Workshop sind in einer Belichtungsreihe von vier Sekunden bis einer Minute entstanden. Auf dem Foto mit der niedrigsten Belichtungszeit können Sie kaum etwas erkennen. Auf der Aufnahme mit der langen Belichtungszeit ist zwar das Motiv zu erkennen, aber das Licht der Laternen und der angestrahlte Kirchturm erscheinen übermäßig grell.

1   Bilder stapeln

Laden Sie das Bild *4Sekunden.jpg* in GIMP. Öffnen Sie den Ebenendialog mit [Strg]+[L]. Laden Sie nacheinander über das Bildfenstermenü DATEI • ALS EBENE HOLEN die Bilder *15Sekunden.jpg*, *38Sekunden.jpg* und *60Sekunden.jpg*. Im Ebenendialog finden Sie jetzt von oben nach unten alle Bilder, mit der längsten Belichtungszeit angefangen.

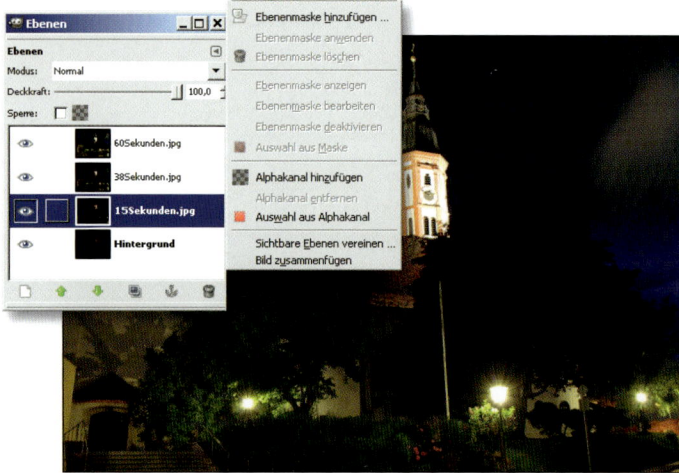

2   Alphakanal hinzufügen

Klicken Sie jede der vier Ebenen mit der rechten Maustaste an, und wählen Sie im Kontextmenü ALPHAKANAL HINZUFÜGEN aus. Benennen Sie außerdem die unterste Ebene zur besseren Übersicht von »Hintergrund« in »4Sekunden.jpg« um.

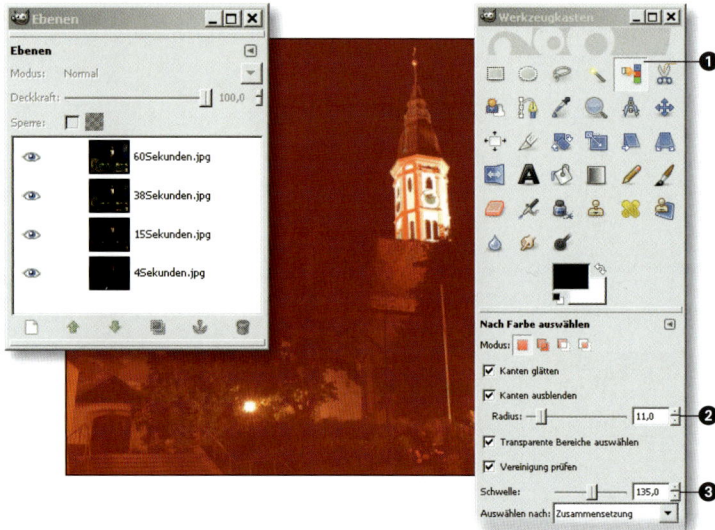

3   Zu helle Bereiche markieren

Aktivieren Sie die oberste Ebene *60Sekunden.jpg*. Wählen Sie das Werkzeug NACH FARBE AUSWÄHLEN ❶ aus. Setzen Sie in den Einstellungen vor alle Optionen ein Häkchen. Stellen Sie RADIUS ❷ auf »11« und SCHWELLE ❸ auf »135«. Deaktivieren Sie AUSWAHL ANZEIGEN mit [Strg]+[T]. Klicken Sie mit der linken Maustaste auf den hellsten Punkt, die Straßenlaternen. Die Auswahl können Sie sich mit [⇧]+[Q] anzeigen lassen.

4 Ebenenmaske hinzufügen

Schalten Sie die rote Schnellmaske mit [Strg]+[Q] wieder ab. Klicken Sie mit der rechten Maustaste auf die Ebene *60Sekunden.jpg*, und wählen Sie EBENENMASKE HINZUFÜGEN. Wählen Sie im Dialog die Radioschaltfläche AUSWAHL ❹ aus. Haken Sie außerdem MASKE INVERTIEREN ❺ an, und bestätigen Sie den Dialog mit HINZUFÜGEN.

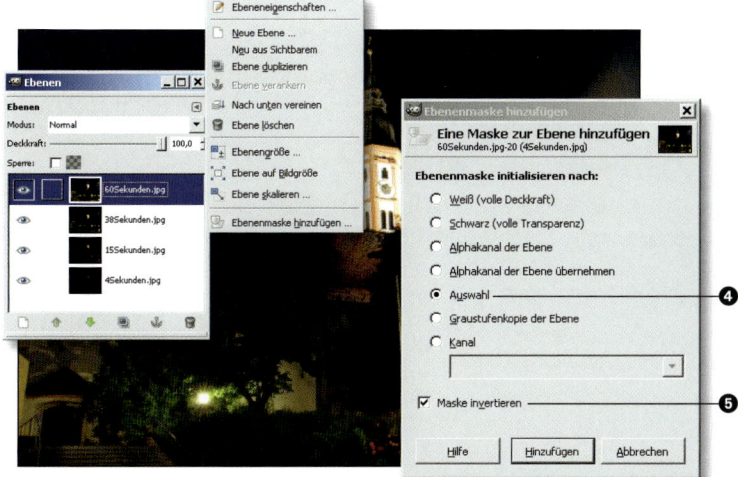

5 Zwischenbericht

Sie haben in der obersten Ebene den hellsten Bereich ausgewählt. Die aus dieser Auswahl erzeugte Ebenenmaske verwenden Sie nun, um die Laternen und das Weiß des Kirchturms durch dunklere Ablichtungen aus den darunterliegenden Ebenen zu ersetzen. Entfernen Sie testweise alle Augen-Symbole ❻ bis auf die oberste Ebene, um den Effekt der Ebenenmaske zu sehen.

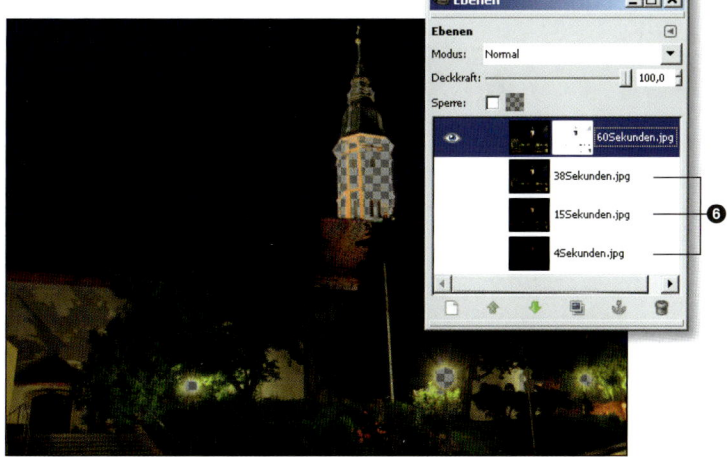

6 Nächste Ebene

Im Grunde wiederholen Sie jetzt die Arbeitsschritte 3 und 4 bei der Ebene *38Sekunden.jpg*. Aktivieren Sie diese Ebene. Ändern Sie bei den Einstellungen des Farbauswahlwerkzeugs ❼ den RADIUS ❽ auf »10« und die SCHWELLE ❾ auf »90«. Klicken Sie mit der linken Maustaste erneut auf die Straßenlaternen. Die Auswahl können Sie sich mit der Schnellmaske über [⇧]+[Q] anzeigen lassen.

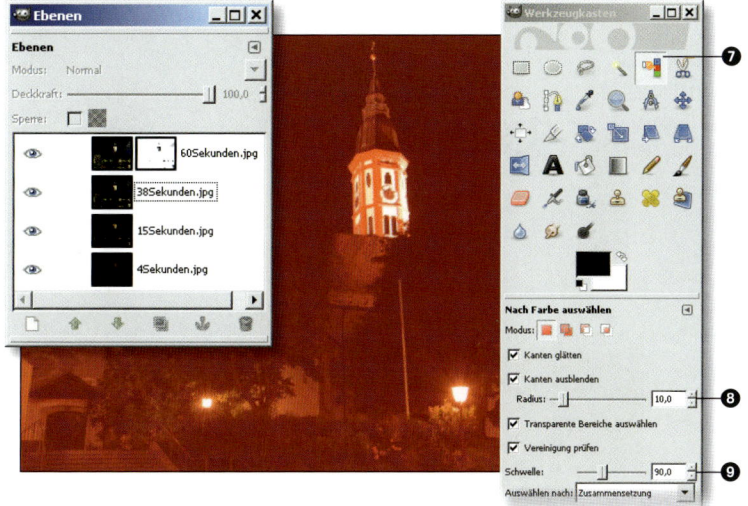

Kapitel 14 | Dynamic Range Increase – DRI

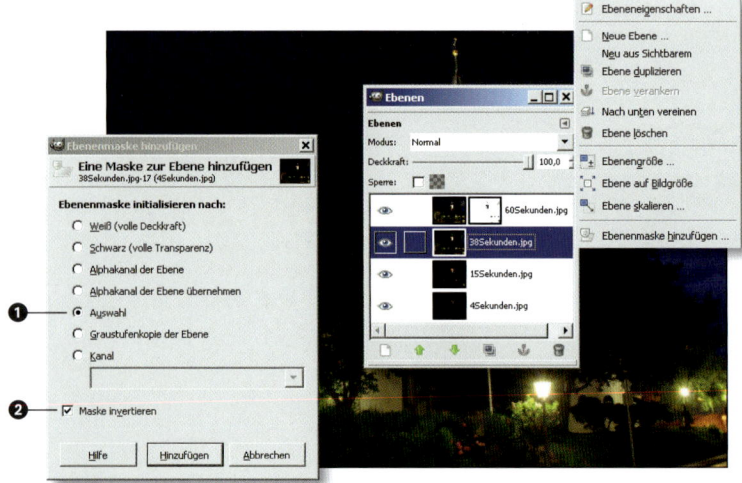

7 Ebenenmaske hinzufügen

Schalten Sie die rote Schnellmaske mit ⌈Strg⌉ + ⌈Q⌉ ab. Klicken Sie mit der rechten Maustaste auf die Ebene *38Sekunden.jpg*, und wählen Sie EBENENMASKE HINZUFÜGEN. Im Dialog markieren Sie den Radiobutton AUSWAHL ❶. Setzen Sie außerdem bei MASKE INVERTIEREN ❷ ein Häkchen, und bestätigen Sie mit HINZUFÜGEN.

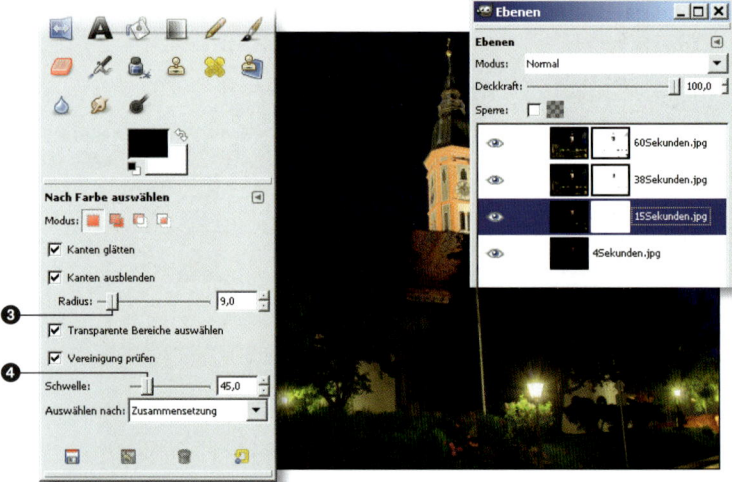

8 Arbeitsschritte wiederholen

Wiederholen Sie die Arbeitsschritte 3 und 4 auch für die Ebene *15Sekunden.jpg*. Sie müssen lediglich die Werte für RADIUS ❸ und SCHWELLE ❹ bei den Werkzeugeinstellungen anpassen. Verwenden Sie bei RADIUS den Wert »9« und bei SCHWELLE »45«.

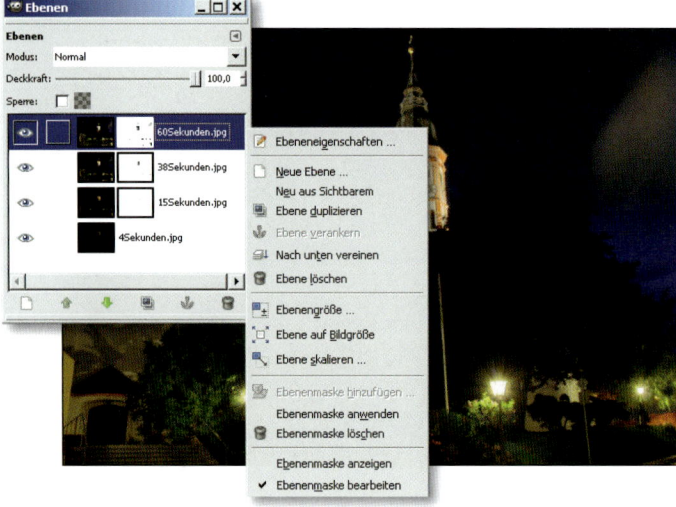

9 Ebenenmaske anwenden

Klicken Sie jetzt mit der rechten Maustaste jeweils auf die Ebenen *60Sekunden.jpg*, *38Sekunden.jpg* und *15Sekunden.jpg*, und wählen Sie im Kontextmenü EBENENMASKE ANWENDEN aus.

10 Ebenen zusammenfügen

Klicken Sie mit der rechten Maustaste auf die oberste Ebene, und wählen Sie im Kontextmenü Sichtbare Ebenen vereinen aus. Die Standardeinstellungen des Dialogs lassen Sie, wie sie sind, und klicken dann auf die Schaltfläche Vereinen. Jetzt sollten Sie im Ebenendialog nur noch eine Ebene, das fertige Bild, vorfinden.

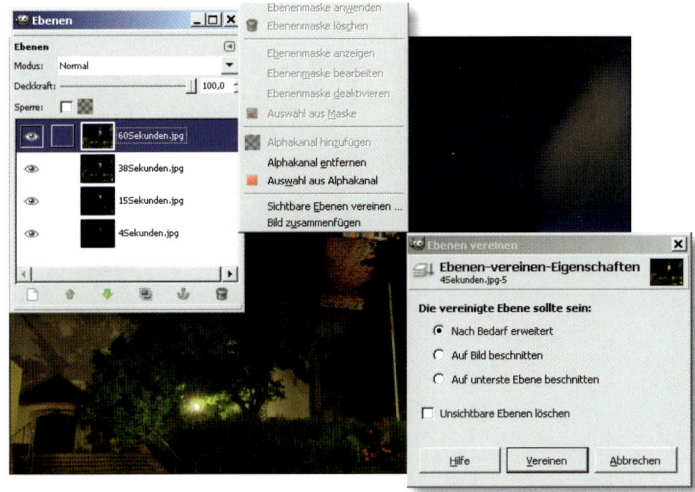

11 Analyse

Indem Sie bei den einzelnen Aufnahmen die hellsten Stellen der jeweiligen Aufnahme durch die nächstdunkleren ersetzt haben, erhalten Sie nun ein Bild, das einen höheren Kontrastbereich widerspiegelt. Folglich sind sowohl die hellsten als auch die dunkelsten Stellen im Bild gut gezeichnet.

12 Anmerkung

»Auswahl anzeigen« sollten Sie bei den Werkzeugen Farb- beziehungsweise Helligkeitswähler immer ausblenden über Ansicht • Auswahl anzeigen oder [Strg]+[T]. Besonders bei großen Bildern kann es sonst passieren, dass GIMP nicht mehr reagiert. Natürlich hängt dies auch von der Leistung Ihres Rechners ab. Zur Überprüfung der Auswahl können Sie die Schnellmaske verwenden, die Sie mit [⇧]+[Q] oder über die Schaltfläche links unten im Bildfenster aktivieren.

DRI mit Plug-in erzeugen
DRI-Technik mit einem GIMP-Plug-in

Zielsetzungen:
Plug-in installieren, Bilder mit Hilfe des Plug-ins zusammensetzen, Belichtung der hellsten Bildstellen anpassen
(Dauer: 10–20 Minuten)
[60Sekunden.jpg, 38Sekundenjpg, 15Sekunden.jpg, 4Sekunden.jpg]

Im Workshop zuvor haben Sie gesehen, wie Sie ein DRI-Bild mit GIMP manuell erstellen können. Dabei handelt es sich um einen relativ aufwendigen Vorgang. Natürlich gibt es auch hierfür ein Plug-in, das Ihnen einen Großteil der Arbeit abnimmt. Mathias Weitz hat sich der DRI-Technik angenommen und sich die Mühe gemacht, ein Plug-in für GIMP zu schreiben. Dieser Workshop schildert den Vorgang daher zur besseren Vergleichsmöglichkeit anhand desselben Bildes, jetzt allerdings mit Einsatz des Plug-ins. Entscheiden Sie selbst, mit welcher Methode Sie das bessere Ergebnis erzielen.

1 Plug-in installieren

Zunächst müssen Sie das Plug-in installieren. Sie finden es auf der Buch-DVD unter dem Namen *hdr.scm*. Wie Sie Plug-ins installieren, können Sie im Workshop »Skript-Fu installieren« ab Seite 289 nachlesen. Ist das Plug-in installiert, finden Sie es im Bildfenster unter FILTER • PHOTO • HIGH DYNAMIC RANGE PHOTO wieder. Das Plug-in enthält zwei DRI-Versionen, die erste liefert in den meisten Fällen das bessere Ergebnis.

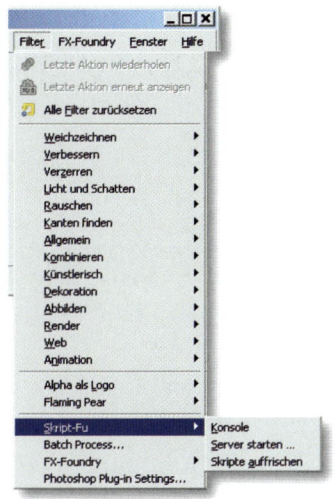

2 Bilder als Ebenen stapeln

Öffnen Sie das Bild *60Sekunden.jpg* in GIMP. Fügen Sie nun zwei weitere Ebenen über DATEI • ALS EBENE ÖFFNEN oder über [Strg]+[Alt]+[O] hinzu. In diesem Fall habe ich noch die Bilder *38Sekunden.jpg* und *15Sekunden.jpg* hinzugefügt, so dass jetzt drei Ebenen vorhanden sind. Die Reihenfolge der Bilder ist in diesem Fall unerheblich. Wichtig ist nur, dass es genau drei Ebenen sind und dass Sie *nicht* die dunkelste Ebene hinzufügen.

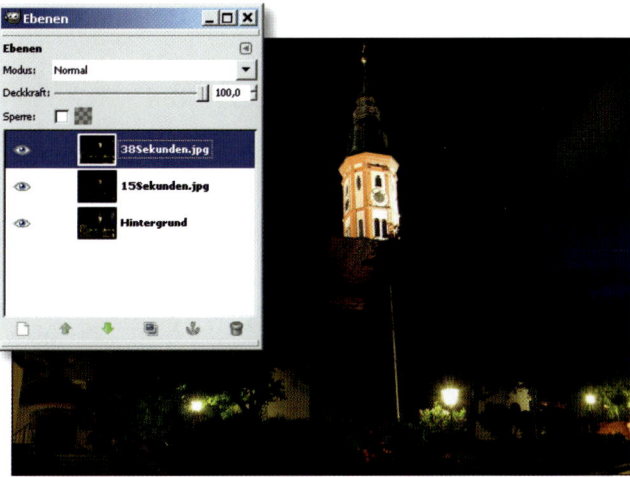

3 DRI-Plug-in starten

Klicken Sie mit der rechten Maustaste auf alle drei Ebenen im Ebenendialog, und wählen Sie im Kontextmenü ALPHAKANAL HINZUFÜGEN aus. Rufen Sie das Plug-in über FILTER • PHOTO • HIGH DYNAMIC RANGE PHOTO auf. Die Einstellungen können Sie erfahrungsgemäß so belassen, wie sie vorgegeben sind. Bestätigen Sie den Dialog mit OK. Jetzt arbeitet das Plug-in seine Kommandos ab, was eine gewisse Zeit in Anspruch nehmen kann.

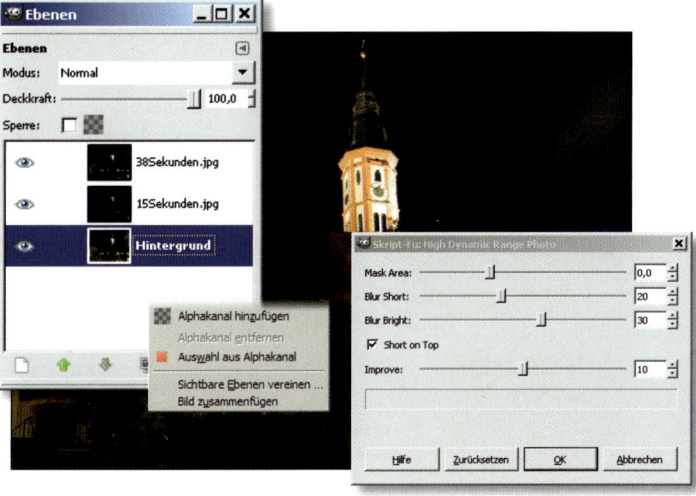

4 Ebene löschen

Wenn das Plug-in mit seiner Arbeit fertig ist, erscheint ein neues Bildfenster mit zwei Ergebnissen im Ebenendialog. Eine dieser Ebenen können Sie mit der Schaltfläche Papierkorb ❶ löschen. Ich habe die untere Ebene gelöscht, weil es mir auf eine höhere Sättigung ankam. Das andere Fenster mit den drei Ebenen können Sie nun schließen.

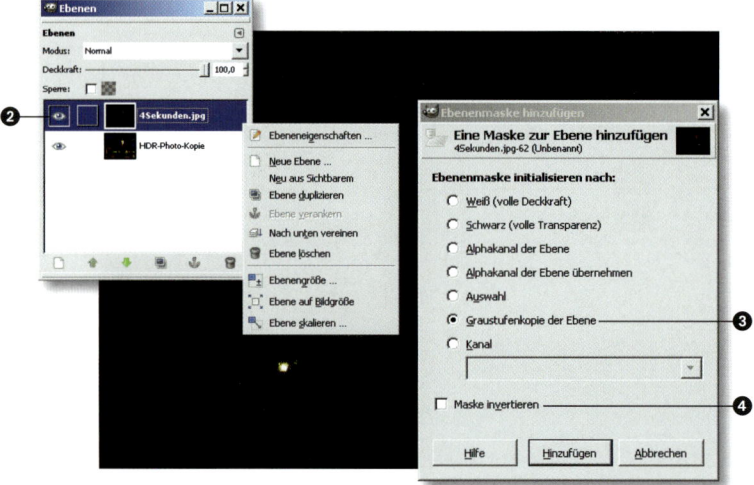

5 Dunkles Bild auswählen

Fügen Sie das dunkelste Bild *4Sekunden.jpg* über den Menüpfad Datei • Als Ebene öffnen zum DRI-Bild hinzu. Klicken Sie die dunkelste Ebene ❷ mit der rechten Maustaste an, und wählen Sie im Kontextmenü Ebenenmaske hinzufügen aus. Aktivieren Sie im Dialog den Radioknopf Graustufenkopie der Ebene ❸, und deaktivieren Sie Maske invertieren ❹. Bestätigen Sie den Dialog mit Hinzufügen.

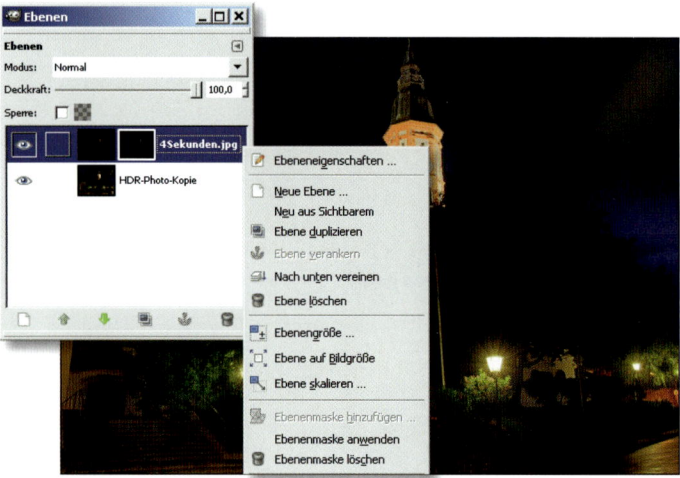

6 Ebenen vereinen

Sofern sich unschöne Ränder und Übergänge im Bild befinden, können Sie die Ebenenmaske mit dem Gaußschen Weichzeichner verwischen. In diesem Beispiel war das nicht nötig. Jetzt müssen Sie nur noch die obere Ebene mit der unteren verbinden. Klicken Sie dazu mit der rechten Maustaste auf die obere Ebene, und wählen Sie im Kontextmenü Nach unten vereinen aus. Hierbei wird automatisch auch die Ebenenmaske angewendet.

Pixel- und Vektorgrafik

GIMP verwendet – wie das bei der Bildbearbeitung üblich ist – die Pixelgrafik beziehungsweise Rastergrafik, Bitmap oder Pixmap genannt. Eine Pixelgrafik ist ein Bild, das aus Bildpunkten und meistens auch aus einer zugeordneten Farbfläche besteht.

Alle Bilder, die mit einer Digitalkamera aufgenommen oder gescannt wurden, sind Pixelgrafiken. Das Gleiche gilt für die Bilder, die mit einer Bildbearbeitungssoftware erstellt werden. Wesentliche Merkmale von Pixelgrafiken sind ihre Auflösung und Farbtiefe. Der Begriff Pixelbild ist zunächst vielleicht nicht so eindeutig, denn bei der gewöhnlichen Ansicht kann man keine Pixel auf den Bildern erkennen. Dies ändert sich allerdings, wenn man näher in das Bild hineinzoomt.

Im Gegensatz zu Pixelgrafiken verwenden Vektorgrafiken nicht dieses Pixelraster. Bei einer Vektorgrafik wird nicht jedem Pixel ein Farbwert zugewiesen, sondern das Bild wird über mathematische Funktionen beschrieben. Für einen Kreis werden beispielsweise nur ein Mittelpunkt, ein Radius, die Linienstärke und eine Farbe benötigt, um die Vektorgrafik zu beschreiben. Eine Vektorgrafik hat den Vorteil, dass sie fast beliebig skalierbar ist, ohne dass die Qualität darunter leidet. Vektorgrafiken sind hervorragend für die Darstellung mit geometrischen Primitiven geeignet, wie das bei Diagrammen oder Logos der Fall ist.

Vektorgrafiken werden in der Regel mit speziellen Vektorgrafikprogrammen oder auch direkt mit der Auszeichnungssprache erstellt. Theoretisch ist es möglich, Pixelgrafiken in Vektorgrafiken umzuwandeln. Allerdings gibt es hier logischerweise Einschränkungen, besonders, was das Skalieren der Grafik betrifft. Solche Vektorprogramme bieten mittlerweile auch viele Funktionen an, die man von Bildbearbeitungsprogrammen kennt.

▲ **Abbildung 1**
Der Bildausschnitt rechts oben ist eine starke Vergrößerung des roten Kästchens im Bild darunter. So werden die einzelnen Pixel (Bildpunkte) sichtbar.

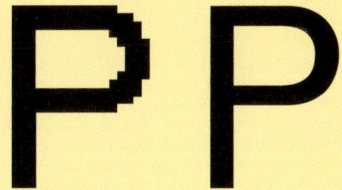

▲ **Abbildung 2**
Beide Buchstaben wurden größer skaliert. Beim linken Buchstaben handelt es sich um eine Pixelgrafik, beim rechten um eine Vektorgrafik.

Die DVD zum Buch

Der Inhalt der beiliegenden DVD-ROM ist auf vier Ordner mit den Namen Beispielbilder, Software, Plug-ins und Video-Training aufgeteilt. Sie finden außerdem ein HTML-Dokument mit dem Namen *index.html,* das Ihnen einen Überblick über die Inhalte der Ordner verschafft und Links zu interessanten Internetseiten über GIMP auflistet.

Ordner »Beispielbilder«

Sie finden alle Bilder, die in den Workshops bearbeitet werden, in diesem Ordner. Welches Bild zu dem jeweiligen Workshop gehört, können Sie auf der ersten Seite des Workshops erkennen. Unter der Rubrik »Zielsetzung« ist der Dateiname in roter Schrift und in eckigen roten Klammern kenntlich gemacht. Wenn Sie die Bearbeitung des Bildes am eigenen Rechner nachverfolgen möchten, öffnen Sie einfach die entsprechende Datei von der Buch-DVD in GIMP.

Zielsetzungen:
Schwarzweißbild erstellen,
Augenfarbe erhalten
(Dauer: 5–10 Minuten)
[GreenEye.jpg]

Ordner »Software«

Hier finden Sie die bei der Drucklegung des Buchs aktuelle GIMP-Version 2.6.1, die GIMP-Hilfe in mehreren Sprachen und Ergänzungsprogramme. Falls Sie mit GIMP auch pdf-Dateien lesen möchten, installieren Sie Ghostscript und GSview. HDR-Bilder können Sie in GIMP nicht erstellen, hier helfen Ihnen aber Cinepaint und Qtpfsgui weiter. Mit UFRaw können Sie Bilder im RAW-Format bearbeiten, und Inkscape ist ein vektorbasiertes Grafik- und Zeichenprogramm.

Ordner »Plug-ins«

In diesem Ordner befinden sich alle Plug-ins, die in den Workshops verwendet werden, und weitere, die für Sie von Interesse sein könnten. Die Installation dieser Plug-ins wird Ihnen in den Kapiteln »GIMP erweitern«, »RAW« und »DRI« ab Seite 284 im Buch erläutert.

Ordner »Video-Training«

Auszüge aus dem Video-Training »GIMP für digitale Fotografie, Webdesign und kreative Bildgestaltung« von Bernhard Stockmann finden Sie in diesem Ordner. Schauen Sie dem Betreiber des deutschen GIMP-Nutzer-Forums *www.gimpusers.de* bei der Arbeit mit GIMP über die Schulter, und erfahren Sie mehr über übliche Bildkorrekturen und fortgeschrittene Retuschetechniken:

Farb- und Belichtungskorrekturen
- ▶ Das Histogramm (04:49 Minuten)
- ▶ Farben intensivieren (05:32 Minuten)
- ▶ Farbstiche korrigieren (05:22 Minuten)

Porträtretusche mit GIMP
- ▶ Haut glätten (06:10 Minuten)
- ▶ Gesichtsproportionen angleichen (05:45 Minuten)
- ▶ Haare freistellen (13:49 Minuten)

Filter und Effekte
- ▶ Lichtstrahlen erzeugen (12:45 Minuten)
- ▶ Einen Feuerball erstellen (13:06 Minuten)

Die Video-Lektionen auf dieser DVD sind ein Auszug aus dem Video-Training »GIMP für digitale Fotografie, Webdesign und kreative Bildgestaltung« (Gesamtlaufzeit ca. 11:30 Stunden, Preis 39,90 Euro). Um das Video-Training zu starten, öffnen Sie einfach den Ordner VIDEO-TRAINING und klicken Sie doppelt auf die Datei *Start_PC* (für Windows und Linux) beziehungsweise *Start_Mac* (für den Mac). Systemvoraussetzungen: PC mit Linux oder Windows Vista, XP, 2000 und 98 beziehungsweise Mac OS X ab 10.1, mit DVD-Laufwerk, Auflösung 1024 x 768 Pixel, mindestens 512 MB RAM. Das Training ist ohne Installation lauffähig.

Index

A

Abschattung 284
Abwedeln/Nachbelichten 107
Alphakanal 29, 35, 57, 246
analoge Retusche 317
Andockbare Dialoge 42
Anker-Symbol 167
Arbeitsoberfläche 19
   Einstellungen vornehmen 19
   Werkzeugkasten 20
Auflösung
   absolute 317
   für das Internet 319
   für den Druck 318
   relative 318
Augenfarbe ändern 220
Augen-Symbol 35
Ausgabegröße 154
Ausgeblichene Fotos restaurieren 216
Auswahl
   ausblenden 62
   entfernen 48
   hinzufügen 48
   invertieren 69
   schwebend 50
   verschieben 50
Auszoomen 31

B

Beautyretusche 226
Belichtungskorrekturen 86
   dunkle Bereiche aufhellen 95
   Dynamikumfang steigern 89
   helle Bereiche abdunkeln 92
   Lichtstimmung wiederherstellen 102
   manuell nachbelichten 106
   Überstrahlung abmildern 104
   Unterbelichtung korrigieren 99
Bevel and Emboss (Filter) 298
Bewegungsunschärfe 163
Bild
   drucken 28
   duplizieren 25
   komprimieren 261
   öffnen 23, 27
   packen 261
   positionieren 145
   scannen 149
   schließen 28
   schneller öffnen 47
   skalieren 46, 139
   speichern 28, 43
   strecken 141
   zuschneiden 33, 149
Bildauflösung (Exkurs) 317
Bildausschnitt verändern 147
Bildeigenschaften 316
Bildfenster 26
Bildfenstermenü 27
Bildgröße 33
   verändern 139
Bildqualität 46, 315
Bildrauschen
   hinzufügen 276
Bleistiftzeichnung erstellen 270
Breitbildformat 142

C

Cartoon 268
CMYK 85
CMYK-Farbmodell 85
Colorkey erstellen 125
Comicbild erstellen 267
Copyleft 15
Copyright-Pinsel erstellen 312
Crossentwicklung 279

D

Dämmerungsstimmung hervorheben 102
Dateiformate 259
   BMP – Windows Bitmap 259
   GIF – Graphics Interchange Format 259
   in GIMP 262
   JPEG 260
   PNG – Portable Network Graphics 260
   PSD – Photoshop Document 260
   RAW-Format 323
   TIFF – Tagged Image File Format 260
   XCF – GIMP-eigenes Dateiformat 261
Dateiformate (Exkurs) 259
David's Batch Processor 299
Deckkraft 101
Doppelgänger erstellen 251
Drehen 144
3D-Effekt simulieren 186
Druckgröße 154
Dunkle Bereiche aufhellen 95, 106
Dynamic Range Increase – DRI 338
   DRI-Bild manuell erstellen 341
   mit Plug-in erzeugen 346
Dynamikumfang steigern 89

E

Ebene
   Deckkraft 101
   duplizieren 96
   skalieren 257
   verankern 167
   vereinen 98, 197
Ebenen 34
Ebenendialog 34
Ebenenmaske 36
   anwenden 189
   hinzufügen 97
Ebenenmodus 96
Ebrafen 83
Einfärben 118
Einfügen 167
Einstellungen vornehmen 19
   Menü Einstellungen 20
Einzoomen 31
Elemente
   ausschneiden 241
   einfügen 167
   entfernen 224
   kopieren 167
   löschen 246
   montieren 170
Elemente umfärben 79
Element freistellen 151
Elliptische Auswahl 62
EXIF-Dateien 316

F

Fältchen entfernen 210
Farbbereiche erhalten 123
Farbe
   auswählen 51
   HTML-Notation 51
   intensivieren 73
   invertieren 271

Kontrast verbessern 67
manipulieren 79
neutralisieren 65
Farben (Exkurs) 81
Farbkanäle 53
Farbkorrekturen 58
  Elemente umfärben 79
  Farbe intensivieren 73
  Farbsättigung verbessern 67
  Farbstich entfernen 65
  Farbton/Sättigung 64
  Helligkeit/Kontrast 68
  rote Augen entfernen 61
  Scans bearbeiten 76
  Tieraugen 63
  Tonwertkorrektur 70
Farbmodelle 83
  Graustufen 83
  indizierte Farben 83
  RGB 83
Farbpalette 51
  CMYK 52
  Farbdreieck 52
  Palette 52
  Wasserfarben 52
Farbpipette 52
Farbsättigung verbessern 67
Farbstich entfernen 65
Farbtiefe 81
Farbtonung 117
Farbton verändern 80
Farbverlauf 218, 282
Farbwahrnehmung 81
Filmbalken hinzufügen 276
Filmbild erstellen 272
Filmkorn erzeugen 279
Filter
  Bevel and Emboss 298
  Bewegungsunschärfe 164
  Boss Emboss 295
  Cartoon 268
  Einfärben 119
  Flecken entfernen 78, 209
  Gaußscher Weichzeichner 69, 168
  High Dynamic Range Photo 347
  IWarp 227, 249
  Kanten 271
  Objektivfehler 192
  Orton Effect 291
  Pastel Sketch 298
  RGB-Rauschen 276

Rote Augen entfernen 62
Schärfen 160
Schlagschatten 189, 244
Selektiver Gaußscher Weichzeichner 172
Unscharf maskieren 69
weichzeichnen 69
Zeitungsdruck 132
Filter und Effekte 264
  Bleistiftzeichnung erstellen 270
  Comicbild erstellen 267
  Crossentwicklung 279
  Filmbild erstellen 272
  Licht und Schatten verstärken 277
  Mit Farbverläufen tonen 282
  Vignettierung erzeugen 284
Fisheye-Effekt erzeugen 191
Flecken entfernen 78, 207
Fotoabzüge digitalisieren 149
Fotomontage 236
  Doppelgänger erstellen 251
  Gesicht verformen 248
  Hintergrund austauschen 245
  Objekte einfügen 254
  Text einfügen 239
  Text ins Bild integrieren 242
Freie Auswahl 112
Freigestelltes Objekt montieren 170
Freistellen und Ausrichten 136
  Ausgabegröße 154
  Bildausschnitt verändern 147
  Bildgröße verändern 139
  Bild strecken 141
  Element freistellen 151
  Fotoabzüge digitalisieren 149
  Horizont begradigen 143
  Passepartout 145
Füllen 241
Full HD 317
Für das Web speichern 315
FX Foundry 296

G

Gaußscher Weichzeichner 69
GEGL 57
General Public License (GPL) 15
gerade Linien 47
Geschwindigkeit betonen 163
Gesichtsfarbe anpassen 232

Gesicht verformen 248
GIMP
  Arbeitsoberfläche 19
  Bildfenster 19
  Werkzeugkasten 19
GIMP erweitern 286
  FX Foundry 296
  Photoshop-Plug-ins 292
  Skript-Fu installieren 289
  Stapelverarbeitung 299
GIMP-Hilfe 23
Gradationskurve 66, 280
  anpassen 197
Graustufen 84, 126
Grundlagenexkurs
  Bildauflösung 317
  Dateiformate 259
  Farben 81
  Pixel- und Vektorgrafik 349
  RAW-Format 334
  Schärfen 201

H

Halo-Effekt reduzieren 178
Hardwareanforderung 20
Hautfarbe anpassen 232
Haut weichzeichnen 229
HD ready 317
HDR-Unterstützung 16
Heilen 198, 208
Helle Bereiche abdunkeln 92
Helligkeit/Kontrast 68, 91
High Dynamic Range Photo 347
Hilfe-Funktion 23
Hilfslinien 32
Himmel abdunkeln 104
Himmel austauschen 245
Hintergrund austauschen 245
Hintergrundfarbe 51
Histogramm 38, 70
Horizont begradigen 143
HSV-Farbmodell 39
HTML-Notation 51, 84

I

Indizierte Farben 84
in Graustufen umwandeln 111
Installieren 17

Linux/Unix 17
Mac OS X 18
Windows 17
IWarp 227, 249

J
Journal 24

K
Kanalmixer 112
Kanten (Filter) 271
Ketten-Symbol 35, 140
Klonen 198
Kolorieren
   über Transparenz 120
Kompressionsartefakte 46
Komprimierung 44
   Bildqualität 46
   für das Web 45
   JPEG 46
   LZW 44
   TIFF 45
Kontexthilfe 23
Kontrastspreizung 77
Kontrast verbessern 67, 89
Kopieren 167

L
Leinwandgröße 146, 194
Lichter abdunkeln 92
Lichtstimmung wiederherstellen 102
Licht und Schatten verstärken 277
LZW 44

M
Magnetische Schere 54
Make-up auftragen 213
Manuell nachbelichten 106
Maßband 144
Menü
   Ansicht 31
   Auswahl 30
   Bearbeiten 29
   Bild 32
   Datei 27
   Ebene 34

Farben 37
Fenster 41
Filter 41
Hilfe 23
Werkzeuge 41
mit Tiefenschärfe gestalten 170

N
Nach Farbe auswählen 342
Nachschärfen 175
Nase verkleinern 250

O
Objekte einfügen 254
Objektivfehler beheben 199
Objektivfehler (Filter) 192
Orton Effect 289

P
Panoramabild erstellen 193
Passepartout 145
Pastel Sketch (Filter) 298
PDF-Dokumente 16
Perspektive 184
Perspektiven 180
   3D-Effekt simulieren 186
   Fisheye-Effekt erzeugen 191
   korrigieren 183
   Out of bounds 186
   Panoramabild erstellen 193
   verzerren 191
   Vignettierung beseitigen 199
Pfade 30
Photoshop-Plug-in 292
Pinsel 127
Pinsel erstellen 312
Pixelgrafik 349
Pixel- und Vektorgrafik (Exkurs) 349
Plug-in 287
   David's Batch Processor 299
   UFRaw 323
Porträtretusche 210, 226
Porträts in Schwarzweiß 133
Porträts verfremden 248
Porzellanhaut erzeugen 229
Posterisieren 268
Präsentieren 304

Copyright-Pinsel erstellen 312
für das Web speichern 315
Visitenkarte erstellen 307
Programmstart
   unter Vista 18

R
Radierer 127
Rahmen erzeugen 187
Raster 32
   anzeigen 184
   konfigurieren 184
Raster-Effekt 131
Rauschen entfernen 69
RAW-Bearbeitung 320
   Konvertierung 328
   RAW-Informationen 325
   RAW-Plug-in 323
RAW-Format 323
   Belichtung 332
   Gradationskurve 330
   Nachteile 336
   Sättigung 332
   Vorteile 334
   Weißabgleich 329
RAW-Format (Exkurs) 334
RAW-Informationen 325
RAW-Konverter 337
RAW-Konvertierung 328
RAW-Plug-in 323
Restaurieren 207
Retusche 204
   Augenfarbe ändern 220
   Beautyretusche 226
   Elemente entfernen 224
   Hautfarbe anpassen 232
   Porträtretusche 210
   restaurieren 207
   verblasste Fotos retten 216
   Zähne bleichen 222
RGB-Farbmodell 83
RGB-Rauschen (Filter) 276
Rote Augen entfernen 61

S
Scans bearbeiten 76
Schärfeeindruck verbessern 176
Schärfen 159, 160
   Hochpass-Filter 203

im Modus LAB-Farben 203
  Tonwert- und Farbkorrektur 201
  Unscharf maskieren (Filter) 202
Schärfen (Exkurs) 201
Scharf- und Weichzeichnen 156
  Bewegungsunschärfe 163
  Details betonen 159
  einzelne Bereiche 174
  im Modus LAB-Farben 178
  Kontrast und Sättigung erhöhen 161
  mit Tiefenschärfe gestalten 170
  Schärfeeindruck verbessern 176
  Unschärfe ohne Verwischungen 166
  unscharf maskieren 162
Schlagschatten 189, 244
Schnellmaske 31, 343
Schriftzug einfügen 239
Schwarzweiß 108
  Colorkey erstellen 125
  einfärben 118
  Farbbereiche erhalten 123
  Farbtonung 117
  Graustufen 126
  in Graustufen umwandeln 111
  Kanalmixer 112
  kolorieren 128
  Kolorieren über Transparenz 120
  Kontrast verbessern 114
  Naturaufnahmen 114
  Porträt 133
  Raster-Effekt 131
  Sepiatonung 117
Schwarzweißbilder
  einfärben 117
  kolorieren 128
Schwarzweißfoto erstellen 111
Schwarzweißumwandlung 112
schwebende Auswahl 50
Selektiver Gaußscher Weichzeichner 172
selektives Nachschärfen 175
Sepiatonung 117

Skalieren 139
Skript-Fu 287
  installieren 289
  Orton Effect 289
Stapelverarbeitung 299
Stift 127
Strecken 141
stürzende Linien ausgleichen 183

T

Text 240
Text einfügen 239
Tiefen aufhellen 95
Tieraugen 63
Tonen mit Farbverlauf 282
Tonwertkorrektur 70
  automatisch 71

U

Überbelichtung korrigieren 92
Überstrahlung abmildern 104
UFRaw 323
  installieren 324
  verwenden 325, 328
Unreinheiten entfernen 210
Unschärfe ohne Verwischungen 166
Unscharf maskieren 69, 162
Unterbelichtung korrigieren 73, 99

V

Vektorgrafik 349
Verschmieren 130
Vignettierung
  erzeugen 274, 284
Vignettierung beseitigen 199
Visitenkarte erstellen 307
Vordergrundauswahl 152
Vordergrundfarbe 51

W

Wasserzeichen 312
Weichzeichnen 153, 164
  Selektiver Gaußscher Weichzeichner 172
Werkzeuge
  Abwedeln/Nachbelichten 107
  Drehen 144
  Elliptische Auswahl 62
  Farbpipette 66
  Farbverlauf 218
  Freie Auswahl 112
  Füllen 241
  Heilen 198
  Klonen 198
  Magnetische Schere 54
  Maßband 144
  Nach Farbe auswählen 342
  Perspektive 184
  Pinsel 127
  Radierer 127
  Stift 127
  Text 240
  Verschmieren 130
  Vordergrundauswahl 152
  Weichzeichnen 153
  Zuschneiden 148
Werkzeugeinstellungen 22
Werkzeugkasten 20
  anpassen 55
Werkzeugsymbole 21

Z

Zähne bleichen 222
Zeichnung verbessern 95
Zeitungsdruck (Filter) 132
Zoomen 31
Zuschneiden 33, 148

Der praxisorientierte Leitfaden zum erfolgreichen Einsatz Ihrer Kamera

- Alle Funktionen, Programme und Menüs
- Praxisratgeber für Objektive, Blitz & Zubehör
- Von der ersten bis zur letzten Seite – alles zu Ihrer Kamera
- Umfassender Praxisteil mit Aufnahmesituationen

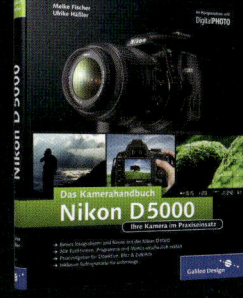

379 S., komplett in Farbe, 39,90 €
ISBN 978-3-8362-1479-7
» www.GalileoDesign.de/2218

Canon EOS 50D

340 S., komplett in Farbe, 39,90 €
ISBN 978-3-8362-1365-3
» www.GalileoDesign.de/2045

Canon EOS 500D

330 S., komplett in Farbe, 39,90 €
ISBN 978-3-8362-1455-1
» www.GalileoDesign.de/2188

Olympus E-620

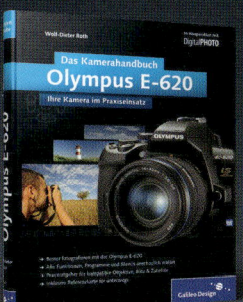

398 S., komplett in Farbe, 39,90 €
ISBN 978-3-8362-1487-2
» www.GalileoDesign.de/2228

Kamera, Aufnahme, Bearbeitung

Kamerahandbücher

Professionelles Know-how für die Fotopraxis

Weitere Bücher und Video-Trainings zu den Themen Kamera und digitale Fotografie finden Sie unter:

» www.GalileoDesign.de/fotografie

Galileo Design
Know-how für Kreative.

375 S., 2009, komplett in Farbe, 29,90 € [D], 30,80 € [A], ISBN 978-3-8362-1213-7

» www.GalileoDesign.de/1823

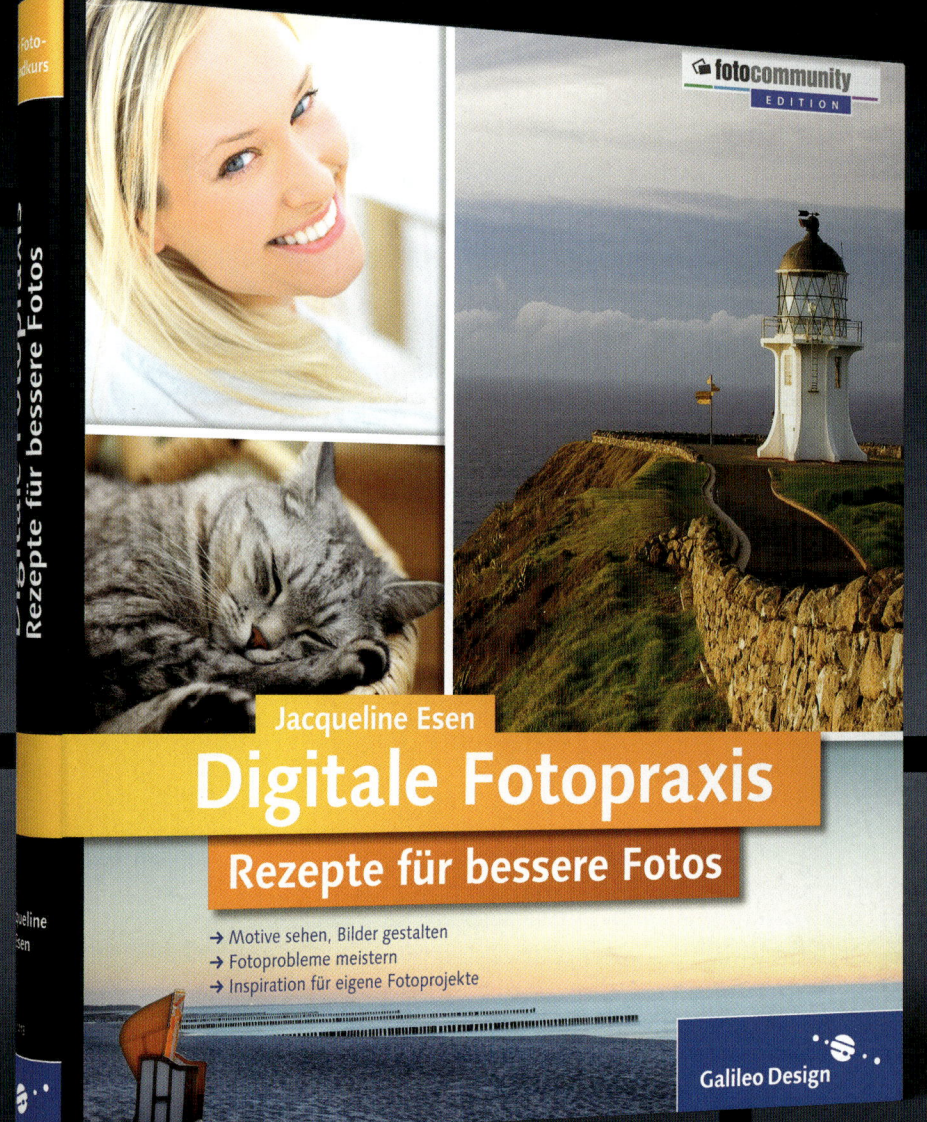

Portofrei im Web bestellen [D], [A]: » www.GalileoDesign.de

Galileo Design
Know-how für Kreative.

Bibliografische Information der Deutschen Nationalbibliothek
Die Deutsche Nationalbibliothek verzeichnet diese Publikation in der Deutschen Nationalbibliografie; detaillierte bibliografische Daten sind im Internet über *http://dnb.d-nb.de* abrufbar.

ISBN 978-3-8362-1184-0

© Galileo Press, Bonn 2009
1. Auflage 2009, 2., korrigierter Nachdruck 2010

Der Name Galileo Press geht auf den italienischen Mathematiker und Philosophen Galileo Galilei (1564–1642) zurück. Er gilt als Gründungsfigur der neuzeitlichen Wissenschaft und wurde berühmt als Verfechter des modernen, heliozentrischen Weltbilds. Legendär ist sein Ausspruch *Eppur se muove* (Und sie bewegt sich doch). Das Emblem von Galileo Press ist der Jupiter, umkreist von den vier Galileischen Monden. Galilei entdeckte die nach ihm benannten Monde 1610.

Lektorat Alexandra Rauhut, Christine Fritzsche
Korrektorat Angelika Glock, Wuppertal
Herstellung Steffi Ehrentraut
Einbandgestaltung Getty Images (oben), fotolia.de (unten links), Marco Barnebeck (unten rechs)
Satz rheinsatz, Köln
Druck Himmer AG, Augsburg

Dieses Buch wurde gesetzt aus der Linotype Syntax (9 pt/13 pt) in Adobe InDesign CS3. Gedruckt wurde es auf chlorfrei gebleichtem Bilderdruckpapier (115 g/m²).

Gerne stehen wir Ihnen mit Rat und Tat zur Seite:
alexandra.rauhut@galileo-press.de
bei Fragen und Anmerkungen zum Inhalt des Buches

service@galileo-press.de
für versandkostenfreie Bestellungen und Reklamationen

julia.bruch@galileo-press.de
für Rezensions- und Schulungsexemplare

Das vorliegende Werk ist in all seinen Teilen urheberrechtlich geschützt. Alle Rechte vorbehalten, insbesondere das Recht der Übersetzung, des Vortrags, der Reproduktion, der Vervielfältigung auf fotomechanischem oder anderen Wegen und der Speicherung in elektronischen Medien. Ungeachtet der Sorgfalt, die auf die Erstellung von Text, Abbildungen und Programmen verwendet wurde, können weder Verlag noch Autor, Herausgeber oder Übersetzer für mögliche Fehler und deren Folgen eine juristische Verantwortung oder irgendeine Haftung übernehmen. Die in diesem Werk wiedergegebenen Gebrauchsnamen, Handelsnamen, Warenbezeichnungen usw. können auch ohne besondere Kennzeichnung Marken sein und als solche den gesetzlichen Bestimmungen unterliegen.

In unserem Webshop finden Sie unser aktuelles
Programm mit ausführlichen Informationen,
umfassenden Leseproben, kostenlosen Video-Lektionen –
und dazu die Möglichkeit der Volltextsuche in allen Büchern.

www.galileodesign.de

Know-how für Kreative.